JN233721

WIZARD
スマートマネー流 株式選択術
銘柄スクリーニングバイブル

英和・証券用語集付

WIZARD BOOK SERIES Vol. 45

ネリー・S・ファン+ピーター・フィンチ［著］
木村規子［訳］

Smart Money
Stock Picker's Bible

Pan Rolling

訳者まえがき

　ITバブルの崩壊、不正会計処理疑惑、日米経済の先行き懸念などを受け、日本株もとうとう19年ぶりの安値をつけた。9.11は無事やり過ごしたが、日本に原爆を落とした国は今も核実験を続け、被爆地に平気で原潜を送り込んでくる。その一国主義は各地で反米感情をあおり、テロ再発の危険性は今なおくすぶり続けている。イラク、パレスチナ、北朝鮮問題をはじめ、米国の動きには注意が必要である。日本も足元に地雷を抱えている。問題は不良債権処理や構造改革の遅れだけではない。機関投資家が1980年代になぜ外債投資を始めたか。それは大震災に備えての国際分散投資のためだったと記憶している。日本版401kや新証券税制の導入に加え、金融不安や雇用不安が高まりつつある今、自分の財産管理や老後の備えはどうするのか、真剣に考えるべき時期に来ていると思う。不安材料は山ほどあるが、根拠なき熱狂がいつまでも続かないように、総悲観の時期も永久に続くわけではない。訳者が楽しみながら本書を訳したように、楽しみながら投資について学んでいただければ幸いである。
　最後に、本書の翻訳の機会を与えてくださった後藤康徳氏（パンローリング）、編集・校正をしていただいた阿部達郎氏（FGI）、資料の提供ならびにご助言をいただいた庭山邦禎氏（さくらフレンド証券）には心よりお礼申し上げたい。

2002年9月

木村規子

The Smart Money Stock Picker's Bible
by Nellie S. Huang, Peter Finch
All Rights Reserved. Authorized translation from the English language edition published by John Wiley & Sons, Inc.
Copyright © 2002 by SmartMoney.
This translation published by arrangement with John Wiley & Sons International Right, Inc. through The English Agency (Japan) Ltd.

CONTENTS　　　　　　　　　　　　　　　　目次

訳者まえがき／1　　　　序文／9
謝辞／17　　　　　　　　はじめに──株式の場合／19

第1章　株式と債券の基本──まずは初歩的なことから　25

株式……………………………………………25
　大型株………………………………………28
　小型株………………………………………31
　外国株………………………………………33
　ハイテク株…………………………………35
債券……………………………………………36
　財務省証券──米財務省から直接買い付ける……36
　連邦政府機関債……………………………37
　地方債………………………………………38
　社債…………………………………………39
　ラダーポートフォリオ……………………40
　債券ファンドvs手作りポートフォリオ…41

第2章　スマートマネー式投資法　43

「バリュー株」の価値………………………45
論より証拠──リターンを見よ……………51
補足2.1　「売り時」を知る…………………47
補足2.2　弱気相場を生き抜く……………60

第3章　理想的なアセットアロケーション　65

スマートマネー式アセットアロケーションの原理……67
　年齢…………………………………………67
　ポートフォリオのサイズ…………………70
　毎年の貯蓄額………………………………71
　支出予定……………………………………71
　投資収益……………………………………72
　連邦税の税率等級…………………………72
　価格変動リスクへの許容度………………73
　経済見通し…………………………………74
　金利リスク…………………………………75

CONTENTS

第4章 あなたにぴったりのミューチュアルファンド 77

ファンドの種類……………………………………………78
 インデックスファンド………………………………………80
 株式ファンド……………………………………………86
  大型株ファンド／87　中型株ファンド／88　小型株ファンド／88
  超小型株ファンド／89
 投資戦略……………………………………………90
  グロース型ファンド／91　バリュー型ファンド／91　ブレンド型ファンド／92
 国際型ファンド……………………………………93
  世界型ファンド／93　外国型ファンド／94　国・地域限定型ファンド／95
  新興成長市場型ファンド／95
 業種別ファンド…………………………………96
手数料と諸経費………………………………………97
 フロントエンドロードとバックエンドロード……………98
 経費率………………………………………………99
 12b-1手数料………………………………………100
受益証券のクラス………………………………………100
税金………………………………………………………101
手っ取り早くファンドを選ぶ……………………………102
 投資目的……………………………………………103
 運用成績……………………………………………104
 リスクとボラティリティ……………………………106
 手数料と税金………………………………………108
 ファンドマネジャー………………………………110
情報収集………………………………………………111
ファンドのスクリーニングサイト……………………112
補足4.1　インデックスファンドよりさらにお得なETF………83

第5章 スクリーニングルームへようこそ 115

株のスクリーニングはどこでどうやってする？……………131
補足5.1　毎年恒例の最重要スクリーニング………………117
補足5.2　定番レシオ……………………………………122
 PER（株価収益率）……………………………………123

PEGレシオ························124
　　PSR（株価売上倍率）···············126
　　PBR（株価純資産倍率）··············127
　　売上高利益率·······················128
　　長期借入債務と負債総資本比率········129

第6章　スペシャル・スクリーニング　　141
　　自社株買い························141
　　研究開発費とR&Dレシオ·············146
　　株価売上倍率（PSR）················149
　　1月効果··························153

第7章　情報収集とその分析法　　161
　　どこで調べるか····················163
　　アニュアルレポート················165
　　フォーム10K·····················168
　　　事業内容·······················169
　　　競争相手·······················170
　　　顧客情報·······················171
　　　リスクファクター················171
　　　法的手続き·····················173
　　　経営陣による論考と財務状況および業績に関する分析········174
　　株式アナリストレポート·············175
　　補足7.1　株式アナリストがまず口にしない5つの言葉········178

第8章　最終ステップ——まとめ　　187
　　その企業の株はなぜそんなに安いのか？·········188
　　　潮が引けば、どんな船でも船体位置が下がる······188
　　　予想外のことは嫌われる···········189
　　　不幸は道連れを好む··············189
　　　だれかが置いてきぼりを食う········190
　　その企業の将来はどうなるのだろう？··········190
　　その企業が属している業界についてはどうだろう？········193
　　企業収益はどうなっているか？················201

CONTENTS

その数値は同業他社と比べてどうだろう？……203
そこの経営陣は愚か者の集まりか？……205
その企業は合併を急いでいないか？……213
   キャッシュは王様……214
   敵対的買収なら大歓迎……214
   プレミアムが高いときはさっさと売り逃げる……215
   国際的な企業合併には要注意……215
   「習うより慣れよ」とはいかない……216
その企業の最大の弱点は何か？……216
現在の経済情勢がその企業に与える影響は？……229
   金利低下局面……229
   金利上昇局面……235

補足8.1　ここで差がつく──買い候補となる銘柄を同業他社と比較する……194
   効率に関するレシオ（ROEとROA）……194
   在庫水準と棚卸資産回転率……195
   流動比率……197
   配当利回り……198
   配当性向……199
   レラティブ・プライス・ストレングス……199
   企業価値……200

補足8.2　チップショットを決める──半導体株で儲ける……206
   在庫水準……208
   評価……209
   食物連鎖的な位置関係……210
   製品サイクル……211

補足8.3　金融サービス業界に手堅く投資する……218
   成長率……220
   評価……220
   銀行……221
      貸倒引当金／221　純貸倒損失／223　経営陣225
      景気循環／226
   保険会社……227
      コンバインドレシオ／227　債券市場／228

補足8.4　医薬品株で儲ける……230

第9章　今日の投資家のためのスペシャルトピック　237

目標株価を設定して的を射る……237
オプション取引……243
　オプションと先物は別物……244
　プットとコール……246
　オプションにも時間をかけるだけの価値がある？……247
信用取引……248
　信用取引とは……249
　死に神——追い証……250
　100％超の元本割れ？……252
　戦略を立てる……253
貧乏くじを引く——空売り……254

第10章　プロから学ぶ　257

ウォーレン・バフェット……258
　運用者として……258
　運用成績……258
　投資手法……259
　名言……263
ビル・ニーグレン……264
　運用者として……264
　運用成績……264
　投資手法……264
　名言……269
ケビン・ランディス……270
　運用者として……270
　運用成績……270
　投資手法……271
　名言……276
ビル・ミラー……276
　運用者として……276
　運用成績……277
　投資手法……278

CONTENTS

名言 …………………………………………… 284
ジャナス・チーム ……………………………… 285
  運用者として ………………………………… 285
  運用成績 ……………………………………… 285
  投資手法 ……………………………………… 286
  名言 …………………………………………… 290

付録 …………………………………………… 291
あなたにふさわしい証券会社とは ……………… 291
  オンラインブローカー ………………………… 293
  フルサービスブローカー ……………………… 295
  転ばぬ先の杖──悪徳ブローカーを避けるために …… 305
ウエブサイト一覧 ………………………………… 307
  実績１株益 …………………………………… 307
  アナリスト予想 ……………………………… 308
  アナリストレポート（リサーチ） ……………… 309
  チャート ……………………………………… 310
  企業のスナップショット／プロフィール（会社概要） …… 310
  ５年間利益成長率・売上高増加率 …………… 311
  フォーム10K・10Q …………………………… 312
  ＰＥＲ（株価収益率） …………………………… 312
    当期ＰＥＲ・予想ＰＥＲ／312　実績ＰＥＲ／312
    ５年間の最高ＰＥＲ・最低ＰＥＲ／313　５年間の平均ＰＥＲ／313
  ＰＳＲ（株価売上倍率）、ＰＢＲ（株価純資産倍率）、その他のレシオ …… 314
  株価・気配値 ………………………………… 315
    遅延株価／315　リアルタイム気配値／315　過去の株価／315
  競合他社とのレシオ比較 …………………… 316
  スクリーニング ……………………………… 317
  セクター別パフォーマンス …………………… 319
補足Ａ.１　手数料ベース口座に逃げ込む …… 302

用語集 ………………………………………… 321
用語集（欧文索引） …………………………… 451

序文

　1980年代の初頭、大学院で経済学を学んでいたころ、成功と失敗にまつわる人間模様や体験談にことのほか魅せられていた私は、金融関係の出版物を好んで読んでいた。ウォールストリートの扇動者をはじめ、短期売買に走る株式ブローカー、IPO（新規株式公開）の宣伝マン、怪しげなLBO（レバレッジドバイアウト）の仲介者、経理操作を行っている会計士、生命保険の外交員、そして、そんな彼らがたくましい想像力でもって一攫千金を狙って練り上げたあらゆる陰謀——。こうしたもろもろのことについて作家が警告を発するとき、優れた書き手ほど、エラスムスの『痴愚神礼讃』を模倣しているように見受けられたものだ。
　もちろん、それがいけないというわけではない。バロンズ誌のアラン・アベルソンらの記事やコラムはいかにもジャーナリストが書くような無味乾燥とした文章だが、今読んでも結構楽しめたりする。しかし、最も定評ある金融ジャーナリストたちの言葉から読み取れる暗黙のメッセージはおおむねこうだ。
　「金融業界と株式市場には気をつけろ。こうした悪知恵の働く連中とは付き合うな」
　はっきりと口に出す人こそいなかったが、行間に垣間見られるメッセージはいたってシンプルだった。つまり、「政府保証の財務省証券（米国債）や手堅く信頼できるブルーチップ（優良株）に目もくれないヤツは、向こう見ずなヤツだけだ」というわけである。当時、ウォールストリートとはまったく無縁で、ギャンブラーには向かないタチの私にとって、積極的に投資をしたいと思わせるような経済紙はないに等しかった。
　私も友人も大学院時代の大半は生活苦にあえいでいたため、金融記

事から個人的に得るものなどほとんどなかったが、なぜそうだったのかが分かったのは何年もたってからのことだった。後知恵とはいえ、今ではその理由がよく分かるような気がする。

　20年前、賢明な出版社が読者対象として想定していたのは資産家だった。つまり、相当の蓄えを持った定年退職者や専門職に従事する羽振りのいい中年層、信託財産の運用者、実業家、既存の投資家などである。こうした人たちのいちばんの心配事は、すでに手にしたものを失うこと。だから、当然のことながら、彼らにとって最も有益な記事やコラムとは、資産を増やすことよりも減らさないようにするために役立つものだったのである。

　したがって、由緒ある出版物ほど保守的な投資手法に偏ってしまうのも、これで説明がつくというわけだ。なにしろ、想定読者がごく少数の一部の人間に限られていたため、出版業界としては、ありとあらゆるペテン師たち——善意とはいえ見当違いをしている株式アドバイザーや、事業計画の帳尻がいまひとつ合っていないか、単に目先が変わっただけで検証もされていないような新規の事業計画を抱えている企業経営者ら——にことごとく疑いの目を向けることによって、典型的な読者層（大部分は男性読者）が手にした財産を失わないで済むようにサービスしていたのである。

　しかし、その段階にまでまだ達していない読者はどうなるのだろう。つまり、財産の保全よりも一財産築くことが最大の懸案となっている読者はいったいどうなるのか。実は当時、こうしたことはほとんど気にもかけられていなかったのである。1980年代初頭、一般庶民はパーソナルファイナンス（個人資産の運用・管理）には無関心だったし、そうしたことはあまり話題にも上らなかった。そこで、投資に血道を上げているわずかな人たちだけのために健全な投資情報が提供されていたが、その後、人口動態に変化が生じ始めたのである。

　1980年代に入り、年金および従業員退職手当の保証制度がだんだん

機能しなくなるにつれ、だれもが資産形成に関心を持つようになった。これは単なる野望とか大金持ちになりたいからではない。今日では、たいていの人が心得ているとおり、退職後に快適に暮らしていくには、両親や祖父母の時代よりもはるかに多額の蓄えが必要となるからだ。すでにお気づきのように、特にベビーブーマー世代（団塊の世代）は、手元の資産をもっと効率的に運用して高いリターンを上げていかないと、20年か30年かあとに悲惨な目に遭うかもしれないのである。

　1980年代後半には、一般家庭が安全に資産を形成していくための一手段となるミューチュアルファンド（投資信託）の人気が沸騰。それに乗じた出版物がいくつか登場した。米紙ウォール・ストリート・ジャーナルの姉妹誌『スマートマネー』も1992年の初頭に創刊し、パーソナルファイナンスについて一歩踏み込んだ記事を提供するようになった。ミューチュアルファンド業界に関する情報同様、株式ポートフォリオで成功するための情報提供に初めて心血を注いだ雑誌となったのである。

　その創刊号を読み、パーソナルファイナンスに対するアプローチの斬新さに衝撃を受けたのを覚えている（あまりにも興奮した私は、仕事をやめて、この創刊したばかりの雑誌の仕事をしようと思い立ったくらいだ）。

　しかし、これまでとは打って変わり、株式投資をこんなに大胆かつ積極的に強調するのはなぜだろう。理由はいくつかはっきりしている。第一に、そしてこれが最も重要な理由だが、過去約75年にわたり、一般投資家が運用できる投資資産は、債券、短期金融商品、生命保険、不動産ぐらいで、ほかに同等の資産形成ができるような投資対象がなかった。

　だが、債券やマネーマーケット商品のような確定利付証券よりも株から得られるリターンのほうが統計的に優位であることが、ペンシルベニア大学ウォートンスクールのジェレミー・シーゲルやイボットソ

ン・アソシエイツのロジャー・イボットソンら定評ある研究者らによって繰り返し証明されるようになったのである。しかも、インターネット時代が到来してからは、だれもが株関連のデータベースにアクセスでき、優れた表計算ソフトを使用できるようになった。このため、こうした調査結果をコピーすることも可能となったが、こうした情報こそ、『スマートマネー』が頻繁に取り上げてきたものなのである。

ミューチュアルファンドは当初、痛みを伴わずに株式市場の可能性を引き出す手段として期待されていた。が、長年にわたって裏切られたと感じている人が多いのが現状である。手数料が相変わらず高いファンドが多いうえ、これまでは存在しなかった手数料が新たに加えられ、その運用成績にいたっては期待外れもいいところである。ファンド数が激増するにつれ、運用担当者の質が低下し続けているのである。結果、株式型ミューチュアルファンド（株式投信）の大半が自ら選んだベンチマークの指数に追いつけずにいる。そもそも、研究者らが株式市場の優位性を証明するために用いた複数の市場指数にも負けているありさまなのである。

個人投資家にとって株式の取引コストが低下すると同時に、ミューチュアルファンドの体たらくが認識されるようになると、当然の成り行きとして自主運用に走るアメリカ庶民がますます増えていくことになる。メインストリート（一般投資家）がウォールストリート（機関投資家）の正体を知ってしまった以上、ミューチュアルファンドの補完あるいは入れ替えの対象として株式ポートフォリオを自ら組むことは、ごく当たり前のこととなったのである。

創刊以来、『スマートマネー』はこうした変化を反映する立場を取ってきた。つまり、株式市場とは、われわれが自分自身や家族のためにより良い未来を築いていけるような場でなければいけないのである。ミューチュアルファンドを買うような消極的な投資家もいれば、自分で株を選別して買い付ける積極果敢な投資家もいる。が、その中間を

望む人がほとんどであり、できるだけ安全な道を選びたいなら、そうせざるを得ない。

では、初心者にとって危険な場所とされるウォールストリートの現状はどうなっているのだろうか。これもまた気がかりであることに変わりはない。扇動者や宣伝マンなど、ペテン師のたぐいは今もみな健在であるからだ。しかも、ベビーブーマー世代の預貯金が新たに大量に流れ込んでくるため、彼らはますます努力を惜しまず仕掛けてくる。

リスクはほかにもある。一般に株式市場自体はまず破産する心配はないが、あなたが株を買った企業は破産してしまうかもしれない。しかし、過去の市場平均に関する研究では、それを構成している個別銘柄の見通しについてはほとんど考慮されていない。だから、株の優位性を生かして長期的に資産形成をするといっても、持ち株が長期にわたって存続してくれないことには実現不可能となる。

そこで、こんなときこそ、『スマートマネー』のような雑誌が掲載する経験から得た知識が役に立つのである。確かに、われわれも上の世代の金融ジャーナリストと同様、金融商品については疑いの目を持ってはいる。が、だからといって、警告を発しながらも読者に建設的なアドバイスをしていくうえで妨げとなるような懐疑論を差し挟むつもりはない。というのも、せっかく株を買った読者に、利益を取り損ねるかもしれない、などという心配をあまりさせたくないからだ。

株式投資には多くのリスクが付き物だし、このリスクを十分に理解していないと、せっかくのチャンスを無駄にしてしまう可能性はいくらでもある。実際1999年には、通信株のいわゆる「ニューパラダイム」に乗っかった多くの投資家がそれを証明しているし、ここ数年は、突然、夢から覚めて目の前が真っ暗になった人が多かったはずである。

そこで、われわれからのメッセージはこうだ。まずは、しっかりとした計画を立て、こうしたリスクをバランスよく分散させて、それぞれが相殺し合うようにすること。そうすれば、この２年間のような苦

しい時期や、2001年9月11日の同時多発テロ事件後にナスダック（ナスダック総合指数）が最大の下げ幅を記録したときでさえ、あなたの虎の子はおおむね安泰ということになるだろう。本書では、読者の皆さんのためにこうしたことをすべてまとめてみた。われわれには10年間読者のためにアドバイスを行ってきた実績がある。これまでに特集した株は500銘柄を超えるが、これらの平均上昇率はS&P500（S&P500種株価指数）に連動させたインデックスファンドをしっかりと上回っている。

ただし、学んだことがひとつある。それは、株だけでは安全な資産形成はできない、ということだ。株絡みのリスクを克服していく方法はいくつかあるが、株式市場はあまりにも複雑で絶えず進化しているため、明確な投資ルールをいくら設定しても、すべての投資家にいつも有効というわけにはいかない。そこで、『スマートマネー』では、こと投資戦略に関しては、常に多角的な視点を持つように奨励している。

とはいえ、波乱に富んだ激動の相場環境のなかでわれわれが行ってきた調査および10年にわたる経験から言わせてもらえば、基本原則に関する大まかな結論をいくつか引き出すことは可能である。こうしてわれわれが導き出した原則やスタイルには、ウォールストリートにおける株式投資の成功戦略と共通する点がほとんど、とは言わないまでも、たくさんあることがご理解いただけると思う。

ネリー・S・ファンとピーター・フィンチの両氏は、こうしたことにスポットを当てるのに打ってつけの立場にある。2人とも『スマートマネー』の創刊間もないころから同誌に携わり、株式担当チームのなかでは欠くことのできない存在である。そんな彼らが長年にわたって得てきた何よりも重要な教訓の一部を、積極的に投資をしようという人たちのためにまとめたのが本書である。債券やミューチュアルファンドについても有益なアドバイスを数多く収録してはいるが、株式

市場への理解を深め、市場から最大の利益を得ることに力点が置かれているのは『スマートマネー』と同様である。

　　　　　　　　　ジャージー・ギルバート
　　　　　　　　　スマートマネー誌ファイナンシャルエディター

謝辞

　毎号が共同作業による努力の結晶──それが『スマートマネー』であり、本書もそれに変わりない。

　長年にわたり『スマートマネー』のために情熱を注ぎ、斬新なアイデアを持って貢献されてきた記者、執筆者、編集者の皆さんには、現役、OBを問わず、この場を借りてお礼申し上げたい。『スマートマネー』独自の投資哲学を生み出し、磨き上げていくことができたのも、彼らの働きがあったおかげである。そして本書刊行に当たっても重要な役割を担ってもらった。特に名前を挙げるとすれば、創刊号において「90年代おススメの10銘柄」という卓越した特集記事を執筆していただいた総合監修者のジェームズ・B・ステュアート、ずば抜けた才能を持つファイナンシャルエディター、ジャージー・ギルバートの両氏には大変お世話になった。それから、スマートマネー・ドット・コムのマイク・オニール、受賞に輝いたスマートマネー・ユニバーシティ（投資の基本を学習するための優れたオンラインツール）のライター＆プログラマーチームにも感謝したい。最後に、『スマートマネー』の元社長スティーブン・シュウォーツ、元編集長ステュアート・エムリッチにも感謝の意を捧げたい。創刊当初、われわれスタッフがマーケットに対してこれまでになく独創的なアプローチができるようになったのも、彼らの叱咤激励があったおかげである。その目標は常に「投資をより身近なものにすること」であったが、本書にもその精神が生かされているのは言うまでもない。

ネリー・S・ファン
ピーター・フィンチ

はじめに──株式の場合

　マーケットを見ていれば分かることだが、最近では株に投資したからといって勝ち組になれるとは限らない。なにしろ、プロクター＆ギャンブルやゼネラル・エレクトリック（GE）といった安全と思われている企業の株でさえ、ジェットコースター並みの値動きをする。新安値を付けたと思ったら、新高値を付け、またまた新安値を付ける……という具合に乱高下を繰り返している。2001年9月11日の同時多発テロ事件後には、大量の売りに押されてマーケットは急落。これにはぞっとさせられたかもしれないが、特に目新しい現象ではない。

　とはいえ、覚えておいてほしい大事なことがある。それは、短期的には上がったり下がったりしていても、長期投資としては、株は優れものであるということだ。過去74年間の株式市場の年間上昇率は平均11％だが、典型的な普通預金では、平均で年率2％にしかならない。このため、1年間で、なんと9％も差がついてしまうのである！　これはすごい違いである。しかも、複利の利点を生かした場合、運用期間が長くなればなるほど、この9％の差がさらに開いていく。例えば、株に1万ドル投資した場合、10年後には、普通預金に同額預けたよりも1万6204ドル余分に増える計算になる。これが25年後だと、その差はさらに拡大し、12万ドルを超えることになる。

　簡単なことだ。長期的に見れば、株に勝るものは何もないのである。確かに、前述の普通預金に比べれば、債券のほうが若干マシかもしれないが、長期的には株のリターンを上回ることはおそらくないだろう。われわれは2000年5月号の定年退職に関する記事のなかで、ある調査を行っている。そこでは仮想の課税繰り延べ口座を設定し、アメリカ国内の株式、債券、現金部門（現預金・短期金融商品など）にさまざまな配分で分散投資した場合、そのリターンが運用期間によってどう

なるか、1920年代までさかのぼって調べてみたのである。その結果、期間が10年、12年、14年の場合は、持ち株に債券か現金部門を加えたほうが、多様な銘柄を組み入れた株式ポートフォリオよりも高いリターンが得られたケースが多かったが（これらはほとんどが大恐慌時代に運用を開始していた）、期間が18年を超える場合は、株にいくらか債券を足したポートフォリオで、株より成績を伸ばしたものはひとつもなかった。

　これこそ、『スマートマネー』がこの10年間に広めてきたメッセージである。そして、喜ばしいことに、わが読者はこのメッセージによって恩恵を得てきたのである。

　1992年4月、弱体化した貯蓄貸付組合（S&L）が軒並み破たんし、アメリカ経済がいまだ景気後退期からの回復途上にあったころ、本誌創刊号で「90年代おススメの10銘柄」と題した特集記事を組んだ。われわれの提案に従って、この10銘柄を購入した読者は、以来、率にして"530%"を超える運用収益を目の当たりにすることになった（このポートフォリオのなかで、特に大勝ちしたのは半導体製造装置メーカーのアプライド・マテリアルズで、記事を書いて以来、なんと3458％も値上がりしたのである）。

　幸い、この華々しい記録はここで打ち止めになったわけではない。1994年は、株にとって一様に悲惨な年となったが、S&P500が1％下落したのに対して、われわれが推奨したその年の「ベスト・インベストメント」ポートフォリオは平均で31％も上昇した。最近では不安定な相場環境によって、わが読者のポートフォリオに乱れが生じ始めたことから、高配当の7銘柄にスポットを当てた記事で対応。これが2001年3月号で取り上げた「ニューインカムストック」（資産株）である。フォード・モーターや鉄道会社のCSXコーポレーション、エネルギー関連のオキシデンタル・ペトロリアムなどを組み入れたこのポートフォリオは、2001年の最初の8カ月間で平均18％の上昇を見せ

た。このとき、S&P500は9％も下落していたので、明暗をくっきりと分ける形となった。

さて、こうしたことを実現するにはどうしたらいいのだろう。株のリサーチはどうやってするのか。こうした銘柄選びができるのはなぜだろう。というわけで、このあとのページを読み進めながら、ひとつひとつ勉強していくことにしよう。本書では堅実な銘柄選びのコツを紹介していくが、『スマートマネー』ですでに実証済みなのだから、あなたがやってもきっとうまくいくに違いない。

とはいえ、それなりの努力が必要である（結局のところ、良いものはそう簡単には手に入らないのだから）。そして投資で成功するには、買い候補の企業を念入りに調査すること。つまり、アニュアルレポート（年次報告書）を読み、その株に関するニュースを絶えずフォローしておくことだ。それから、その企業に投資したあとも、毎日、新聞に目を通すぐらいのことはしなければいけない。持ち株に関する重要なニュースがないかどうか確かめる必要があるからだ。そして、アニュアルレポートが届いたら、必ず読むようにしよう。

確かに、長期資金を全額、株式ファンドに入れてしまったほうがずっと楽だろうし、たいていの個別株よりもはるかに高いリターンが得られる成績抜群のファンドもあることはある。例えば、「ジャナス・ベンチャー・ファンド」は1999年に141％という驚異的なリターンをもたらしているが、これはS&P500の上昇率を120％ポイントも上回っている。また、2000年にはS&P500が9％下落したにもかかわらず、「バンガード・ヘルスケア」は60％も急騰している。

しかし、ここにも問題がある。特定の年だけを見れば、市場平均を上回るファンドはたくさんあるが、長期的に常に市場を上回っているファンドはごくわずかしかない。例えば、2001年半ば現在、平均的なファンドの10年間の平均リターンは15.7％。まあ、なかなかの成績ではあるが、これでもS&P500に1.6％負けている。しかも、10年超と

なると、ファンドと市場平均とのリターンの差は、投資金額1万ドル当たり6580ドルにもなるのである。

が、だからといって、ミューチュアルファンドを悪者にするつもりはない。それどころか、『スマートマネー』の信条は分散投資である。だから、投資信託や債券や現金部門の資産を各人のポートフォリオのなかに必ず組み入れるべきだと考えている。しかし、個別に株を買うほうが優れたリターンを上げられる可能性がある。ファンドによる分散投資はまさに安全だが、その安全性が個別株の足を引っ張って、悲しいくらい平凡な成績に終わってしまうこともある。実を言うと、ほかの人たちと同様、われわれもこの現状に満足しているわけではない。

このままでいいとは思わないし、われわれの銘柄選別法が絶対確実だと主張するつもりもない。ぶっちゃけた話、長い間にはボロ株をいくつもつかんできた。こうしたことは優秀なプロのファンドマネジャーにも、あなたにも起こり得ることだ。それに、投資した企業についてすべてが見込みどおりになるとは限らない。持ち株が市場平均を下回るような苦しい時期はほぼ確実にやってくる。相場全体が総崩れになっているせいで売られることもあれば、予測不能とはいえ、それなりにまっとうな理由で個別銘柄が値を下げることもある。

例えば、インテルの新しいペンティアムチップでは浮動小数点の割り算（複雑な演算）が処理できないなんて、1994年後半に予想できた人などいただろうか。インテルについては、われわれもその年の「ベスト・インベストメント」ポートフォリオに組み入れていたが、3週間足らずで10％の下落となった。もっと最近では、2001年の第1四半期、シスコ・システムズが減益となり、われわれも含め、大方の人間がものすごいショックを受けた。株価は値下がりし、直近の高値からの下落率は、その年の半ばまでに77％に達した。

そう、というわけで、株を選別するにはしばしば強い意志と丈夫な胃袋が必要となるのである。とはいえ、銘柄選びに少しでも時間をか

ければ、それだけ勝ち組になれる可能性も大きくなる、というのがわれわれの持論である。常に冷静でいられれば、このように相場が崩れているときにも、絶好の買い場は見つかるものだし、それを楽しいとさえ思えるようになるだろう。

第1章
株式と債券の基本
──まずは初歩的なことから
STOCK AND BOND BASICS:STARTING AT THE BEGINNING

　一般の人々に対して「投資とは難しいもの」という思い込みを植え付けさせようとする人たちがこの業界にはたくさんいる。その多くは、ブローカー、ファイナンシャルアドバイザー、"ライフプランナー"といったたぐいの人たち、つまり、そうすることで恩恵を受ける人たちである。投資とはおっかないもの、やってはいけないもの、であるかのように思わせることができればできるほど、人々は彼らを雇い、アドバイスを求めるようになるからだ。

　しかし、われわれに言わせれば、「投資は難しい」という各人の思い込みが投資を複雑怪奇にさせているだけなのである。だから、ここは一念発起して、今すぐ投資の世界に飛び込んでみよう。実際は、あまりにも簡単なので、きっとびっくりするに違いない。

■ 株式

　株式とは所有権のこと。これが基本中の基本だ。例えば、マイクロソフトの株を買うと、巨大ソフトウエア企業のごくごく一部を取得したことになる。この所有権をきわめて文字どおりに解釈すれば、同社のすべての机や契約や商標の一部を手にしたことになるのである。それどころか、同社が得た利益の一部もあなたのものになるのだ。だか

ら、株を買えば買うほど、その会社との利害関係も深まることになる。

　株式市場そのものは元来、そこで取引されている企業の価値について日常的に投票が行われている投票場のようなものだ。皆さんはおそらく証券取引所のフロアで互いに金切り声を上げながら突っ立っている連中を見たことがあるだろう。彼らの仕事は日々のニュースを仕入れて、ひとつの問いに集約していくこと。つまり、その情報によって自分の所有している企業が将来的に儲かるか、儲からないか、判断するのである。

　図1.1のチャートを見てほしい（訳者注　マイクロソフトの下落率については第9章の図9.4のチャートを参照のこと）。これは1996年から2001年半ばまでのマイクロソフトの値動きを示したものだが、90年代の後半に株価がいかに急騰したかが分かるだろう。マイクロソフトには懸念材料がひとつもないと思われていたのである。しかしその後、独禁法訴訟が起こり、2000年には重大局面を迎えることになった。

図1.1　マイクロソフトとS&P500

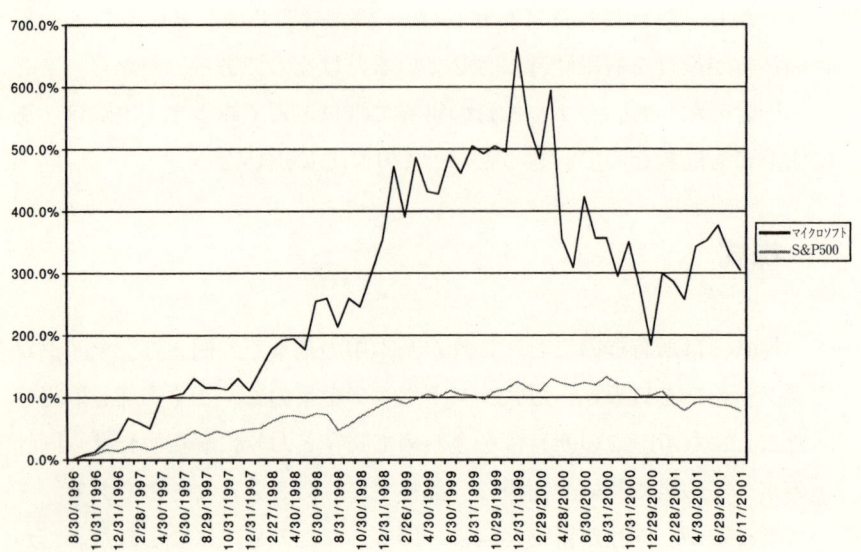

裁判官のトーマス・ペンフィールド・ジャクソンから同社を2社に分割するよう命令が下り、株価は急落。マイクロソフトの見通しについて、明らかに市場参加者が自信を失ったことが分かる（その後、判決がくつがえされ、分割の可能性は低いとみられると、株価はやや値を戻したが、2001年になって景気に不透明感が出てくるにつれ、再び値を下げてきている）。

　マイクロソフトであれ、ほかの銘柄であれ、企業価値評価の究極の尺度となるのは、その会社の利益あるいは収益で、市場ではこれが重大な関心事となる。企業の決算発表は年に4回行われ、投資家たちはEPS（earnings per share＝1株当たり利益）と称されるこうした数値を丹念に調べ上げて企業の健全性と将来性について評価を試みる。

　株式市場では利益の急成長も安定成長も好感されるが、いくら素晴らしいアイデアを持っていても、即座に収益に結びつく見込みがない場合、その企業はどう評価されるのだろうか。ネット企業に投資した人ならもうお分かりだろうが、市場は気が短く、こうした状況をそう長くは許してくれない。2000年には市場参加者の間でドットコム企業（インターネット関連の新興企業）の価値を見直す動きが出たことから、多くの企業の株価が急落し、残念ながら、かなりの投資家が巨額の損失を抱えることになった。

　市場はまた、予想外の損失を出したり減益となったりした企業についても手厳しい。最終損益について言えば、クオータリーレポート（四半期報告書）において市場予想を裏切るような悪い数値が発表されると、まず間違いなく売られることになる。

　一定の期限が来るまでずっと利息がもらえ、償還日には元利払いが約束されている債券とは異なり、株は市場で値上がりしてくれないことには利益が出ない（多くの企業が株主に配当を支払ってはいるが、これは義務ではない）。しかも最悪の場合、その企業が倒産でもすれば、投資したお金はみんなパアになってしまう。幸い、こうしたこと

はめったにないが、よくあるのは、その企業が短期的なトラブルに見舞われただけなのに、まるで長期的な問題を抱えているかのように思われて株価が下落することだ。

大型株

　皆さんは「時価総額」あるいは「マーケットキャップ」という言葉をたびたび目にしたことがあるだろう。そこで、ここではその定義を説明していくことにしよう。時価総額は、企業が市場で発行している株式の数に株価を掛け合わせて求めることができる。仮にその企業の発行済み株式数が500万株で、株価が5ドルなら、マーケットキャップは2500万ドルということになる。

　その名が示すとおり、時価総額の大きい「大型株」は、市場におけるビッグプレーヤーである（表1.1参照）。では、どのくらいの大きさかというと、一般に時価総額50億ドルが大型株の最低ラインとされるが、マイクロソフトのような巨大企業では3000億ドルを上回るところもある。なかでも最大の企業はゼネラル・エレクトリック（GE）で、2000年末にかけては一時的に5000億ドルを超えているときもあった。全体で見ると、時価総額50億ドル超の大型株が市場全体の時価総額16兆1000億ドルの82％を占めている。

　これらの企業は経済の原動力として特に重要な役割を演じているため、注目を一心に集めることになる。とりわけ注目度の高い2つの指標——ダウ工業株30種平均（ダウ平均／NYダウ）とS&P500種株価指数（S&P500）——はいずれも大型株で構成されている。ダウ平均はニューヨーク証券取引所（NYSE）の上場銘柄のなかで特に規模の大きい大型株30銘柄をカバーしている（**訳者注**　1999年11月からマイクロソフトやインテルなどのナスダック銘柄も採用されている）。一方、S&P500は500銘柄から成り、その時価総額の平均は218億ドル

表1.1　大型株（全米上位10銘柄）

企業名	2001年中期の時価総額（10億ドル）
1.GE	432.1
2.マイクロソフト	353.2
3.エクソン・モービル	288.1
4.ファイザー	260.2
5.シティグループ	252.7
6.ウォルマート	249.9
7.AOLタイム・ワーナー	201.3
8.インテル	200.5
9.AIG	194.2
10.IBM	184.9

出所＝Morningstar.com

である。

　人間も大きくなればなるほど、成長速度は遅くなる。同様に大企業も、平均的な新興ハイテク企業ほど成長スピードは速くない。しかし、ひらめきに欠ける分を重量で補っている。伝統的な優良企業は収益が安定しており、利益動向も一貫し、配当もきちんと出している。しかも結果を得るのに十分な大きさがあるため、中小企業に比べ、不景気になっても持ちこたえるだけの体力がある。

　1990年代に入り、普通のブルーチップ（優良株）よりもはるかに成長速度の速い新種の大型株が登場した。それはマイクロソフトやインテル、シスコ・システムズといった、すでに成熟したハイテク優良企業である。これらは、ウォルマートのようなブルーチップと比べれば、若干値動きは荒いが——確かに〝かなり〟不安定な動きをすることも時にはあるが——将来的な経済成長を一部先取りすることにかけては、

右に出るものはいない。

　ただし、気をつけてほしいことがひとつある。小型株のなかには市場の過熱感から際限なく買い上げられて大型株になってしまったものがあることだ。例えば、1999年にはプライスライン・ドット・コムのようないくつかのネット企業が、赤字で何の実績もないにもかかわらず急騰し、大型株の仲間入りを果たしている。プライスライン・ドット・コムの時価総額は1999年4月に230億ドルを超えたが、その状態は長くは続かず、2000年末にはたったの3億1600万ドルにまで減少している。そこで、教訓。大型株のように見えても、実は中小型株が膨れ上がっているだけのこともある、ということだ。こうした企業は当然のことながら安定企業とは言えない。

　その規模と安定性からして、大型株には概して投機的な要素がないため、慎重派の投資家ほど大型株を好む傾向がある。が、だからといって、大型株なら深刻なトラブルに巻き込まれることはないというわけではない。ただ、大型株については成長のトレンドラインが予測可能で、ウォールストリートのアナリストが各企業のことを熟知しているため、企業に問題が生じれば、多くの警告が発せられるのが普通である。だれもが知っているとおり、ハイテク優良企業には無配のところも多いが、大企業は一般に定期配当を出す傾向がある。というのも、定期配当を出せば、インカム（配当）狙いの長期派の投資家に株を買ってもらえるからだ。つまり、配当がバラストの役目を果たしてくれるのである。大型株といえども、不安定な値動きに悩まされることもあるので注意が必要だが、小型急成長株に比べれば、ボラティリティ（価格変動リスク）は小さい。

　とはいえ、リスクが低くなれば、それだけの代償を伴うものだ。大型株のリターンは、非常に不安定な時期を除けば、小型株よりも低い傾向にある。例えば、小型株が年率12.8％のとき、大型株は11.2％という具合だ。

小型株

　小型株は「マーケットのスピード狂」として知られているが、この表現はあまり正確ではない。というのも、小型株のなかにも低迷している小さな銀行や斜陽メーカーがたくさんあるし、その値動きの荒さに投資家が耐えられず、苦しめられた時期もあったからだ。だが、時価総額が10億ドル未満の企業には、もっと規模の大きい企業よりも急成長するところもある。実際、利益が急増し、投資家に2ケタ台のリターンをもたらした優良企業もある。

　小型株をフォローしている指標はいくつかあるが、おそらくいちばん参考にされているのがフランク・ラッセル社のラッセル2000指数だろう。採用銘柄は2000社で、その平均時価総額は5億3000万ドル。一方、スタンダード＆プアーズ（S&P）社の小型株指数S&P600に採用されている企業の平均時価総額は約6億2500万ドルとなっている。一般には、時価総額が10億ドル未満の企業の株が小型株とされる。

　時価総額が小さい企業はそれ相応に収益も小さい傾向にある。つまり、その多くが設立間もないか、地理的に市場を拡大中、あるいは新製品の市場を開拓中ということになる。その良い例がダイアノン・システムズである。コネティカット州ストラットフォードを拠点とする臨床検査センターの運営会社で、その時価総額は2000年から2001年にかけて3億ドル前後で推移している。規模がかなり小さいこともあって、時価総額が1300億ドルもあるジョンソン＆ジョンソンのようなヘルスケア大手よりも、はるかに成長速度が速い。

　ジョンソン＆ジョンソンはバンドエイドから人工股関節までありとあらゆるものを製造しているが、1996年から2000年までの5年間の利益成長率は年率15％で、この間の株価の上昇率は131％。大型株としてはまずまずの成績ではあるが、ダイアノンの同時期の利益成長率は平均で年率444％と急激な伸びを示しており、株価の上昇率も1000％

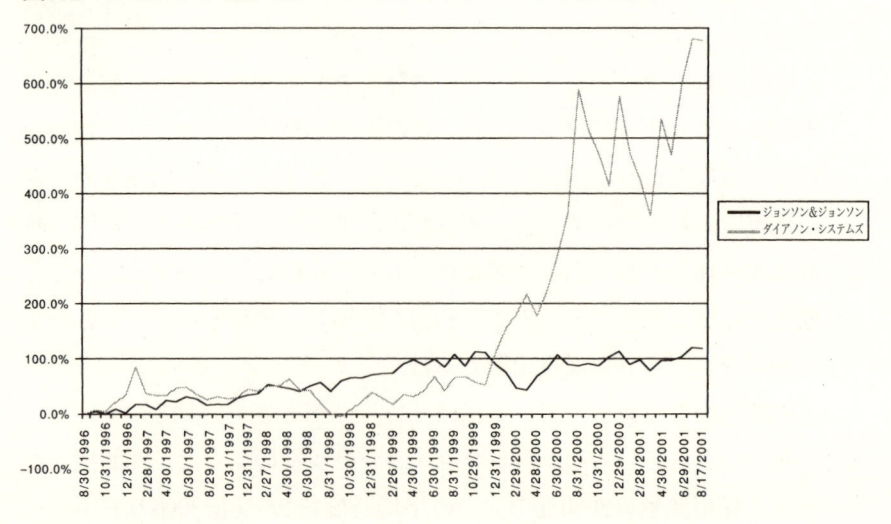

図1.2　ジョンソン&ジョンソンとダイアノン・システムズ

を超えている（図1.2参照）。

　しかし、当然のことながら、ダイアノンのほうがジョンソン&ジョンソンよりも乱高下しやすい。それに中小企業は、不況となると、ジョンソン&ジョンソンのような大企業とは比べものにならないくらい脆弱である。とはいえ、分散型ポートフォリオにとって、ここ数年間におけるダイアノンの驚異的なパフォーマンスはかなりのうまみがあったに違いない。

　だが、リスクはこれだけではない。例えば、1997年にアジア経済危機が世界中の株式市場を震撼させたように、経済が不安定になると、安定と安全性を求めて、しばしば小型株を外してブルーチップに乗り換える動きが出てくる。しかも中小企業の場合、発行済み株式数が少ない分、値動きが荒くなるのは言うまでもない。好材料が出ると、もてはやされて買いが入り、株価が一気に急騰するが、悪材料が出ると一気に急落し、売り損ねて塩漬けになる可能性もある。しかも、こう

した小型株をフォローするアナリストが少なくなると、それだけ情報の信用度も落ちることになる。ということは、突然、予想外の売り材料が出ると、一夜にして多くの銘柄が値を消してしまうこともあり得るのである。

とはいえ、たいていの投資家は——特に損失を取り戻すだけの時間的余裕のある若い世代の投資家は——リスクをとっても小型株を買いたがるものだ。しかも、ダイアノンのように上昇余地がきわめて大きいとなれば、見送るわけにはいかない。

外国株

世界経済がますます相互につながりを深めている今、投資家にとって外国株は無視することのできない存在となっている。海外には、手を出すにはあまりにも多くの投資機会、投資手法がある。しかも、世界各地の経済は好不況のサイクルが互いに相殺し合うことが多いため、アメリカ株に大きく偏ったポートフォリオに外国株を組み入れれば、格好の分散投資となる。

アメリカ国内の取引所に上場している株式と同様、外国株も規模がさまざまで、ひとつのグループとしてまとまった動きをするわけではない。したがって、実際には〝日本株〟がどんな値動きをするのか、〝イタリア株〟のパフォーマンスはどんな具合になるのか、分からないのである。また、外国企業の場合、会計基準がアメリカとは異なり、政府による検査もはるかに手ぬるい。というわけで、海外投資はアメリカ国内で株を買うよりも複雑で分かりにくいということになる。

このため、アメリカの投資家が海外に手を広げるときは、フィンランドのノキアのような一流の大手企業に投資するか、十分な専門知識と情報源を持ったプロが運用するミューチュアルファンドのなかで、さまざまな外国株を大量に組み入れて好成績を上げているものを購入

する人がほとんどである。

　国際型ミューチュアルファンドを買うのは、国内株を買うのと何ら変わりはないが、個別銘柄を買い付ける場合は、証券会社を通じて海外市場で直接買い付けてもらうか、アメリカ国内の取引所に上場しているADR（米国預託証券）を買うといいだろう。ADRは外国株の代替証券（DR）だが、通貨はドルベースで、その値動きは自国で発行されている株と連動している。

　海外市場はとりわけボラティリティ（価格変動リスク）が大きい。というのも、地域経済およびグローバル経済の変化に加え、為替変動の影響を非常に受けやすいからだ。例えば、2000年には世界的に景気が減速傾向にあったため、株価も世界各地で軟調だった。とはいえ、海外市場がみな一様な動きをすることはめったになく、地域によって上がったり下がったりしているのが普通である。

　こうした違いを示す劇的な例は1997年のアジア経済危機である。金融業界でかつて人気を集めた地域の経済混乱は、多くの投資家に海外投資に対する不信感を植え付けることになった。1997年6月から1998年10月までの日経平均株価（日経平均）の下落率はほぼ40％に達している。これは金融面での失策や腐敗によって、環太平洋地域に広がる貿易相手国の経済が崩壊したせいだが、その影響は世界中に波及し、アジア市場と取引のあった企業はいずれも減収を余儀なくされた。

　ところが、その一方でヨーロッパ市場は活況を呈していた。各国が真の経済同盟に向けてさらに接近し合うなかで、アメリカ式の性急な企業再編が実を結び始めていたのである。このように総崩れになる地域もあれば、それを埋め合わせてくれる地域もあるため、国際分散投資が重要となるのである。自分でするのが無理なら、プロの運用担当者に代わりに運用してもらうといいだろう。

ハイテク株

われわれはテクノロジーが一夜にして生活を一変させてしまうような時代に暮らしている。そして、このテクノロジーのおかげで豊かな新市場が生まれ、数え切れないほどの企業が利益を爆発的に伸ばしている。

しかし、2000年から2001年にかけて教訓を得たように、こうした投資機会にも暗い影の部分があるのは言うまでもない。景気後退懸念から成長株が売られ、医薬業界をはじめとする、より安全で安定したセクターの株が物色の対象となった。アマゾン・ドット・コムのような赤字のネット株への影響は最悪だったが、シスコ・システムズやサン・マイクロシステムズのような既存のハイテク大手でさえ売りたたかれたのである。

新市場にはそもそも大きなリスクが付き物だし、だからこそ、実際の利益――あるいは将来的な利益見通し――が大きくブレたりするのである。クリスマス商戦でパソコン（PC）の売れ行きが不調というニュースが伝わると、ゲートウェイなどのPCメーカーから、ゲートウェイのPCに供給されるチップの製造機器メーカー、ノベルス・システムズまで、関連銘柄が軒並み売られることになる。が、いったん混乱が収まれば、優良企業には買い戻しが入るものだ。もっとも、こうした危機的状況のときは、忍耐力と持久力がなければ、思い切りやられることになるだろう。

ここ数年、見てのとおり、ジェットコースターのように乱高下しているハイテク株は、総じて市場全体よりもボラティリティが大きい傾向にある。しかし、長期で持てば、その飛び抜けた成長性によってリスクが相殺されるため、長期のポートフォリオにはハイテク優良銘柄を組み入れておくといいだろう。こうした銘柄をどこで見つけたらいいのかといった、もろもろのことについては、のちほどページを割く

ことにする。

その前に、ポートフォリオに入れておいたほうがいい、もうひとつの投資対象についてざっと説明しておこう。

債券

債券とは借用証書（IOU）のことと思えばいいだろう。債券を買うことは、事実上、その発行体に対して――それが米財務省であれ、USエアウェーズ（**訳者注** 2002年夏経営破たん）であれ――お金を貸したことになるからだ。一方、発行体にしてみれば、その債券が償還するまで利息を支払い、償還日には元本（元金）を返済することを約束したことになる。

債券は収益の流れ（利息収入）が安定しているため、変動の大きい長期のポートフォリオにはバラスト役として、ぜひとも組み入れたいものだ。以下に、債券の主な種類を紹介するので、購入を検討してほしい。債券の組み入れ比率の決め方については、第3章で理想的なアセットアロケーション（資産配分）について解説するときにお話しする。

財務省証券――米財務省から直接買い付ける

まったくの初心者なら、5年物の財務省証券（米国債／トレジャリー）を買うのがいいだろう。ただし、債券に配分できるだけの資産がかなりあるなら、連続して満期がくるよう、償還期限の異なる財務省証券を買い集めて、いわゆる「ラダーポートフォリオ」（ラダーは、はしごの意味）を組むのがいいかもしれない。額については、これから説明していくが、いずれにせよ、財務省長期証券（Tボンド）や財務省中期証券（Tノート）を買うのにいちばんお薦めなのは、米国政

府が導入している手数料無料の「トレジャリー・ダイレクト」というシステムを利用することだ。これなら、証券会社を通す必要がなく、手数料もかからない。口座開設の申し込みは、トレジャリー・ダイレクトのウエブサイト（www.treasurydirect.gov）を訪問するか、最寄りの連邦準備銀行（連銀）に問い合わせて、オンライン上で行う。また、米公債局（800-722-2678）に電話してもかまわない。

　２年債、３年債、５年債、10年債は最低1000ドルから購入でき、オンライン上で口座開設ができる。ただし、何らかの理由によって、償還前に途中売却したいときは、その口座から債券を証券会社に移管しなければいけない。そのとき、証券会社から１回につき最低50ドルの手数料を取られることになるだろう。また、トレジャリー・ダイレクトでは、額面が10万ドル以上の口座については年間25ドルの口座管理料がかかることになる。

連邦政府機関債

　財務省証券と同様にきわめて安全で流動性が高く、それでいて財務省証券より利回りが若干高いのが連邦政府機関債（エージェンシー）である。その発行体としては、テネシー渓谷開発公社（TVA）、農業金融支援公庫（FCFAC）、連邦住宅抵当金庫（FNMA／ファニーメイ）、政府住宅抵当金庫（GNMA／ジニーメイ）などがある。なお、これらの無担保債は、同じくFNMAやGNMAが発行しているモーゲージ担保証券（MBS）とは異なるので、混同しないようにしてほしい。というのも、MBSは金利変動の影響を受けやすく、価格が大きく上下するため、お薦めできないからだ。

　ただし、政府機関債で財務省証券を上回る収益を上げるのは難しいだろう。なぜなら、証券会社を通してしか購入できないため委託手数料がかかり、その分、利回りが落ちてしまうからだ。どのくらい落ち

るかというと、標準的な小口手数料で0.5%、これを債券の専門用語でいうと、50ベーシスポイントとなる。仮に10万ドル投じて、手数料を下げてもらうよう交渉しても、たぶん20ベーシスぐらいだろうから、財務省証券より益が出ても、おそらく年間で50ドル前後、得するだけだろう。

　もっとも、額が大きければ、話は別である。政府機関債に100万ドルぐらい突っ込むことができれば、大口扱いとなり、手数料はたったの10ベーシスとなる。が、そんなに出せないというなら、ほかにも手がある。政府機関債を100万ドル買うためにクライアントから資金を集めては、銀行から直接大量に買い付けている投資顧問業者と組めばいいのだ。

地方債

　高額所得者は、財務省証券に加え、免税地方債を買うことも考慮したほうがいいだろう。というのも、税率等級の高い人にとっては、地方債のほうが財務省証券よりも表示利回りが低くても手取り収益が多くなるのが普通だからだ。それに、財務省証券と同じように、連続して満期がくるように償還期限がそれぞれ異なる地方債でラダーポートフォリオを組んでおけば、金利リスクを軽減することもできる。ただし、売買単位が通常は5000ドルから2万5000ドルと、かなり大きいため、デフォルト（債務不履行）リスクに備えて地方ごとに分散投資しようとすると、ポートフォリオ構築には最低でも10万ドルは必要となる。

　そこで、地方債でラダーポートフォリオを組むだけの資金が十分にない場合は、次善策として、一連の地方債ミューチュアルファンドに目を向けてみるといいだろう。いちばんお薦めなのは、バンガードの期間限定免税債ファンドと中期免税債ファンドで、いずれも初期投資

額は最低3000ドルとなっている。経費率も0.18%と低く、一定間隔で満期がくるよう、償還期限のでこぼこをできるだけ少なくして、リスクを最小限に抑えるようにしてある。

社債

社債は財務省証券より利率が高く、クーポン（利息）収入が多いため、昔から好んで買われてきたが、われわれは社債を推奨することについては懐疑的である。その理由のひとつに、いくら利回りが高くても、それを食うくらいコストがかかるという問題がある。第一に税金がかかる。社債から得られる利子所得は額にかかわらず全額課税対象となる。仮に州税および地方税（これらは財務省証券には適用されない）の税率がたったの6%であっても、税引き後の利回りは8%から7.5%に落ちることになる。第二に取引コストがかかる。売買委託手数料に加え、ボンドディーラーからサヤ（スプレッドという）を抜かれることになる。合算すると、おそらく投資金額の1%以上が食われることになるだろう。

とはいえ、いちばん肝心なのは、買い手にとって条件の良さそうな債券ほど「コーラブル債」であるケースが多いことだ。これは、発行体である企業がその自由裁量によって満期前に表示価格で償還し、利払いを停止できる権利を有しているという意味だ。こうしたコール（繰り上げ償還）条項がついていると、投資家にとっては「コインの表が出ても裏が出ても負ける」ことになる。というのも、金利低下局面で債券価格が上昇しても、企業がおそらくコールをかけてしまうため、もらえるはずだったクーポン収入が途絶えるうえに、売れば得られたはずの値上がり益（キャピタルゲイン）もカットされることになる。逆に、金利が上昇してしまうと、実勢レートよりも利率が低く設定されているために魅力が薄れ、値下がりしていく債券をずっと持ち

続けるはめになるからだ。

ラダーポートフォリオ

　株式投資と同様、債券投資にも分散投資は重要である。それには、償還期限（残存期間）のそれぞれ異なる債券をポートフォリオに入れて、残存期間の平均が常に一定になるように維持することでリスク分散するのがいいだろう。なかでもいちばんいいのは、財務省証券（米国債／トレジャリー）でラダーポートフォリオを組むことだ。この場合、さまざまな年限のＴノートを買いそろえておくのが基本だ。なお、Ｔノートの償還期限は１年から10年、Ｔボンドは10年超となっている。
　では、やり方を説明していこう。まず、残存期間が１年、３年、５年、７年、９年の財務省証券を同額ずつ購入する。このポートフォリオでは残存期間の平均は５年となる。（１＋３＋５＋７＋９）÷５＝５というわけだ。１年後、１番目の債券が償還したら、新発の10年債を購入してラダーを組み直す。これで残存期間の平均は６年になる。
　それから２年後、２番目の債券が償還したら、また新発の10年債を仕入れる。このように、債券がひとつ償還するたびに新発の10年債を買い付けていくと、残存期間の平均を常に５年から６年に保つことができる。
　この方法のひとつの利点は、特に毎年いずれかの債券が償還するようにラダーを組んでおけば、金利の変動について心配しなくていいことだ。仮に10年物の新発債を買った直後に金利が上昇してしまっても、やがて償還金が手に入るため、この金利変動に乗じて、例の新発債を値下がりしたところで拾えば、なぐさめになる。逆に新発債を買ったあとで金利が低下したときは、より利率の高い債券を無事確保できたことになるので、やはりなぐさめられる、というわけだ。要するに、どのみち困ることはない、というのが結論である。

ラダーポートフォリオ用の財務省証券は、前述の「トレジャリー・ダイレクト」を通じて米国政府から直接買うといいだろう。これなら手数料もほとんどかからないし、投資金額も最小限ですむ。
　地方債でラダーを組んでもかまわないが、発行体についてもリスク分散しようとすると、普通は最低でも10万ドルの資金が必要となるだろう。地方債の売買は、たいていの証券会社を通じてできるが、取引コストが高くつく。ただし、税率等級の高い人で税率が28%を超えるようなら、節税対策としてコストをかけるだけの価値があるかもしれない。

債券ファンドvs手作りポートフォリオ

　債券は分かりにくい――これは疑いの余地のないことだが、特に市場での投資経験がほとんどない初心者にとってはそうだ。このため、確定利付証券で分散投資をしようとするとき、多くの人が債券ファンド（公社債投信）を選ぶのである。しかし、投資について努力をいとわない人には債券ファンドよりも債券を個別に買ったほうがいい、というのがわれわれの持論である。もっとも、実際問題として、ファンドの利便性は、時にはその欠点に見合うだけの価値があるものだ。
　では、債券ファンドについて考慮すべきこととは何だろう。
　株式型ミューチュアルファンド（株式投信）と同様、債券ファンドもプロが運用している。つまり、ファンドの運用担当者がポートフォリオに組み入れる債券の買い付けを行い、すべての投資判断を下しているのである。組み入れ銘柄は、例えば15年物の社債とか免税地方債など、ファンドごとにそれぞれ特有の種類、償還期限、リスクの債券を買い付けている。分配金については、通常の債券のように年1回あるいは半年に1回利払いをするのではなく、毎月分配型のファンドが多い。

債券ファンドのいちばんの利点は便利なところだ。それに、こと社債や地方債の購入については、調査機関の強力なバックアップのあるプロの運用担当者のほうが平均的な個人投資家よりも適切な投資判断が下せるのも確かである。というわけで、ジャンクボンド（ジャンク＝くず、がらくた）に手を出してみたい人や、3種の所得税が免除となる30年物のニューヨーク市債で節税効果を狙いたい人は、手っ取り早く好成績のファンドを選んで買ったほうがいいかもしれない。

　一方、債券ファンドの主な欠点は、債券そのものではないことだ。確定利回りではないし、いずれ償還して元本（元金）を返済するという契約上の義務があるわけでもない。つまり、債券の重要な特徴が2つともないのである。それに、手数料や諸経費がかかるため、運用収益が食われることになる。しかも、ファンドマネジャーが頻繁にポジション（持ち高）を動かしているため、ファンドのリスク・リターン特性も絶えず変化する。債券そのものは長期保有するほどリスクが減っていくが、債券ファンドは運用担当者の気まぐれによってリスクが増減することになるからだ。

　一方、自分で債券ポートフォリオを構築するということは、各人の事情に合わせてポートフォリオを組むことができるということでもある。つまり、お金が必要になるときにちょうど償還するような債券を仕込むことができるのである。債券ファンドではこうしたきめ細やかな対応は不可能である。

　そこで、われわれからのアドバイス。もし自分で債券ポートフォリオを運用するだけの時間と興味がない、あるいは社債か地方債を組み合わせたポートフォリオがほしいというなら、債券ファンドを購入する。しかし、例えば、子どもが大学に入学するときにちょうど償還するようなポートフォリオを財務省証券で組みたい、債券ファンドに付き物の手数料や副次的なリスクは避けたいというなら、思い切って自分でポートフォリオを作ってみることをお勧めしたい。

第2章
スマートマネー式投資法
THE SMARTMONEY WAY

「年間ベスト・インベストメント」「今のマーケットに勝つための5つの法則」「今あなたに必要な唯一の投資ガイド」――『スマートマネー』のこうした表紙タイトルからして、みんな「マーケットタイミング」に関する話題ばかりではないか、という印象を受けるかもしれない。つまり、絶妙のタイミングで買い出動し、最大の利益を得て売り抜けるための話ばかりだ、と。事実、まったくそのとおりである。だが、本誌が提唱しているのは――そして、これまでも一貫して提唱してきたのは――株を購入したら長期保有する「バイ・アンド・ホールド戦略」である。株を買ったら、そのほとんどを最低でも3年から5年、あるいは、もっと超長期にわたって持つべきだ、というのがわれわれのスタンスである。

この長期保有戦略のメリットについては、総合監修者のジェームズ・B・ステュアートが本誌の創刊号において次のようにまとめている。

課税が猶予される

株の長期投資は最も楽だという印象があるが、その節税効果にはあまり目が向けられていない。自分のポートフォリオを、いつでもペナルティーなしで換金できるIRA（個人退職年金勘定）のようなものだと考えてみよう。

売買委託手数料が最小限で済む

例えば、10年間手数料を払わずにいたら、トータルリターンはものすごく大きくなるはずだ。

投資決定を下す回数が最小限で済む

株価の値動きを毎日追う必要がない。プロでさえタイミングを見計らって売買するのは大変なことだが、長期投資ならマーケットタイミングはそれほど重要ではない。そもそも、自分の株式ポートフォリオを四六時中、気にかけている暇などない投資家がほとんどだろう。

では、なぜこうしたタイトル——「今あなたに必要な唯一の投資ガイド」「そろそろ反発しそうな6銘柄」といったタイトル——をいつもつけるのか、と疑問に思う向きもあるだろう。本書を書いているのも、実は同じ理由からなのだ。というのも、たいていの人は年に1回まとまった金を一括して投資に振り向け、あとはすっかり忘れてしまっている、というわけではない。年間を〝通じて〟ボーナスだの、税金還付金だの、ほかの株から得た売却代金だのと、新規資金が続々と入ってくるのが普通だ。このため、この金をできるだけ賢く効率的に運用する必要がある。ポイントは、たとえ10年以上保有するつもりであっても、価格的に今いちばん投資妙味のある株を買うことだ。これで、いずれは市場に勝てる「大化け株」を自分のポートフォリオに仕込んだことになる。

それから、買い場を見つけること。必ずしも値段の安い株を探す必要はないが（というのも、安いだけのそれなりの理由があることが多いからだが）、通常の水準よりも値下がりしている株を拾うようにしたい。例えば、投げ売りが出ているときや、その業種が循環的に下降トレンドに入っているとき、あるいは低迷していた企業の業績が好転の兆しを見せているときなどが買いのチャンスだ。

「バリュー株」の価値

　本書では基本的にほかの投資スタイルよりもバリュー投資に近いスタイルについて話していこうと思う。
　「バリュー投資」という言葉になじみのない人がいるといけないので、ここで説明をしておこう。投資の世界は大きく2つのグループに分けることができる。グロース投資（成長株投資）とバリュー投資（割安株投資）である。グロース型の投資家は、増収・増益率がともに年率で市場平均を上回る伸びを見せている企業を物色する。それも、値段が高くても買い付けていくのが普通だ。1990年代後半のシスコ・システムズが典型的な成長株である。売上高と利益がともに年率30％から40％も伸び、その成長率は平均的な企業の倍もあった。しかし株価もかなり高く、シスコのPER（株価収益率）は50倍か60倍もあり、これもまた市場平均の2倍となっていた（PER＝株価÷1株益）。なお、PERについてのさらに詳しい説明やその他の重要な評価尺度については、第5章の補足5.2「定番レシオ」（122ページ）を参照してほしい。
　一方、バリュー型の投資家は、たとえみんなが買っていたとしても、シスコには手を出さないだろう。もっとも、2001年に株価が70ドルから13ドルに落ちたときには買いを入れた可能性もあるが、それ以前に買っていることはまずあるまい。彼らが狙うのはバーゲン品、つまり値下がりして割安になっている株である。割安かどうかは、いろいろな尺度を用いて、市場平均あるいは同業他社と比較して判定する。だから、単に値段が安ければいいというわけではない。たとえ株価が10ドルしかなくても、赤字で資産もない企業であれば、かなり高い買い物とみなされるのである。
　かといって、成長株を買うなと言うつもりは毛頭ない。結局のとこ

ろ、増益の見込みがまったくない企業に心をときめかせる投資家などいなのだから（ましてや、買い上がろうとは思うまい）。というわけで、スマートマネー式の投資スタイルは、実際には「ハイブリッド型」ということになる。つまり、利益成長率の高い低PER銘柄が理想と言えるだろう。これを人呼んで「GARP（ガープ）」戦略という（**訳者注**　GARP＝growth at a reasonable priceの略。「お手ごろ価格の成長株」、つまり「割安成長株」の意）。

　とはいえ、バリュー投資の重要性については強調してもしすぎることはない。というのも、何度も調査を重ねた結果、長期的にはバリュー株のほうがグロース株よりも成績が良いことが証明されたのである。定評ある調査会社ルースホールド・グループによれば、1974年に大型バリュー株に１万ドル投じた場合、現在の評価額は63万9200ドルとなるが、大型グロース株に同額投じた場合は、残念ながら40万5500ドルにしかならず、その差は約37％にもなるのである。

　これを中小型株でやっても、やはりバリュー株のほうが成績の良いことが分かっている。なかでも極めつけなのがアーバナ-シャンペーン市イリノイ大学のファイナンス担当教授ジョーゼフ・ラコニショックによる調査である。1968年から1990年にかけてニューヨーク証券取引所（NYSE）およびアメリカン証券取引所（AMEX）の全上場銘柄について検討した結果、５年間の成績は、ほとんどの場合で超割安株が成長株を上回り、平均すると、年に10％の差をつけて勝っていたのである。

　だが、われわれがバリュー投資を好む理由はパフォーマンスの良さだけではない。安値を拾うにはそれなりの自制心が必要となるが、この自制心があれば、未経験の投資家でさえ大きな落とし穴にはまらずに済むからだ。つまり「飛びつき買い」や「ろうばい売り」を回避できるのである。下げ相場ではパニックに陥り、本来買うべきところを売ってしまったり、逆に上げ相場では、本来売るべきところを欲の皮

補足2.1

「売り時」を知る

　最高の投資法は、言うまでもなく優良企業を買って長期保有することだ。とはいえ、"永久"に持ち続けることは不可能である。企業も業界も投資家自身の状況も変わるからだ。そこで、いずれは持ち株の一部を手放さなければいけなくなる。

　問題は「それがいつか？」ということだ。

　これはどんな投資家にとっても、なかなか難しい決断のひとつである。しかも残念ながら、売り時に関する明確なルールというものがない。が、ここでは、われわれが何年もかけて作り上げたガイドラインを紹介することにしよう。

PER（株価収益率）が利益成長率を上回っているとき

　いわゆる「予想PER」（＝株価÷予想1株益）とは、その企業の現在の株価を、アナリストが見積もった来年の予想1株当たり利益で割ったものだが、この数値が今後3年間～5年間の利益成長率（％）の予想を大幅に——例えば20％以上——上回っていたら、売ることを考えてみよう。ただし、例外がひとつある。それは、その企業がエネルギー、鉱業、食品加工などのコモディティーベースの産業（あるいは市況産業）に属する場合だ。こうしたケースでは、その業種全体の株価動向に注目がいくため、成長率はあまり問題とされないからだ（訳者注　第5章の補足5.2「定番レシオ」のPEGレシオを参照のこと）。

売上高利益率が減少傾向にあるとき

　仮に増収増益であっても、利益率が低下しているようなら、問題が生じている可能性がある。そこで、「売上高純利益率」（＝税引き後の純利益÷売上高）をチェックしてみよう。また、企業の健全性を見るなら、「売上高営業利益率」（＝営業利益÷売上高）をチェックしたほうがいいだろう。これが3四半期にわたって減少していたら、企業の10Kファイルを徹底的に調べ上げて、その理由を探ること。なお、過去の数値は四半期ごとの損益計算書を見れば分かる。

ほとんどのアナリストが予想を下方修正したとき

　アナリストは往々にして楽観的な傾向がある。だから、彼らが今後3年間～5年間の収益予想を下方修正し始めたら、絶対に要注意である。

配当が高すぎるとき

　少なくとも2.5％減配になったら、まず間違いなく株価は下落するだろう。企業の配当支払い能力（配当余力）を評価するには、「配当性向」（＝1株配÷1株益）を計算してみる。この数値が60％を超えるようだと異常ということになる。ただし、公益企業は例外で、この場合は80％を超えると要注意となる。

有名大企業が競合品を発表したとき

　あなたの買った企業がニッチ産業（すき間産業）の業界リーダーだとしても、資力の十分にある有名大企業が同じすき間を狙っていることを発表したなら、あなたの持ち株は、自社のテリトリーを死守できることが証明されるまで低迷することになるだろう。仮に価格競争で大きな犠牲を強いられそうなら、痛手を受ける前に売ることだ。

さて、あなたの持ち株が思い切り売りたたかれ、買ってから40％以上も値下がりしたとしよう。こんなとき、売るのは本当に難しい。なにしろ大損することになるからだ。とはいえ、元値まで果たして戻るだろうか。最悪の事態はこれでもう終わったのか、それとも、問題はまだ始まったばかりなのだろうか。

というわけで、以下のことを自問してみよう。

その企業が属している業種は、そもそも斜陽産業ではないのか？

答えがイエスなら、売り。

経営陣の顔ぶれはずっと同じままか？

答えがイエスなら、売り。しかし、これまでに経営陣の交代があって、新しいCEO（最高経営責任者）に企業を再建した実績があるなら、そのまま保持することを検討。

税引き前利益が株価の下落率よりも大きく低下していないか？

長期的に見れば、株価は利益のあとからついてくるものだ。だから、株価の下落率よりも減益率のほうが大きいなら、株価がさらに下落するのは、おそらく時間の問題だろう。つまり、答えがイエスなら、売り。

最後に、フィデリティの「マゼラン・ファンド」を以前担当していた伝説的ファンドマネジャー、ピーター・リンチからのアドバイスをいくつか紹介しておこう。

「その企業の寿命を野球の試合に例えるなら、今どの回を投げているのか、自問してみよう。成長企業ならゲームはまだ10年から30年以上は続くだろう。しかし、成長企業もいずれはまた新しい筋書きを作り出していかなければならなくなる。なぜ

> なら、どこにでもあるような企業になってしまったら、もう行き場がなくなるではないか」
>
> 「私は70年代初頭、エイボン・プロダクツが90％も下落するのをこの目で見ていた。こんなとき、証券会社のオフィスにずっと座って株の動きを眺めているだけでは、何がまずかったのか分かるまい。ここで頭に入れておかなければいけないことは、エイボン・レディー（女性外交員）の数が多すぎるということだ。なにしろ、全米の女性の10人に1人がエイボン・レディーだった時期があるくらいだ。とすれば、彼女たちはいったいだれに化粧品を販売すればいいのだ？ 筋書きが崩れだしたら、手を引くべきだ。私の知人には、企業が新規採用を取りやめたら、売ることに決めている人がいる」
>
> 「製紙株や鉄鋼株など、循環株にもいろいろあるが、業績が好調から絶好調に達したら、そのあとはどうなるか？ 絶好調の時期は長くは続かない。だから、バランスシート（財務体質）が悪化し始めたら、売ることにしている」

が突っ張って買い上がってしまったりする。こんなことがあまりにも多いのである。たいていの自称半玄人は、勝ち組銘柄をさっさと手放してしまったり、ボロ株を塩漬けにして超長期にわたって抱えていたりするものだ。デービス市のカリフォルニア大学でファイナンスを担当しているテリー・オーディーン教授が行ったディスカウントブローカーの顧客調査によると、投資家が1987年から1993年までに売却した株は、彼らが手持ちにしている株を年に3％ポイント上回る成績を残しているのである。ラコニショック教授に言わせると、「人は成長株をもてはやす傾向があるが、期待感ばかりが膨れ上り、結局は失望に終わる」のだそうだ。

論より証拠――リターンを見よ

　われわれの投資戦略なら100％狂いはない、と言いたいのはやまやまだが、このやり方で株を買っても――というより、株を買うことに関しては〝どんな〞やり方をしても――リスクは付き物だ。時には、うっかりと正真正銘の「安物買い」をしてしまって、永久に持ち続けるはめになる。それがどうしようもない斜陽産業で、回復の見込みがまったくないということもあれば、経営陣を「一新して質を向上させた」はずなのに、前よりひどいというケースもあるだろう。いずれにせよ、大事なことは、さまざまな銘柄を取りそろえて買っておくことだ。そうすれば、そのうちのひとつか２つが大化けして、ポートフォリオ全体の成績をケタ外れに持ち上げてくれることが結構あるものだ。
　1996年、われわれは「20ドル割れの10銘柄」という記事のなかで、当時ほとんど無名のチップメーカー、ビテッセ・セミコンダクターを注目株として扱ったことがある。半導体関連はいずれも売りたたかれていたころだったので、株価は52週の高値から16％も下げていた（これぞ、まさしくバリュー株！）。このころ、ビテッセがチップの製造にシリコンを使用していないことはあまり知られていなかったが、同社が使っていたのはデジタル・ガリウム・ヒ素で、これだと、平均的なシリコンチップよりも４倍から５倍も高速になるのである。ビテッセの市場シェアは60％。だから、急騰してもおかしくはなかった。そう、なんと予想が的中したのである。われわれが記事を書いて以来、３カ月の間に100％も上昇し、それから18カ月後には52週の高値を抜き、その後650％以上も値を飛ばしたのである。
　もちろん、「20ドル割れの10銘柄」で作ったポートフォリオは、ならしてしまうと、全体ではこんなに成績が良いわけではない。が、それでも80％も上がったのは驚くばかりである。ビテッセの超素晴らし

いパフォーマンスが、まあ……けっして優れているとは言えないいくつかの銘柄をカバーしてくれたおかげである。ちなみに、オースペックス・システムズは60％の下落。プレビオ（旧スタック）は92％も下落していた。

　このようにわれわれのポートフォリオは幾度となく抜群の成績を収めることになった。このあとの数ページを見てほしい。これらのグラフは、ほんの一部だが、ここ数年間における『スマートマネー』の代表的なポートフォリオのリターンを示したものだ（図2.1〜図2.7参照）。個別に見ていくと、平均を思い切り押し上げている銘柄もあれば、足を引っ張っている銘柄もあるが、平均すると、どのポートフォリオもS&P500に勝っている。

　ただし、さまざまな銘柄に分散投資したからといって好結果につながるという保証はない。例えば、1998年5月に「25ドル割れの10銘柄」から成るポートフォリオを特集したが、その直後から、小型株指数の

図2.1　スマートマネー選定ポートフォリオとS&P500（2001/7/20までのリターン）

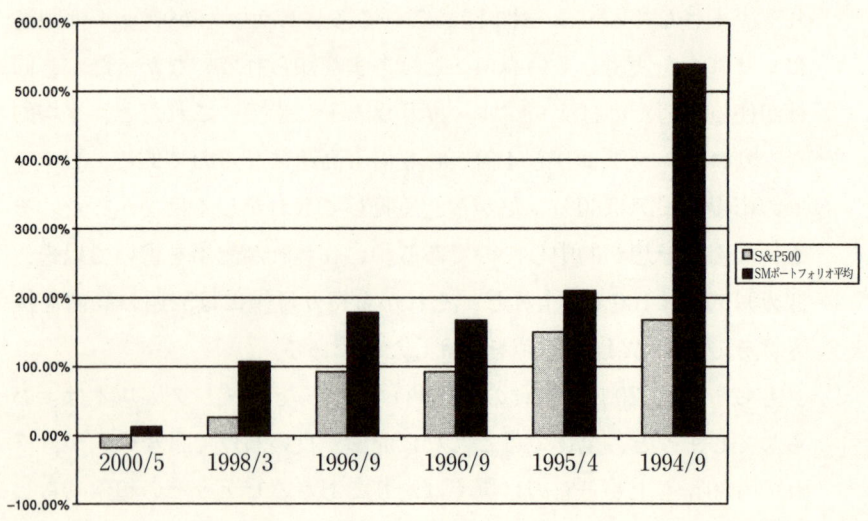

ひとつであるラッセル2000が18カ月間にわたって下落することになってしまった。この記事で特集した企業は2001年の半ばまでに平均30％も値を下げている（もっとも、面目を施すためにあえて言わせてもらえば、こうした小型株は——特にハイテク株やヘルスケア関連など、出来高の多い業種のものは——そのときどきで30％か40％値下がりすることもあれば値上がりすることもあるのだから）。

とはいえ、全体で見れば、わがポートフォリオのパフォーマンスは非常に優れていた。『スマートマネー』の特集記事で取り上げた平均的な銘柄でも、その値上がり率はS&P500を年率で約１％上回っていたのである。たったの１％かと思われるかもしれないが、これを長期にわたって複利で回せば、そのリターンはかなりのものになるだろう。

過小評価された優良銘柄を探す方法は、主に２段階から成る。まずはコンピューターで「スクリーニング」を行う。これは一種の消去法によるプロセスで、7000銘柄強の母集団をふるいにかけ、投資可能な銘柄を絞り込んでいくのである。その銘柄は同業他社や市場平均に比べて割安だろうか。これを見極めるためにわれわれがやっていることは、多くの投資家がやっていることと同じである。PER（株価収益率＝株価÷過去12カ月間の１株益）や、PSR（株価売上倍率＝時価総額÷売上高）などのレシオ（比率）を使って、その企業の株式の相対評価を行うのである。

それから、「ファンダメンタル分析」を行う。つまり、企業の基本事実、例えば、その企業の経営陣は頼もしく信頼できるか、なぜその株は値下がりしているのか、成長を促す材料すなわち企業に利益をもたらし、ひいては株価を押し上げるような材料はあるのか、といったことについて分析していく。

図2.2 「掘り出し物の大型株」2000/5号

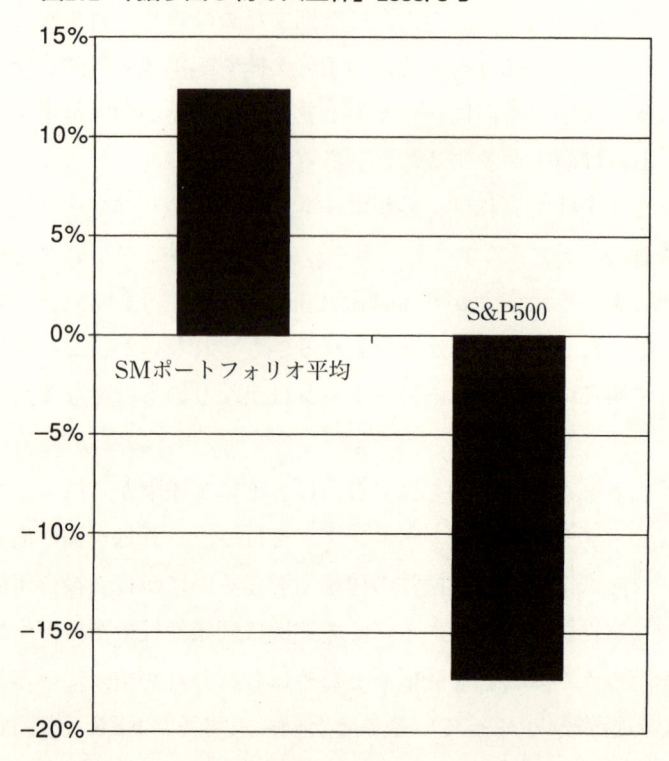

組み入れ銘柄のリターン（一部抜粋）

アボット・ラボラトリーズ　　56％
エイボン・プロダクツ　　　　48
ハーシー・フーズ　　　　　　36

ハネウェル・インターナショナル　−21

図2.3 「半導体・PC関連バリュー株」1998/3号

(棒グラフ: SMポートフォリオ平均 約107%、S&P500 約27%)

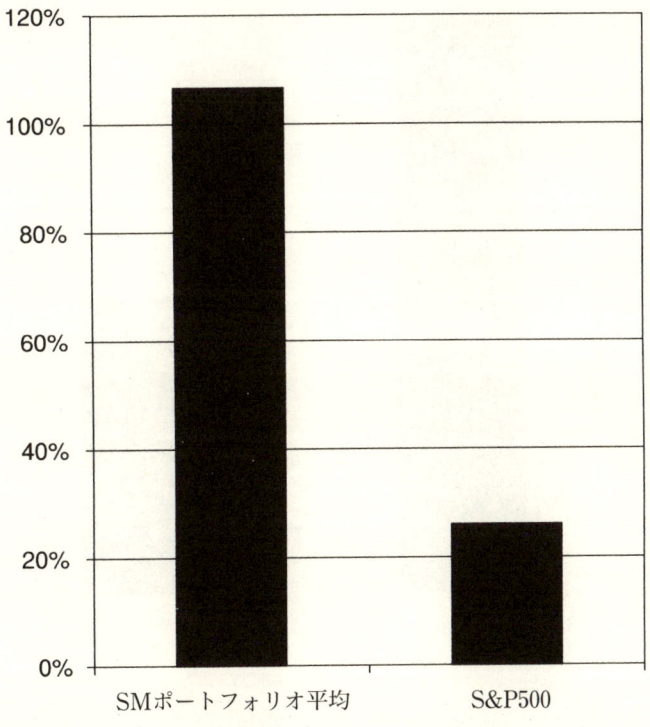

組み入れ銘柄のリターン（一部抜粋）

銘柄	リターン
アドビ・システムズ	315%
デル・コンピュータ	141
ASMリソグラフィー	71
オートデスク	－6

図2.4 「今買い時の格安銘柄」1996/9号

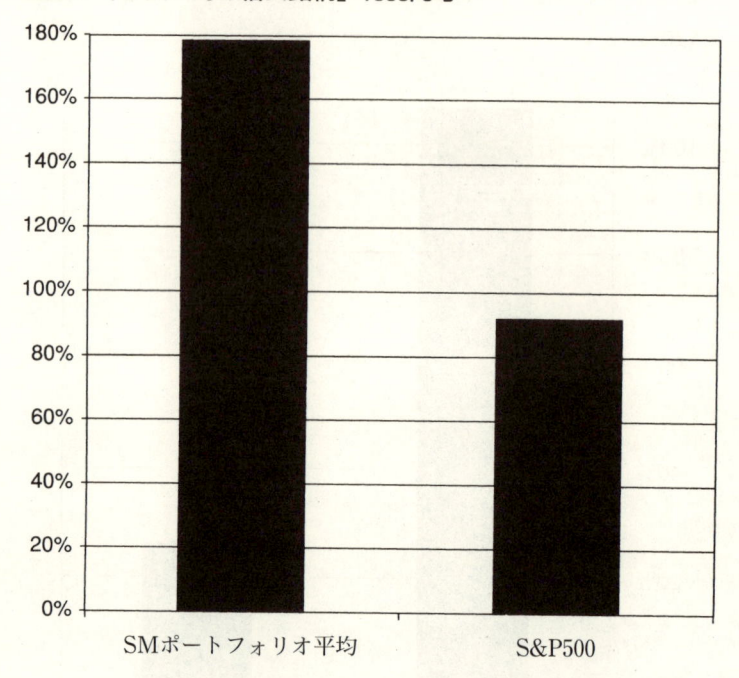

組み入れ銘柄のリターン(一部抜粋)

TJXカンパニーズ	395%
マイクロソフト	367
サン・マイクロシステムズ	357
コンプUSA	−54

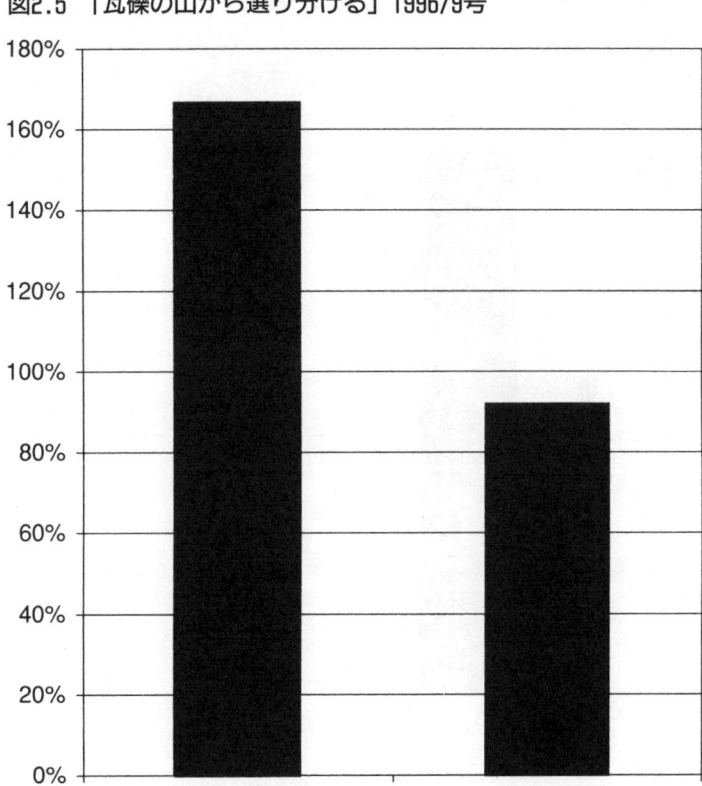

図2.5 「瓦礫の山から選り分ける」1996/9号

[SMポートフォリオ平均: 約167% / S&P500: 約92%]

組み入れ銘柄のリターン(一部抜粋)

銘柄	リターン
アナログ・デバイシズ	503%
シスコ・システムズ	228
マイクロチップ・テクノロジーズ	168
USロボティックス	−59

図2.6 「独立独歩の仲間たち」1995/4号

```
250%

200%  █
      █
150%  █        █
      █        █
100%  █        █
      █        █
 50%  █        █
      █        █
  0%  █        █
    SMポートフォリオ平均  S&P500
```

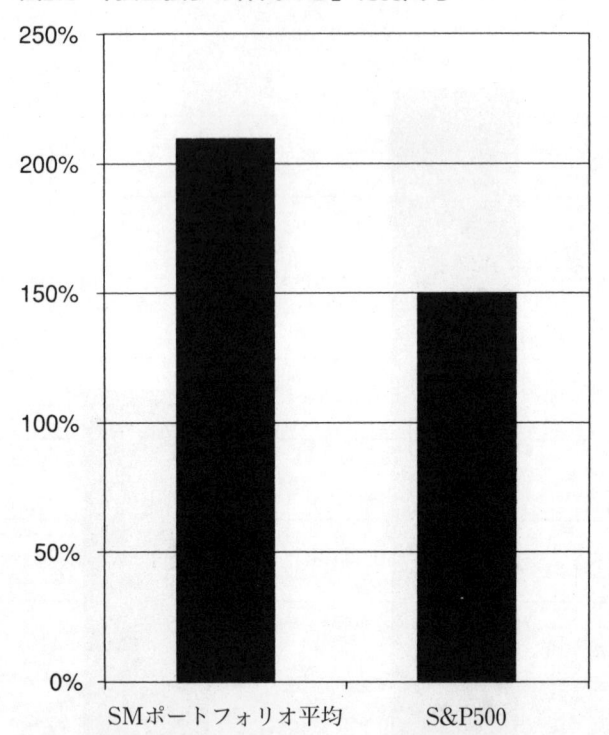

組み入れ銘柄のリターン(一部抜粋)

AESコーポレーション	716%
ジェンテックス	433
アメリカン・パワー・コンバーション	29
スポーツ&リクリエーション	−100

図2.7 「新顔成長株」1994/9号

[棒グラフ: SMポートフォリオ平均 約540%、S&P500 約170%]

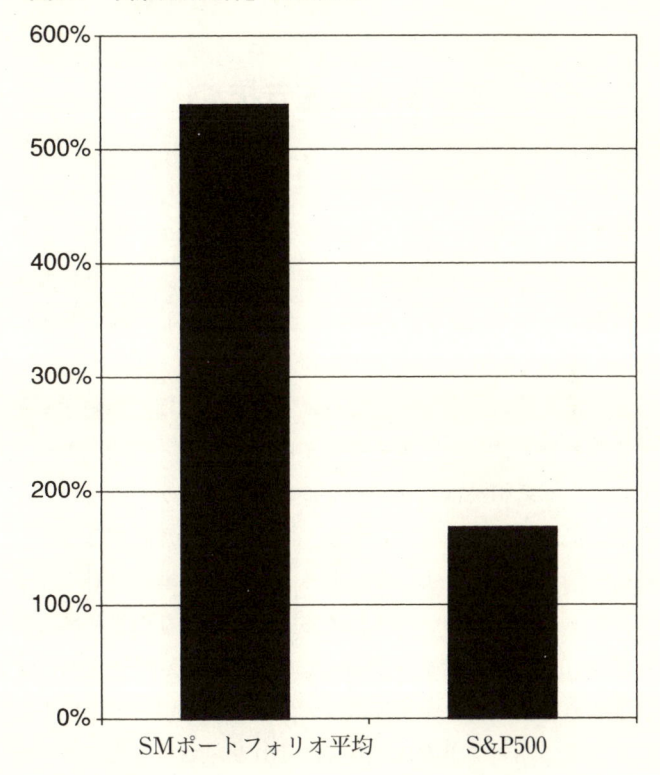

組み入れ銘柄のリターン(一部抜粋)

コンコードEFS	2,721%
パターソン・デンタル	488
フェア・アイザック	315
ウォール・ストリート・デリ	−95

補足2.2

弱気相場を生き抜く

　弱気相場（ベアマーケット）の定義については、20％の下落とする人もあれば、10％の下落とする人もいる。いずれにせよ、気分の良いものではない。怖いし、気は滅入るし、見るからに危険がいっぱい、という感じである。

　しかし、実際のところは、それほど絶望するほどの地殻変動が起こるわけではない。調査会社イボットソン・アソシエイツによれば、弱気相場は比較的短命に終わる傾向があるという。しかも、最終的にはちゃんと回復して、相場が急騰するため、どれほど損を抱えていようが、あっという間に埋め合わせてくれるのである。同社のデータによると、平均的な弱気相場の持続期間は10カ月で、その下落率はS&P500で28％だそうだ。また、過去55年間の弱気相場では、大底をつけてから下落分を取り戻すまでの期間は平均18カ月で、それからさらに大きな〝大きな″リターンが狙えたのである。弱気相場終了時から12カ月間のトータルリターンの平均は36％と途方もなく大きい。これなら、損失をすべて取り戻したうえに、いくばくかの利益を上げることも十分可能である。ただし、弱気相場をじっと耐え、持ちこたえるだけの我慢強さがあれば、の話だ。

　そう、ここでじっと我慢するのは確かに難しいが、株価下落にからむ心痛については対処法がいくつかある。『スマートマネー』の総合監修者ジェームズ・B・ステュアートがわが読者のために最近その胸のうちを語ってくれた。ここでは彼が実践している「弱気相場のサバイバル術」をいくつか紹介しよう。

相場に対する自分の感情をきちんと受け入れ、感情のまま行動しないようにする

　気分がさえないのに良いふりをしても意味がない。とはいえ、自分の感情に流されて投資戦略を変えるようなまねはけっしてしてはならない。賢明な投資プランをきちんと立てているなら、断固それに従うことだ。だが、こうしたプランがないからといって、絶望の淵にいるようなときにプランを練ってはいけない。しかし、気分が良くなったらプランを作成することを心に固く誓っておこう。

感情が高ぶっているときに理性的な行動をとるのは至難のわざと心得よ

　深刻な弱気相場のときこそ買いだと頭では理解していても、行動に移せるかどうかは別問題である。考えつくかぎりの言い訳を並べては買わずに済ませようとするものだ。これには鍛練が必要である。投資で最大のリターンを上げたければ、健全な判断力と大勢に逆行していけるだけの不撓不屈の精神がなければいけない。

どんな弱気相場もいずれは終わりが来る

　500年間で最悪の不況といわれた、あの大恐慌でさえ終わったのだ。当時、株価は最大で90％下落したが、ゼロにはならなかった。1926年から現在までの平均的な弱気相場の持続期間はS&P500で11カ月である。

手持ち資産の市場価値ばかりに気をとられないこと

　市場価格は、そのときどきの投資家心理を写したスナップ写真にすぎない。だから、そのときに売る必要がなければ——うまくいって、売らずに済めば——価格がどれほど気になろうが、ほとんどどうでもいいことだ。売りさえしなければ、あなたの

手持ち資産は、高値で買ったときの同じ資産であることにまったく変わりはないのだから。

後知恵のワナにはまってはいけない

　あのときの高値で売っておけば……と今になって思うのはたやすいことだ。メディアでは、うまく売り逃げて大儲けした人たちの話が大々的に報じられるが、そんなもの何の役にも立ちやしない。当時も今もあなたは千里眼ではないのだから。それに、たとえうまく売り抜けたとしても、その利益をどうしただろうか。再び市場に参加して、押し目をうまく拾えただろうか。仮に拾えたとしても、それはちょっとラッキーだったにすぎない。肝心なのは、マーケットタイミングに関しては100％完璧な戦略などまだ見つかっていないということだ。だから、高値を逃したからといって、くよくよしないことだ。

金があるなら、株を「バーゲン価格」で買うことに集中せよ

　売り方よりも、むしろ買い方（ただし、60歳以下の人）にとって、弱気相場は天の恵みと言える。なにしろ、国家経済のデパートが大売り出しを始めたようなものなのだから。

金がないなら、マーケットが戻るまで無視すればいい

　CNBCの番組や自分の株式ポートフォリオに目をやるのは苦痛だというなら、見ないこと。この世でほかに興味のあることがあるなら、それに集中し、相場のことは忘れることだ。ほかに何もないというなら、今こそ良い機会だ。何か趣味を持つようにしよう。

無力感を感じるような理由など何もないことを忘れるな

　こんなときこそ、アセットアロケーション（資産配分）につ

いて検討する良い機会だ。例えば、ハイテク株が軒並み大きく値を下げているなら、自分のポートフォリオのなかでウエートの高すぎるセクターの株（例えば、医薬品株とか）を外して、ハイテク株を買い増ししてみてもいいだろう。売った分だけ買うようにすれば、マーケットに対してニュートラル（中立）なままでいられる。ただし、あなたが純粋にモメンタム型の投資家（**訳者注**　テクニカル分析によって株価のモメンタム［勢い］を見て、銘柄選びをする投資家）でないなら、さらに下がると見て深追いするのは禁物だ。弱気相場の底をたたきに行ってはいけない。

何が起きても、絶望してはならない
　長期的に見れば、どんな投資対象よりも株のほうが高いリターンをもたらすことは歴史が証明している。

　次章からは、われわれがいつも行っているスクリーニング（銘柄の選定・絞り込み）のやり方に加え、情報の収集法から、何を読んで、どう理解すればいいのか、といった企業に関するリサーチ法を見ていく。そして最後にこれらを総合し、その株が投資対象としてふさわしいかどうかを評価する方法を解説する。
　ただその前に、次章に用意したアセットアロケーション用のワークシート「スマートマネーワン」に15分くらいで必要事項をもれなく記入してほしい。そうすれば、今どの〝タイプ〟の株を買うべきか、簡単に手掛かりが得られるので、最終的にはよく分散された立派なポートフォリオが完成するだろう。

第3章
理想的な
アセットアロケーション
YOUR IDEAL ASSET ALLOCATION

　ここ数年は——2000年から2001年のように市場が暴落しているときでさえ——大型優良株(ブルーチップ)にとっては素晴らしい年だった。仮に『スマートマネー』が創刊した1992年に、S&P500採用の有名企業の株だけを買って保有していたとすると、そのリターンは平均で年率21%、トータルリターンは197%にもなっていたのである。

　しかし実際には、こうした大型株がいつも上がるとは限らない。20年以上先の退職後に備えて貯蓄しているのならともかく、そうでないなら、虎の子を全額S&P500につぎ込んで、お金が必要になったときに、それが100%あると思ったら大間違いである。よって、あなたに必要なのは、大型株や小型株に加え、外国株や債券、現金部門(現預金・短期金融商品など)などを一部組み入れた分散型ポートフォリオである。こうして資産を適切に配分しておけば、タイミングを見て短期売買に明け暮れるよりも、強気相場の天井でも安心していられるし、弱気相場でも、より多くのリターンが取れるだろう。

　考えてみてほしい。自分の資産を十分に広く分散しておけば、どんなときでも、どれかが良い成績を上げているだろう。一部換金の必要が出てきたときも、値下がりしている資産を無理に底で投げるようなまねをせずに済む。時にはポートフォリオの一部がやられていることもあるだろうが、それは単なるペーパー上の評価損にすぎない。だか

ら、時がたてば、いずれ損もかなり減るだろうし、完全に取り戻すことさえ不可能とは言えない。

　少なくとも、適切な資産配分ができていれば、このようにうまくいくはずなのである。とはいえ、あえて言わせてもらえば、どのようなときにどのような資産配分を行えばいいのか、ちゃんと分かっている人はごくわずかしかいない。ましてや、それを人にきちんと理解させる方法を知っている人となると、さらに少ないだろう。

　というわけで、われわれが作成したのがアセットアロケーション（資産配分）用ワークシート「スマートマネーワン」（表3.1）である（なぜこんな名前をつけたかというと、あなたが必要とするひとつのアセット・アロケーション・プログラムだと思うからだ）。見たところ、ちょっとひるんでしまいそうなワークシートだが、ご心配なく。おそらく15分足らずで全部記入できると思う。記入さえしてしまえば、大型株、小型株、外国株ばかりか、債券や現金部門に資金をどう配分したらいいのかが手に取るように分かるだろう。

　ただし、ワークシートに行く前に、大事なポイントをいくつか説明しておこう。

● ここで設計したアセットアロケーションのプログラムは、"資産形成"用のポートフォリオを構築するためのものだ。つまり、ここでの金は、退職年金勘定など、長期的な貯蓄として積み立てていくお金のことを意味している。だから、休暇用とか新居の頭金に当てるなど、短期目的にすでに割り振ってあるお金は含めてはいけない。なぜなら、こうした短期目的の貯蓄については、このプログラムよりももっと慎重なアプローチをしないといけないからだ。

● これはアセットアロケーションのためのひとつの"指針"にすぎ

ない。だから、ざっと計算して決めた資産構成は最終的なものではないので、変更可能である。各アセットクラス（株式・債券・現金部門）に属するさまざまな投資対象のことや、ほかの投資対象との相互作用について時間をかけて学んでいくうちに、いずれは自分でもポートフォリオの見直しが上手にできるようになるだろう。

スマートマネー式アセットアロケーションの原理

「スマートマネーワン」のプログラムの原理を説明しておこう。まず、ワークシートのパートBの1に、自分の年齢に従って数字を記入する。次に、パートAの経済状態に関する8つの問いの答えに従って、所定のコラム内から数字を選んでパートBの空欄に入れていく。その答え次第で、株あるいは債券の配分が増額になるような問いもあれば、中立あるいは減額といった調整機能が働いて市場変動リスクを低減させるような問いもある。

年齢

年齢の項目から始めるのは、アセットアロケーションにおいて最も影響が大きい重要な要素だと思われるからだ。貯蓄や投資を行う期間が長期になればなるほど、株式投資の割合を減らさなくていいことになる。というのも、何十年か先の投資リターンを楽しみに待つという場合は、市場変動リスクをほとんど気にする必要がないからだ。つまり、いちばん肝心なのは最終的な結果であって、それに至る過程がどうなっていようとかまわないのである。

年を取っても、積極的な株式投資戦略が資産形成のうえで重要であることに変わりはない。が、資産を守ることも大事なことだ。特に、

表3.1 「スマートマネーワン」ワークシート

「スマートマネーワン」ワークシート

　各人に相応な資産配分を行ううえで年齢がいちばん重要な要素となるが、けっしてこれだけで事足りるわけではない。ポートフォリオのサイズや税率等級、支出予定、価格変動リスクへの許容度なども考慮しなければいけない。そこで、ワークシートは2つのパートで構成するようにした。パートA(下)では、年齢の違いは考えずに、あなたとほかの人との経済状態の違いを見ていく。この表にある数字をパートBに記入していくことで、各人のニーズに合うよう資産配分を調整していくようになっている。
　ただし、ここで提案する配分はひとつの指針にすぎないことを頭に入れておいてほしい。したがって、最終的な資産配分の比率を整数になるように四捨五入したり、4％以下の資産を切り捨ててしまったりしても一向にかまわない。というのも、このくらいの小さな額になると、ポートフォリオ全体のパフォーマンス(運用成績)にも、全体のリスクの軽減にもほとんど影響しないからだ。

パートA　ワークシートの記入に当たっては、まず、あなたの経済状態と投資に関する見通しについて以下の問いに答えてもらう。選択肢のなかからいちばん合う答えの行全部に(コラムA～Dの下の数字に)蛍光マーカーなどで薄く色をつけておくか、丸く囲みをつけておくといいだろう。こうしておけば、この表を基に資産配分の調整をするとき、つまり、パートBの2、4、11、18に答えを記入するときに、パートAの所定のコラムから答えの数字を見つけやすくなるからだ。ただし、最後の「金利リスク」に関する答えは、パートBの7に答えてからでないと、分からないようになっているので気をつけてほしい。

	A	B	C	D
ポートフォリオのサイズ				
投資額はどのくらいか？				
5万ドル未満	3	0	0	0
5万ドル以上、25万ドル以下	−1	15	4	4
25万ドル超	−3	20	6	10
毎年の貯蓄額				
毎年どのくらいのお金を貯蓄に回しているか？				
2000ドル未満	2	不要	0	0
2000ドル以上、1万ドル以下	−1	不要	2	2
1万ドル超	−2	不要	8	6
支出予定				
今後10年間の支出予定額(住居費や教育費など)はポートフォリオのなかでどのくらいの割合を占めるか？				
0～30％	−3	不要	15	10
31～60％	2	不要	5	4
61～100％	7	不要	0	0
投資収益				
どのくらいの投資収益が必要か？				
年利1％未満	不要	10	10	不要
年利1％以上、4％以下	不要	15	4	不要
年利4％超	不要	25	0	不要
連邦税の税率等級				
連邦税の限界税率はどのくらいか？				
15％	0	不要	0	不要
28％	−1	不要	2	不要
31％以上	−4	不要	6	不要
価格変動リスクへの許容度				
どのくらいの変動なら耐えられるか？				
できるだけ変動はないほうがいい	2	5	0	0
そこそこの変動なら耐えられる	−1	10	5	3
かなりの変動でも大丈夫	−5	15	14	6
経済見通し				
今後1年間のアメリカ経済についてどのような見方をしているか？				
弱気	2	20	0	10
中立	−5	10	6	0
強気	−8	0	10	−10

68

第3章■理想的なアセットアロケーション

	A	B	C	D
金利リスク 金利リスクをまともにかぶらないように、債券の持ち高に従って小型株や外国株の配分を調整しないといけない。パートBの7に答えた結果、債券の配分はどのくらいになったか？				
15%未満	不要	不要	0	0
15%以上、35%以下	不要	不要	6	10
35%超	不要	不要	10	20

パートB
1. 自分の年齢を記入　　　　　　　　　_____
   (25歳未満の人は25、80歳超の人は80、夫婦の場合は平均年齢を記入)
2. 確定利付資産――パートAのコラムA列の数字を記入
   a. ポートフォリオのサイズ　　　　_____
   b. 毎年の貯蓄額　　　　　　　　　_____
   c. 支出予定　　　　　　　　　　　_____
   d. 連邦税の税率等級　　　　　　　_____
   e. 価格変動リスクへの許容度　　　_____
   f. 経済見通し　　　　　　　　　　_____
3. 1の答え＋2a～2fの答えの合計＝　_____
   (答えが100を超えた場合は100と記入)
4. 債券――パートAのコラムB列の数字を記入
   a. ポートフォリオのサイズ　　　　_____
   b. 投資収益　　　　　　　　　　　_____
   c. 価格変動リスクへの許容度　　　_____
   d. 経済見通し　　　　　　　　　　_____
5. 4a～4dの答えの合計　　　　　　　_____
6. 5の答え÷100＝　　　　　　　　　_____
7. 3の答え×6の答え
   ＝債券の比率(%)　　　　　　　　_____%
8. 3の答え－7の答え
   ＝現金部門の比率(%)　　　　　　_____%
9. 株式――100－3の答え＝　　　　　_____
10. 70－自分の年齢＝　　　　　　　　_____
    (答えがマイナスになった場合は0と記入)
11. 小型株――パートAのコラムC列の数字を記入
    a. ポートフォリオのサイズ　　　　_____
    b. 毎年の貯蓄額　　　　　　　　　_____
    c. 支出予定　　　　　　　　　　　_____
    d. 投資収益　　　　　　　　　　　_____
    e. 連邦税の税率等級　　　　　　　_____
    f. 価格変動リスクへの許容度　　　_____
    g. 経済見通し　　　　　　　　　　_____
    h. 金利リスク　　　　　　　　　　_____
12. 10の答え＋11a～11hの答えの合計＝_____
13. 12の答え÷200＝　　　　　　　　_____
14. 9の答え×13の答え＝小型株の比率(%)　_____%
15. 外国株――40と記入
    (この後、60歳未満の人は18へ進み、60歳以上の人は16と17も記入)
16. 自分の年齢－60＝　　　　　　　　_____
17. 15の答え40－16の答え＝　　　　　_____
    (この答えを19で使う)
18. パートAのコラムD列の数字を記入
    a. ポートフォリオのサイズ　　　　_____
    b. 毎年の貯蓄額　　　　　　　　　_____
    c. 支出予定　　　　　　　　　　　_____
    d. 価格変動リスクへの許容度　　　_____
    e. 経済見通し　　　　　　　　　　_____
    f. 金利リスク　　　　　　　　　　_____
19. 15の答え40か、17の答えのいずれか＋18a～18fの答えの合計＝　_____
    (答えがマイナスになった場合は0と記入)
20. 19の答え÷200＝　　　　　　　　_____
21. 9の答え×20の答え
    ＝外国株の比率(%)　　　　　　　_____%
22. 14の答え＋21の答え＝　　　　　　_____
23. 9の答え－22の答え＝大型株の比率(%)　_____%
24. 分散型ポートフォリオ――全体の投資額($)を記入　　　　　　　　　　　$_____
25. 資産配分額
    a. 24の答え×8の答え
       ＝現金部門の配分額($)　　　　$_____
    b. 24の答え×7の答え
       ＝債券の配分額($)　　　　　　$_____
    c. 24の答え×23の答え
       ＝大型株の配分額($)　　　　　$_____
    d. 24の答え×14の答え
       ＝小型株の配分額($)　　　　　$_____
    e. 24の答え×21の答え
       ＝外国株の配分額($)　　　　　$_____

大学の授業料や退職資金のために多額のお金を蓄えておこうという場合はそうである。投資資産をほったらかしにできる期間が短くなればなるほど、株式相場の変動が最終結果に大きく響くことになる。そこで、このプログラムでは、高齢になるほど、株式への配分を減らすように配慮してある。

ポートフォリオのサイズ

　第一に考慮すべき事柄は年齢だが、それだけでは済まない。各人の経済状態も、どう資産を配分していくかに大きく影響する。そこで、まずは投資額について検討していこう。一般的なルールは実に単純明快で、資産の額が少なければ少ないほど、注意を要することになる。
　仮に預貯金が５万ドル近くあるなら、平均的なアメリカ人よりも上ということになる。が、残念ながら、ここでのちょっとしたつまずきがポートフォリオにおいては大きな差異を生むことになる。というのも、相場の下落に備えるには、これだけではいまひとつ足りないからだ。それに問題はほかにもある。資金が少ないと、手持ち資産を十分に分散させるのがそれだけ難しくなるのである。
　そこで、ワークシートのこの項目で「５万ドル未満」を選んだ人には、いちばん安全な資産すなわち現金部門により多くの資金を投じるようにしてある。また、ほかの資産のなかでは債券や大型株も価格変動リスクが比較的少ないので好ましいと言えるだろう。
　「５万ドル以上、25万ドル以下」なら、まあ安泰といったところだ。投資資産を幅広く分散するには十分な額である。虎の子を増やしていくのは大変なことだが、幸いこれだけあれば、リスクをとるだけの余裕があるため、資産の一部を思い切った投資に回すことができる。
　とはいえ、元本の確保にも注意を払わないといけない。仮に大損して蓄えた金がすべて吹っ飛んでしまったことを忘れることができても、

それだけの損をすれば、やはり生活の質を落とさざるを得なくなる。しかし、「25万ドル超」なら、望んだとおりに分散投資ができるし、年齢に相応なリスクをとることもできる。このように点数制にすることで、こうしたことをすべて考慮してあるのである。

毎年の貯蓄額

毎年着実に貯蓄に回せるお金が入ってくるなら、さらにリスクをとりやすくなる。なぜなら、ポートフォリオの一部がもしやられていても、その新規資金で穴埋めができるからだ。そのうえ、資産配分の見直しもずっと楽に安上がりにできる。というのも、新規資金があれば、資産配分のバランスを見直したい部分に、お金をただ投入するだけで済むが、手持ち資産の一部を売って、その売却益で別の資産を買い増ししようとすると、たいていは手数料や税金がかかってしまうからだ。「スマートマネーワン」のプログラムでは、こうした新規資金が安定して入ってくる場合は、株式の配分を引き上げるようにしてある。

支出予定

たいていの人は年齢がいくに従って自分の財産が持てるように計画している。このため、ここでは若い人ほど積極的、高齢者ほど保守的な資産配分にしてある。しかし、支出計画については、この逆になることもあり得る。例えば、家を買う、長期休暇に使うなどの理由で、お金が必要になり、30代か40代で虎の子に手をつけざるを得なくなったとしよう。仮に10年以内にお金が必要な場合、いったん下落した相場が回復するという保証はない。

そこで、将来的に予測可能な支出予定額が多いほど、小型株や外国株から大型株に資金を移さないといけない。というより、一般的には、

株式からほかの資産へ資金をシフトさせなければいけないだろう。

投資収益

　トータルリターンを引き上げるためにインカム（配当・利息収入）を再投資する、といったぜいたくがだれにでもできるとは限らない。収入不足を投資収益で補わなければならない人もいる。特に退職者はそうだ。そこで、こうしたことも年齢によって調整できるように考慮に入れてある。このプログラムでは、年利４％超のインカムを必要とする場合、債券の比率をさらに高めたうえで、高配当の大型株も増やすようにしてある。

連邦税の税率等級

　一般に、税率等級の高い人、つまり高額所得者ほど、投資資産が増えても、配当や債券のクーポン収入を嫌う傾向がある。
　というのも、収入が増えるほど、トータルリターンが税金に食われてしまうからだ。そこで、税率の高い人には、年齢とは無関係に、債券や大型株の比率を下げて、小型株を増やすようにしてある。小型株の場合、配当があまり出ないうえに、値上がりしても、キャピタルゲイン税は低く、ほとんど18％か20％で済むからだ。
　ただし、このルールについては大事な注意点がひとつある。あなたの資産の大半が401ｋプラン（確定拠出型企業年金）やIRA（個人退職年金勘定）などの税制優遇措置のある退職年金勘定に入っているなら、現行の税率等級などほとんど気にしなくてもいいということだ。というのも、これらの退職年金勘定における運用収益は、退職してお金を引き出すまでは非課税扱いとなるからだ。そこで、投資資産の大半がこうした勘定に入っている場合は、「15％」という答えを選ぶよ

うにしてほしい。ただし、投資資産が課税口座と非課税口座に半々ぐらい入っている場合は、「25％」という答えを選んでほしい。

価格変動リスクへの許容度

　最も理性的な世界においては、価格の乱高下が気がかりとなるのは運用期間が短い場合に限られるとされる。しかし、この問いでは、投資で成功するうえで重要な要素となる感情面を見ていく。100％思慮分別のある賢明な人たちでさえ、持ち株がちょっと値を下げただけで、もう音を上げる人が大勢いる。ましてや大暴落となれば、どうなることか。

　価格変動リスクにちゃんと耐えられるかどうかは、自分にしか判定ができない。だから正直に答えるようにしよう。自分はリスク許容度が高い、と思いたがる人や、それを自慢したがる人までいるが、こうした人は実際にはリスクを回避したがるものだ。それに、思い切りやられた経験のない人──1973年から1974年にかけての弱気相場はさておき、1987年10月の大暴落（ブラックマンデー）も未経験の人──には、ペーパー上とはいえ、損をしたときの気持ちが分からないだろう。だから、実際に経験するまでは、リスクの高いものに挑戦できるとは思ってはいけない。

　ここではまず、以下の問いについてイエスかノーか、自問してみてほしい。

　　持ち株が下がってパニックに陥り、あわてて売却したことがある？
　　友人や知人が買ってからでないと株は買わない？
　　相場が上昇しているときしか、株価一覧をチェックしない？
　　持ち株が値下がりしていることを友人に認めるのは不愉快？
　　金利が変動するたびに苦痛を感じる？

家を売るつもりなどないのに、その評価額が気になる？

これらのうち、どれかひとつでもイエスと答えたものがあるなら、自分で思っているほど価格変動リスクには耐えられないと言っていいだろう。だから、問いの答えには「そこそこの変動なら耐えられる」か、「できるだけ変動はないほうがいい」を選ぶこと。この場合、株式と債券の配分を減らして、超安全な現金部門を増やすことになる。

経済見通し

アメリカ経済は今後どうなっていくのだろう。あなたは楽観的に見ているか、それとも、悲観的に見ているだろうか。ただし、これは3カ月先とか半年先のことを言っているわけではない。この種の予想をいちいち立てていたら、たいていのポートフォリオはすぐにガタガタになってしまう。だから、そうではなくて、景気循環において今どの位置にあるのかを考えてみよう。例えば、今の好景気は始まったばかりか、まだ続くのか、もう終わりか、といった具合だ。普通は見通しが明るいほど、アメリカ株のウエートを高くする。なぜなら、株式市場は企業収益と国民所得の増大に伴って上昇していくからだ。逆に見通しが暗いなら、わざわざ株を買ってさらにリスクを大きくすることはない。むしろ債券の比率を高めたほうがいいだろう。

景気が減速傾向にあるときは、通常、金利が低下する。つまり、債券価格は上がるというわけだ。また、アメリカ経済の先行きが不安視されているなら、外国株の配分を引き上げるという手もある。なぜなら、世界中が同時期にリセッション（景気後退）入りするということはめったにないからだ。

そこで、ここに重要なアドバイスをまとめておこう。景気見通しが強気か中立――大まかに言って景気拡大期の初期か中期――なら、現

金部門と小型株を取り混ぜて多めに配分する。景気が良いときに、なぜ現金部門（**訳者注** 現預金、TB、CP、CD、MMFなどの短期金融商品など）を増やすのかと驚かれるかもしれない。特に、あなたが45歳以下で、投資資産のなかで確定利付資産の占める割合がごくわずかしかない人には理解しにくいかもしれない。通常は債券のほうが財務省短期証券（TB）やマネー・マーケット・ファンド（MMF）よりも利回りが高いが、物価および金利の上昇局面では不利になるケースが多い。というのも、好況期にはどうしても物価や金利が上昇しやすくなるため、債券は価格が低下してしまう。だから、現金部門のほうが、利回りが少々悪くても、値下がりや元本割れのリスクが少なくて済むというわけだ。

金利リスク

この問いにはワークシートのパートBの7に答えてからでないと、回答できないことになっている。ここでは、最終的に債券の比率が高めになってしまったときに、大型株を仕込まないように配慮してある。なぜなら、表面利率（クーポンレート）が固定されている債券と、配当を出す傾向のある大型株は、金利が変動したときに同じような動きをしてしまうからだ（金利が上昇するにつれ、利息も配当も魅力が薄れてしまうことになる）。そこで、ここでは、ほかの資産よりもボラティリティ（価格変動リスク）は大きいものの、金利リスクを軽減するのに役立つ小型株と外国株を債券と抱き合わせにするようにしてある。

第4章
あなたにぴったりのミューチュアルファンド
THE RIGHT MUTUAL FUNDS FOR YOU

　本書は株式の銘柄選びをテーマにした本である。なのに、なぜファンド（投資信託）に関する章があるのか。理由はいたって簡単。分散投資のためだ。

　確かに、銘柄を選別するのは楽しいし、超優良企業に投資すれば、ものすごいリターンが得られるかもしれない。しかし実際には、いろいろな銘柄をたくさん保有していればいるほど、どれかが低迷しても、ポートフォリオ全体はそれだけ傷つかないで済むものだ。そこで、要領としては、よく分散されたポートフォリオを構築・維持していけばいいことになる。が、一般の投資家にとって、これは並大抵のことではない。うまくやるには、一度に20〜60銘柄もの株を監視していかなければいけないからだ。これを生きがいにしている人もいるが、複雑なポートフォリオにいちいち気を配っているほどの時間も興味も経験もない人もいる。

　そこで、ミューチュアルファンドの出番というわけだ。これはプロの投資家が株式や債券をたくさん買い集めて運用・管理するものだ。だから、個別銘柄をあれこれと買うだけでなく、ファンドにも投資資金を振り向けておけば、両方のメリットを享受できる。ただし、唯一の問題はファンドの数が多いこと。普通株とほとんど同じくらいあって、とうとう8800本を超えるまでになっている。どうやらベビーブー

マー世代(団塊の世代)の退職後の備えとして、ファンドに資金がどっと流れ込み、ねずみ算式に増えているらしい。その純資産額を合計すると、驚くなかれ、なんと7兆ドルにもなるのである。そのうえ、身も凍るようなお寒い統計まで出ている。こうしたファンドの75%以上が年間リターンベースでベンチマークのS&P500に常時負けているのである。

　本章では、ミューチュアルファンドに賢く投資していくのに必須のノウハウをお教えしていくが、まずはいくつかの基本事項から学んでいこう。ミューチュアルファンドはなぜ意味があるのか、仕組みはどうなっているのか、手数料や諸経費について気をつけるべきことは何か、そして、さまざまな種類のファンドをどうやって区別するのか、といったことを解説していく。もしもファンドのバザーがあったら、ちょっと圧倒されてしまうかもしれないが、自分の頭で理解していくことは、見た目ほど難しいことではない(**訳者注**　ミューチュアルファンドとは本来は「投資会社」のことだが、日本では「会社型投資信託」という。日本の「契約型投資信託」では投信会社発行の「受益証券」に投資する形になり、投資家=受益者となるが、アメリカでは投資会社発行の「株式」に投資する形になるため、投資家=株主となる。基本的に仕組みが異なるため、本書の訳出にあたっては、日米両サイドの言葉をなるべく併記するようにした)。

ファンドの種類

　ファンドの種類や規模は実にさまざまで、フィデリティの「マゼラン・ファンド」のように資産規模が840億ドルもある全米最大のファンドもあれば、「レインボー・ファンド」のように100万ドルしかないものまである。たいていのファンドの仕組みはこうだ。フィデリティとかバンガードといったスポンサー会社(設立企画人)がお金を集め

てポートフォリオマネジャーに渡し、一定の運用方針に従って証券の買い付けをしてもらう。スポンサー会社はプールしている保有証券の評価額に応じた価格でファンドの株式（受益証券）を発行し、一般向けに売る。つまり、ファンドの株式を1株（1口）買うということは、ファンドの全ポートフォリオのごく一部を保有したことになる。ということは、そのファンドの投資損益がどうなるかは、あなたとも関係があるということだ。また、そのファンド次第で、20～500銘柄の株の一部をあなたも保有できることになる。

ミューチュアルファンド（投信）業界ではこのところやたらに商品の差別化が進み、毛色の変わった企画を増やして手数料を得るべく、新規顧客の取り込みを図っている。最近では投資目的に応じたファンドも登場し、ネット株だけを買い付けるファンドから、ラテンアメリカの公益企業だけに投資するファンドまである。実際、モーニングスター（シカゴを拠点とする投信データベース会社）では、まったくタイプの異なる株式ファンドを29種類フォローしており、そのなかには、新たに誕生したETF（株価指数連動型上場投資信託）も含まれている（これについては補足4.1「インデックスファンドよりもさらにお得なETF」を参照のこと）。

このように多種多様なファンドが増えれば、特定の目的に見合ったポートフォリオを組成しているファンドを選べるようになる。例えば、数年後に定年を控えた55歳の男性がいるとしよう。いくらか値上がり益を追求したいが、リスクはあまりとりたくないという場合、安定した大型株ファンドに資金の一部をつぎ込む一方で、利回りは低めだが、ほとんど元本保証とも言えるマネー・マーケット・ファンド（MMF）に虎の子の大部分を入れて守りを固めるようにするといいだろう。一方、30歳の女性なら、短期的な損失を取り戻すだけの期間が十分にあるため、もっと積極志向の小型株ファンドに資金の大半を投じれば、リスクは大きくなるが、それだけリターンも高くなるだろ

う。

　ただ、残念なことに、野心的なファンドが台頭してくると、株のトレーダーのようにタイミングを見ながらファンドを売り買いするような投資家も出てくる。しかし、入れ替えばかりしていると、昔ながらの投資の基本法則を見失ってしまう。その法則とは、つまり、将来的に有望な株あるいはファンドを選別して長期保有するのがいちばん賢明、ということだ。

　とはいえ、そんなことをいろいろ言われても、どうしても頭が混乱してしまうというあなた。悩む必要はない。たとえイメージが描けなくても、ほとんどの人の投資目的は達成できるだろう。実際のところ、たいていの人にとって本当に重要なファンドの種類はごくわずかにすぎない。それに、会社の退職金制度の一環で投資する場合は、おそらく選べるファンドの種類は限られたものとなるだろう。

　表4.1を見てほしい。知っておいてほしい主なファンド分類と、それぞれの平均リターンとリスク、経費率を示してみた（**訳者注**　図中にある「標準偏差」は代表的なリスク指標のひとつ。この値が大きいほど、つまり、運用期間中の平均リターンに対するバラツキの度合いが大きいほど、リスクが大きくなる）。

　次に進む前に、もうひとつ言っておくことがある。どのファンドも運用方針や投資スタイルなどを明確に記した文書、つまり「目論見書」を発行しなければならないことになっている。こうした方針から外れてしまうファンドマネジャーもいるらしいので、よく気をつけておかないといけないが、良いファンドマネジャーならちゃんと方針に沿って運用してくれる。

インデックスファンド

　多くの投資家が気づいているとおり、インデックスファンドなら最

表4.1　主なファンド分類

ファンドの種類	2001年中期までの10年リターン	標準偏差	経費率
ブレンド型	11.86	16.75	1.30
債券型	6.69	4.65	1.09
金融株	19.77	21.91	1.66
外国型	7.12	16.11	1.68
グロース型	12.46	23.98	1.53
インデックス型	11.94	14.18	0.79
大型株	12.63	16.96	1.35
超小型株	13.91	16.70	1.91
中型株	13.91	16.70	1.91
マネーマーケット	4.70	1.42	0.59
小型株	13.47	21.80	1.53
ハイテク株	20.69	39.01	1.68
公共株	11.30	13.00	1.40
バリュー型	13.41	14.90	1.42
世界型	8.85	17.10	1.79

出所＝Morningstar.com

　も楽に効率的な運用ができる。手数料はいちばん安いし、ポートフォリオの回転率が非常に低いため、節税効果も高い。それに、ファンドマネジャーが何をしているのか、いちいち気にする必要もない。というわけで、あまり注意を要さずに長期的な成長を目指すなら、こうしたお役立ちファンドがベストだろう。

　では、どんな具合に運用されているのだろうか。厳密に言えば、インデックスファンドにも担当のファンドマネジャーがいることはいるが、あれこれと手を焼くわけではない。ベンチマークとなるインデックスを選定し、それを構成している株式あるいは債券を全銘柄買い付

ける。目標はそのインデックスと連動したパフォーマンス（運用成績）を上げること。これだけだ。

では、インデックスとは何だろう。特定の市場区分を代表するために採用された銘柄グループのことだ。例えば、S&P500種株価指数（S&P500）は大型株で構成されているが、ナスダック総合指数はハイテク株の比重が高い。こうしたインデックスに採用されている銘柄を買い付けることによって、特定の市場区分と同程度のリターンを狙うのがインデックスファンドである。

つまらない感じもするが、これでなかなかうまみがある。例えば、「バンガード500インデックス・ファンド」を見てみよう。2000年半ばには世界最大のファンドとなり、その純資産総額は1100億ドルもあった。その大きな理由は、5年間の年平均リターンが21.75％と抜群に成績が良かったため、投資家が殺到したからだ。なにしろ、この間、S&P500に連動するように運用していただけなのに、アクティブ型ファンドマネジャーの93％を打ち負かしているのである（**訳者注**　アクティブ型あるいは「アクティブ運用」とは、ベンチマークを上回るリターンを追求する積極的な運用戦略。その反対は「パッシブ運用」で、ベンチマーク並みのリターンを追求する消極的な運用戦略。インデックスファンドがその代表格）。

本当に有能なファンドマネジャーならインデックスに勝つこともできるだろう。とはいえ、インデックスファンドにはほかにも利点が2つある。低コストで節税効果があることだ。株を積極的に物色していく必要がないため、運用コストが比較的安上がりに済むのである。そのうえ、入れ替えを頻繁にしないので、税金も少なくて済む。「バンガード500インデックス・ファンド」の場合、年間経費率は投資額の0.18％と信じられないくらい低い。アクティブ型の大型株ファンドでは、通常、この6倍以上はかかるだろう。

補足4.1

インデックスファンドよりさらにお得なETF

　スパイダース、ウェブス、ダイヤモンズ、キューブス――なんて聞くと、なんとなく漫画のキャラクターの名前だろうかと思われるかもしれない。が、これらはみな実在のETF（株価指数連動型上場投資信託）の名前だ。ウォールストリートの長い歴史のなかで、いちばんホットな新商品のひとつである。その名前から察するとおり（訳者注　ETFはexchange-traded fundsの略。直訳すると、「取引所で取引されるファンド」の意）、これらのファンドは普通株とまったく同じように取引することができる。しかも、絶大な人気商品だ。例えば、ナスダック100指数に連動する「キューブス」（QQQ）は1999年初頭に登場して以来、たったの12カ月で97億ドルもの資産を集めた。2001年半ば現在、その純資産総額は228億ドル。最大のハイテク株ファンド「T・ロウ・プライス・サイエンス＆テクノロジー」の純資産総額は68億ドルなので、その3倍もあることになる。

　ETFは今では100銘柄ほどあり、より取り見取りである。例えば、「スパイダース」でおなじみの「SPDRs」（Standard & Poor's Depositary Receiptsの略）はS&P500連動型で、「WEBS」（world equity benchmark sharesの略）は世界中の株価指数に連動している。「ダイヤモンズ」はダウ工業株30種平均（ダウ平均）連動型。バークレイズ・グローバル・インベスターズの「ｉシェアーズ」シリーズは68銘柄あり、ナスダック・バイオテクノロジー指数、ラッセル3000グロース・インデックス、モルガン・スタンレー・キャピタル・インターナショナル

(MSCI) マレーシア指数などに連動するものがある。

　多くの投資家が株と同じようにETFでデイトレーディング（日計り商い）をしている（ちなみに「キューブス」の平均保有期間は、わずか5.3日である）。なぜか。理由は簡単だ。要するに、ETFなら1日中売り買いができるし、指値注文も逆指値も、信用取引もできるからだ。こうしたことはミューチュアルファンドでは一切できない。ミューチュアルファンドは1日1回、それも場が引けてからでないと取引できないからだ。

　ソロモン・スミス・バーニーの元マネージングディレクター、マイケル・T・ポーターいわく、ETFは「時代にかなった商品」。なぜなら、「ほかのインデックスファンドの良いところをみな併せ持っているうえに流動性が高いからだ」そうだ。結果、投資家たちは終日、市場を動かす材料が出るたびに即座に対応し、いっそう回転を利かせるようになる。悪材料が出ても、「従来型のミューチュアルファンドではあまり手の打ちようがないが、各材料に応じて、この手のインデックスファンド（つまりETF）のどれかを素早く空売りしておけば、ポートフォリオを部分的に守ることができるのである」。

　もちろん、何でもできるからといって、何をしてもいいというわけではない。ETFを発行する側の人間でさえ、買ったらずっと持っているほうがいいと言っている。バークレイズ・グローバル・インベスターズ個人投資家事業部のCEO、リー・クランフェスによれば、「iシェアーズのメリットは、長期で持てば、低コストで節税効果があることだ」という。費用効果が高いのは、主として運営費用が低く抑えられているからだ（例えば、ミューチュアルファンドに必要なインフラや株主への会計報告がいずれも不要だ）。

　ならば、ETFは買いだろうか。

　ポートフォリオのなかに組み入れる場合、ETFの使い道は基本的に、①従来型のインデックスファンドの補完、②アクティ

ブ型カントリーファンドとの入れ替え用、③一業種の一部を買い付けたいとき、その代用とする——の3つがある。ETFはたいていのインデックスファンドよりも費用が安いことが自慢だ。例えば、「バンガード500インデックス・ファンド」の年間経費率は資産の0.18％だが、バークレイズの「ｉシェアーズS&P500」は、同じインデックスに連動しているのに0.09％である。10万ドル投じて20年間保有した場合、年間上昇率が10％と仮定すると、バークレイズのETFのほうが1万1000ドル以上も経費節約となる。

　ところで、韓国とかマレーシアなどのエマージングマーケット（新興成長市場）に投資したいが、外国株式ファンドは通常、手数料も運用報酬もかなり高めなので払う気がしない、あるいは、自国でその国の株が買えないという場合、どうするか。ETFがそれに答えてくれる。例えば、台湾のハイテクブームに乗りたければ、バークレイズの「MSCI台湾ｉシェアーズ」ならコストも安いのでベストの選択かもしれない。それに、ETFはインデックス型ポートフォリオなので、銘柄の入れ替えをすることはめったにない。だから、組み入れ銘柄の報告義務が年に2回しかないミューチュアルファンドとは違い、ETFならどの株を保有しているのか、常に把握できる。

　では、業種別ファンド（セクターファンド）が普通カバーしていないようなインターネット・ｅコマース関連（今となっては、なぜだか不思議だが）や生活用品など、一業種の一部にだけ投資したいが、1～2銘柄だけ買うのではなく、そのセクターの銘柄をもっと幅広く買いたい場合、どうするか。こんなときも、選択肢はおそらくETFしかないだろう。例えば、メリルリンチが開発したETFは「HOLDRs」（holding company depositary receiptsの略で、全部で17銘柄ある）と呼ばれ、バイオテクノロジーのほか、ブロードバンド、B2B（企業間電子商取引）、ネットインフラなどのインターネット関連の5分野をカバーし

ている。いずれのポートフォリオも各セクターの主力株を20銘柄ほどバスケットにして保有している。

インデックスファンドと同様、ETFもポートフォリオの回転率が非常に低いため、キャピタルゲイン（売却益）にかかる税負担を回避できる。それに従来型のファンドとは売買方法が異なるため、株主（受益者）の解約に応じて多額のキャピタルゲイン税が発生する心配もない。

ミューチュアルファンドのデータベース会社、モーニングスターでは、ミューチュアルファンドと同様に、ETFのポートフォリオについてもフォローしている（http://www.morningstar.com/）。アメリカン証券取引所（AMEX）に上場しているほぼすべてのETFとその終値は新聞に毎日掲載されるし、ザラバ中の値動きは、http://www.smartmoney.com/や http://finance.yahoo.com/ などのウエブサイトを見れば分かる。ETFのなかには、バークレイズの「iシェアーズ」のように、年間リターンや組み入れ銘柄などの基本情報を掲載したサイトを持っているところもある（http://www.ishares.com/）。また、AMEXのサイトでも、数多くのETFの基本データを掲載している。ここではETFは「インデックス・シェアーズ」と表示されているが、直近の値段や年間リターン、各ポートフォリオの組み入れ銘柄などが分かるようになっている（http://www.amex.com/）。

株式ファンド

株式ファンド（**訳者注** いわゆる「株式投信」のことだが、日本の場合は、運用対象が公社債中心であっても株式が少しでも組み入れられていると株式投信となる）は、投資対象となる企業の規模によって、大型・中型・小型に分類される。「規模」とは、株式市場における企業価値のことで、「時価総額」あるいは「マーケットキャップ」「キャ

ップサイズ」ともいう。計算方法は、時価総額＝株価×発行済み株式数となる。前述したとおり、大企業は中小企業よりもリスクが小さい傾向にある。しかし、小さな企業ほど、往々にして潜在成長力が大きかったりする。そこで、いちばん良いのは、いくつかの外国株に加え、大型株や中小型株を取り混ぜて組み入れているファンドを買うことだ。

大型株ファンド

　大型株ファンド（ラージキャップファンド）は、一般に時価総額が80億ドル超の企業に投資するものだ。「バンガード500インデックス・ファンド」のように、単にインデックスをまねて500銘柄すべてに投資するファンドもあれば、フィデリティの「マゼラン・ファンド」のように、市場平均よりも値上がりの大きそうな大型株を選別して、インデックスに勝つことを目指すファンドもある。

　図4.1を見れば分かるとおり、大型株ファンドは中小型株ファンドよりもボラティリティ（価格変動リスク）が小さい。ということは、リターンもそれだけ小さいと考えるのが普通だ。しかし、最近までは大型株ファンドのほうがほかのファンドよりも好成績を残している。というのも、1990年代最後の数年間、アメリカ経済は妙に安定していたが、アジア、ラテンアメリカ、ロシアで経済危機が発生。このため、株式市場は大荒れとなり、その避難先としてゼネラル・エレクトリック（GE）やオラクルのような比較的安定した有名大企業に大量の投資資金が殺到したからだ。しかし、このところは大型株も惨敗状態が続いている。が、それでもなお、調整局面にもかかわらず、リスクの高いファンドと同程度のリターンを上げているのは注目に値することだ。これはたぶん、多くの投資家にとって大型株ファンドが長期保有のかなめとなっているからだろう。良いものなら信頼できるし、低迷の心配がない。貯蓄先としてはもってこいである。

図4.1 ファンドのリスクとリターン

□ 10年間の年率リターン
■ 10年間の標準偏差

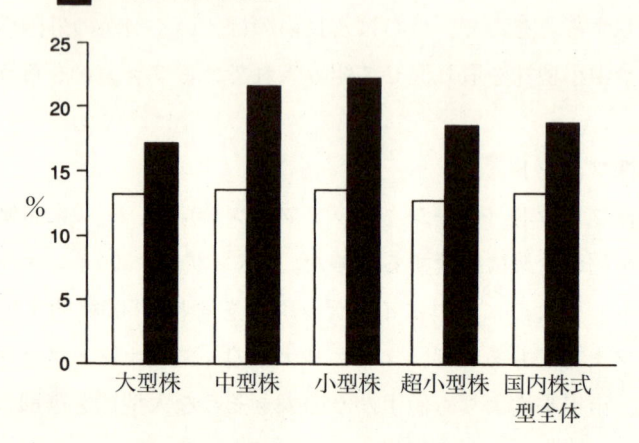

(大型株／中型株／小型株／超小型株／国内株式型全体)

出所＝Morningstar.com

中型株ファンド

その名のとおり、中型株ファンド（ミッドキャップファンド）は大型株ファンドと小型株ファンドの中間に位置する。投資対象は時価総額が10億ドルから80億ドルの企業——つまり大型株ファンドにも小型株ファンドにも入らない企業である。時価総額が小さいほど、中小型株に特有な成長性が見られるようになるが、ファンドの値動きもそれだけ荒くなるので、分散投資の対象として買うのがいちばんいいだろう。

小型株ファンド

「Ｔ・ロウ・プライス・スモールキャップ・ストック」をはじめとする小型株ファンド（スモールキャップファンド）は、時価総額が10億ドル未満の企業に的を絞っている。ファンドのボラティリティ（価格変動リスク）は、ファンドマネジャーがどのくらい積極的かどうか

によって異なる。値上がり益追求型なら、急成長中のハイテク企業を買って、ハイリスク・ハイリターンを狙うだろう。しかし、もっと保守的な「バリュー型」のファンドマネジャーなら、一時的に売りたたかれている企業を物色するだろう。バリュー型ファンドは、グロース型ファンドほどリスクは高くないが、値動きが不安定であることに変わりはない。

　小型株ファンドは価格変動が大きいため、短期的な損失を取り戻すだけの時間的なゆとりのある人でないと買ってはいけない。1997年から1998年のように小型株が長期にわたって市場から相手にされないこともあるからだ。もっとも、その後は小型株専門のファンドマネジャーもほくほく顔である。なぜなら、1999年には小型グロース（成長株）ファンドが抜群の成績を上げ、2000年、2001年には小型バリュー（割安株）ファンドが強含みに推移したからだ。

　最近の状況を振り返ってみると、小型株も低成長期を過ぎれば、いずれは回復してくることが分かっている。しかも、回復期には大型株よりも成長スピードがはるかに速い。このため、若いうちにできるだけ多くの資産を築きたい積極派の投資家にとっては、願ってもない投資対象となる。

超小型株ファンド
　ここでは心底小さな企業——時価総額が２億5000万ドル未満の会社の話をしていこう。超小型株ファンド（マイクロキャップファンド）が投資対象とするのは、新興成長企業や買収候補に挙げられている企業、新市場を開拓中の企業だ。ここまで規模の小さい株を組み入れていると、そのボラティリティは常にすさまじく高くなるが、その潜在成長力も並外れて大きいことになる。例えば、「フレモントUSマイクロキャップ」の2000年10月初頭までの３年間の年平均成長率は31.3％だが、12週間ひたすら値を下げ、結局8.7％下落したこともある。

図4.2 グロースとバリュー——リスクが大きいのはどれ？

☐ 10年間の年率リターン
■ 10年間の標準偏差

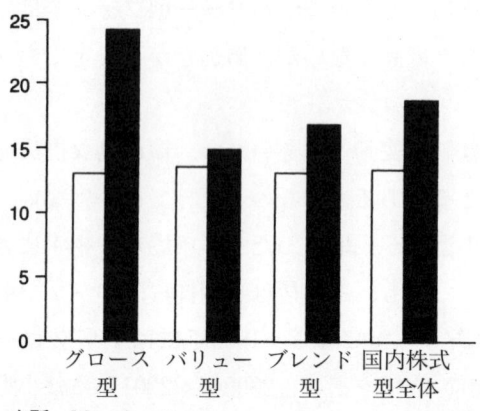

（グロース型、バリュー型、ブレンド型、国内株式型全体の棒グラフ）

出所＝Morningstar.com

こうしたファンドに注意を払うだけの時間と興味があれば、資金をいくらかつぎ込んでもいいだろう。ただし、気をつけてほしいことがある。棒上げしたあとに思い切りやられることもあるからだ。例えば、モーニングスターのデータベースにある24本のファンド（時価総額中位数2億5000万ドル以下）のリターンは、1997年には年率26.4％、1999年には21.9％で見事なものだが、その間の1998年にはマイナス14.1％で、S&P500に42.7％ポイントも負けているのである。

投資戦略

ファンドの分類法としてはもうひとつ、投資戦略で分類する方法がある。ファンドマネジャーはいろいろいても、投資戦略については大きく3つの原型に分かれる。グロース型、バリュー型、ブレンド型である（図4.2参照）。グロース型とバリュー型の投資家の違いについてはすでに説明したが、ファンドの場合は、つまるところこうなる。人

気株（＝割高株）を好んで追い求め、株価のモメンタム（勢い）に乗じて儲けを狙うか、割安株の発掘に努め、いずれ市場がその価値に気づくことに賭けるかのどちらかとなる。

グロース型ファンド

その名のとおり、グロースファンド（成長株ファンド）は、市場で最も成長スピードの速い企業を物色する傾向がある。グロース型のファンドマネジャーは、より大きなリスクをとって、こうした株をプレミアムを払ってでも買い付けていく。こうして市場平均よりも利益成長力の大きい企業あるいは値上がり益の大きい企業の株でポートフォリオを組み立てていくのである。

例えば、シスコ・システムズやEMCコーポレーションは、利益の割に株価が高いため、一般に「割高」だと思われている。しかし値動きが良く、利益成長率も高いため、「ジャナス・トゥエンティ・ファンド」のマネジャー、スコット・ショールゼルは何のためらいもなく高い株を買い付けている。こうした人気の高い成長株なら、だれもが買いたがるため、成長が続くかぎり買いが入ると見ているのである。しかし、成長が減速してきたら要注意だ。勢いのある株ほど、悪材料が出たときに下げがきつくなる可能性が高いからだ。

このため、３つの投資スタイルのなかではグロース型がいちばん乱高下しやすい。また、経費率やポートフォリオの回転率も高く、税負担が重くなりやすいのも同じ理由によるものだ。したがって、こうしたファンドをお薦めできるのは、積極派の投資家か、短期的な損失をカバーできるだけの時間的ゆとりのある投資家に限られるだろう。

バリュー型ファンド

バリューファンド（割安株ファンド）は、市場が見落としているような企業に投資する傾向がある。「サード・アベニュー・バリュー・

ファンド」のマーティ・ホイットマンのようなファンドマネジャーは、「過小評価されている株」すなわち潜在利益に比べて株価の安い株を物色の対象としている。

こうした株は、いずれは解決するか忘れ去られてしまうような短期的なトラブルを抱えている場合もあれば、規模が小さすぎるか無名のために、あまり注目されていない場合もある。いずれにせよ、この手のファンドマネジャーは、市場の注目度よりも、その潜在力の大きさを判断材料とし、市場がいずれそれに気づくようになれば株価も上がるだろうと見ているのである。

ホイットマンは1998年後半に受動素子メーカーのAVXコーポレーションを買い付けているが、当時、この会社は市場参加者の間ではほとんど存在を知られていなかった。1999年には198.3％も値上がりしたが、それでもPER（株価収益率）はまだ28倍だった。同業のアナログ・デバイシスが同程度の業績なのにPERが85倍もあることを考えると、これは掘り出し物と言える。

バリュー型ファンドも大きなリスクを抱えている。「埋もれているお宝」をせっかく見いだしたのに、そのまま埋もれてしまい、だれにも認めてもらえないこともあるからだ。こうなると、長期間にわたって株価は低迷することになる。しかし、この場合、乱高下することもあまりないので、良いファンドを選んでおけば、お粗末なリターンしか得られないリスクも最小限で済むだろう。それに、バリュー型のファンドマネジャーは株をいったん買ったら、株価が上向きに転じるまで保有するため、経費率もポートフォリオの回転率も低い。というわけで、バリュー型ファンドは、税金を取られたくない保守派の投資家に最適なファンドである。

ブレンド型ファンド

これは「何でもあり」のポートフォリオである。例えば、成長性の

高いネット株にも、割安な自動車株にも投資する。だから、リスク分類がしにくい。「バンガード500インデックス・ファンド」はS&P500の全銘柄に投資しているため、「ブレンド型」として分類できるが、大型株ファンドでもあるため安定感がある。「レッグ・メーソン・スペシャル・インベストメント・ファンド」はもっと積極的な運用を行っており、ハイテク株や金融株のウエートが高い。特定のブレンド型ファンドが自分のニーズに合っているかどうかを判断するには、組み入れ銘柄をチェックしてから、電話で問い合わせないといけない。

国際型ファンド

　国際株式型ファンドは、海外市場のさまざまなレベルのリスクにさらされることになる。簡単に管理できるリスクもあれば、身の毛がよだつようなリスクもある。1997年夏、アジア経済がドミノ倒し状態となり、域内の株式市場が総崩れとなったときのことを思い出してほしい。「パイオニア・エマージング・マーケッツ」や「アイビー・デベロッピング・マーケッツ」などのファンドはアジア株のウエートが高かったため、痛手を被ることになった。しかし、投資先がどんなに好景気であっても、為替の変動が株価にマイナスに働くこともある。
　もちろん、経済や為替の変動リスクが非常に大きいからこそ、儲けのチャンスもある。そこで、例によって分散投資がリスク管理のカギとなる。海外市場に投資するファンドには主に4種類ある。世界型、外国型、国・地域限定型、新興成長市場型である。図4.3を見れば分かるとおり、投資先の範囲が広がるほど、リスクは小さくなる。

世界型ファンド
　ワールドファンド（グローバルファンドともいう）は4種類のなかでいちばん幅広く分散投資のできるファンドだが、そのコスモポリタ

図4.3 国際型ファンド――投資先の範囲が広がるほどリスクが小さくなる

□ 10年間の年率リターン
■ 10年間の標準偏差

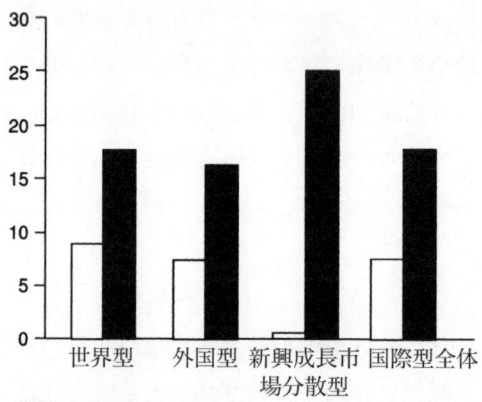

	世界型	外国型	新興成長市場分散型	国際型全体
年率リターン	9	7	0.5	7
標準偏差	17.5	16	25	17.5

出所＝Morningstar.com

ン的なネーミングにだまされてはいけない。投資先は国内を含め、世界中のどの地域でもいいことになっているため、実際には好成績の外国型ファンドと比べると、それほど分散化されていないケースもある。「ドレスナーRCMグローバル・スモールキャップ・ファンド」がその良い例だ。2001年半ば現在の投資配分を見てみると、アメリカとカナダ57％、ヨーロッパ24％、日本9％、環太平洋地域1.3％で、あとはもっと小さな地域に分けられている。過去10年間、世界型ファンドは国際株式型ファンドのなかで比較的安全性が高い傾向にあったが、それは主として名のよく知られたアメリカ株に依存していたからだ。

外国型ファンド

フォーリンファンドは資産の大半を国外の国と地域に投資するものだ。どの国を選ぶかによって、安全性やリスクの大きさが異なってく

る。例えば、「フィデリティ・ディバーシファイド・インターナショナル」は38カ国に分散投資しているが、その多くはヨーロッパである。一方、「オークマーク・インターナショナル・スモールキャップ」の2001年中期の資産配分を見ると、日本、香港、韓国、シンガポールといった、世界でも昔から特に変動の大きいとされている地域にポートフォリオの40％をつぎ込んでいる。したがって、バランスがいちばんよく取れているファンドを選ぶか、でなければ、ファンドマネジャーが地域の取捨選択をうまくやって高収益を上げているかどうかをきちんと確かめておくのが賢明だろう。

国・地域限定型ファンド

カントリースペシフィックファンドは1カ国あるいは1地域に的を絞って投資するファンドだ。この手の集中型のファンドは特にボラティリティ（価格変動リスク）が高くなる。しかし適切に国を選べば、かなりのリターンが得られるかもしれない。例えば、1999年では日本がそうだ。モーニングスターによれば、ジャパンファンドのその年の平均リターンは120％で並外れた成績を残している。逆に選択を誤ったときは要注意だ。例えば、コリアファンドは1997年に平均で66％も下落している。というわけで、この種のファンドには相当の上級者でないと挑戦してはいけない。

新興成長市場型ファンド

エマージングマーケットファンドはいちばんボラティリティが高い。投資先は発展途上地域で、莫大な潜在成長力はあるものの、リスクもそれだけ大きいことになる。例えば、政変、政治腐敗、通貨暴落などのリスクが高い。だから、絶対に損をしたくない人はこうしたファンドに近づいてはいけない。証拠を挙げろというなら、挙げておこう。平均的なエマージングマーケットファンドの過去10年間のリターンは

わずか0.7％で、インフレ率にも及ばないのである。しかし、これらのファンドも時には大勝ちすることがある。1993年と1999年には70％を超えるリターンをもたらしている。

業種別ファンド

　セクターファンドはその名のとおり、市場の特定のセグメントすなわちセクター（産業区分）の株に投資するものだ。例えば、「ファーストハンド・テクノロジー・リーダーズ」のようなファンドはハイテク企業だけを買い付けてポートフォリオに入れている。フィデリティでは、「フィデリティ・セレクト・インシュアランス」（保険）や「フィデリティ・セレクト・ワイヤレス」（無線通信）といった業種別ファンドを一通りそろえている。これなら、この業種がこれから伸びると思ったときに、いつでもその特定の業種あるいはセクターに賭けることができる。

　こうした戦略は分散投資に反するように見えるかもしれないが、けっしてそうではない。確かに、こうしたファンドを買えば、特定の業種に的を絞ることになるのは明らかだが、その業種内で分散投資することになるのである。これは自分ひとりではなかなかできることではない。では、どんな具合になっているのかというと、投資資産を代表的な銘柄に幅広く分散してあるのである。各ファンドの保有銘柄数を見てみると、「フィデリティ・セレクト・ファイナンシャル・サービス」（金融）は124銘柄、「エバーグリーン・ヘルスケア・ファンド」（健康産業）は117銘柄、T・ロウ・プライスの「メディア＆コミュニケーションズ・ファンド」（情報通信）は66銘柄となっている。たったひとつのセクター内でこれだけの分散投資をしようと思ったら、ポートフォリオ全体の分散化を犠牲にするしかなく、個人投資家ではまず不可能である。

もちろん、こうした集中型のポートフォリオの場合、選定したセクターの人気次第で途方もなく儲かることもあれば、大損することもある。1999年、「ファーストハンド・テクノロジー・リーダーズ」は、ソフトウエアおよび半導体関連の人気に乗じて152.6％も急騰したが、「フランクリン・リアル・エステート」は不動産業界の低迷を受け、5.6％の下落となった。

こうしたひとつの業界に特化したようなファンドは、どのセクターを選んでも、一般的なファンドよりリスクが高くなる。とはいえ、明らかにほかより値動きの荒いセクターもあれば、そうでないものもある。例えば、安定した電力会社に投資している「バンガード・ユーティリティー・インカム」のボラティリティは、過熱気味のソフトウエアメーカーに投資している「PBHGテクノロジー＆コミュニケーションズ」の約3分の1だ。

手数料と諸経費

ミューチュアルファンドにも欠点がひとつあるとすれば、手数料や税金が投資収益を食ってしまうことだ。うっかりしていると、何年もたつうちに管理費やキャピタルゲイン税によって収益が――何千ドルとは言わないまでも――何百ドルも削られてしまうかもしれない。

そこで、SmartMoney.com の「Fund Fee Analyzer」（ファンド・フィー・アナライザー：スマートマネー・ユニバーシティのサイトにあるインタラクティブツール）を使って、高額の手数料や諸経費によって収益がどのくらい目減りするのか、自分でチェックしてみよう。アドレスは、http://www.smartmoney.com/fundfeeanalyzer/。

例えば、お金をつぎ込むたびに4.7％のフロントエンドロード（初期販売手数料）を課したうえに年間経費率が1.5％かかる（これが管理費として毎年差し引かれる）ファンドに1万ドル投じたとしよう

（これらの料率はファンド業界のだいたいの平均値である）。１年後、着実に10％のリターンを上げたとすると、収益は999ドルとなるが、手数料（約660ドル）を差し引くと、儲けは339ドルに減ってしまう。つまり、１年で収益の66％が手数料に食われたことになる。５年後、収益が食われる割合は29％に下がるが、20年後には、なんと１万8522ドルもの法外な手数料を支払ったことになるのである。つまり、トータルで５万7144ドルの益が出ていても、手取りはたったの３万8622ドルになってしまうのである。

　とはいえ、朗報なのは比較的低コストで好成績を上げているファンドをまだ見つけることができるということだ。そこで、どんなものを探したらいいのか見ていくことにしよう。

フロントエンドロードとバックエンドロード

　「ロード」というのは平たく言えば「販売手数料」のことだ。株を売買するときに支払う売買委託手数料と同じようなもので、ミューチュアルファンドの価格にこれが上乗せされ、ファンドの販売を行ったブローカーやファイナンシャルアドバイザーの報酬となる。販売手数料の支払い方法には二通りあるが、ファンド購入時に前払いするか、ファンド売却時（解約時）に支払うかは、そのファンドによって異なる。2001年半ば現在、既存の株式ファンド8881本のうち、4613本（52％）が手数料のかかる「ロードファンド」で、4268本（48％）が手数料のかからない「ノーロードファンド」である。

　「フロントエンドロード」（初期販売手数料）は、ファンドを購入するときにかかる。通常、その料率は初期投資額の１％から5.75％で、ファンドによっては配当（収益分配金）を再投資してファンドを買い増すときにもまた手数料を課す場合もある。「バックエンドロード」（後払い販売手数料）は、ファンドを売却するとき、つまり解約する

ときにかかる。このように手数料を後払いさせるのは、基本的にはファンドに長期投資させるための方策である。その仕組みは通常こうだ。仮にファンドを買ってから1年目に全額解約したとすると、4％から5.75％の手数料がかかる。が、それ以降は手数料率が年々下がっていくため、6年から8年後ぐらいには手数料がまったくかからなくなるのである。

ロードファンドの問題は、だれが見ても明らかなように、投資収益をその場で刈り取ってしまうことだ。リターンがものすごく大きくて、いずれ手数料分を取り戻せるはずだと信じているなら、それでもいいが、好成績のノーロードファンドがたくさんある以上、余計な手数料をなぜわざわざ払う必要があるだろうか。こと手数料については、「絶対払うな」と言うつもりは毛頭ないが、『スマートマネー』ではいつもノーロードファンドをお薦めすることにしている。

経費率

ノーロードファンドでも運営費用はかかる。費用にはファンドマネジャーに支払う投資顧問報酬から印刷費用や郵便費用などの管理費まで、ありとあらゆるものが含まれる。こうしたコストは、ファンドの平均純資産総額に対して年率いくら（％）という形で「経費率」として表される。ファンドの表示利回りには通常、年間の正味費用も計算に入れてあるが、費用にはきちんと注意を払わないといけない。年末に決算書（運用報告書）が届いたら、費用項目にざっと目を通しておこう。

費用が高いとそれだけ優秀なファンドマネジャーが担当してくれていると、つい思いたくなる。それに、払った分だけ得るものがあると思い込んでいる人もいる。しかし実際のところ、長期的に見れば、費用の安いファンドのほうが高いファンドよりも成績が良いことが多い。

最近の国内株式型ファンドの平均経費率は約1.4%、債券ファンドは同約1.1%、外国型ファンドは経費率が高めで約1.7%となっているが、これより経費率の高いファンドを買う理由はどこにもない。

12b-1手数料

　経費率のなかに含まれてはいるものの、しばしば別扱いにされるのが12b-1手数料で、ファンドの流通・販売費用として差し引かれることになっている（**訳者注**　1940年投資会社法・規則12b-1に従った販売計画によって販売費用が補償されることになっている）。フロントエンドあるいはバックエンドロード（販売手数料）に加えて課されるものだが、ノーロードファンドでもこの手数料を請求するところが多い。なお、12b-1手数料が0.25%を超えたら、そのファンドはもうノーロードファンドとは言えないので要注意だ。で、アドバイスとしては、12b-1手数料を足すと、ファンドの経費率が同種のファンド平均を超えてしまう場合は、買う前にもう一度考え直してみよう。

受益証券のクラス

　ファンドによっては、ファンド名のあとにAs、Bs、Csと付記されているのをよく見かけるが、これはいったい何だろうと疑問に思ったことがあるに違いない。このアルファベットはファンドの株式（受益証券）のクラスの違いを示しているものだ。こうしたクラスは標準化されているわけではないが、主としてロードファンドに適用され、これによって販売手数料の払い込み方法が分かるようになっている。例えば、「クラスA証券」とあれば、伝統的にフロントエンドロード、「クラスB証券」なら、たいていはバックエンドロードを課すことを示している。「クラスC証券」など、ほかのクラスの証券には通常、

少額のバックエンドロードと高額の12b-1手数料がかかる。

税金

　ファンドマネジャーが証券を売却して利益を確定すると、法律により税金が発生することになる。ただし、値下がりしている証券を売却して損を出せば、利食った分が相殺されることもある。とはいえ、年度内の全取引金額を合計して最終的に益が出ていれば、だれかが税金を払わないといけない。さて、だれが負担する羽目になるのか考えてみてほしい。

　こうした収益は「収益分配金」という形で支払われ、課税対象となるが、その額が意外に大きいことに、年末になってまごつくことになる。それも、値上がり益が短期キャピタルゲインに該当してしまうと、さらに税金がかさんでしまう。つまり、ファンドマネジャーが頻繁に売買を繰り返していると、これが大問題となるのである。短期キャピタルゲインは通常の所得として課税されるため、低率の長期キャピタルゲインのように20％取られるだけでは済まない。収益分配金は年に１～２回もらえるのが普通だが、ファンドマネジャーが売却した証券をどのくらい長く保有していたかによって、長期あるいは短期のキャピタルゲイン税を課されることになる。そこで、ミューチュアルファンドを購入する前に、分配金の支払い直前でないことを確かめておこう。ファンド会社の800番サービス（フリーダイヤル）に電話をかけて、この点をきちんと確認しておくこと。でないと、自分が儲けたわけでもないのに、税金をふっかけられることになる。

　ポートフォリオの回転率が高い場合は、いずれ高額のキャピタルゲイン税を取られることになるというサインでもある。よって、こうした潜在的な問題を回避する方法はただひとつ。言うまでもないことだが、やたらに入れ替えばかりしているファンドマネジャーには要注意

ということだ。例えば、ポートフォリオ回転率が500％のファンドなら、投資資産の平均保有期間は3カ月未満となる。しかも、ファンドマネジャーが損失を出して利益を相殺しないかぎり、ファンドが行った取引によって発生したキャピタルゲイン税はすべてあなたが負担することになるのである。

手っ取り早くファンドを選ぶ

インデックスファンドを買って長期保有すれば、それだけで、あれこれと悩む手間が省け、儲けがほぼ約束されていることになる。節税効果もあるし、前述したとおり、大半のアクティブ型ファンドに常時勝つことができる。

インデックスファンドならまず間違いなく優良資産の中核を成すことになるだろう。とはいえ、実際には、あなたにも市場平均を上回る成果を〝ちゃんと〟上げることは可能なのである。過去20年間、国内株式型ファンドの22％がS&P500に勝っているが、これをポートフォリオ数で言うと、1000本を超えていることになるからだ。つまり、自分が何をしているのか、まったく自覚がない場合を除けば——例えば、前の年に話題となった人気ファンドをまだ追いかけているような場合を除けば——勝ち組ファンドのひとつや2つ拾うことはできるはずなのである。

『スマートマネー』では、ほぼ毎月、優良ファンドの発掘調査を行っている。株式関係の記事と同様、われわれのアプローチも時には市場の動きに左右されることもある。例えば、2001年4月、市場参加者が先の見えない相場と格闘していたころ、「苦しいときにも負けない強健ファンド」という記事のなかで7本のファンドを特集した。これらのポートフォリオは、その後の6カ月間でS&P500が9.4％下落したにもかかわらず、平均で2.7％上昇した。ずば抜けたファンドが1

本あったとはいえ——「ウォサッチ・コア・グロース・ファンド」が22％も値上がりしたが——どのファンドもS&P500を上回り、だいたい2～3％のリターンをもたらしている。また、折を見ては新顔の優良ファンドを扱った特集も組むようにしている。直近では「ベスト・ニュー・ファンド」（1999年6月～）の一団が平均で20.8％のリターンを上げているが、これは同時期のS&P500のリターンを16.9％ポイントも上回っている。

　というわけで、優良ファンドというのは探せば見つかるのである。ただ、その見つけ方を知っておく必要があるだけだ。そこで、次項からはこうしたもろもろのことを説明していきたいと思う。優良ファンドの基本要素を押さえるために、われわれが考えた5つのポイントは以下のとおりである。いずれもファンドを選別するうえで大事なことばかりだ。

　①自分の投資目的を明確にする
　②長期にわたるパフォーマンス（運用成績）をチェックする
　③ファンドのリスクとボラティリティ（変動率）を評価する
　④手数料と税金を最小限に抑える
　⑤担当のファンドマネジャーを知る

投資目的

　優良ファンドの追跡調査を始める前に、まずその金は何のための金なのかを把握しておかないといけない。例えば、退職後に備えてお金を蓄えるつもりなのか、家の頭金にするためにためておいたお金なのか、投機目的でボーナスをはたいて中国に賭けてみるのか。その答えによってそれぞれの方向性が見えてくれば、最適なファンドの範囲をかなり狭めることができる。

目的がはっきりしていない場合でも、せめてアセットアロケーション（資産配分）の計画ぐらいは立てておこう。本書で推奨した配分（大型株とか、小型株など）に従って、ちょうど合うファンドを選ぶようにすればいいだろう。多くの調査結果が示しているように、適切な資産配分はリターンを最大化するうえで非常に重要なのである。

　資産配分を決めるに当たっては、どのくらいまでリスクをとれるか、ということも判断材料のひとつとなる。また、お金を必要とする日が先であればあるほど、積極的な運用ができる。それに、相場の乱高下にどれだけ耐えられるかということも検討しておかないといけない。例えば、ファンドが1カ月で5％か10％値を下げてしまったとしたら、夜、あなたは眠れるだろうか。眠れなくなるようなら、ラテンアメリカや東南アジアに集中投資をしているエマージングマーケットファンドのような特にボラティリティの高いファンドは買わないことだ。ハイテク関連の業種別ファンドも、リストから外しておくべきだろう。

運用成績

　こんな言葉に見覚えはないだろうか。
　「過去の運用実績は将来の運用成績を約束するものではありません」
　これはミューチュアルファンドの広告の下のほうに、ちっちゃな字で必ず記載されている言葉だ。そう、ファンドの過去の運用実績を誇らしげに宣伝した部分のすぐ下だ。投資家だって、実績どおりになるとはけっして思っていないのは確かだ。しかしミューチュアルファンドの過去の運用実績に目もくれない人は、自らリスクを抱え込むことを覚悟しないといけない。というのも、ファンドマネジャーの能力を知るうえで最高の尺度となるからだ。
　面白いことに、過去の成績は好成績のファンドよりも成績不良のフ

ァンドを予測するのに良い指標となるらしい。フォーダム大学が2000年現在の運用成績について調査を行った結果、モーニングスターから4つ星か最上位の5つ星と評価されたファンドが必ずしも上位に残るとは限らないが、1つ星か2つ星とされたファンドは相変わらずもがき苦しんでいることが分かった。教訓はあまりにも明らかだが、「永久負け組ファンド」には手を出さないことだ。

では、運用実績を評価するにはほかにどうすればいいだろうか。まずは、長期間にわたる実績を調べること。前年に話題となった人気ファンドの誘惑に負け、やけどをする投資家があまりにも多いからだ。例えば、「アメリカン・ヘリテージ・ファンド」を見てみよう。1997年に初めて75％も上昇。しかし翌年には61％下落し、結局、低迷してしまっている。1997年に大きく上げたため、「すごい！」と思ってしまうが、ここで5年間の運用実績（ちなみに年率リターンは1.1％）をチェックしていれば、出来不出来が一貫していないことに気づいたはずである。これはもうファンドの運用・管理がきちんとされていないという危険信号である。

では、年率リターンが7％とか15％、20％で推移している、ごく普通のファンドの場合はどうするか。本当に一貫して好成績と言えるファンドは、どうやって見分けたらいいのだろうか。

いちばんいいのは、投資対象が同様のほかのファンドや、ベンチマークとなるインデックス（大型株ファンドなら、大型株が採用されているS&P500、小型グロースファンドならラッセル2000）と比較してみることだ。図4.4を見てほしい。これはモーニングスターの「レッグ・メーソン・バリュー・プライム・トラスト」に関するページのスナップショットである。左側にはこのファンドの4期分（暦年で過去3年分とその年の年初から現在まで）の運用実績が掲載されている。これらの年号の下にあるのは、このファンド（ファンド分類では大型バリューファンド）の年率リターンである。見てのとおり、これはな

図4.4 モーニングスターのクイックテイク・レポート

出所＝Morningstar.com

かなか優れたファンドである。

リスクとボラティリティ

　ファンドを選んだものの、心配で具合が悪くなりそうだというなら、どこに問題があったのだろうか。というより、こうして心配になるからこそ、ファンドのリスクプロフィール（リスク特性）や短期のボラティリティ（価格変動リスク）が許容の範囲内にあるかどうかを確認しておくことが重要となるのである。

　リスクは一般に投資スタイルと相関関係にある。グロース型ファンドは、利益成長率が莫大で人気はあるがリスクも高い企業を物色していくため、短期間で乱高下しやすく、ポートフォリオの回転率も高く

なる傾向にある。一方、バリュー型ファンドは、埋もれている割安株を拾って長期的な値上がりを期待していくものなので、下値余地は限られているが、その分、劇的に上がるということもあまりない。で、教訓としては（これは株式投資にも言えることだが）、リスクが低いほど、潜在的なリターンも低くなり、リスクが高いほど、潜在的なリターンも高くなるということだ。

各ファンドのリスク評価には、モーニングスターの星印による評価システムを利用するのが楽だ。こうしたレーティングは完璧とは言えないが、各ファンドのリスク・リターンのトレードオフ（相反性）を計量化することを目的としている。評価は星１つ（★あるいは１★）から最上位の５つ（★★★★★あるいは５★）までの５段階評価で、ファンドの運用実績と運用期間中のリスクが両方考慮されている。基本的には運用成績のスコアからリスクのスコアが差し引かれるようになっている。ファンドの大分類（「国内株」「国際株」「国内債券」「国際債券」「国内ハイブリッド」「国際ハイブリッド」など）のなかで最上位10％が５つ星、以下22.5％が４つ星……という具合にランクが下がっていくようになっている。

ファンドのレーティングが知りたければ、http://www.morningstar.com/あるいはhttp://www.smartmoney.comの「Fund Snapshots」（ファンドのスナップショット）のサイトを見れば分かる。

ファンドのリスク特性について、もっと掘り下げて調べたいなら、ファンドの「ベータ値」をチェックしてみよう。これはベンチマーク――株式ファンドの場合は通常S&P500――に対するファンドのボラティリティ（変動率）を見る尺度だ。ベンチマークのベータ値は常に1.00である。だから、ある株式ファンドのベータ値が1.00とすると、その値動きはS&P500とほとんど同じように上下してきたということになる。一方、ファンドのベータ値が1.25なら、上げ相場ではS&P500よりも25％大きく上昇し、下げ相場では25％大きく下落するこ

とが予想される。ベータ値などに関する情報はSmartMoney.comで入手できる。

手数料と税金

　ファンドが来年どのくらい値上がりするかは予測できないが、コストがどのくらいかかるかはだいたい予想がつく。そこで、予想がつくことについては何とかしよう。というわけで、『スマートマネー』おススメのファンドは、年間経費の安いノーロードファンドだ。

　ともかく、同種のファンド平均よりも経費率の高いファンドは買わないようにしよう。ちなみに、2001年半ば現在の大型株ファンドの年間経費率は平均1.35％、小型株ファンドは同1.53％、外国型ファンドは1.68％、債券ファンドは1.09％である（表4.1参照）。

　同種のロードファンドとノーロードファンドがあって同程度のリターンを上げているなら、ノーロードファンドを選ぶことだ。覚えておこう。ロードファンドのリターンには株主（受益者）が払う販売手数料は考慮されていないのである（もし興味があるなら、ファンドの目論見書を見れば、手数料調整後のリターンが分かるだろう）。

　とはいうものの、ロードファンドは絶対ダメと、しゃくし定規に考えないでほしい。なかには本当にボラティリティも低く、手数料を埋め合わせるだけの大きなリターンをもたらしてくれるファンドもあるからだ。例えば、「スミス・バーニー・アグレッシブ・グロース」を見てみよう。過去５年間の年率リターンは28％と実に見事だ。しかも、これは５％の販売手数料を考慮したあとの数値である。このファンドは全大型グロースファンドの上位１％にランクインしている。

　３％の販売手数料がかかるが、「フィデリティ・セレクト・ブローカレッジ・アンド・インベストメント・マネジメント」（証券・投資顧問）や「フィデリティ・セレクト・ユーティリティー・グロース」

（公益企業）などの業種別ファンドにも優良ファンドがたくさんある。「セレクト・ブローカレッジ・アンド・インベストメント・マネジメント」は5年間の年率リターン27％を誇っているし、「セレクト・ユーティリティー・グロース・ファンド」は同17％である。一般に、ファンドを長く持てば持つほど、初期販売手数料の問題は気にならなくなるものだ。

　仮にロードファンドを買った場合、長期で持つつもりなら、クラスA証券がいいだろう。初期販売手数料は高いが、毎年かかる12b-1手数料（ファンドの流通・販売費用に当てられる手数料）はごくわずかか、まったくかからないからだ。逆に短期目的で買うなら、クラスB証券かクラスC証券など、12b-1手数料は高くても、販売手数料の安いものを選ぶといいだろう。

　次は税金である。気をつけておかないと、知らない間に忍び寄ってきて、がぶりと食いつかれるかもしれない。ファンドがIRA（個人退職年金勘定）などの税制優遇措置のある退職年金勘定に入っているのでないなら、収益分配金が課税対象となるため、手取り利益が減ることになる。

　そこで、多額の収益分配金を避けるいちばんの方法は、ポートフォリオ回転率の低いファンドを探すことだ。回転率が低いというのは、リターンを大きく見せるために年がら年中ポートフォリオの入れ替えを行って益出しをするようなことはしない、ということだ。そこで、基本的なガイドラインとしては、ポートフォリオ回転率が80％を超えるファンドには手を出さないこと（回転率が100％というのは、過去12カ月間にファンドの投資資産を丸ごと全部入れ替えたことを意味する）。ただし、このルールは単純に債券ファンドに当てはめるわけにはいかない。というのも、債券は償還したら別の債券に乗り換えないといけないからだ。

　税金が気になる人は、配当利回り（分配利回り）の高いファンドも

避けるべきだろう。というのも、配当（分配金）は低率のキャピタルゲイン税（保有期間12カ月以上）ではなく、所得税として課税されるので、最大で39.6％も取られてしまうからだ。それから、税金は絶対イヤという人は、インデックスファンドを検討してみたらいいだろう。一般に、節税効果がいちばん高く、ファンドの入れ替えが行われるのは、ベンチマークとしているインデックスの構成銘柄が変更されたときか、株主（受益者）の解約に応じる必要があるときだけだからだ。

　費用の話のついでに、ファンドの最低初期投資額（最低お申し込み金額）が払える範囲内かどうかも確認しておこう。たいていのファンドでは、レギュラー口座であれ、IRAや自動投資プラン（AIP）であれ、口座開設には500ドルから1000ドルは必要となる。追加申し込みの場合は50ドルから100ドルあればいい。だが、好成績を上げているファンドでは最低初期投資額を5000ドルか1万ドルに設定しているところがあまりにも多いのに驚かされるかもしれない。もちろん、チャールズ・シュワブやフィデリティなどの無料ネットワークを通せば、もっと少額でファンドが買える場合もある（AIPとは「るいとう」などのように自動で定期的に一定額を積み立てていくようなプランのこと）。

ファンドマネジャー

　どのファンドに投資するにせよ、あまりにも漠然としているのがファンドマネジャーに関することだ。SmartMoney.comでも、ファンド関係のサイトに各種の数値を掲載しているので情報はたくさんある。が、データを見たところで、よく分かるわけではない。そこで、これらの数値すべてに納得がいったら、最後にやることは、虎の子を預ける相手はいったいどこのだれなのか調べることだ。しかし、ファンドマネジャーがもし「開いた窓から出たり入ったりしているハエ」のよ

うなヤツだったら、調査はしばしば困難を極めるかもしれない。

　ファンド会社のウエブサイトを見れば、ファンドマネジャーの名前と在職期間が分かる（簡単な略歴もたいてい掲載されているだろう）。でなければ、Morningstar.comやSmartMoney.comのサイトをのぞいてみる。言うまでもないことだが、長期間にわたって大きなリターンをもたらしている運用担当者ほど良いに決まっている。しかし、覚えておこう。10年以上の実績を持つファンドマネジャーは、「レッグ・メーソン・バリュー・ファンド」のビル・ミラーなど、ひと握りしかいない。平均在職期間はたったの4.5年なのだ。

　そこで、ファンドマネジャーが新顔――そのファンドの運用担当期間が2年未満――であることが分かったら、それ以前の実績はどうなっているのか追跡調査する（同じファンド会社の別のファンドから異動しているケースも少なくない）。担当者の経歴がはっきりしない場合は、ファンドを買う前に、「買わない」という選択肢も考慮に入れよう。また、運用担当者が交替したときは、新しい担当者が自分の好みに合わせてファンドを構築していくため、しばしばポートフォリオの回転率（ひいては税金）が高くなる傾向があることを肝に銘じておこう。

情報収集

　ファンド情報はどこで手に入れるのか。まずは、ファンド会社のウエブサイトを検索してみよう。アナリストレポートや目論見書、そして時にはファンドマネジャーからの最新コメントも入手できる。ファンドの最新情報もここで見つかるだろう。でなければ、ファンド会社に直接電話をかけて問い合わせる。なお、フリーダイヤルの番号については、SmartMoney.comの「Fund Snapshots」（ファンドのスナップショット）のページ上にある「Purchase Info」（購入情報）の

下に掲載されている。

　Morningstar.comでは、アメリカの国内投信や外国投信に関する基本情報が引き出せる。例えば、過去12カ月、3カ月、年初来のリターンだけでなく、過去10年間、5年間、3年間の年率リターンのほか、組み入れ上位25銘柄や、ハイテク企業・公益企業・耐久消費財関連などへの投資配分など、ポートフォリオの構成についての情報も入手できる。しかし、何よりもありがたいのはアナリストレポートだ。モーニングスターのアナリストがほぼすべてのファンドについてレポートをまとめてくれている（月額12ドルでアクセスできる）。画面左側のメニューにある「Morningstar Analysis」（モーニングスター分析）の項目を見てほしい。運用、投資戦略、リスクに関する考察に加え、ファンドが投資適格かどうかについてコメントが3〜4段落にわたって要約されている（訳者注　画面が変更になっている可能性あり）。

ファンドのスクリーニングサイト

　Morningstar.comやSmartMoney.comではファンドを選別するうえで非常に便利なツールを用意している。図4.5を見てほしい。モーニングスターではこれを「Fund Selector」（ファンド・セレクター）と呼んでいるが、先ほど概略を説明した、ファンド選びに欠かせない5つのポイントに従って作業を進めていけるようになっている。まず、「Fund Group」（ファンド・グループ）という項目があるので、国内株式、国際債券（課税対象）、地方債などからいずれかを選択する。次の「Morningstar Category」（モーニングスター分類）の項目では、時価総額と投資スタイル（大型株、中型株、小型株、バリュー、グロース、ブレンド、業種別、地域別）のなかから選択する。その下には「Manager Tenure」（ファンドマネジャーの在職期間）、「Cost and Purchase」（費用および購入費）、「Rating and Risk」（レ

図4.5　モーニングスターのファンド・セレクター

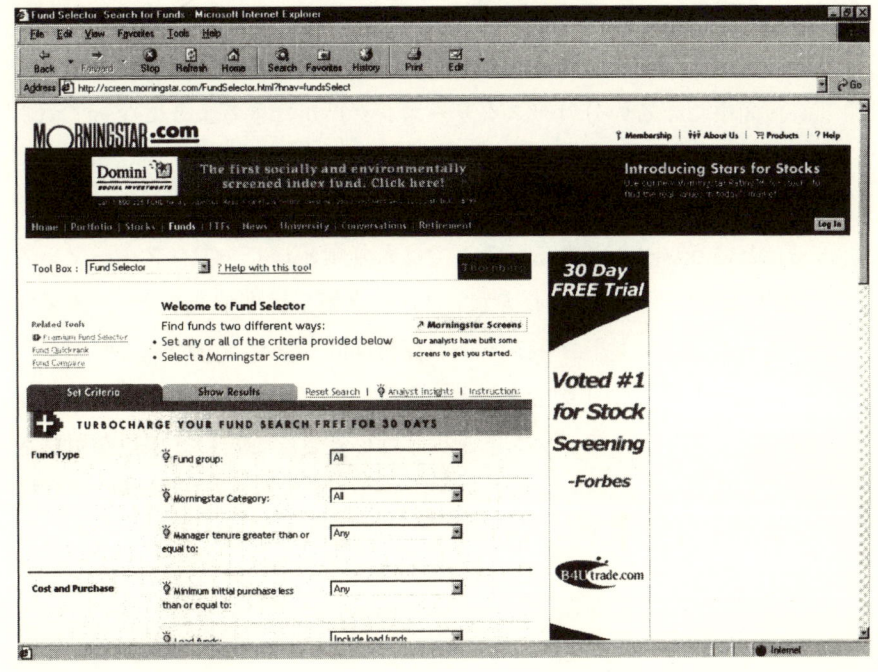

出所＝Morningstar.com

ーティングとリスク）などがあって、最後に「Return」（リターン）という項目がある。

　なんだか面倒くさいようだが、心配しなくていい。すべての項目に答える必要はない。例えば、大型バリューファンドだけをピックアップしたければ、そこを選択するだけでOKだ。が、モーニングスターの「ファンド・セレクター」では、項目ごとに前もって設定されているパラメーターから選択することもできるが、具体的に指定することもできる。例えば、「リターン」の項目では、年初来、1年、3年、5年、10年の選択肢のなかから5年リターンだけを選んでふるい分けをしていくこともできるし、次のステップでは、「カテゴリー平均」

「S&P500」などの選択肢において空欄に入力することで、「greater than or equal to」（それより大きいか同程度）といったパラメーターの設定ができる。つまり、ファンドに関する知識があってもなくても、簡単にふるい分け（スクリーニング）ができるようになっているのである。

　SmartMoney.com には「Fund Finder」（ファンド・ファインダー）というツールがある。ここでは大分類として、①パフォーマンス（運用成績）、②ボラティリティ（ベータ値や標準偏差など）、③プロフィール（ファンドマネジャーの在職期間、ファンドの純資産総額、ファンドの設定来年数など）、④費用、⑤ファンドファミリー（例えば、フィデリティのファンドを探したいときなど）の５項目が用意されている（「ファンドファミリー」とは、手数料なしで相互に乗り換えのできる同一グループ内のファンドの集合体のこと）。

第5章
スクリーニングルームへようこそ
WELCOME TO THE SCREENING ROOM

　現在アメリカでは7000銘柄を超える公開株が取引されている。このなかには第二のデル・コンピュータやシスコ・システムズ、あるいは第二のゼネラル・エレクトリック（GE）になるような株だってあるかもしれないが、問題は、いったいどうやってそれを見つけるかということだ。

　最新情報——例えば、周りの人とか、テレビで見かけたアナリストとかがくれるような株式情報などを絶えずあさって回ることはやろうと思えば可能だ。しかし役に立たない——少なくとも長期的には役に立たないため、その気が失せてしまう。確かに、あれこれと情報を集めていれば、たまにはヒットすることもあるかもしれないが、こんなやり方はなかなか長続きしない。個人投資家にとって必要なのは、投資不適格企業を根こそぎ排除し、投資妙味のある企業だけを見いだしていく、そんな効率的な方法である。

　そこで、『スマートマネー』では、あらゆる努力を傾けて「スクリーニング」による銘柄選別を始めている。これは、電子データベースを活用して何千社とある投資可能な企業をふるいにかけていく一種の消去法によるプロセスである。こうすれば、リサーチ可能な数まで銘柄を絞り込むことができる。トップレベルのプロたちも、多くがこのやり方を採用している。そこで、本章では勝ち組になるためのスクリ

ーニング法を見ていくことにしよう。

　『スマートマネー』では、どの年でも対応できる12種類以上のスクリーニング法を構築している。それぞれ若干の違いはあるが、目的はみな同じ。最高のバリュー株（割安株）を発掘することだ。これについては、**補足5.1「毎年恒例の最重要スクリーニング」**を参照してほしい。また、買い候補となる株を探すとき、たいてい最初にするのはPER（株価収益率）あるいはPSR（株価売上倍率）の高い企業をふるい落とすことだが、これらの指標を含め、銘柄評価尺度についてのさらに詳しい説明や、その使い方については**補足5.2「定番レシオ」**を見てほしい。

　ここで、『スマートマネー』の最近の号から例を挙げてみよう。2000年5月号の特集記事を書くために調査を開始したころ、相場はちょうど大揺れに揺れていた。史上最高値を付けてから棒下げを演じたのは、高値を更新していたハイテク株だけではなかった。消費財大手のプロクター＆ギャンブルのような安全と思われていた株でさえ暴落したのである。しかし、これだけ崩れてくれると、絶好の買い場となる。名の通った大型成長株が一挙に急落し、二重の意味で割安となっていた。つまり、市場全体の平均PERを下回るどころか、自己の最低PERをも更新していたのである。安くなったときに買いに入れば、正当に評価されていない優良銘柄を安値で拾い集めることができる。こうしたことをプロの間では「押し目買い」というが、これならローリスクでハイリターンが狙える。

　というわけで、われわれは「掘り出し物の大型株」（第2章の図2.1、図2.2参照）のスクリーニングを始めることにした。まずは、PERが過去5年間の平均以下となっている銘柄を探した。当時、たいていの大型株は5年間の平均PERを40％ほど上回る価格で取引されていたため、これはかなり高いハードルとなった。が、それでも思いがけな

補足5.1

毎年恒例の最重要スクリーニング

　『スマートマネー』では毎年1月に、その年の投資展望とともに、その年の「ベスト・インベストメント」（最高の投資対象）として、ひと握りほどの銘柄を紹介している。ただし、ほかの特集記事で扱う株とは違い、「ベスト・インベストメント」には、まさに〝その年〟に勝てそうな銘柄を選んでいるため、5年から10年にわたって長期保有することは念頭に置いていない。したがって、これらの銘柄については、相場の急激な変化に合わせて常に見直す必要があり、株式や業種、市場環境などのファンダメンタルズ（基礎的条件）が劇的に悪化した場合には売却する覚悟を決めておかないといけない。

　「ベスト・インベストメント」ポートフォリオの基本原則はこうだ。

① 高PER銘柄はこれまでの平均PERまで戻る可能性が高いため、おそらく今は買わないほうがいい。
② 逆に低PER銘柄は平均を超えるパフォーマンスが期待できるため、おそらく買い候補としてふさわしい。

　これは実に単純なことだ。PERの過去のレンジ（高低の幅）をバロメーターとすると、平均を上回っている株よりも下回っている株を買うほうに賭けたほうがいいということだ。こうした統計を使えば、占い的な要素を最小限に抑えることができる。これは過去のデータに基づいて統制されたアプローチなので、

健全な投資判断をしばしば狂わせてしまう感情やその他の主観的な要因も最小限に抑えられる。

しかも、このアプローチには長年にわたる実績がある。

どんな具合かというと、最初の5年間で飛び切りの成績を収めることができたのである。1993年はS&P500が6.8％上昇したのに対して、「ベスト・インベストメント」銘柄（以下、ベスト銘柄）は平均で9.1％上昇した。1994年は株にとって全般的に悲惨な年でS&P500は1％の下落に終わったが、ベスト銘柄は平均で31％も上昇した。1995年、S&P500は31％上昇したが、ベスト銘柄は11月半ばまでにすでに平均で53％も上昇し、圧倒的な勝利を収めた。1996年はS&Pが23％上昇したのに対して、ベスト5銘柄は平均で36％上昇し、これも圧勝。1997年、S&Pは30％上昇。しかしベスト銘柄はこれをさらに上回る43％のリターンを上げた。

もっとも、パーフェクト勝ちしたわけではない。1998年には成績が伸びず、S&P500が23％も上昇したのに、われわれが選んだ銘柄は平均で4％しか上昇せず、大差で負けた。とはいえ、その年にも大勝ちした銘柄がひとつある。それはDSCコミュニケーションズで、現在はテラブスとアルカテルの一部となっているが、その年26％の上昇を見せた。ほかにはジョーンズ・ファーマ（2000年にキング・ファーマシューティカルズに買収された）と住宅建設のレナー・コーポレーションもなかなかのリターンを上げ、前者は13％上昇、後者は17％上昇した。翌1999年、この年も成績はパッとせず、S&P500が22％上昇したにもかかわらず、わがベスト銘柄は15％の上昇で、いまひとつだった。しかし、百貨店を展開しているコールズ・コーポレーションと医療用具のガイダントが市場平均を大幅に上回り、それぞれ44％と33％の上昇を見せた。

幸い、2000年には名誉挽回となり、S&Pが4％下落したのに対して、わがベスト銘柄は平均で16％も上昇し、楽勝した。

いずれもリサーチ方法は同じで、その年に市場平均を上回りそうだと思える業種つまりセクターを見つけることから始まる。
　検索方法としては、まず6500銘柄以上をカバーしているザックス・インベストメント・リサーチのデータベースを利用する。通常、時価総額が３億ドル未満か、出来高の少ない銘柄（１日の出来高が４万株未満のものは避けるようにしている）をすべて排除してから、次の順で３通りのスクリーニングを行う。

①PER（株価収益率）がその銘柄の５年間の平均PERを最も下回っている銘柄を選ぶ。
②52週の高値から最も値を下げている銘柄を選ぶ。
③PEGレシオ（＝PER÷予想利益成長率）が最低の銘柄を選ぶ。

　こうして銘柄を絞り込んでいくと、上記の３つの指標において勝ち残った銘柄の属しているセクターが分かる。
　こうして有望と思われる業種のリストを作成したら、ルースホールド・グループ（ミネアポリスにあるマーケットストラテジー会社で、詳細な業種別レポートで有名）をはじめ、エレイン・ギャザレリ（元リーマン・ブラザーズ）などの著名なセクターアナリストに問い合わせて、われわれが得た結果についてチェックする。両者とも独自の評価システムを持っているが、「魅力的な」セクターを特定する前に、バリュー（価値）とグロース（成長性）の両面において分析を行っている。このギャザレリとルースホールド双方のリストに入っていないセクターはすべて排除する。
　こうして初めて、最も有望そうなセクターからトップ銘柄を見つけていく作業に入る。アナリストやマネーマネジャー、企業の経営幹部らにインタビューを行いながら、「ベスト・インベストメント」銘柄を探り当てていくのである。

く75銘柄も見つけることができた。しかも、その多くは52週の高値から25％以上、値を下げていた。それから最後に、われらがお気に入りの「GARP（ガープ）」（割安成長株）を拾うべく、PEGレシオが市場平均を超える銘柄をすべて排除した。当時、このレシオの平均は2倍を若干超えるぐらいだった。さて、これからがレポートの始まりである。

　最終的に低リスクの大型株8銘柄が決定したが、このなかにはハイテク株はひとつも含まれていなかった。それで、これらの成績はどうなっているかというと、2000年3月に調査を開始して以来、S&P500は17％下落したが、これらの銘柄は13％上昇し、圧倒的な強さを見せている（**訳者注**　これは2001年7月20日現在の話）。

　スクリーニングをするときは、こうした代表的なバリュー（割安株）指標からスタートするのがいちばんだが、何もこれだけに限る必要はない。その一例として、創刊号で特集した「90年代おススメの10銘柄」を見てみよう。当時、つまり1992年の初頭、市場ではバイオテクノロジーやヘルスケア関連の企業がもてはやされていた。今後10年以上にわたって成長性が期待できると見られていたからだ。しかし最終的にわれわれのリストに残った株は、靴関連のUSシュー（現在は破たん）、移動住宅メーカーのクレイトン・ホームズ、リクライニングチェアメーカーのレイジーボーイ（La-Z-Boy）、今はUSAネットワークの一部となっているホーム・ショッピング・ネットワークのほか、アプライド・マテリアルズ、サイプレス・セミコンダクター、コミュニケーションズ・サテライト（その後、ロッキード・マーチンに買収された）などのハイテク株だった。

　こうして多様な銘柄を組み入れたポートフォリオは、その後も絶対的な強さで市場を打ち負かすことになった。創刊号が発刊されてから3年後、1995年8月までの10銘柄の平均リターンは150％。S&P500のリターンが27％だったので、ほぼ6倍である。そして発刊から9年

後、リストにまだ残っていた7銘柄の成績は依然として市場をはるかに上回り、S&P500の194％上昇に対して535％も値上がりしていた。

さて、これだけの銘柄をどうやって寄せ集めたのか。まず、将来的に上げ足の速そうな銘柄を探すには、過去を振り返ってみる。1980代のトップ20銘柄をチェックしてみよう。勝ち組銘柄のトータルリターンにはそれこそ度肝を抜かれる。例えば、ギャップ（衣料品専門店最大手）やウォルマートの1980年代における上昇率は4000％を超え、カーペットメーカーのショー・インダストリーズにいたっては5189％、鶏肉大手のタイソン・フーズは3563％も値上がりし、先導役を担っている。値を飛ばす前の1979年、こうした銘柄にはどのような共通点があったのだろうか。何らかの特徴が分かれば、同じように値上がりする可能性を秘めた銘柄を見つけて、今日のポートフォリオに組み入れられるのではないだろうか。というわけで、調べた結果、いずれの株も80年代初頭には割安株の部類に入り、ひとつ以上の重要指標において市場平均よりも割安で取引されていることが分かった。例えば、1980年代初頭、成長株のPERは最低でもたいてい15倍はあったが、ギャップのPERはたったの3.6倍しかなかった。そこで、投資銘柄の母集団（ユニバース）に4つのバリュー指標——PER（株価収益率）、PBR（株価純資産倍率）、PCFR（株価キャッシュフロー倍率）、配当利回り——を当てはめてみることにした。すべての基準をクリアする必要はなく、一断面を切り取れればそれでよかった。つまり、その企業はあるカテゴリーにおいては市場平均を下回っているが、すべてにおいてそうでなくてもかまわないということだ（割安株を探すときは、低PER、低PBR、低PCFR、高配当利回りの銘柄を選ぶ）。

こうして純粋に統計的な基準を用いて絞り込みを行った結果、141銘柄が残った。といっても、普通の個人投資家にはこれでも多すぎるので、最終テストをするために、80年代に好成績を残した例のトップ銘柄の1年目のパフォーマンス（成績）をチェックしてみた。ところ

補足5.2

定番レシオ

　ひとつのレシオ（比率）だけで企業価値をすべて評価できるわけではないが、幸い、この10年間の間に、予想値をリサーチする分野に過去の株価データを使ったさまざまな比率が登場した。いろいろあるため、実際には使い勝手の良いものもあれば、いまひとつのものもある。したがって、銘柄評価には複数の比率を併用するのがいちばんためになる戦略と言える。

　ジェームズ・P・オショーネシーはベストセラーとなった自著『ウォール街で勝つ法則』（パンローリング刊）のなかで45年間（1951年12月31日～1996年12月31日）の数値を凝縮し、最高のスクリーニング戦略を見いだす努力をしている。結果、オショーネシーは「複数の指標を用いると、リターンが〝劇的に〞増大する」ことを発見した。例えば、ポートフォリオに1万ドル投じた場合の45年後のリターンは、低PSR（株価売上倍率）だけを基準にしたポートフォリオよりも、低PSRと過去1年間の株価上昇率上位を併用したポートフォリオのほうが2000万ドルも多かったのである（**訳者注**　『ウォール街で勝つ法則』では株価上昇銘柄と「レラティブ・プライス・ストレングス（RPS）」を同義語として使っている。RPSについては第8章の補足8.1参照）。

　アーバナ-シャンペーン市イリノイ大学のジョーゼフ・ラコニショックがアンドレイ・シュレイファー（ハーバード大学）、ロバート・W・ビシニー（シカゴ大学）らとともに別の調査を行っているが、やはり同様の結果が出ている。これはキャッシ

ュフローやPER（株価収益率）などの変数をひとつだけ用いたものと、2つ組み合わせて用いたさまざまなポートフォリオのリターンを5年間にわたって検証したもので、結果はジャーナル・オブ・ファイナンス誌に発表された。それによると、2つの変数、つまりPERと5年間平均増収率（売上高増加率）を組み合わせて用いたポートフォリオのほうが、ひとつだけのものよりもはるかに大きなリターンが得られたという。これをラコニショックの言葉を借りて分かりやすく言うと、「スクリーニングは1通りよりも何通りものやり方を併用したほうがいい」ということになる。

　そこで、『スマートマネー』が株のスクリーニング用によく使っているレシオやその他の指標について、ここで説明していくことにしよう。

PER（株価収益率）

　これは、ほかの株と比較して株価がどのくらい高いか安いかを見るのに、文句なしにいちばんよく使われる指標だ。なぜか。それは利益が伸びると、株価も上がる傾向にあるからだ。計算方法は、PER＝株価÷1株当たり当期利益（1株益）となる。例えば、マイクロソフトが1株40ドルで取引されていて、1株益が2ドルだとすると、PERは40÷2＝20倍となる。つまり、投資家は1ドルの利益につき20ドル支払っていることになるのである。

　伝統的なPER——新聞の株式欄に掲載されているPER——は「実績PER」（＝株価÷過去12カ月間の1株益）というが、テレビでファンドマネジャーやアナリストらが口にしているPERは、たぶん「予想PER」（＝株価÷来年の予想1株益）のことだと思っていいだろう。

　例えば、同じ業種の株を2銘柄——ロイヤル・ダッチ・ペト

ロリアムとテキサコ——を持っていて、いずれも実績PERが20倍で同じだとしよう。仮にロイヤル・ダッチの株価が60ドルで1株益が3ドル、テキサコの株価が80ドルで1株益が4ドルだとすると、予想PERをチェックするまでは、どちらに投資しても同じように思える。しかし、市場参加者がロイヤル・ダッチの予想1株益を3.75ドル（25％増）、テキサコの予想1株益を4.25ドル（たったの6％増）と見ている場合、ロイヤル・ダッチの予想PERは16倍に下がり、テキサコの予想PERは18.8倍となる。この予想が確かだとすると、ロイヤル・ダッチのほうが明らかに「お買い得」ということになる。

　ただし、これにはひとつだけ落とし穴がある。企業側が実際よりも良く見せるために、会計処理を巧みにごまかして、利益を「操作」しているケースがときどきあるからだ。悪賢いCFO（最高財務責任者）が当該四半期において法人税などの数値をいじくり、利益が何ポイントか余計に増えたかのように見せかけたりするのである。それに収益見通しの精度もその企業や担当アナリストしだいでピンからキリまであることも確かだ。企業によっては担当アナリストが20人もいて、それぞれが利益の予想を出しているが、その数値は実にさまざまだったりする。例えば、シスコ・システムズについては30人ものアナリストがカバーしているが、2002年度の予想1株益は0.30ドルから0.56ドルと差があるため、ちゃんとチェックしないといけない。担当アナリストが2人しかいない企業もあるが、それでも予想が大きく食い違い、差が50セントも開いていることがある。

PEGレシオ

　利益成長率が40％もある株を買わずにいられる人などいるだろうか。そう多くはないだろう。しかし、これが幾多の株を何倍にも天文学的な高値まで押し上げる要因となっているのであ

る。例えば、2001年半ば現在、データストレージソフト会社、ベリタス・ソフトウエアの実績PERは67倍、5年間の利益成長率は50％だが、これは買われ過ぎだろうか。そうとは限らない。株価の上昇率がほかを圧倒しているというなら、それはそれだけ高く評価するだけの価値があるかもしれないからだ。

　いわゆる「PEGレシオ」とはこうしたデータを数値化するのに役立つものだ。PEGとは、price-to-earnings growth の略で、計算方法は、PEGレシオ＝PER÷予想利益成長率となる。したがって、ある企業の予想PERが20倍で、アナリストがその企業の今後数年間の利益成長率を年率15％と予想しているとすると、PEGレシオは20÷15＝1.33倍となる。この数値が1倍を超えている企業は、その成長率に比して割高、つまりプレミアム付きで取引されていることになる。逆に1倍割れの企業は、その成長率に比して割安、つまりディスカウントされて取引されているということだ。しかし、例によって、ここで重要なのは、このレシオを同業他社と比較することだ。ベリタス・ソフトウエアを思い出してほしい。PERが67倍で利益成長率が50％なので、PEGレシオは1.34倍となる。割高のように聞こえるが、当時、同業他社（ソフトウエア業界）のPEGレシオはまさに2倍を超えていたのである。

　PEGレシオの弱点は、収益見通しに大きく依存していることだ。ウォールストリートでは一般に「高望み」する傾向があるため、アナリストの読みが外れる場合が多い。1998年、石油関連企業数社がいつものように利益成長率の予想を35％台で出していた。しかし年末になって石油価格が暴落し、軒並み赤字決算となった。これらの企業のPEGレシオが低いからといって、手を出していたら大損していたかもしれない。そこで、われわれからのアドバイス。PEGレシオを出すときは、利益成長率の予想値から15％差し引いて計算することにしよう。このくらい引いておけば、ある程度の誤差が生じてもまあ大丈夫だろう。

PSR（株価売上倍率）

　これは、ドットコム企業（インターネット関連の新興企業）を評価するときにみんなが使っていた指標である。というのも、この手の企業の大半は赤字だったからだ（利益が出ていないため、PERの計算ができず、その代わりにPSRが使われていた）。しかし、そうしたしょうもない理由で使われていたからといって、見切りをつけてはいけない。これは追うにふさわしいためになる指標だ。なぜなら、売上高は利益に比べ、ずっと「操作」しにくいからだ。つまり、PSRのほうがより信頼できる尺度ということになる。

　その名が示すとおり、計算方法は、PSR＝株価÷1株当たり売上高（あるいは営業収益）となる。しかし、売上高は1株当たりの数値で発表されることがめったにないため、「時価総額÷過去12カ月間の総売上高」として計算したほうが楽だろう（時価総額＝株価×発行済み株式数）。

　一般に、PSRが1倍割れの企業は魅力的とされる。そこで、考えてみてほしい。ある企業の売上高が10億ドルで時価総額が9億ドルなら、PSRは0.9倍となる。この場合、たったの90セントで、1ドル分の売り上げを手にできることになる。そんな（赤字になるかもしれないような）安売りが正当に認められているとしたら、その企業にはほかに何かとてもまずいことでもあるのではないかと思われるかもしれない。が、そうとは限らない。ただ単に市場が見落としているために安売りされているのかもしれないからだ。

　バリュー型の投資家は普通、過小評価されている株を探すとき、PSRのハードルを2倍以下に設定している。ただし、ひとつ注意してほしい大事なことがある。銀行や保険会社などのサービス業については、実際には「売上高」というものがないた

め、このレシオはあまり役に立たない。

PBR（株価純資産倍率）

「純資産」とは実にシンプルなものだ。仮にその企業が解散、整理されたと仮定して、負債をすべて返済したあとに株主に残されるであろうもの、それが純資産だ（これを「解散価値」ともいう）。計算方法は、純資産＝資産（工場、設備など、その会社が所有しているもの）－負債（会社にとって返済義務のあるもの）で、PBR（＝時価総額÷純資産、あるいは、株価÷1株当たり純資産）とは、こうした純資産（＝株主資本）に対して市場がどのくらいお金を支払っているかを測定する指標である。よって、この値が小さいほど、割安株ということになる。PBRは、工場や埋蔵鉱量などの有価資産を多く所有している企業に打ってつけの指標だが、金融資産をたくさん保有している銀行や保険会社などの価値を評価するのにも適している。しかし、今日の経済活動においては、今話題となっている企業の多くがバランスシート（貸借対照表）上には表れない「知的資産」に大きく依存しているのが現状である。このため、マイクロソフトやシスコ・システムズといったハイテク企業は純資産額が比較的少ないため、PBRが異常に高く見えてしまうのである。また、純資産の欠点をほかに挙げるとすれば、それは購入時の資産価値（取得原価）であって、現在の市場価値（時価）ではないことだ。したがって、どんなに適したケースでも不正確な尺度と言える。

とはいえ、PBRにもちゃんと利点がある。まず、PERと同様、計算が簡単で分かりやすいため、伝統産業に属する数多くの企業を比較対照するにはもってこいの指標となる。それに、市場参加者が利益と比べて、資産をどう評価しているか、パッと見ただけで分かる。また、どの国においても資産は資産なので、

純資産での比較作業は世界中で有効である。しかし、PERはそうはいかない。会計基準が異なると、利益が大きく変わってしまうからだ。例えば、日本ではPERが100倍というのは珍しくない。だから、日本企業とそのライバルとなるアメリカ企業とを比較するのは難しい。2001年半ば現在、ソニーの実績PERは100.5倍だが、アメリカでの業種平均はたったの19.1倍となっている。ところが、PBRで見ると、ソニーは2.3倍で、より妥当な値で取引されていることになる。これなら、もっと規模の小さいアメリカのライバル企業、エマーソン・エレクトロニクス（PBR3.6倍）やペムスター（同2.7倍）よりも割安に見える。

売上高利益率

ROE（株主資本利益率）やROA（総資産利益率）と同様、企業の「利益率」(margin)を計算すれば、経営効率が分かる。ただし、活用されている資産や資本からどのくらい利益を上げたかを見るのではなく、総収入（売上高）からどのくらい利益を搾り出したかを測定するものだ（ROEとROAについては「用語集」か、第8章の補足8.1を参照のこと）。

「マージン」というと、利益とよく似ているように聞こえるかもしれないが、これは実際には利益を比率、つまり売上高に対する割合（％）で表したものだ（**訳者注　どの利益を分子にもってくるかで、売上高総利益率〔粗利益率〕、売上高営業利益率〔営業利益率〕、売上高純利益率〔純利益率〕などがある**）。その利点は、割合で表示しておけば、絶対値では比較できない、さまざまな企業の収益性を比較できることだ。一例を挙げておこう。2000年秋期、ディスカウントショップのコストコ・ホールセールの純利益を年率換算すると、約6億3200万ドルで、売上高は同約316億ドル。ライバルのウォルマートの純利益は約62億ドルで、売上高は1913億ドルだった。

6億3200万ドルと62億ドルを比較することはできないわけではないが、何といっても、ウォルマートのほうがずっと規模が大きい。これでは、どちらの企業がより効率的なのか、まったく分からない。しかし、利益を売上高で割ってみると、ウォルマートの利益率は3.3％で、コストコはちょうど2.0％となる。それほど大きな差はないように感じるが、ウォルマートの株主にとっては、その差は約27億ドルに値するのである。それに、ウォルマートのほうがコストコよりもはるかにPERが高い理由のひとつも、この差にあるのだ。

　売上高利益率の増減を長期にわたって見ていけば、その企業の盛衰がよく分かる。例えば、1995年初頭から1999年１月にかけて、パソコン価格が著しく低下したときでさえ、デル・コンピュータの純利益率は4.3％から８％と２倍になっている。ということは、デルは値下げと同時に生産効率を上げていたということになる。一方、ライバルのコンパック・コンピュータはプラス８％からマイナス８％に転じ、逆に悲惨な結果になっている。相次ぐ買収を消化し切れずにトラブルが生じ、損失が出始めていたのである。この間、デルの株価が8000％近くも暴騰しているのに、コンパックの株価はなぜ500％ぐらいしか上がっていないのか、これで説明がつくというわけだ。

長期借入債務と負債総資本比率

　債務というと、なにやら危険な感じがするが、債務の形態によっては日常業務を遂行していくうえで必要不可欠なものだ。それにお金を借りて投資を行うことで新しいビジネスチャンスが生まれれば、企業収益も伸びるかもしれない。とはいえ、過重債務や不当支出を許しているような企業はトラブルを抱えることになる。だから、帳尻をきちんと合わせることも経営者の仕事である。

では、どのくらいから過重債務というのだろうか。これはその企業の収益力に加え、その債務条件によっても大きく異なる。ちょうど、ローンの組み方によっては非常に高くつく住宅ローンと同じようなものだ。企業が過重債務に陥ると、通常、収益の足を引っ張る形で表（おもて）に現れる。しかし、健全な企業でさえ、短期的に事業が傾いたり、金利が上昇して債務の返済コストが上がったりすれば、その間は苦しい立場に置かれる可能性がある。そこで、投資家としては、万一の場合に備えて十分に余裕のある健全な企業を選び抜くようにしたい。そこで、「負債総資本比率」（＝負債総額÷総資本）の出番となる。
　「総資本」とは、事業経営のために調達した自己資本（株主資本）から長期借入債務などの他人資本（負債）まで、資本すべてを合計したものだ。われわれの考えでは、負債は常に資本の50％未満に抑えておくのがベストだが、特別な事情があれば、話は別である。例えば、戦略的買収を行うとか、新規事業に参入するために一時的に体力を増強させる必要があるなら、負債が増えるのもやむを得ないだろう。もし、ある企業を気に入ったものの、負債が多いように思えたら、調査機関に問い合わせて、特別な事情があるのかどうか調べてみるといいだろう。これで特別な事情がない場合は、さらに詳しい調査が必要かもしれない。

が驚くべき結果に興味をそそられることになった。好成績を上げたにもかかわらず（加重平均リターンは約58％）、1年目は極端に成績が良いものも悪いものもなかったのである。言い換えると、10年間大健闘した最初の年には特に飛び抜けた動きはなかったということだ。
　このデータをどうやってスクリーニングに生かしたかというと、残った141銘柄の過去12カ月のパフォーマンスを追跡し、同じルールを当てはめてみたのである。つまり、過去12カ月において極端に成績の良いもの（上昇率が80％以上のもの）あるいは極端に成績の悪いもの

（下落率が40％以上のもの）を排除したのである。この結果、最終的に50銘柄に絞り込まれた。

　その後、この負け組銘柄から将来的に勝ち組になりそうな銘柄を拾い出すのはもっと簡単に済んだ。このプロセスについての詳しい説明は、第7章と第8章を見てほしい。とはいえ、大事なことは、こうしたスクリーニングの作業はすべて、やろうと思えば自宅でのんびりとくつろぎながら自分ひとりでできるということだ。

株のスクリーニングはどこでどうやってする？

　おあつらえ向きのスクリーニングツールとしては、ザックス・インベストメント・リサーチのデータベース（図5.1参照）がいちばんだろう。『スマートマネー』のオフィスでもインストールして使っている。年間費用はざっと1000ドルかかるが、このソフトは信じられないくらい至れり尽くせりのサービスをしてくれる優れものである。ともかく、何でもスクリーニングできる。例えば、ネットインフラ関連の業種のなかからネットワーク企業とソフトウエア企業だけを見たいとか、コンピューターのハードウエア産業のなかからメインフレーム関係の企業だけを見たいといった条件を指定できるのである。それでいて、年間（あるいは四半期）の利益成長率が年率25％以上の企業だけを見たいといった指定もできる。アナリストが好む（あるいは嫌う）企業だけに興味があるといった場合も、ちゃんとスクリーニングできる。では、いちばん経営効率の高い企業を調べたいときは、どうするか。例えば、ROE（株主資本利益率）を20％以上、営業利益率を10％以上といった具合にパラメーターを設定すればいい。もちろん、時価総額が50億ドル以上でPER（株価収益率）が14倍以下の小売企業をすべて拾うといった簡単なスクリーニングもできる。

　しかし、最近ではこうしたスクリーニングツールにお金を費やす必

図5.1 ザックス・スクリーニング・データベース

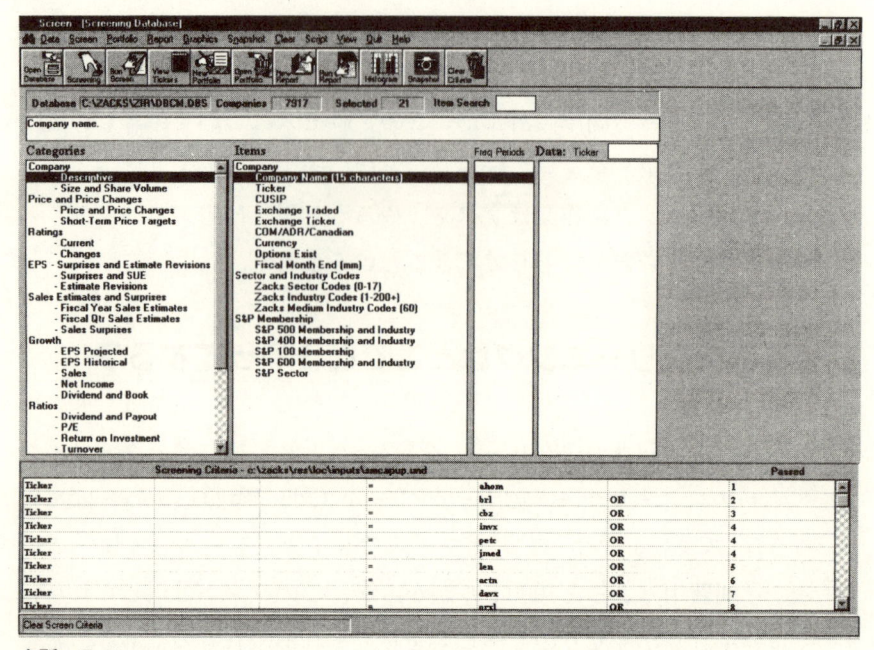

出所＝Zacks.com

要がなくなってきている。というより、費やすべきではない。そこで、あらかじめ警告しておこう。株のスクリーニングツールはみな同じようなつくりになっているわけではない。どれを使うかは、レシオをどのくらい使い慣れているか、どのような種類のスクリーニングがしたいのかによって当然違ってくる。

もし、PERや成長率などに不案内なら、ザックスのウエブサイト（http://www.zacks.com/）か、MSNマネーのウエブサイト（http://www.moneycentral.msn.com/）をのぞいてみよう。全業種からバリュー株（割安株）かグロース株（成長株）を探したいが、そのためにパラメーターをあれこれ設定するなど、面倒くさいことは

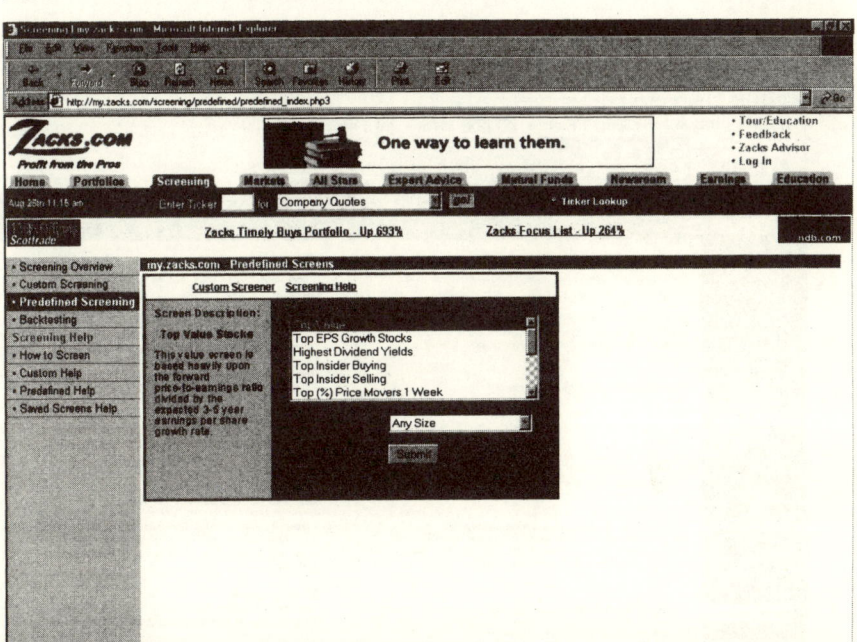

図5.2 ザックス・インターネット・スクリーニングツール

出所＝Zacks.com

したくない、あるいは設定に不安があるといった投資家に打ってつけのサイトだ。ここでは分かりやすい言葉であらかじめスクリーニングの設定がしてある。図5.2を見てほしい。ザックスでは「Top Value」（割安上位銘柄）、「Top EPS Growth Stocks」（EPS〔1株益〕成長率上位銘柄）、「Highest Dividend Yields」（高配当利回り上位銘柄）といった項目をクリックして、リストアップされた25銘柄について時価総額（小型、中型、大型）を選択するようになっている。

図5.3を見てほしい。MSNでは「Large-Cap with High Momentum」（上昇率の大きい大型株）を選択すると、保険会社からディスカウントストアまで、全セクターから大型成長株を25銘柄拾ってくれ

図5.3　MSNマネー・スクリーニングツール

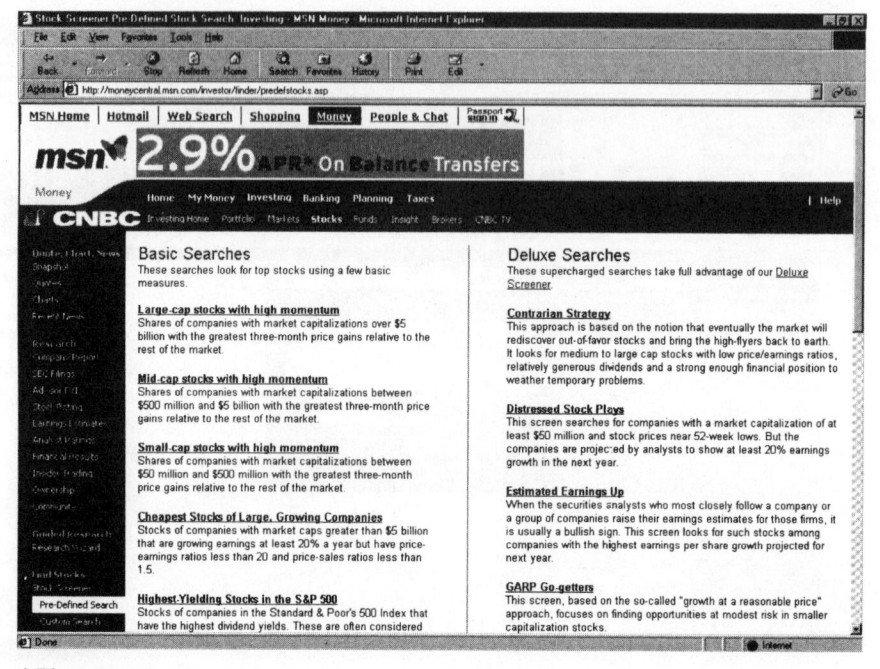

出所＝msn.com

るし、「Cheapest Stocks of Large, Growing Companies」（低位大型成長株）をクリックすれば、比較的値段の安い成長企業を見つけてくれる。もし、インターネット・エクスプローラーを使用しているなら（ネットスケープは不可）、さらに踏み込んだ検索ができる（画面上は「Deluxe Searches」〔デラックス検索〕となっている）。「Great Expectations」（期待の有望株）をクリックすれば、全セクターから特に潜在成長力の大きい値段の安い小型株を選んでくれるし、「GARP Go-getters」（GARP／割安成長株）を選択すれば、バーゲン価格で売られている成長スピードの速い株が見つかる。では、「Distressed Stock Plays」（投げ売りされている株）の場合は、どう

図5.4 クイッケン・スクリーニングツール

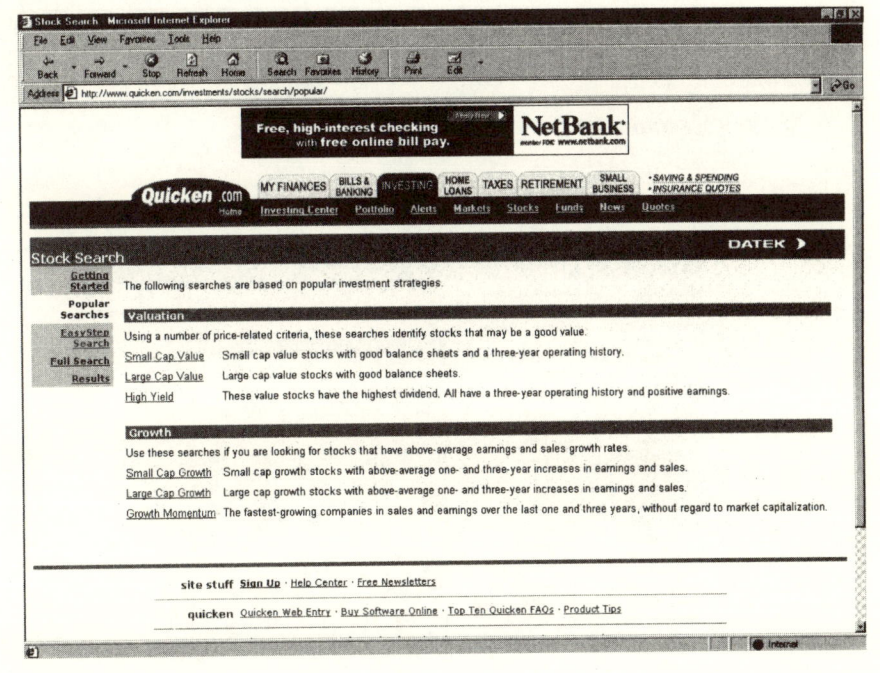

出所=Quicken.com

なるだろうか。これでスクリーニングを行うと、時価総額が5000万ドル以上で株価が52週の安値近辺にあり、かつ利益成長率の予想が20％以上の銘柄が選ばれることになる。

しかし、自分の目当てがはっきりとしている場合——例えば、「利益成長率が25％超の公益企業を探したい」といった場合は、ザックスやMSNのウエブサイトではいまひとつだ。クイッケン・ドット・コム（http://www.quicken.com/investments/stocks/search/）など、もっといいサイトがある。実際、クイッケンの株式スクリーニングツール（図5.4参照）では、初心者、上級者といった投資経験を問わず、特定の指定をしたい人から、単に一般的なスクリーニングをしたい人

135

図5.5　ヤフー！スクリーニングツール

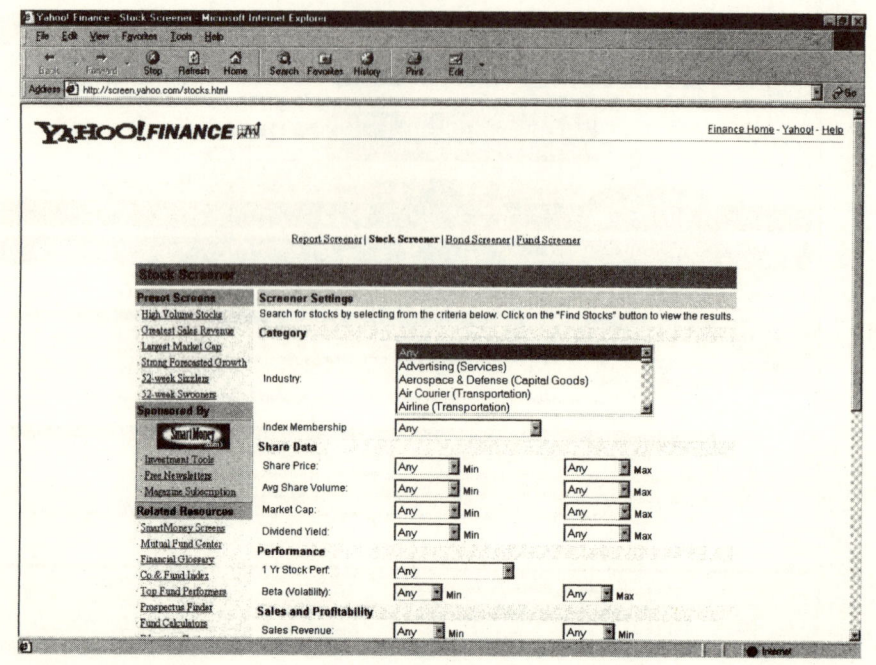

出所＝Yahoo! Inc.

　まで、すべての投資家に役立つものを提供している。ここでは操作の簡単な3段階のスクリーニング画面が用意されている。第一段階は初心者向けで、MSNマネーのサイトと同じような感じで、「小型バリュー」「小型グロース」などあらかじめ6種類のスクリーニングができるように設定してある。いずれも「Popular Searches」（ポピュラー検索）というメニューを選ぶと検索できるようになっている。次は「EasyStep Search」（簡単ステップ検索）となっていて、特に重要な変数（業種、時価総額、PER、PBR、PSRなど）をひとつずつ用いて、絞り込んでいけるようになっている。最後は「Full Search」（総合検索）で、これを選ぶと、33種の基準を設定できるようになってい

第5章■スクリーニングルームへようこそ

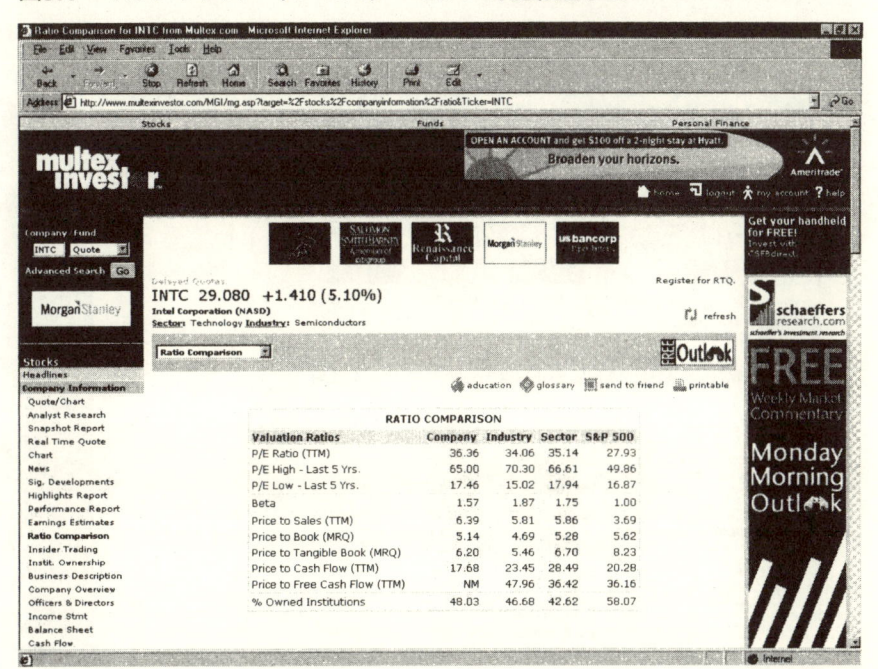

図5.6　マルテックス・インベスターでレシオ比較をする

出所＝Multex

る。例えば、「PERが7倍以上、14倍以下」というように、自分で関心のある範囲をきちんと設定できるなら挑戦してみよう。ここではPERからROEまで、たいていの指標について最大値、最小値を選べるようになっている。

　ある程度スクリーニングに慣れている中級者なら、ヤフー！ファイナンス（http://finance.yahoo.com/）をチェックしてみよう（図5.5参照）。クイッケンのサイトほど充実はしていないが、16種類の変数（年間株価上昇率、ベータ値、5年間の予想利益成長率など）を設定して、すでに用意された選択肢のなかから最大値、最小値を選ぶことができる。ヤフー！のすごいところは、過去の株価をかなりたくさ

137

図5.7　SmartMoney.comのヒストリカルデータ

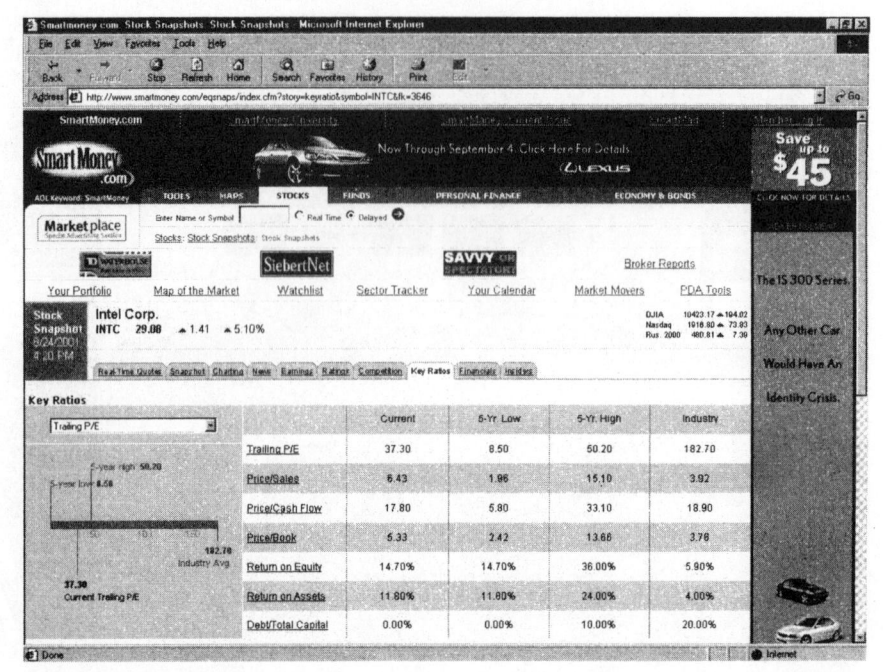

出所＝SmartMoney.com

ん調べられることだ。いったん直近の株価を呼び出してから、「Chart」（チャート）をクリックし、図の下のところまでスクロールダウンすると、「Historical Prices」（過去の株価）という選択肢があるのでクリックしてみよう。

では、過去のPERの平均を知りたいときはどうするか。図5.6を見てほしい。マルテックス・インベスター（http://www.multex-investor.com/）では、あらゆる企業の過去5年間の最高PERと最低PERが調べられる（PERは画面ではP/Eとなっている）。まず、お目当ての企業の株価（quote）を引っ張り出してから、「Ratio Comparison」（レシオ比較）をクリックすると、過去5年間の最高PER

と最低PERが分かるだけでなく、当該企業とその企業が属する業種やセクターおよびS&P500との比較もできるようになっている。

SmartMoney.comのサイトでもPER（株価収益率）だけでなく、PSR（株価売上倍率）やPBR（株価純資産倍率）、PCFR（株価キャッシュフロー倍率）などの過去の最高値、最低値のデータを用意している（図5.7参照）。これらを調べるには、どの企業であれ、まず株価を検索してから、「Key Ratio」（主要レシオ）とあるところをクリックしてほしい（**訳者注** 現在では「Delayed Quote」〔遅延株価〕のところをクリックすると、選択肢が出てくるので「Key Ratio」を選び、その下段にティッカーシンボルを入力すれば、検索できるようになっている。なお、ほかのサイトも本書を読まれるころには画面が変更になっているかもしれない）。

スクリーニングについて、ひとつとても大事なことがある。スクリーニングをしたからといって、絶対にうまくいくとは限らない、ということを忘れないでほしい。確かに、PERとかPSRを基準に見ていけば、高値圏にある割高株をつかむ可能性は低くなる。しかし、銘柄を絞り込んだあとに最後に残った企業すべてが将来的に大化けするピカピカのお買い得品だと思ったら大間違いだ。比率で見るかぎりでは素晴らしいと思えた企業を徹底的に調査してみると、とんでもないボロ株だったことに、はたと気づいてがく然となることもあるからだ。

ハイテク株の記事を書くために2000年末に調査を行ったとき、ヤフー！は1株25ドルでとても魅力的に見えた。なにしろ、史上最高値を付けてから200ドル以上も値を下げていたからだ。当時、業界アナリストらの平均的な評価は「買い」だった。われわれもすっかりその気になっていたが、ちょっと調査してみただけで、明らかに「買ってはいけない株だ」と感じた。なぜなら、ヤフーは当時、広告収入の40％をネット企業から得ていたが、ドットコム市場の冷え込みに伴って確実に苦戦を強いられることがもう目に見えていたからだ。しかも、

PERにも問題があった。確かに前回高値の431倍から思い切り落ちて44倍にはなっていたが、これでも理性的に判断すれば、とても安いとは言えない。そこで、推奨するのをやめたが、やめて本当に良かった。われわれが見切りをつけてから7カ月後、ヤフーの株価はそれからさらに39％も下落したのである。

第6章
スペシャル・スクリーニング
SPECIALTY SCREENS

　『スマートマネー』の特集記事のなかでも毎月とりわけ好評を博しているのが「銘柄スクリーニング」(Stockscreen)のコーナーである。毎号、このコラムでは株式市場をリサーチして、その最新情報をお届けしているが、そのとき、そのリサーチ結果を基に、いつでも利用できるスクリーニングツールを使って、ちょっとした企業リストを作成している。

　こんなことを書くと販促活動のやりすぎだと思われてしまうかもしれないが、雑誌でもSmartMoney.comのサイト上でもかまわない。このコラムを欠かさず読むことをお薦めしたい。自分ひとりでもスクリーニングができるよう、ためになる情報をふんだんに詰め込んである（ネット上ではバックナンバーの閲覧もできる）。

　そこで、実際のところはどんな感じなのか、スクリーニングの成功例をいくつか振り返ってみよう。

自社株買い

　バリュー型の投資家は「自社株買い」を実施している企業を好む傾向がある。これは経営陣から株主への信任投票みたいなもので、「われわれが買っているのだから、みなさんも買いませんか？」というわ

けだ。これはまた、株価が安くなっているというサインでもある。それにもっといいこともある。自社株買いが発表されると、株価はたいてい上がることになるからだ。

　この現象については、ライス大学経営学教授デビッド・アイケンベリーが研究を行っている。1980年代に自社株買いを始めた企業を調査した結果、自社株買い発表後の4年間における実施企業の株価上昇率は、実施していない企業を平均で12％上回っていることが分かったのである。

　1997年には当時プルデンシャル証券定量調査部のヘッドを務めていたメリッサ・ブラウン（現在はゴールドマン・サックス・アセット・マネジメント）が別の調査を行っている。結果、自社株買い発表後の1年間で少なくとも自社株の1％を買い戻した企業のほうが、買い戻しを行わなかった企業よりも株価の上昇率が大きいことが明らかとなった。

　小型株、中型株、大型株に着目して行われたこの調査では、1979年から1997年第1四半期までの年平均リターンをさまざまなケースで比較している。例えば、大型株の場合、自社株を1％以上買い戻した企業の平均リターンは19.7％だったが、全大型株は15.5％で、新株を発行したケースでは14.3％しかないことが分かった。これを中小型株で見てみると、そのリターンの差はさらに著しく大きくなっていたという。

　そこで、われわれも独自に調査を行うことにした。1999年2月号の「銘柄スクリーニング」のコーナーでは、ライターのポール・ラ・モニカが、自社株買いなどの調査を行っているセキュリティーズ・データ（現トムソン・ファイナンシャル・セキュリティーズ・データ）の銘柄リストを使って、最近自社株買いを発表した企業を対象にスクリーニングを行っている。表6.1を見てほしい。同様のリストはオンラインニュースやインターネットで「自社株買い」（buybackあるいは

repurchase）という言葉を検索すれば作成できる。ちなみに、ザックスのデータベースから見つけた企業は858社に上った。

次に、アイケンベリーの独自調査によれば、「バリュー株」が自社株買いによって4年間で市場平均を45％上回るリターンを上げていることから、条件としてバリュー指標を2つ加えることにした。つまり、PBR（株価純資産倍率）が市場平均（当時は2.91倍）以下、かつ負債が少なめ（負債自己資本比率が38％未満）の企業を探したのである。結局、債務に苦しむ企業の最優先課題はバランスシート（貸借対照表）をきれいにすることであって、自社株買いではないからだ。それから最後にインサイダー（内部者）による自社株取得状況をチェックしてみた。つまり、過去6カ月間でインサイダーが自社株を買い越している（売りよりも買いのほうが多い）企業を探したのである。これは、自社株買いの発表が株価を短期的に押し上げるためだけに行われている可能性もあるため、そうした企業への対抗措置、つまり一種の保険として行ったものだ。

それから、特殊な問題を抱えているとか、出来高が少ないといった企業を排除し、最終的に残ったのは10社となった。ボーイングをはじめ、石油関連のエンスコ・インターナショナルとバレロ・エナジー、貯蓄貸付組合（S&L）のグリーンポイント・ファイナンシャル、そしてマイケルズ・ストアーズなどである。

で、その成績はどうなったかというと、2001年半ばまでにウィルシャー5000が5％上昇したのに対して、この「自社株買い」ポートフォリオは平均で73％も上昇し、圧倒的勝利を収めた。いちばん成績が良かったのはエネルギー関連のエクイタブル・リソーシズで、1998年12月初頭から2001年8月初頭までの上昇率は152％に達した。一方、成績が最低だったのは保険会社のマーキュリー・ゼネラルで、7％の下落。このなかでは市場平均に負けた〝唯一〟の銘柄となった。

表6.1 「自社株買い」を基準にしたスクリーニング

自社株買いを基準にしたスクリーニング(スマートマネー誌より)

企業名(銘柄コード)	業種	98/12/4の株価	52週の高値・安値	PER
ボーイング(BA)	航空	$32.94	$56–$31	35.80
エンスコ・インターナショナル(ESV)	石油掘削	9.00	40–9	4.33
エクイタブル・リソーシズ(EQT)	公共事業(ガス)	27.88	35–21	18.58
グリーンポイント・ファイナンシャル(GPT)	貯蓄貸付組合	37.63	43–25	18.00
メディアワン・グループ(UMG)	ケーブルテレビ	41.13	50–26	N/A*
マーキュリー・ゼネラル(MCY)	保険	42.38	69–33	12.73
マイケルズ・ストアーズ(MIKE)	小売り	19.00	40–17	15.45
パーカー・ハニフィン(PH)	工業製品	32.94	52–27	11.09
PMIグループ(PMI)	抵当保険	53.31	84–35	9.97
バレロ・グループ(VLO)	石油精製	19.75	36–18	14.96
S&P500の中位数				20.23

*過去12カ月間は赤字のため算出不可(データは98/12/4現在)
出所=ザックス・インベストメント・リサーチ(セキュリティーズ・データ)

上記の更新情報——自社株買いを基準にしたスクリーニング(約2年半後)

企業名(銘柄コード)	98/12/4の株価
ボーイング(BA)	$32.94
エンスコ・インターナショナル(ESV)	9.00
エクイタブル・リソーシズ(EQT)	13.94*1
グリーンポイント・ファイナンシャル(GPT)	37.63
メディアワン・グループ(UMG)*2	41.13
マーキュリー・ゼネラル(MCY)	42.38
マイケルズ・ストアーズ(MIKE)	19.00
パーカー・ハニフィン(PH)	32.94
PMIグループ(PMI)	35.55*3
バレロ・グループ(VLO)	19.75
平均	
ウィルシャー5000	1,0743.6

*1　株式分割調整済み(1株→2株)
*2　2000年6月、UMGがAT&Tに買収されたとき、UMGの株主に対して1株当たり現金36.27ドル、ATT株0.95株の選択権が付与されたため、それを株価に反映
*3　株式分割調整済み(2株→3株)

PBR	PSR	負債自己資本比率	配当利回り	自社株取得枠(100万ドル)	時価総額(100万ドル)
2.57	0.73	32.55	1.70%	$4,948	$32,909
1.03	1.56	24.41	1.11	65	1,238
1.26	0.48	33.43	4.23	147	1,035
2.02	3.53	18.23	1.70	155	3,560
2.13	4.97	29.43	0.00	1,181	24,959
2.60	2.08	7.70	1.65	200	2,320
1.21	0.39	32.38	0.00	18	564
2.07	0.78	26.85	1.82	140	3,588
1.58	2.95	15.84	0.38	100	1,618
0.94	0.19	25.72	1.62	100	1,103
2.91	1.52	37.55	1.46		7,623

2001/8/2の株価	騰落率(%)
$58.81	78.54
20.55	128.33
35.11	151.87
41.11	9.25
55.95*	36.03
39.52	−6.75
42.09	121.53
44.61	35.43
70.16	97.36
35.50	79.75
	73.13
11,296.64	5.15

研究開発費とR&Dレシオ

　1975年以来、研究開発費の水準はざっと倍に膨れ上がっている。現在、その額は全公開企業の総売上高の2％近くを占めるまでになっている。これはものすごい額で、大多数のハイテク企業の利益よりも多いのである。しかし、この研究開発費が株価に影響することなどあるのだろうか。

　これを解明しようとしたのがエコノミストのルイス・チャンとジョーゼフ・ラコニショック、それに会計士のセオドア・ソージャニス（いずれもアーバナ-シャンペーン市イリノイ大学）である。彼らはまず1975年から1995年までの20年間にわたるR&Dデータを全米の公開企業から取り寄せ、その数値を解読していった。なお、年間の研究開発費が売上高の1％を超えたら数値を開示しないといけないことになっているが、大半の企業は研究開発をさほど行っていないため、対象外となっている。そのなかにはコカ・コーラやウォルマート、MCIワールドコム（**訳者注**　ワールドコム。2002年7月巨額の粉飾決算が発覚し、アメリカ企業最大の破たんとなる）などの業界リーダーも含まれている。

　最初の疑問点は、研究開発をたくさん行っている企業のほうが、ほとんど、あるいは、まったく行っていない企業よりも長期的にリターンが高いのかどうか、ということだった。この疑問を解くために、データを6つの母集団（ユニバース）に分類した。売上高に対する研究開発費の割合（売上高研究開発費比率）に応じてランク付けを行って5つのポートフォリオを作り、それとは別に研究開発費ゼロの企業（以下、ゼロR&D企業）だけで、もうひとつポートフォリオを作ったのである。

　その結果、ゼロR&D企業に比べ、研究開発費を支出している企業（以下、R&D企業）ほどPER（株価収益率）もPBR（株価純資産倍

率）も高く、配当が低い傾向にあることが分かった。しかし、これからが重要である。長期的なパフォーマンス（成績）を見たところ、R&D企業とゼロR&D企業の差がほとんどなかったのである。そこで、結論。長期的には、ごく普通の企業や公益企業でも、研究開発費をふんだんに使ってやたらにもてはやされているハイテク企業と同じくらいのリターンをもたらしている、ということだ。

とはいえ、R&D企業内で比較してみると、驚くべき発見が２つあった。ひとつは、売上高研究開発費比率の高い企業（以下、高R&D企業）ほどパフォーマンスが良く、低R&D企業との差は年率2.5％ぐらいまで広がっていた。しかも、な・な・なんと、「株価の安い高R&D企業」ほど――つまり、研究開発費に対する時価総額の倍率が相対的に低い企業ほど――市場に勝つ傾向があったのである！

そこで、『スマートマネー』のコラムニスト、ポール・スタームがいう「R&Dレシオ」（price to R&D ratio）とやらを算出することがカギとなった。計算方法は、R&Dレシオ＝時価総額÷年間研究開発費、あるいは、株価÷１株当たり研究開発費となる。一般に、これらの企業では株価が低迷していても、経営陣が研究開発費を１セントたりとも削減しなかったということになる。そして、ここが重要ポイントだ。３年間の運用期間中、こうしたR&Dレシオの低い「R&D出遅れ銘柄」（price/R&D laggards）の成績は市場平均を年率で６％も上回っていたのである。

こうした「R&D出遅れ銘柄」をスクリーニングで拾い出すことはできるだろうか。スタームは次のようなスクリーニングを行って銘柄を選定していくことにした。まず、時価総額が５億ドル以上の約2000銘柄に的を絞った。それから、ゼロR&D企業を排除し、残った企業をR&Dレシオでランク付けしてから、下位20％を勝ち組候補として残した。とはいえ、120銘柄もあり、これでもまだ多すぎる。

そこで、３つの基準を設けて、ふるい落としていくことにした。

①研究開発費の支出額に一貫性のある企業を選びたかったので（これは投資アナリストに好まれる条件）、前年の支出額の増減幅が25％もあるような企業は排除した。

　②前年に株価が値上がりしている企業を選び、その上昇率が100％未満のものだけを残した。確かに、勢いのある株のほうが望ましいとはいえ、あまりにも上がってしまうと、将来の値上がり分をすでに織り込んでいる可能性があるからだ。

　③長期にわたって株価が低迷している「長期負け組み銘柄」を選ぶため、3年前よりも値を下げている銘柄を残した。

　こうして最終的に選ばれたのは9社となった。そのうち5社は、R&D支出の高い、つまり「高R&D」のソフトウエア企業となったが、タイヤメーカーにカーボンブラックを供給しているキャボット・コープをはじめ、キャラウェイ・ゴルフや自動車部品メーカーのマークIVインダストリーズなどもリストに入った（**表6.2参照**）。

　たった1年かそこらの間だが、「高R&D・低PER銘柄」で作ったこのポートフォリオは40％を超す上昇を見せ、ウィルシャー5000を36％ポイントも上回ったのである。特にマークIVインダストリーズとシェアード・メディカル・システムズの2社はかなり割高になるまで買い進まれた。2001年半ばにポートフォリオのチェックを行ったときも相変わらず強含みで推移しており、ウィルシャー5000が9％ "下落"したのに対して、わがポートフォリオは平均で41％の上昇となった。

　これと同じスクリーニングを自宅でやるなら、セクターごとにやるのがベストだろう。まず、ソフトウエア業界か医薬業界を対象に、例えば、時価総額15億ドル超といった条件で簡単なスクリーニングを行う。次に、順序を逆順にして最終スクリーニングをいくつか行う。例

えば、過去12カ月間で100％以上値上がりしたものを排除する。これで、だいぶ数が減って作業がしやすくなるはずだ。このあと、R&Dレシオが25倍以下の企業に的を絞れば、平均的なR&D企業よりも研究開発費の多い企業が見つかるだろう。それから忘れてならないのが、スタームが行った「一貫性の基準」によるスクリーニングだ。つまり、年ごとの支出額に一貫性がなくてはいけない。そこで、前年の研究開発費の増減幅が25％もあるような企業はすべてリストから外す。

　銘柄スクリーニングの練習用にわれわれが（主に医薬品株を探すのに）実際に使ったのは、MSNマネーの「Stock　Screener」（http://www.moneycentral.msn.com/）で、ソフトを手早くダウンロードしないといけないが、それだけの価値はあるものだ。ただし、ここでは３年間のパフォーマンスを選択する項目がないため、スタームの「長期負け組み銘柄」の基準（３年前より値を下げている銘柄）を取り入れることはできなかった。とはいえ、残ったのは13銘柄だけだったので、年間研究開発費を基準にさらに数を絞り込んでいけば、「長期負け組み銘柄」を見つけることは可能である。

株価売上倍率（PSR）

　スクリーニングを行うときにPSRを用いるのは、一般にPER（株価収益率）の二の次だと思われていた。しかし、『ウォール街で勝つ法則』（パンローリング刊）の著者ジェームズ・P・オショーネシーのおかげで、この便利な尺度の地位が数年前から上昇してきている。

　コネチカット州の投資顧問会社で以前にCEO（最高経営責任者）を務めていたオショーネシーは、1998年刊行のその著書がニューヨーク・タイムズ紙のベストセラーとなってから一躍注目を浴びるようになった。ウォールストリートの45年間の足跡を調査し、彼が発見したこと。それは、低PSR銘柄で作ったポートフォリオのほうが、ほか

表6.2 「研究開発費」を基準にしたスクリーニング

研究開発費を基準にしたスクリーニング(スマートマネー誌より)

企業名(銘柄コード)	業種	99/9/10の株価	52週の高値・安値	年間研究開発費(100万ドル)
キャボット・コープ(CBT)	特殊化学製品	$23.13	$32–$20	$80.70
キャラウェイ・ゴルフ(ELY)	スポーツ用品	10.19	17–9	36.50
コグノス・インク(COGN)	ビジネス用ソフト	19.63	28–15	44.50
インフォミックス・コープ(IFMX)	データベースソフト	8.13	14–4	152.80
ラブリゾル・コープ(LZ)	特殊化学製品	26.31	31–18	340.40
マークIVインダストリーズ(IV)	自動車部品	20.88	22–12	54.90
メンター・グラフィックス(MENT)	デザインソフト	9.61	15–5	116.70
シェアード・メディカル・システムズ(SMS)	メディカルソフト	57.31	74–40	489.40
ストラクチュアル・ダイナミックス・リサーチ(SDRC)	デザインソフト	16.75	23–8	63.40
R&D企業の中位数				31.30

NM＝過去12カ月間は赤字のため算出不可(99/9/10の株価を使用)
出所＝ウィンドウズ用のマーケット・ガイド(ザックス・インベストメント・リサーチ)

上記の更新情報：研究開発費を基準にしたスクリーニング(約2年後)

企業名(銘柄コード)	99/9/10の株価
キャボット・コープ(CBT)	$23.13
キャラウェイ・ゴルフ(ELY)	10.19
コグノス・インク(COGN)	9.81[*1]
アセンシャル・ソフトウエア(ASCL)[*2]	8.13
ラブリゾル・コープ(LZ)	26.31
マークIVインダストリーズ(IV)[*3]	20.88
メンター・グラフィックス(MENT)	9.61
シェアード・メディカル・システムズ(SMS)	57.31
ストラクチュアル・ダイナミックス・リサーチ(SDRC)	16.75
平均	
ウィルシャー5000	12,347.25

*1 株式分割調整済み(1株→2株)
*2 IBMがインフォミックスのデータベース部門を10億ドルで買収した結果、インフォミックスは社名およびティッカーを変更し、アセンシャル・ソフトウエア(ASCL)となった
*3 2000年9月、マークIVはプライベート・エクイティ・グループ(MIVアクイジション)に1株当たり現金23ドルで買収された
*4 2000年7月、SMSはシーメンスに1株当たり71ドル、現金20億ドルで買収された

R&D レシオ	PER	PBR	負債総資本比率	予想EPS（1株益）成長率	時価総額（100万ドル）
18.90	16.10	2.56	0.31	17.00	$1,529
19.70	NM	1.48	0.00	17.20	719
19.10	14.90	5.00	0.01	24.20	849
10.20	NM	6.53	0.00	13.30	1,553
4.20	20.40	1.84	0.33	8.20	1,437
18.70	24.00	1.88	0.54	12.50	1,025
5.50	NM	2.22	0.00	16.80	643
3.10	21.30	3.59	0.28	18.60	1,531
9.50	15.30	2.50	0.00	22.10	601
50.30	23.80	5.42	0.06	22.50	1,574

2001/8/2の株価	騰落率(%)
$38.00	64.29
16.31	60.06
16.52	68.40
4.95	−38.11
35.91	36.49
22.94	9.87
18.95	97.19
71.00*4	23.89
24.75	47.76
	40.98
11,296.64	−8.51

のもっと知名度の高いバリュー（割安株）指標に従って組んだポートフォリオよりもはるかに成績が良かったということだ。どれほど好成績を上げられるのか、われわれも調べてみたいと思っていたため特集記事を組んだことがあるが、それが1996年8月号の「銘柄スクリーニング」のコラムである。

　当然のことながら、PSRだけとか、ほかのひとつの指標だけを基準にして投資を行う人などまずいないだろう。そこで、1996年にわれわれが設けた物色条件は、時価総額が5億ドル超の大手企業で、PSRが0.4倍未満（これならほとんどの指標を使っても割安株となる）、負債水準が平均以下（これはリスクを最小限に抑えるため）、5年間平均増収率がプラスの企業（これにより上げ足の鈍い企業を排除する）ということになった。

　今回のスクリーニングは、前述したどのスクリーニングサイトを使っても簡単にできるもので、結局、逆張り用の10銘柄が最後に残った（**表6.3参照**）。そのひとつはアップル・コンピュータで、当時は再建中だったが、いずれIBMのように復活してくれるものとわれわれは見ていた。ディーン・フーズは工場を閉鎖してブランド商品を前面に押し出しており、これがかなりのプラス要因になると思われた。なにしろ、牛乳の生産では全米最大手なのだから（当時の市場シェアは8％だった）。IBPインクも牛肉・豚肉産業ではかなり大きな存在で、株価は52週の高値から大幅に下げてはいたが、輸出シェアと外食部門の市場シェアが伸びていた。カタログ販売のフィンガーハットは、小売売上高の低迷に加え、紙価および郵便費用の上昇によって前年に痛手を受けていた。

　それなのに、なんと、この組み合わせでしっかりと市場に勝ったのである！　数カ月後にチェックしたとき、ポートフォリオの上昇率は51.5％だった。相場は堅調で市場平均は17％の上昇となっていたが、それをも大幅に上回ったのである。5年後でさえ、このうちの4銘柄

は市場平均並みか、それを上回る成績を上げていた。例えば、SCIシステムズは187％の上昇、ホームベース（旧ワーバン）は126％の上昇となっていた。

1月効果

「1月効果」というのは、カレンダーベースで起こる変則的な事象のひとつだが、これらの事象については解釈がいろいろあって、合意はされていない（訳者注　株式市場で起こるこうした事象を「アノマリー」という）。例えば、株価は月曜日に下がり、休日前の最終営業日には大幅高になる傾向があるとか、月の後半よりも前半のほうがポートフォリオの運用成績が良い、といったようなものだ。しかし1月効果については、びっくりさせられる。ニューヨーク証券取引所（NYSE）の約70年間にわたるデータによると、株価の月間上昇率は、1月は平均4％なのに、ほかの月では1％にも満たないのである。

1月効果については、別の角度から見た調査結果も出ている。全銘柄では確かに1月のほうがほかの月よりも値上がりが大きいが、小型株——少なくともNYSE上場の小型株ではさらに値上がり率が大きいというのである。そのデータによれば、時価総額下位10％の企業では1月の平均リターンが12％を超えているというのだ。アイオワ大学のティム・ローランがさらに踏み込んだ調査を行っているが、低PBR（株価純資産倍率）の小型株の1月の成績は特にピカイチだとのこと。

つまり、1月効果で本当に恩恵を受けるのは、小型株というより、小型〝バリュー株〟ということになる。1月効果を検証するのに、店頭市場（ここでは小型〝グロース株〟が主流）よりもNYSE（ここでは小型株は人気がない）のほうがやりやすかったのはこのためだ。

では、なぜこんなに上がるのだろうか。1月になると、機関投資家

表6.3 「株価売上倍率」を基準にしたスクリーニング

PSRを基準にしたスクリーニング(スマートマネー誌より)

企業名(銘柄コード)	業種	96/6/14の株価	PSR
アップル・コンピュータ(AAPL)	コンピューター	$23.94	0.27
ディーン・フーズ(DF)	日常・特殊食品	23.88	0.35
FHPインターナショナル(FHPC)	ヘルスケアーサービス	27.00	0.27
フィンガーハット(FHT)	ダイレクトメール	16.88	0.37
ヒューズ・エレクトロニクス(GMH)	エレクトロニクス	60.00	0.39
IBP(IBP)	牛肉加工	28.25	0.21
ロングス・ドラッグ・ストアーズ(LDG)	ドラッグストア	41.76	0.31
SCIシステムズ(SCI)	エレクトロニクス	42.00	0.31
ワーバン(WBN)	会員制大型ディスカウントショップ	26.00	0.21
ウエスタン・デジタル(WDC)	ディスクドライブ	23.00	0.39
企業平均*			1.51

NM＝過去12カ月間は赤字のため算出不可
*時価総額が5億ドル超の企業(金融機関を除く)
出所＝モーニングスター

上記の更新情報――PSRを基準にしたスクリーニング(約5年後)

企業名(銘柄コード)	96/6/14の株価
アップル・コンピュータ(AAPL)	11.97[*1]
ディーン・フーズ(DF)	23.88
FHPインターナショナル(FHPC)	27
フィンガーハット(FHT)	16.88
ヒューズ・エレクトロニクス(GMH)	19.95[*2]
IBP(IBP)	28.25
ロングス・ドラッグ・ストアーズ(LDG)	20.88[*1]
SCIシステムズ(SCI)	10.59[*3]
ホームベース・インク(HBI)[*4]	25.75
ウエスタン・デジタル(WDC)	11.63[*1]
平均	
ウィルシャー5000	6,628.95

*1 株式分割調整済み(1株→2株)
*2 株式分割調整済み(1株→3株)
*3 株式分割調整済み(1株→2株を2回)
*4 旧ワーバン(WBN)

PER	PBR	長期負債 総資本比率	5年間平均 増収率(%)	時価総額 (100万ドル)
NM	1.44	30.6	15.1	2,961
15.4	1.59	34.9	5.1	958
NM	.96	24.8	32.5	1,099
18.4	1.44	24.7	10.3	785
21.1	0.67	27.6	6.4	5,862
10.3	2.50	25.4	5.1	2,675
17.7	1.59	7.7	2.8	831
17.8	2.80	40.0	27.2	1,250
11.4	1.53	37.2	9.6	850
11.2	2.33	3.6	22.5	1,014
24.4	3.05	40.1	11.9	

2001/8/3の株価	騰落率(%)
19.50	62.91
41.40	73.37
21.00*5	−22.22
25*6	48.10
19.36	−2.96
27.42	−2.94
22.66	8.52
30.45	187.43
58.27*7	126.29
3.80	−67.31
	41.12
11,242.92	69.60

*5 1株当たり現金17.50ドルとパシフィケアヘルスの普通株0.232株を反映
*6 1999年3月、FHTはフェデラル・デパートメント・ストアーズに1株当たり現金25ドルで買収された
*7 1997年のホームベース・インク(HBI)のスピンオフにより、HBI株1株とBJ'sホールセール・クラブ株1株を反映

がバーゲンハンティングに出るため――これはベンチマークのS&P500に連動させるために11ヵ月先まで想定してポートフォリオをちょっと見直すだけなのだが――これが引き金になる、と言うエコノミストもいれば、個人投資家が大きな役割を担っている、と言うエコノミストもいる。どうやら個人投資家が節税狙いの「損出し」か、年末の「益出し」（利益確定売り）によって得た売却代金を年明けに再投資するためらしい。

　どちらの説明も筋は通っているが、これでは問題も多く、なぞは解けないままとなっている。例えば、海外の取引所でもこの1月効果が見られるが、こうした「お化粧」や節税狙いの「損出し」が海外でも幅を利かせているとは思えない。1月効果の原因については複雑でよく分からないが、その意味するところは明白である。つまり、「期末売り」（決算対策）をできるだけ早く済ませること。11月でも早すぎではない。そして、12月に再投資することだ。

　そこで、1996年11月号では、こうしたことを考慮に入れて企業選びを開始した。1月効果を受けて年初に特に値上がりが見込める銘柄を探したのである（表6.4参照）。まず手始めに、時価総額が2億ドルから6億ドルの小型株でPBRが2倍以下の銘柄に的を絞った。

　とはいえ、カギとなる基準は、逆張り投資の勧めについて書かれた1985年の学術論文から取り入れた。その執筆者であるワーナー・デ・ボンズ（マディソンのウィスコンシン大学）とリチャード・セイラー（現シカゴ大学）は、3年リターンがずっと底ばい状態の株の動きに注目していた。概して、こうした「長期負け組銘柄」はいったん上向きに転じると、なんと5年近くも市場を上回る成績を上げ――そのうえ、時計仕掛けのように規則正しく年初には決まって急騰するのだという。

　そこで、スタームは小型バリュー株をふるいにかけるとき、3年間の株価上昇率を基準に下位10％だけを残し、そのリストからさらに銘

柄を絞り込むために3つのハードルを加えた。つまり、①キャッシュフローが潤沢、②負債自己資本比率が25％以下、③日々の出来高が平均で最低1万株はあること――というものだった。

こうして残った10銘柄はあまりにも下げすぎていたため、そろそろ反騰してもいいころだと思われた。案の定、1年後もまだ市場平均を上回っていた。1996年9月中旬から1997年10月初頭までの上昇率は、ウィルシャー5000が40％だったのに対して、この10銘柄は74％も値を飛ばしていたのである。2001年半ばにチェックしたときも、まだ4銘柄が市場平均並みか、それを上回る成績を上げていた。

MSNマネーのサイトで、このスクリーニングを再現するには、時価総額を6億ドル以下、PBRをS&P500の平均以下、前年の出来高を1万株以上、負債自己資本比率を25％以下に設定する。ただし、3年間の「長期負け組銘柄」をどうやって選別したかというと、残念ながら、MSNマネーのスクリーニングツールでは、そうした選択肢がないため、12カ月リターンが「できるだけ低い」銘柄を探すことにした（low as possibleという選択肢がある）。もちろん、「下落率が10％以上」というように、具体的な数値を指定することも可能だ。こうしてスクリーニングを行った結果、最終的に100銘柄以上が残ったが（これは銘柄スクリーニングツールで検索できる最大数）、ここから時価総額2億ドル未満の91銘柄を振り落とした（MSNのツールでは時価総額の「最大・最低値」の範囲設定ができないため）。こうして9銘柄が残った。このくらいまで絞れば、ファンダメンタル分析を始めることができる。

表6.4 「1月効果」を基準にしたスクリーニング

1月効果を基準にしたスクリーニング(スマートマネー誌より)

企業名(銘柄コード)	業種	96/9/13の株価	3年間の株価下落率(%)
アークティック・キャット(ACAT)	スノーモービル	$ 9.13	44
バーリントン・コート(BCF)	専門小売店	10.63	37
カーター・ウォーレス(CAR)	パーソナル製品	11.75	61
ドレス・バーン(DBRN)	専門小売店	10.00	24
フランクリン・クエスト(FNQ)	タイムマネジメント製品	17.50	37
ギブソン・グリーティングス(GIBG)	グリーティングカード	13.50	39
ギディングス&ルイス(GIDL)	工作機械	12.25	48
インフォメーション・リソーシズ(IRIC)	マーケットリサーチ	13.00	69
ナショナル・プレスト(NPK)	小型電気器具	38.38	27
J.M.スマッカー(SJMA)	食品	17.75	22

NM=過去12ヵ月間は赤字のため算出不可
出所=モーニングスターUSエクイティーズ；テレスキャン・プロサーチ5.0

上記の更新情報——1月効果を基準にしたスクリーニング(約5年後)

企業名(銘柄コード)	96/9/13の株価
アークティック・キャット(ACAT)	9.13
バーリントン・コート(BCF)	8.85[*1]
カーター・ウォーレス(CAR)	11.75
ドレス・バーン(DBRN)	10.00
フランクリン・コビー(FC)[*2]	17.50
ギブソン・グリーティングス(GIBG)[*3]	13.50
ギディングス&ルイス(GIDL)[*4]	12.25
インフォメーション・リソーシズ(IRIC)	13
ナショナル・プレスト(NPK)	38.38
J.M.スマッカー(SJM)[*5]	17.75
平均	
ウィルシャー5000	6,671.11

[*1] 株式分割調整済み(1株→1.2株)
[*2] 1997年5月、フランクリン・クエストはコビー・リーダーシップ・センターと合併したため、ティッカーがFNQからFCに変更
[*3] 1999年、ギブソン・グリーティングスはアメリカン・グリーティングスに1株当たり現金

PER	PBR	PSR	PCFR	負債自己資本比率	時価総額(100万ドル)
12.3	1.73	0.63	9	0	270
20.5	1.05	0.27	8.6	21	438
34.1	1.6	0.83	17	18	545
12.9	1.17	0.44	6.7	2	225
9.1	1.51	1.1	7.2	2	362
NM	0.9	0.41	22	19	217
43.3	0.83	0.53	13	22	424
NM	1.57	0.95	3.4	7	361
15.6	1.2	2.36	14	0	284
9.4	0.93	0.48	17	22	256

2001/8/3の株価	騰落率(%)
14.69	60.90
14.81	67.34
20.13	71.32
23.22	132.20
5.13	−70.71
10.25	−24.07
21	71.43
7.7	−40.77
27.66	−27.93
27.13	52.85
	29.25
11,242.92	68.53

10.25ドルで買収された
＊4　1997年7月、ギディングス＆ルイスは独ティッセンAGに1株当たり21ドルで買収された
＊5　スマッカーのティッカーはSJMAからSJMに変更

第7章
情報収集とその分析法
COLLECTING INFORMATION――AND HOW TO ANALYZE IT

　『スマートマネー』に掲載する銘柄をたったひとつ調査するだけでも1週間から、どうかしたら2週間も費やすことがある。そう、このとき、その企業に関して手に入るありとあらゆるものを読みまくる。例えば、アニュアルレポート（年次報告書）、その企業のフォーム10Kかフォーム10Qの最新版（あるいはその両方）、アナリストレポート、最新ニュースの主要項目、企業のウエブサイトなどだ。それから企業のだれか――CEO（最高経営責任者）が無理なら、できればCFO（最高財務責任者）や、数え切れないくらいの株式アナリストやファンドマネジャーらと話をする。そして、ガートナー・インクかフォレスター・リサーチ、あるいはデルオロ・グループなどのデータリサーチ会社の専門家にインタビューすることも多い。同業他社のことを知るために複数のライバル企業に問い合わせを入れることさえある。

　これは大変そうだと思われるかもしれないが、事実そのとおりだから仕方がない。しかし銘柄選びにおいて、こうしたことがいちばん大事なことなのだ。確かに、スクリーニングは面白いし、定量分析だけで優良銘柄を絞り込んでいく方法について書かれた本は山とある。だが、これだけではアプローチの幅を狭めてしまう。それこそ表紙を見ただけでその本の評価をするようなものだ。そこで結論から言えば、

ファンダメンタル分析に取って代わるものは何もない、ということである。

例えば、簡単なスクリーニングから始めて、PER（株価収益率）が長期成長率を下回る企業（PEGレシオが1倍割れの企業）を探してみたとする。すると、かの有名なドライバー「ビッグバーサ」のメーカーであるキャラウェイ・ゴルフのような企業が見つかる。同社のちょっと前の株価は1株18.46ドルでPERは13.7倍、今後5年間の利益成長率は16.8％と予想されていた。一方、同業他社のPERは37倍、今後5年間の予想利益成長率は13.5％となっていた。したがって、キャラウェイはいかにも割安に見えるが、それだけではなかった。実際、市場を思い切り打ち負かしてくれたのである。しかし、ちょっと掘り下げて調べていたら、不安材料となる不透明な部分が結構見つかったのではないだろうか。まず、同社の新商品ERCIIドライバーは、全米ゴルフ協会（USGA）のルールに違反しているため、プロゴルフトーナメントでは使用が認められていない（**訳者注** 反発係数が基準値を上回っているためだが、これをきっかけに高反発ブームとなり、2002年5月に基準値の緩和が発表された）。それにCEOが交代した（社交的だった創設CEOのエリ・キャラウェイが引退したのである）。と、ほぼ同時に、3人のアナリストが相次いで同社の格付けを引き下げた。その後、同社は来期の業績予想を下方修正したが、その根拠として、悪天候、市場環境の低迷、値引き競争の激化、景気減速などを挙げていた。これは本当にそのとおりなのだろうか。さて、こんなときもやはり徹底的に調査をするしかないのである。

銘柄をリサーチするとき、『スマートマネー』の記者にはいくつか有利な点があるのは確かだ。われわれなら電話をかけて、半導体関連のトップアナリストを呼び出し、インテルについて情報をもらうことができる。もちろん、これは辛抱強く電話攻勢をかけたあとの話だが、普通の投資家にはこうしたことはおそらく無理だろう。でも、アナリ

ストによる最新の企業調査レポートをダウンロードすることはできるはずだ。それに、われわれならUNIXサーバー市場について専門家に問い合わせ、どの企業の市場シェアがいちばん大きいか教えてもらえるが、あなたにだってニュースのデータベースを検索すれば、その答えとなる記事を見つけることは可能である。インターネットにきちんと接続できて、記事を読むだけの時間がちょっとあれば済むことだ。

どこで調べるか

そのひとつがインターネットだ。

おそらく、http://www.smartmoney.com/とか、ヤフー！ファイナンスのページで企業の検索をしたことがあると思うが、もしそうであれば、その企業の業務内容や最近の収益動向について大まかなことは把握しているに違いない。もし、まだというのであれば、業務内容を調べるくらいなら、ネット検索がいちばん手っ取り早い。というわけで、いよいよ核心に迫っていこう。

まずは、企業のウエブサイトを訪問してみよう。その企業のことだけでなく、業界のこともいろいろ分かって、その情報量の多さにきっとびっくりするに違いない。例えば、腎臓透析装置大手のフレゼニウス・メディカル・ケア（NYSE上場のドイツ企業）のウエブサイトを見てみると、腎不全の患者には透析か移植か、選択肢が２つしかないことが分かる。しかし、移植手術が受けられるのは全透析患者のたった５％しかいない。われわれが2001年にフレゼニウスの調査を行ったとき、同社を担当しているアナリストでさえ、この手の事実を知らなかった。なのに、われわれが知っていたのは、企業のウエブサイトに目を通していたからだ。

一般情報（製品情報、顧客情報、会社案内など）のサイトをざっとのぞいてみたあとは、IR（インベスターズリレーションズ＝投資家

向け広報）のサイトをクリックしてみよう。ここでは、アニュアルレポート（年次報告書）やクオータリーレポート（四半期報告書）、フォーム10K（テンケー）やフォーム10Q（テンキュー）などの財務報告書が閲覧できる。これは企業調査を行ううえで投資家が必ず読まなければいけないものだ。株主向けの「アニュアルレポート」は、公開企業が企業情報を株主に開示するための重要な文書だ。通常は、最新技術を施した4色刷りのレポートで、CEO（最高経営責任者）からのあいさつに始まり、財務データ、継続事業の業績、市場別セグメント情報、新製品計画、関連子会社の活動状況、将来的な研究開発（R&D）活動に関することなどが盛り込まれている。「フォーム10K」は、SEC（米証券取引委員会）向けに企業が提出しなければいけないもので、財務状況に関する報告などがアニュアルレポートよりもさらに詳しく記載されている（フォーム10Kもアニュアルレポートと呼ばれることがあるが、ここでは、その目的上、4色刷りのてかてかの報告書を「アニュアルレポート」、SEC規定の形式にのっとった報告書を「フォーム10K」と呼ぶことにする）。最後にもうひとつ。企業のウエブサイトから出る前に、企業の最近ニュースが掲載されているページをクリックして、企業が発信しているプレスリリースやニュース記事に必ず目を通しておくようにしよう。

　次に訪問するのは証券会社のウエブサイトだ。ここでは企業アナリストが独自に作成した調査レポートを見てみよう。企業の一挙一動を事細かに調べ上げ、担当している各銘柄について「買い」「売り」「中立」といった投資判断を行ったり、向こう12カ月間の利益・売上高・株価推移などの目標値を設定したりしている（このところ、どんなときでも「買い」推奨ばかりなので、そのうちきっと問題になるだろう）。

　証券会社にはフルサービスブローカーとディスカウントブローカーがあるが、その多くが株式調査レポートを提供している。例えば、メ

リルリンチやソロモン・スミス・バーニーなどでは、社内で作成した調査レポート（その多くはトップランクのアナリストによるレポート）がタダでもらえる。ディスカウントブローカーの場合は、社内に株式アナリストがいないため、あまり詳しいレポートは出していないが、詳細なレポートを出している大手と提携していることが多い。フィデリティ・インベストメンツでは、その顧客に対して「S&Pストック・レポート」（投資調査会社バリューラインのレポートによく似ている）だけでなく、アーガス・リサーチやリーマン・ブラザーズのレポートなども提供している。それに、http://www.multexinvestor.com/ などのウエブサイトも、調査レポートの「格納庫」の役割を担っている。ティッカー（いわゆる銘柄コード）で検索すると、全米のさまざまな証券会社からのレポートが20から100ぐらいヒットするので引っ張り出してみよう（トライアル期間として30日間だけ無料で閲覧できるところがある）。なお、ほかのサイトに関する情報などさらに詳しいことは付録の「ウエブサイト一覧」を見てほしい。

　最後になったが、新聞や金融雑誌の企業欄も読むようにしよう。企業の日々の情報が簡単に手に入るし、フォーム10Kやアニュアルレポートよりも詳しい情報が結構得られるものだ。

アニュアルレポート

　株を保有しているありとあらゆる企業から年に1回アニュアルレポートが郵送されてくる（アメリカでは紺色のビニールシートに包まれていることが多い）。しかし、未開封のまま机の上に放りっぱなしか、もっと悪ければ、部屋に入るなりゴミ箱行き——これがごく普通の投資家のすることだ。

　そうする気持ちはよく分かる。例えば、ゼネラル・エレクトリック（GE）。なにしろ、航空機エンジンからプラスチック製品、業務用設

備への融資など、24もの部門がある。そのすべての記録をせっせと読もうというヤツなど、いったいどこにいるだろうか。

しかし、ここに問題がある。アニュアルレポートには昨年の出来事だけでなく、その企業の来年の方針についても同じくらい書かれている。それに、企業文化についても述べられている。だから、こうしたレポートは持ち株の動静を追うのに何よりの手段となるのだ。もし、企業のことについて何も知らないのなら、まずはアニュアルレポートを読むことから始めてほしい。

アニュアルレポートは通常、「株主の皆様へ」という会長からのあいさつで始まる。ここでは前年度の重要な出来事がざっと要約されている。まるでクリフスノーツ社の参考書みたいだが、それよりもフォーマルな感じの「経営陣による事業分析」がその後に続く（これはフォーム10Kと同じだ）。しかし、経営陣による事業分析にはまったく喜怒哀楽のかけらもなく、無味乾燥としているが、会長のあいさつのほうは、どちらかと言うと、感情のこもったスピーチに近い。

ここで、ハイテク企業にとっては悪夢の年となった2000年度のIBMのアニュアルレポートを見てみよう。会長のルイス・ガースナーがあいさつを長々と書いているが、その最後は、シェークスピア劇に登場するあのヘンリー5世がアジャンクールの戦いで兵士たちに向かって行った感動的なスピーチのように、心を奮い立たせるような言葉で締めくくってあった。そのメッセージはこうだ——しっかりしろ。これまでの2年間よりも、これからの2年間が正念場となる。もっと大変な仕事が待っているのだから、と。ここに、その言葉を引用しておこう。

「これは面白い——今までになくこの仕事を楽しんでいる自分に気づきました。素晴らしい仲間といっしょに目標にぶつかっていく。逆境にめげずに自分の力を出し切る。まったく新しいものを作り上げていく。そして世界を変えていく——こうしたことのために全力で仕事

をする。これに勝るものなどありません。こうして仕事をしているときこそ、私にとっていちばん満足できるときなのです。まばたきなどしている場合ではありません。これからの2年間は、あっという間に過ぎてしまうのですから」

さて、どこから話に入ろうか。

そう、IBMのアニュアルレポートに書いてあるのは、こうしたことだけではない。

「かつて当社が先導してきた市場——ハイエンドストレージ、UNIXサーバー、データベースソフト——において、私たちは再度盛り返しを図り、失地を回復しつつあります」

アッと驚くようなニュースではないが、この手の情報は毎日、新聞の企業欄を読んでいても入手できるとは限らない。

例えば、IBMが8年連続で、どの企業よりも多くの特許を取得してきたことを知っている人はいるだろうか（というより、実際のところ、ライバル企業8社を合わせても、IBMのほうが多い）。それに、こうした特許品の3分の1はすでに市場に出回っていることについてはどうだろう。それから、IBMがすでに世界最大級のウエブホスティング企業となっていることはご存じだろうか。こうしたことも2000年度のアニュアルレポートを読めば分かることだ。

とはいえ、賢い皆さんにはひとこと言っておけば事足りるだろう——こうしたことをすべてうのみにして心を奪われてはいけない。すでに何冊かアニュアルレポートを読んだことのある人なら分かると思うが、こうした華麗な言葉のなかには、ただ単に檄（げき）を飛ばしているだけのものもあるからだ。例えば、ファースト・ユニオン（訳者注　銀行持ち株会社）のアニュアルレポートをぱらぱらとめくってみてほしい。2ページ目はまるで履歴書みたいな感じで、ノースカロライナ州を本拠とする銀行のセールスポイントがすらすらと挙げられている。

「集金能力に優れたフランチャイズ。運用資産1710億ドルの最強資産管理会社。資本市場におけるニッチビジネスを展開。多彩な支店網」

たぶん知らないだろうが、同社の株価は1998年以来、下落基調が続いている。というのも、1998年、マネー・ストアを買収したものの、悲惨な結果に終わったからだ（貸し倒れの発生、マネー・ストアの閉鎖によって38億ドル償却したが、額としてはアメリカ企業でも前例がないほどの高額）。しかも、2000年には大幅減益となり、その1株益は1999年の3.33ドルから12セントにまで落ち込んでいるのである。

フォーム10K

アニュアルレポートは企業を大写しにしたスナップ写真のようなものだが、フォーム10Kはありとあらゆる財務データをこまごまと記載したものだ。ただ、残念なことに一見して法律文書といった感じで、読んでみても、やはりその印象はぬぐえない。しかし、企業に関して――時にはライバル企業に関しても――フォーム10Kを超える情報源がほかには見つからないのである。公開企業はSEC（米証券取引委員会）に対してこのレポートを年に1回その営業年度終了後90日以内に提出することが義務付けられている（なお、「フォーム10Q」は年に4回、四半期決算終了後45日以内に提出することになっている）。

企業によっては4色刷り光沢仕上げのアニュアルレポートを作成する手間を省き、株主に10Kレポートだけを送付しているところもあるが、この2冊はまったく別物である場合が多い。アニュアルレポートは多かれ少なかれセールストーク調で企業側に都合のいいように作られているが、よくある前年の事業分析については形式上、魅力にやや欠けるきらいがある。フォーム10Kは前年度の会計報告と同様、事業内容の説明も詳細に記されている。

問題は、山ほどあるビジネス用語と、同じ内容の繰り返しに悪戦苦闘しながら読み進めていかないことには、おいしい情報にたどり着けないことだ。だが、ビビることはない。この手の文書を読みこなすコツをひとたび覚え、専門用語が外国語に見えなくなれば、調べたいことがきっと分かるようになるだろう。そのうち、短時間でササッと読めるようになるはずだ。

ただし、あらかじめ警告しておくことがある。フォーム10Kならどれでも参考になるというわけではない。実際、ほとんど骨子しかなく、ぎっしりと情報の詰まっているほかの文書よりも見劣りがしてしまうものもあるくらいだ（例えば、メルクの10Kレポートは医薬品情報が充実しており、薬品ごとにその効能、年間売上高、特許の失効日などが記載されているが、ジョンソン＆ジョンソンのレポートにはきっと物足りなさを感じるだろう）。とはいえ、どの企業の10Kにも必ず記載されている基本事項というものがいくつかある（もっとも、記載内容の範囲については企業によって異なるケースもある）。

事業内容

企業の強みや弱点について教えてくれるインサイダー（内部者）がいる場合はともかく、そうでなければ、この手の情報を自分で得られる唯一の場はこのレポートである。

それは、SECからの要請で過去5年間の全般的な事業内容を記載しなければならないことになっているからだが、それがこの項、つまり「第一部・事業内容」である。ここでは、経営手法に大きな変化があったかどうか、費用をまかなうために今後6カ月の間に資金調達の必要があるかどうか、ひとつの得意先だけに依存している事業分野があるかどうか、といった企業の内情が分かる。こうしたことはいずれも危険信号となるため、株を買うのは見送るか、せめて買う前にもう

少し調査を行ったほうがいいだろう。

　それから、貴重な興味深い情報もいくつか見つかるかもしれない。例えば、住宅メーカーのクレイトン・ホームズはフォーム10Kのなかで、500〜2400平方フィートの住宅価格は1万ドル〜7万5000ドルになると書いている（**訳者注**　1フィート＝0.3048メートル）。ほかには業界に関する背景知識を仕入れることもできる。例えば、フランスの石油会社コーフレクシップSAの「フォーム20F」（＝フォーム10Kの外国企業版）は、まさに海底油田産業とその主要製品の手引書となっている。

競争相手

　全ライバル企業のリストが載っているわけではない。たいていは、その競争相手の業種（小売業とか、石油関連など）が記載されているだけだ。場合によっては、もっと詳しい情報が手に入ることもある。例えば、インターネットコンサルティング会社のモデム・メディアのフォーム10Kには、3種類の競争相手について概要説明があり、なかには次のように実際に会社名を挙げているケースもある。「インターネットプロフェッショナルサービス（サピエント、レイザーフィッシュ）、トラディショナルテクノロジーサービス（アクセンチュア、エレクトロニック・データ・システムズ）、そしてインターナルインターネットサービス部門、テクノロジー部門、マーケット部門、デザイン部門」といった具合だ。また、たばこ会社のRJレイノルズ・タバコ・ホールディングスのフォーム10Kでは、最大の競争相手フィリップ・モリスの2000年度の小売りシェアが全体で50.4％だったのに対して、レイノルズはたった23.6％しかなかったことを開示している。

顧客情報

モノやサービスを売り物にしている企業であれば、「第一部」において、その市場と取引先の業種を明示しておかないといけないことになっている。場合によっては、大口顧客をリストアップしている企業もある。ここでは、その売り上げの多くを一顧客に大きく依存しすぎていないかどうかを見ることができる。例えば、インドのコンサルティング会社ウィプロは10Kのこの項で、その最大顧客であるゼネラル・エレクトリック（GE）のことについて明らかにしている。GEはアメリカのコングロマリット（複合企業）だが、2000年にはウィプロの営業収益の９％がGE絡みとなっている。

リスクファクター

これは10Kをこれまでに読んだことのない人が読むと、必ず恐れおののいてしまう項のひとつだ。なぜか。理由は簡単である。ヤフー！のフォーム10K（最新版）にあるリスクの項を見てみるといい。なんとページ数は10ページ、項目数が23もある！

この手の「論文」は「経営陣による論考と財務状況および業績に関する分析」という項よりも長いが、最後まで読んでおこう。すると、たいていの場合、「この株を絶対に買わなきゃ」と、どんなに思っていた人でも、まず「やめておこう」となるものだ。しかし、こうした10Kレポートを２～３冊ぐらい斜め読みしてみれば分かると思うが、このなかには本当に企業の命運を分けるようなリスク要因もあれば、単に企業のケツをカバーしているだけの要因も含まれている。

企業は法律によって、株主が投資するうえで不利益を被るような状況があればすべて公表しなければいけないことになっている。これは言うまでもなく、株主からつまらない訴訟を起こされないようにする

ための防衛手段である。とはいえ、これには自然災害や大惨事、それに株式市場の乱高下なども含まれている。例えば、ヤフー！のリスクファクターのひとつとして、こんなことが書いてある。

「当社の株価はこれまでずっと乱高下を繰り返してきました。このため、株価が魅力的になったときに転売しようと思っても普通より難しいかもしれません」

ったくもう、そのくらい百も承知だ！

なかには業界特有の要因もある。例えば、衣料品小売業者のフォーム10Kでは、まず間違いなくリスクファクターとして天気が挙げられている。天気が良すぎても悪すぎても——つまり、ぽかぽかの晴れの日も雪の降るじめじめの日も——客足が落ちるという。ファッションのトレンドがころころ変わって予想がつかないときも、同様だそうだ。また、レストランチェーンのアップルビーズいわく、同社が依存している生鮮食品は新鮮さが命なので、過酷な天候やその他の条件によって供給が不足する、あるいは滞るような事態にでもなれば、材料の入手、品質、コスト面において悪影響を受けるという。これが同社の抱えているリスクだ。いずれも懸念材料となるため、気をつけておかないといけない。しかし、これらは業界全体にかかわるリスクであって、個々の企業に限られたリスクではない。そこで、この後者のリスクにも気を配る必要がある。

「当社がゴーイングコンサーン（継続企業）として事業を継続していけるかどうかは不透明です」

これはコバド・コミュニケーションズ・グループの10K（2000年度）に記載された1番目のリスクファクターである。同社の問題は金——資金が足りないのである。これについては、その後に続く文章を読めば分かるだろう。なお、この株については、買いを検討する前に、同社に〝せめて〟お金がもっと入ってくるようになるまでは静観するのが賢明だろう。

次にモデム・メディアの例を挙げてみよう。「不適格者」を引き付けて離さない能力（？）のように、予測可能なあらゆるリスクとリスクの間に、いくつかの危険信号が見つかったりする。例えば、「当社は限られた数のクライアントに依存しています」とあれば、潜在的に問題があることになる。もうひとつ例を挙げよう。「CentrPort Commitmentを遂行する能力」とあるが、何のことだか意味の分かる人などいるだろうか。まずいまい。というわけで、株を買う前に、まずこの「CentrPort Commitment」とやらがいったい何なのかを解明し、その企業が本当にそれを遂行できるのかどうか知っておかなければいけない。

法的手続き

企業が何の訴訟にも巻き込まれていないほうがいいに決まっている。しかし、いくつもの訴訟を巧みにこなしている企業は多いし、普通は、それが財務状態に悪影響を及ぼすこともない。例えば、メイタグには「契約上の紛争、環境上、経営上、法律上の訴訟手続きおよび各種調査」と称する項があるが、この手のものなら心配は無用だ。

そこで、心配しなければいけないものには、どのようなものがあるのか見ていくことにしよう。その最たる例のひとつは、マイクロソフト訴訟のような、米司法省による独禁法訴訟である。それから、たばこ業界に対するさまざまな訴訟も要注意だ。2000年12月現在、RJレイノルズが抱えている未解決の訴訟は1664件にも上る。しかも、これは喫煙者絡みの申し立てだけで、受動喫煙（間接喫煙）に関する訴訟は3074件もある。

しかし最悪のシナリオは、おそらく株主による集団代表訴訟だろう。というのも、これがたとえ不法行為であっても、企業内では大問題となるからだ。もっとも、企業がこの手のトラブルをたくさん抱えてい

るような場合は、あなたが法的手続きに至る前に何やらまずいことが発覚するだろう。例えば、コバド・コミュニケーションズは株主代表訴訟をいくつも起こされているが、その損害額は約1億4200万ドルにも上るらしく、直近の10Kレポートにもその事実が開示されている。

「これらの問題に関する訴状では連邦証券取引法違反という申し立てがなされています」

こうした深刻なケースの結びの言葉はこんな具合に終わる。

「これらの訴訟には絶対敗訴することはないと固く信じていますが、こうした訴訟問題では最終的な結論は本質的に予測不可能なため、当社が勝訴する保証はありません」

法律用語が並んでいると、つい眠りこけてしまうかもしれないが、これは真剣に読むべきものだ。仮にその企業に対してほかの株主が訴訟を起こしているなら、そんな企業の株を買うべき理由などひとつもないということなのだから。

経営陣による論考と財務状況および業績に関する分析

この項全体のポイントは、前年度の概況説明とその前の年との比較分析である。前の年と比べ、どの事業分野の業績が向上したか、あるいは悪化したか。どの分野が売り上げおよび利益に、より貢献しているか。多額の出費あるいは償却はなかったか、といった具合である。ここで特に指摘できるような危険信号がなくても、この項はおそらく10Kのなかでも最も重要なパートと言えるだろう。

なぜか。それは、例えば、マイクロソフトについてはメディアでさんざん書き立てられているため、何でも知っているつもりでいるかもしれないが、財務状況に関する論考を読まないかぎり、同社が販売方式を変更したことについては、おそらく分からないからだ。最近では特定の製品については小売客に直接配送するようになったため、返品

率が下がり、1999年には2億5000万ドルも節約できたという。それに、これもたぶん知らないと思うが、2000年には16%の増収となっているが、これはその前年（29%増）と比べると、ほぼ半減しているのである。こうしたニュースは、株を買うか買わないかを決めるときの判断材料となるものだ。そこで、結論。どんなにその企業のことを知っているつもりでも、経営陣の論考には必ず目を通すようにしよう。

株式アナリストレポート

以前は、投資銀行部門（**訳者注**　証券の引受業務やコンサルティング業務を担う企業金融部門）と株式調査部門とを隔てる「チャイニーズウォール」という「壁」があるのが普通だった（証券用語としては情報隔壁の意味。日本では引受部門と営業部門とを隔離することが多い）。これは、利害の衝突や癒着をなくすために、他部門の業務内容を知ってはいけないというものだ。例えば、株式アナリストがいつも企業にプラスになるような発言ばかりしているとする。すると、"たまたま"投資銀行部門に多額の手数料がいつも転がり込む。こんな場合、人はどう見るだろうか。まあ、考えてみてほしい。しかし、このチャイニーズウォール。すでに崩壊してしまったかのように見える。今どきの企業は何の臆面もなく可能なかぎりのものを投じて投資銀行部門に手数料を支払っている。これには株式アナリストに強気のレポートを書いてもらう約束料も含まれているのだ。以前ファースト・ユニオンにいて現在はワコビア証券エクイティ・キャピタル・マーケットのヘッドを務めるミッキー・ミゼラはこう語る。

「たいていの投資銀行はこう言う。『ここにいるうちのアナリストたちは企業について徹底的に追跡調査を行っているだけだ』と。だが、そんなことはウソに決まっている。投資銀行は多大な責任を負っているのだから、もっと基本に立ち返ってほしいものだ」

だからといって、アナリストの言うことはすべて信用できないというわけではない。ウォール・ストリート・ジャーナル紙の「ベスト・オブ・ザ・ストリート」という記事において毎年脚光を浴びるようなトップアナリストなら、ほかのアナリストたちよりも常に良い株を選定し、もっと正確な収益予想を出しているものだ。例えば、1999年、SGコーエン証券のリーアン・サイドの推奨リストにあったコンピューターソフト株は、彼のライバルが選んだものよりも平均で149%ポイントも値上がりしている。ネット株担当のフレッド・モーラン（現ジェフリーズ証券）もネット株にかけては最高のアナリストと言える。1999年、彼のポートフォリオの上昇率は492%で、ライバル連中に218%ポイントもの差をつけて勝っている。

そこで、アナリストレポートを見るときは、その企業の事業関連の事実など、厳正なるデータ情報と、アナリストによる「分析」の領域に該当するものとを区別することがカギとなる。アナリストの意見など当てにならないと言うつもりはないが、何でもかんでもうのみにするのだけはやめておこう。というのも、自ら選定した銘柄がもっと魅力的に見えるよう、アナリストがさらに磨きをかけたりしているからだ。

アナリストはまず、「買い」「売り」「中立」などのアドバイスを行う。そもそも投資家がアナリストレポートを入手する最大の理由はおそらくこれだろう。アナリストの「銘柄格付け」など信用するなと言うつもりはないが、まずはページを最後までめくり、そのいちばん下にある小さな字でプリントされた「ただし書き」を読むことだ。そこには、こんな言葉が記されていないだろうか。

「当社および／または親会社、子会社、関係会社は、当該企業の有価証券公募時の幹事あるいは共同幹事となっています」

もし、こういった趣旨のことが書いてあったら、その会社のアナリストは自社の投資銀行部門をしこたま儲けさせるために、実際よりも

いくらか楽観的な観測を発表しないといけないということだ。このため、自分の会社が現在幹事をしているか、株式の募集にかかわっている場合、その企業に関して記者と話をするのを断るアナリストもいる。

そこで、こうしたときの投資判断をどう解読するかが問題となる。実際のところ、「バイ（買い）」、「セル（売り）」、「ホールド（中立・保有）」だけにこだわるところはまれで、「アウトパフォーム（強気）」、「マーケットパフォーム（中立）」、「アキュムレート（強気・買い増し）」、「ニュートラル（中立）」、「ストロングバイ（強い買い）」など、ただ単に人を混乱に陥れるためだけにあるのではないかと思われるような実にさまざまな表現が用いられる（訳者注　各社各様みな表現が違い、数字やアルファベットで投資判断を出しているところもある）。これについては、補足7.1「株式アナリストがまず口にしない5つの言葉」を参照のこと。

ここで、ミズーリ州の家具メーカー、ファーニチャー・ブランズ・インターナショナルについてAGエドワーズが作成したレポートを見てみよう。投資判断は「アキュムレート／アグレッシブ」となっている。これは「買い」、そして「強気」という意味でいいのだろうか。さらにレポートを読み進めてみよう。すると、もっと慎重に対処しなければいけないような言葉が太字で記されていた。

「現状はかなり悪い——売り上げおよびコスト面」
「消費の回復が待たれる」
「短期的に非常に不安定」

いずれも「アキュムレート／アグレッシブ」から期待したような言葉とはまるで違う。結局のところ、これはどういう意味なのだろうか。どうやらレーティング（投資判断や格付け）よりも、その後に書いてあるレポートのほうに気をつけたほうが賢明のようだ。で、レポート

補足7.1

株式アナリストがまず口にしない5つの言葉

1.「売り」

証券アナリストはブローカーや投資家に投資アドバイスを行うことで生計を立てている。しかし、彼らがめったにしないアドバイスがひとつある。特に、その株についてこれまで強気の発言を繰り返してきたときはまずしない。それは「外せ」つまり「売れ」と言うこと。その代わり、いつでも「買い」を勧める。でなければ、最悪の場合でも、その株を「保有」するように言う。「保有」あるいは「ホールド」は「売り」の代わりであることが多い。特に、かねて強気だったアナリストの気が急に変わったときはそうだ。1999年末から2000年末ぐらいまでに証券会社のアナリストが「売り」を推奨したのは、2万8000件のうち1%にも満たない。

なぜだろう。ニューヨークの某アナリストによれば、「ある株について売り推奨など出したら、その企業との関係を壊すことになるからだ」という。そのようなアナリストは多くの場合、企業から簡単に切り捨てられてしまう。これでは最新情報が手に入らないばかりか、電話をかけても返事をしてもらえなくなる。企業の一挙一動を追う責務を担っているアナリストとしては、これは深刻な問題である。

2.「客観性に欠けています」

どの証券会社にも「チャイニーズウォール」がある。これはコーポレートファイナンス部門（企業が株式や債券の発行を通

じて資金調達するのを手助けする部門）とリサーチ部門（投資家のために、こうした企業について分析を行う部門）とを隔てる理論上の仕切りのことで、この壁があるおかげで、アナリストは客観性を保てることになっている。

ところが実際には、アナリストたちは自由自在にこの壁を乗り越えていることが多い。例によって、自社のため、新たな引受案件獲得のために協力しているのである。新規のクライアントのために適正な発行価格を決める手伝いをしたり、発行目論見書の作成に手を貸したりすることもある。機関投資家にその新規公開株をセールスすべく、アナリストがファイナンス部門の担当者といっしょに「全国行脚」に出るケースさえある。

このようにファイナンス部門の担当者といっしょに仕事をしているようなアナリストなど信用してもいいのだろうか。と言っても、最近ではもうほとんど選択の余地がなくなっている。というのも、あまりにも多くのアナリストがそのようなことをしているからだ。しかし、調査レポートをチェックするとき、利益相反が発生する可能性があることを肝に銘じておこう。たいていはレポートの最初か最後のページのいちばん下に小さな字で「ただし書き」が書いてある。そこで業務上、その証券会社が当該企業と関係があるようなことが記されていたら、疑いの目で見るべきだろう。

3．「内部情報はお教えできません」

企業が有価証券を発行し、募集などを行うとき、通常、アナリストが入手できる情報は目論見書のなかにあるものだけである。というのも、話がまとまるまでは、企業がその内容を口外することは法律的に禁じられているため、アナリストはどうにも動きが取れないからだ。

しかし、最近ではアナリストが企業といっしょに作業を進めているケースもあり、そんな場合は、事の一部始終を知ってい

ることになる。もっとも、企業と同様、口を閉じておくことが要求される。たとえその企業のCEO（最高経営責任者）が死んだとしても、株価に影響を与えるような重大事項は一切コメントすることは許されない（少なくとも、公にしてはならない。だがときどき、大手の機関投資家が内部情報を握っているのは確かのようだ。おそらく、同じ見方をする別のアナリストにそっと彼らを紹介するぐらいのことはしているのではないかと思う）。

　アナリストもこうしたジレンマに陥るのを嫌うものだ。某アナリストいわく、「世界一ストレスがたまる仕事だと思う。なにしろ、人に株を買わせておきながら、その舌の根も乾かないうちに『自己責任で買ったことにしてくれ』と言わなければいけないのだから」

4．「会社の方針で投資判断を変えさせられました」

　たいていの個人投資家は株を売買するたびに委託手数料を支払っている。その多くはそのブローカーに渡す口銭となり、残りは証券会社のものとなる。

　これは投資家にとって何を意味するのだろうか。元モルガン・スタンレー・ディーン・ウィッターのアナリストで、現在はバンク・オブ・アメリカ証券にいるトッド・B・リクターによれば、「アナリストに対して中立的なレーティングを出すなという会社が多い。ともかく買い出動させるようなスタンスを取るよう強制される」という。言い換えると、手数料をどんどん稼ぎ出すために、アナリストは常時、自分の投資判断を変えさせられているということになる。ということは、正しくはただ「中立」であるべきところを「買い」のレーティングがつけられていることが多いということだ。

5．「予想なんてしょっちゅう外れるけど、だれがかまうも

んか」
　これは昔のアナリストがよく口にした言葉だが、当時は予想的中率が51％あればよかった。というより、実際には、そんなに当てなくてもよかった。
　例えば、あるアナリストが10ドルの株を10銘柄推奨したとしよう。そのうち最初の9銘柄は10ドルから8ドルに下がってしまった。しかし、最後の1銘柄が100ドルに大化けしたとしたら、彼は100％ヒーローになれる。リクターいわく、「大事なのは、いくら外れても、どれか当てれば大きいということだ」
　仮にブローカーから電話がかかってきて、人気アナリストからの内部情報をもらえたとしたら、それはそれでとてもラッキーと言える。しかし、そのアナリストの実績がどうなっているのか、まず聞くようにしよう。それも、その専門業種に関してだけでなく、特に情報をもらった企業に関して、そのアナリストがこれまでどのような投資判断をしていたかを知っておく必要がある。仮にその株がこれまで上げてきたのなら、上がる前には、どのような見方をしていたのか。その株が売られているときには、どのような発言をしていたのか。こうしたことをきちんと押さえておけば、一発ヒットで消えていくようなアナリストのアドバイスに乗せられる確率はぐんと減るはずだ。

　を読み終えたあと、われわれがどう思ったかというと――「今後3四半期にわたるような不安材料が出たり、企業が大々的なリストラ計画に着手するといった、さらなる衝撃があったりすれば、まず間違いなくこの株はシーソー状態になる。これに耐えられないようなら、買ってはいけない」ということだ。しかし、これでもまだもっと大きな疑問、つまり家具屋に――それも、問題のこの家具メーカーに投資すべきかどうかという疑問に答えたことにはならない。これに答えるには、さらに調査をしないといけないだろう。

こうしたレポートを読んでいるとき、アナリストが設定している今後12カ月間の「目標株価」に、じれったい思いをさせられる投資家が多い。これは、アナリストが目先どのくらいまで株価が上がると見ているかを知るうえで良い指針となるが、その算出方法はそのアナリストの見方に左右されやすく、このためかなり恣意的になる恐れがある。2000年末を振り返ってみよう。われわれはハイテク株の特集をするために、特にヤフー！の調査をしていたが、このとき2人のアナリスト――ひとりはUSバンコープ・パイパー・ジャフレー、もうひとりはUBSウォーバーグのアナリスト――がヤフーについて、まったく懸け離れた目標株価（それぞれ135ドルと65ドル）を設定しているのに気づいた。もちろん、こんなものは無視した（ちなみに11月中旬のその日の株価は41ドル強で、6カ月後にはわずか18ドルちょっとまで急落）。結局のところ、目標株価など単なる予想にすぎないのである。2000年初頭、クアルコムの目標株価はなんと1000ドルだった。とんだお笑い草である。まったく当てにならないということを思い知るには、このクアルコムのことを思い出すだけで十分だろう。なにしろ、本書執筆中の現在、同社の株価は50ドル台で推移しているのだから。

　今後12カ月間の目標株価について興味深いことがひとつある。現在の株価といったいどのような関係があるのか、ということだ。仮に目標値が今より数ドルほど上がるだけなら、たぶんその株は最近かなり上げたというサイン。だから、見送ったほうが賢明ということになる。逆に、目標株価が現在の株価よりも優に40〜50％上に設定してあるなら、その企業はもっと念入りに調べてみるだけの価値があるということだ。ちなみに、2001年10月現在、JDSユニフェーズの株価は9ドルで、今後12カ月間の目標株価の中位数は8ドル前後。ウォルマートの株価は52ドル強で、今後12カ月間の目標株価の中位数は61ドル。つまり、19％の値上がりが見込まれている。また、インテルの目標株価はこのときの株価よりも63％上に設定されている。

最後になったが、「収益予想」についてひとこと言わせてもらおう。皆さんはきっとこう思っているに違いない。アナリストはみな貸借対照表や損益計算書を細部まで丹念に調べ上げてから企業の収益予想を――すべて独自に――出しているものだ、と。まあ、たまにはそんなこともあるかもしれないが、普通はそうではない。たいていの場合、アナリストは企業側からその収益についてあれこれと指導を受ける。このため、その額は一方的に教え込まれた数値となっているのが普通だ。実際、企業は四半期末に行われる電話会議においてアナリストたちにこう言う。今年の予想1株益は1.25ドルで、来年は1.30ドルだと。そしてその翌日、5人のアナリストが別々にその企業の収益予想を発表する。今年の予想1株益は1.25ドルで、来年は1.30ドルだと。そこで、教訓。アナリストが言う予想1株益はかなり割り引いて聞いておくこと。

アナリストレポートを読んで、それを最大限に生かすには、一種の戦略が必要である。まず、たまたま手に入ったレポートをひとつだけ読むようなことは避ける。もし、それが唯一強気の発言をしているアナリストのものだったとしたら、どうなるか考えてみてほしい。調査中の企業1社につき最低でも3社から詳細なレポートを取り寄せるようにしよう。また、その企業について楽観的あるいは悲観的な見通しを出している証券会社はそれぞれ何社あるだろうか。ザックス(http://www.zacks.com/)などのウエブサイトでチェックしてみるといいだろう。

アナリストレポートを読むときは、それが1～2ページしかない最新版の企業レポートであれ、もっと上等で10～20ページあるいは30ページもあるような詳細なレポートであれ、これは必ずしなければならないことだ（なお、最新版の企業レポートは、合併とか収益警告など、企業関連のニュースに応じて発行されるが、これはなかなかためになる。というのも、企業にとって、ひいてはその株式にとってそのニュ

ースが買い材料となるか売り材料となるかの感触がつかめるからだ)。こうしたレポートでは、企業の各部門に関する分析もなされている。例えば、企業が一体となって取り組んでいるのはどの部門か、各部門がその企業全体の売上高や利益にどのくらい貢献しているのか、といった具合だ。

　2001年6月、ジュニパー・ネットワークスが第2四半期の収益見通しについて劇的な警告を発した。この発表を受け、株価は18.5％近く（約9ドル）急落した。その翌日、USバンコープ・パイパー・ジャフレーのアナリスト、フランク・マケボイが次のような調査レターを書いている。

　「ファンダメンタル的に見て、見通しはよくありません。しかし、利益成長率が減速傾向にあるのはジュニパーだけに限ったことではありませんし、同社の製品は長期的に人を引き付けるようなビジネスチャンスを生むものと思われます。それに、市場シェアにおいて同社のすぐあとを追っている若い新興企業に負けないだけの優位性をいくつか維持しています。具体的に言えば、同社には収益力があるため、研究開発（R&D）に当てる財源を引き続き調達し、増大させていくことが可能で、その額は、現預金と市場性のある有価証券を合わせると10億ドル以上になります。また、顧客基盤がしっかりしており、そのなかには大手のバックボーンプロバイダーも数社含まれています。こうした理由から、ジュニパーには難局を切り抜け、創業当初よりもさらにたくましい企業として浮上していくだけの体力が十分にあるものと思われます」

　いかにも将来有望であるかのように聞こえるが、マケボイは同社の2001年度の収益予想を48％、2002年度を56％下方修正している。しかも、向こう12カ月間の目標株価を引き下げ、44ドルとしている（当時の株価は40ドル)。それにもかかわらず、同社の株に対して、なんと「バイ／アグレッシブ」というレーティングをつけているのである。

こんなとき、投資家としてはどうすればいいのだろうか。

 とりあえず、こんな株は見送っておいたほうがいいだろう。マケボイはジュニパーのことをニッチ（すき間）市場で莫大な優位性を誇るマーケットリーダーと見ているが、われわれもそれを否定するつもりはない。というより、実際、そのとおりだと思っていた。しかし、「ファンダメンタル的に見て、見通しはよくありません」という言葉があったため、ここで同社の調査を打ち切ることにした。しかも、マケボイは同社の2001年度の予想1株益を90セントから47セントへ、2002年度の予想1株益を1ドルから44セントへと下方修正しているのである。これはものすごいカットである。それも2年連続で利益成長率が下がるという意味だ（ちなみに同社の2000年度の1株純利益は53セント）。マケボイは株価が40ドルのときに、今後12カ月間の目標株価を60ドルから44ドルへと大幅に引き下げているが、ということは、株価は差し当たって、その適正価格に近い値段で取引されていたということになる。利益が伸びることによって株価が押し上げられるということを考えると、ジュニパー株が近い将来、ウォールストリートでよくいわれる「死に金」（dead money）になる可能性は高い。3カ月から半年たったら、もう一度、同社の株をきちんとチェックしてみたいと思う。

第8章
最終ステップ――まとめ
THE LAST STEP――PUTTING IT ALL TOGETHER

　さて、これで必要な数値をすべて調べ、フォーム10Ｋなど、レポート類にも全部目を通したことになる。では、最終ステップはどうしたらいいだろう。ずっと目をつけていた株を買うかどうか、どうやって決めたらいいのだろうか。
　ここで、一歩引いて深呼吸をしてみよう。それから、これまで集めたすべてのデータを評価していくことにしよう。とはいえ、これは大変な作業である。そこで、以下のような「９つのチェック項目」を用意してみた。こうしたことから始めれば、作業もいくらか楽になるだろう。

　①その企業の株はなぜそんなに安いのか？
　②その企業の将来はどうなるのだろう？
　③その企業が属している業界についてはどうだろう？
　④企業収益はどうなっているか？
　⑤その数値は同業他社と比べてどうだろう？
　⑥そこの経営陣は愚か者の集まりか？
　⑦その企業は合併を急いでいないか？
　⑧その企業の最大の弱点は何か？
　⑨現在の経済情勢がその企業に与える影響は？

では、これら9つのチェック項目について、ひとつひとつ見ていくことにしよう。

その企業の株はなぜそんなに安いのか？

われわれのやり方でやって、最終スクリーニングまで残るような株は、たいていの場合、ずっと値を下げてきた銘柄である。これは『スマートマネー』独自のバリュー志向哲学のなせるわざでもあるが、時には本当にボロ株だから安いということもある。実際、だれが見ても明らかな悪材料があるなど、株価が低迷しているそれなりの理由があったりするものだ。

ボロ株は比較的見つけやすい。経営上の意思決定がいいかげんなケースが多いからだ。例えば、不正会計処理によって回復するまでに何年もかかったり（センダントやサンビームを思い出してほしい）、法律上のトラブル（たばこ訴訟やアスベスト訴訟など）を抱えていたりする。しかし、企業側にとって不可抗力とも言える理由で売られているケースもある。そんなときは、あとで思い返してみると、単なる過剰反応であったり、投資家にとっては絶好の買い場であったりするものだ。

いくつか例を挙げてみよう。

潮が引けば、どんな船でも船体位置が下がる

相場が「調整局面」に入り、過大評価されていた株式市場が過去の平均水準に戻ることは健全なことと言える。しかし、時には〝もっと買われてもいいはずの株〟まで、買われ過ぎていた株に引きずられて、いっしょに値を下げてしまうこともある。例えば、ノキアがそうだ。

1998年8月に24％近く下落したが、これはS&P500の下落率を約9％ポイントも上回っている。アジア危機の影響で個人消費の落ち込みが懸念されたからである。ところが、この携帯電話最大手の株を手放さなかった投資家は、その後、多大な利益を手にすることになった。年末には7月31日の株価から38％上げて取引を終えた。結局、S&P500のほぼ4倍も値上がりしたのである。

予想外のことは嫌われる

インテルの場合、本当に災難に遭ったかのように思えた。市販されたばかりの新しいペンティアムチップでは、ある種の方程式が解けないという、とんだヘマをやらかしてくれたのである。メディアはやりたい放題この記事を書き立てたが、このニュースが出た1994年、衝撃を受けた投資家たちによって、インテル株は大量の売りを浴びることになった。短期間のうちに13％も下げたのである。それもこれも出来損ないのペンティアムチップのせいだった。

しかし、インテル側が簡単かつ平和的な解決策を提案――ペンティアム購入者全員を対象に問題のチップと修正チップとの無料交換に応じたのである。これを受け、株価は反発。チップ騒動による売りはすぐに収まると見抜いていた人にとっては、半年もたたないうちに投資元本が倍になったのである。

不幸は道連れを好む

時には潜在的な問題がちょっと浮上しただけで、業界全体が思い切り売られることもある。1997年のパソコン（PC）業界がその良い例だ。PCの売り上げ減がささやかれ始めると、それをきっかけに大量の売りが出て、優良銘柄でさえ軒並み安となった。その下落率は、3

カ月もたたないうちに、デル・コンピュータが25％、コンパック・コンピュータが31％、ヒューレット・パッカード（HP）が15％に達した。しかし、1998年の1月にはほとんどのパソコン株が盛り返し、ナスダック総合指数は反騰。5カ月間で28％上昇した。デルにいたっては、1月だけで18％も値上がりしたのである。

同様に絶好の買い場となったのは、2000年8月、ブリヂストンが650万個ものタイヤを自主回収することになったときだ。当然のことながら、同社の株は売りを浴びたが、神経質な投資家から明らかに「連想売り」と見られる売りが出て、タイヤメーカーのグッドイヤーまで「つれ安」し、3カ月間で27％も値を下げることになった。このとき、買いに入った人はいるだろうか。もし買っていれば、たったの7カ月で75％も値上がりしていたはずだ。

だれかが置いてきぼりを食う

合併が破談になると、たいていの場合、大量売りにつながる。その最たる例は光通信のテラブスである。同じく光通信のシエナとの合併を計画していたが、1998年後半に決裂。その少し前、シエナの1億ドルの契約がパアとなり、AT&Tが一時的に同社をサプライヤー（供給業者）から外したのである。

市場は基本的にテラブスに見切りをつけており、このため株価は62％も下落。しかし、"それでもまだ"同社の増収・増益率はともに30％もあり、その利益率は"まだ"50％台を維持していた。それから1年後、テラブス株はなんと350％も値上がりしたのである。

その企業の将来はどうなるのだろう？

1990年代初頭、ウォルマートはすでにアメリカ全土をほぼカバーし

ていた。1500店以上の店舗を有し、過去5年間の増収・増益率はともに年率25％を超えていた。フォーチュン誌によれば、当時このディスカウント小売業者は「アメリカで最も称賛される会社」の第6位にランクインしていたという。その創設者サム・ウォルトンの著書『メード・イン・アメリカ（Made in America）』は、だれもが買いたいと思う本だった。しかし、批評家たちはウォルマートの成長物語はもう終わったと主張していた。ディスカウントストア形式に革命を起こすには、ほかに手はないのか。ほかに拡大を図るところがあるのではないか。これを言い換えると、ウォルマートの「次の姿」はどうあるべきなのか。これが求められていた。

　かつてウォールストリートでもてはやされていた同社の株は、常に2ケタのリターンをもたらしていた。しかし、1991年には負け犬に転じ、1993年から1996年にかけては、株価は当てもなく11ドルと13ドルの間を行ったり来たりしていた（株式分割調整済み）。

　しかし結局のところ、「次はどうなる？」という問いにウォルマートはちゃんと答えてくれた。90年代後半には、再び小売業に立ち返り、スーパーセンターを加えて出直しを図ることになった。ディスカウントストアと食料雑貨店とをひとつに統合したのである。こうした店舗が稼ぎ出す利益は1996年から1998年にかけて30％増と、ほかの小売業者を圧倒するペースで伸びていたが、年間売上高にいたってはなんと1500億ドルにも上っていた。セブン・イレブンをはじめ、トイザらス、サーキット・シティなど、あらゆる分野の小売業者にとって、ウォルマートは脅威を与える存在となった。そのうえ、さらに海外にもどんどん進出していった。1993年には10店しかなかった海外店が2000年には1004店となり、海外での売り上げは3年連続で50％以上も増加している。ウォルマート全体の増益率は2年連続で20％を記録。株価は1996年末から1999年末までの3年間で4倍にもなった。

　そこで、教訓。その企業はある時点においてはその本分を尽くして

いないかもしれない。成長し、生まれ変わり、進化していく必要があるかもしれない。しかし、その企業が優良企業であるなら自ら改革を断行し、競合他社と歩調を合わせていくだろう。そして、その企業が超優良企業であるなら業界リーダーとなるだろう。

その格好の例として、もう一度デル・コンピュータを挙げよう。1998年3月、われわれがデルを推奨したとき、このPCメーカーはいわゆる「埋もれたお宝銘柄」ではなかった。実際、デルがカスタムメイドの製品を直接販売していることはもう知られすぎていたし、あまりにも身近な会社だったので、とっくに成長し切った企業だと多くの人が思っていた。事実、その同じ月にマネー誌がデルを売るように勧めている。なにしろ、IPO（新規株式公開）以来、すでに13166％も値上がりしていたのである。正直言って、このマネー誌の記事でさえちょっと古いという感じだった。

しかし、デルはすでにその一歩先を行っていた。小さな一歩だが、企業向けのシステム事業、つまりサーバーおよびワークステーションの分野へと歩を進めていたのである。だれもがデルのことを、絶頂期を過ぎたパソコン販売会社としてすでに見切りをつけていたころ、デルはすでに世界中のサーバーシステム事業の4％、ワークステーション市場の1.5％のシェアを獲得していた。確かに大したシェアではないが、この当時、同社のなかではいちばんの成長部門だった。事実、1997年第3四半期の売上高は340％も伸びているのである。ところで、こうした情報はすべて同社のアニュアルレポートに簡単に書いてあったことだ。

直接販売のカスタムメイドサービスと低価格戦略があれば、将来的に市場シェアをもぎとってくることは可能だとわれわれは見ていた。そして、それは的中した。その営業年度終了時、デルはサーバー市場で第2位（成長率ではマーケットリーダーの3倍）、ワークステーションでは第1位にランクインしたことを発表したのである。1998年3

月にデルを推奨して以来（当時の株価は株式分割調整済みで11.59ドル）、株価は2001年7月までに1209％も上昇した。この間、2000年にITバブルがはじけ、その影響でデルも70％下落したが、それにもかかわらず、これだけ上げたのである。

　もちろん、賢い投資家としては当然のことながら、目下、「次のデル」がどうなるのか、気になるところではある。

その企業が属している業界についてはどうだろう？

　飛ぶ鳥を落とす勢いで何もかもがうまくいっていたのに、結局、ライバル企業が1社参入してきたために、その勢力図ががらりと塗り替えられてしまう——こんなことがときどきある（補足8.1「ここで差がつく」を参照のこと）。その代表例がトイザらスである。1980年代、トイザらスは玩具業界の「カテゴリーキラー」と言われ、小さな店を次々と廃業に追い込んでいった。しかし1990年代半ば、そのトイザらスにも衰えが見え始め、1996年には71％の減益となった。

　問題は？というと、市場を独占することができなくなったのである。ウォルマートのようなディスカウントストアがさらに低価格の商品を提供し、トイザらスが独占していた市場シェアを大量にかっさらっていったのである（彼らはオモチャ以外の商品でその差額を補えると見ていたのだ）。1997年の市場シェアは、トイザらスが18.4％、ウォルマートは16.4％だった。トイザらスもネット販売に乗り出したが、もう手遅れだった。とはいえ、これが最大の問題ではない。それよりも、オモチャの流行に追いついていけなくなっていたのである。子どもたちはハイテク玩具や電子玩具を欲しがっているのに、トイザらスではそうした商品を扱っていなかったのだ。

　ご想像どおり、株価のほうも停滞していた。1995年末から1999年末にかけて株価は半値にまで落ち込んでいた。同社は決め手となる「次

補足8.1

ここで差がつく――買い候補となる銘柄を同業他社と比較する

　その企業はライバルと比べてどうだろう。規模に関係なく、利益率が高いのはどの企業か。株価の割に配当が高いのはどこか。バランスシート（財務体質）が健全なのはどこだろう。『スマートマネー』では、競合他社と比較するとき、いつも次のようなレシオを利用することにしている。

効率に関するレシオ（ROEとROA）

　A社の経営陣のほうがB社の経営陣よりも、資産や資本からより多くのお金を稼ぎ出すことができるとするなら、A社のほうが良い？　当然である。というわけで、昔から会計士や株式アナリストらがこの「経営効率」を測定すべく、信頼できる尺度を求めていた。そして、その結果、考案されたのが「ROE」（return on equity／株主資本利益率）と「ROA」（return on assets／総資産利益率）である。いずれも企業がその資源を使って、どのくらいの利益を上げたかを測定しようというものだ。計算方法は、ROE＝純利益÷普通株主資本（あるいは純資産）となり、パーセントで表示する。これによって、企業がその株主資本を利用して、どのくらいのリターンを得たかが分かる。一方、ROAは帳簿上に記載されている総資産（工場や棚卸資産など）を活用して、どのくらい稼いだかを把握するもので、計算方法は、ROA＝純利益÷総資産となる。

　ただし、効率をきちんと測定する尺度としては、これらはか

なり正確さに欠けるものだ。どこかですでに言ったかと思うが、第一に、利益は「操作」される可能性があるからだ。それに、バランスシート（貸借対照表）上の資産価値は、さまざまな理由によって、その企業の本当の価値を完全に反映したものとは言えない。例えば、ゴールドマン・サックスのような投資銀行やマイクロソフトなどは「知的資産」に相当頼っているうえ、俗に言われるように、その資産も毎日のように正面玄関から社外に流出してしまっているからだ。

とはいえ、ROEとROAは、銘柄を比較するには今でも有効な手段である。アメリカの企業はすべて同一の会計基準に従うことになっているため、公平な土俵上で同業他社との比較ができるからだ。また、どの業種が本質的にほかより収益性が高いかを見ることも可能である。

在庫水準と棚卸資産回転率

メーカーの倉庫には原材料や部品、完成品などがいっぱい入っているが、そのおかげで注文に応じることができるようになっている。小売業では販売待ちの在庫を抱えているが、こうした在庫品が棚のうえで眠っている間に、刻一刻と保管料と資金調達コストがかさんでいくことになる。このため、経営者らは在庫をできるかぎり持たないように努力する。ただし、特定の業種（製造業や小売業など）では必然的にほかの業種（ソフトウエアメーカーや広告会社など）よりも在庫量が多くなる傾向がある。

そこで、投資家としてチェックする必要があるのは次の２つだ。

①売上高に比べて、同業他社よりも在庫水準が高くないか？
②在庫水準が何やら説明のつかない理由で急増していない

か？

　しかし、在庫を見るだけでは不十分である。結局のところ、その企業の在庫水準が仮に20％増えたにしても、売り上げが30％伸びていたなら、在庫が増えるのは予想の範囲内ということになるからだ。

　だが、売り上げの伸びが通常どおりであるにもかかわらず、在庫が急に増えているような場合は要注意である。1997年、絶好調だったアパレルメーカー、トミー・ヒルフィガーの在庫水準が一気に50％増となったとたん、同社の株は売りに押され、ウォールストリートのアナリストたちを震え上がらせた。この有名紳士服メーカーも10代の少年たちの間ではすでにその競争力を失っていたことが分かったからだ。しかし、トミーはファッションセンスよりも在庫管理に力を注ぎ、最終的にはその状況を克服。株価も回復したが、この間、多くの投資家が損失を被ることになった。

　チェックしておくとためになる数値としては、「棚卸資産回転率／商品回転率／在庫回転率」（＝年間売上高÷棚卸資産）がある（**訳者注**　「年間売上高」の代わりに「売上原価」を使う計算方法もあるので比較するときには注意が必要。なお、いわゆる「在庫」のことを会計用語では「棚卸資産」というが、バランスシート上では「棚卸資産」あるいは「商品」として記載される）。これは年間を通して在庫を何回使い切って入れ替えたかを示したもので、この回転数が少ないほど、在庫管理が悪いというサインになる。例えば、昨年の売上高が2000万ドルで棚卸資産が6000万ドルの場合、棚卸資産回転率は0.33回となるが、これは異常に低い数値と言える。これでは在庫を完全に売り切るのに3年もかかることになるため、どう見ても感心できるものではない。

　ただし、この回転率については、特にこれといった目安があ

るわけではない。だから比較に用いるのがベストだろう。例えば、ある小売業者が4回で、そのライバル企業が6回なら、回転率の高い企業のほうがより効率が良く、それだけ大量の売れ残り商品を抱え込む可能性も低いということだ。

流動比率

当然のことながら、有力企業は負債よりも資産のほうが多い。この負債と資産の関係を示すひとつの比率を「流動比率」（＝流動資産÷流動負債）と言い、多くのアナリストが企業の財務状態を手っ取り早く評価するのに利用している。「流動資産」とは、売却すれば、すぐに現金化できる資産として定義され、現預金、現金同等物、売掛金（顧客から支払ってもらうことになっている代金）、棚卸資産（在庫）などがある。「流動負債」とは、早急に支払わなければいけない負債で、主なものとしては買掛金や短期借入金などがある（訳者注　ここでは「すぐに」「早急に」とあるが、通常は「1年以内」とされ、これを「ワンイヤールール」という）。

流動比率の値は2以上（訳者注　日本ではパーセント表示にするため、200%以上）が理想的と言えるが、資産の大半がキャッシュの場合はこのかぎりではない。ただし、この比率が5（つまり500%）を超えるときは、資産が十分に活用されていない可能性がある。

もうひとつチェックすべきことは、そのトレンドである。四半期ごとに流動資産がどんどん増えてはいないだろうか。こんなときは、企業がキャッシュを積み増している可能性があるが、それなら良いしるしとなる。しかし、売掛金が増えている場合はどうだろう。これは顧客からの代金回収がうまくいっていない可能性があり、悪いしるしとなる。流動負債が大幅に増えているのも、普通は良いこととは言えないが、企業によってはそ

れなりに短期的な目的がきちんとある場合もある。

　いずれにせよ、これらの数値のどれかが増加しているようなら、さらに調査をしてみたほうがいいだろう。アナリストの調査レポートやニュースをチェックしてみるか、財務諸表を取り寄せて、その「注記」を読んでみよう。財務状態に変化があれば、経営陣には説明する義務があるからだ。

配当利回り

　配当は、企業の超過利益から株主に対して支払われるもので、多くの企業がこの配当を支払っている。通常は、「1株当たり配当金」あるいは「1株配」という形で表示されるが、各企業の配当を比較するときは、「配当利回り」（あるいは単に「利回り」ともいう）を用いる。計算方法は、配当利回り＝1株配÷株価となる。これによって、株の購入代金に対して、企業が配当としてどれだけのリターンをもたらしているかが分かる。例えば、株価が1株50ドルで、年間の1株配が2ドルなら、その配当利回りは4％となる。

　株を買ったからといって、必ず配当が出るとは限らないし、これは出さなければいけないというものでもない。仮にその企業が急成長中で、その収益を事業に再投資したほうが株主にとっていちばんメリットが大きいなら、そうすべきだろう。マイクロソフトは「無配」だが、株主から苦情は出ていない。無配だからといって、その株が負け組とは限らないのである。

　それでもなお、投資家の多くは——特に退職間近の人は——配当を好む。配当収入とともに、そこから得られる安心感を求めているのである。株価が下がっても、配当はもらえるし、成熟企業の株なら目覚しい成長は期待できなくても安定しているため、ずっと気楽でいられるからだ。

　ただし、高利回りだからという理由だけで株を選んではいけ

ない。そんなことをしていたら、たちまち困ったことになるだろう。先ほど例に挙げた、1株配が2ドルで配当利回りが4％の株について考えてみよう。これはたまたまこんな数字になっただけだが、4％というのは市場平均をかなりオーバーしている。普通は2％以下だ。だが、利回りがほかより高いからといって、この株が良い株とは限らない。例えば、企業の収益予想が外れて、株価が一夜にして50ドルから40ドルに下がったとしたら、どうなるか。これは価値としては20％の下落である。実際には利回りは上がって5％となる（2ドルの配当÷40ドル）。さて、利回りが上がったからといって、収益予想が下方修正されたような株に投資したいと思うだろうか。おそらく思わないだろう。したがって、配当の高い株を探すときもそうだが、その企業があなたの設定したほかのハードルをきちんとクリアしているかどうか、必ず確認しておくことが重要なポイントとなる。

配当性向

　配当利回り（株価に対する配当の割合）と似ているようだが違う。これは企業が得た〝利益〟のなかから、どのくらい株主に配当を支払っているのか、その割合を示したものだ。この数値が75％を超えたら、危険信号だと見ていいだろう。つまり、その企業は自社の事業にその利益を十分に再投資していないと考えられるからだ。配当性向が高いときは、往々にしてその企業の利益が減少しているか、ほかに投資妙味のわくものがない投資家を配当で釣ろうとしている可能性が高い。

レラティブ・プライス・ストレングス

　これは、単純に株価の「モメンタム」（勢い）を見て買いに

入るというやつだ——株価が上昇基調にあるなら、理論上では、上がり続けることになるのである。しかし、だれもがこの理論どおりにやって、しばしば過ちを犯してきた——それも、たぶん「図らずも」である。相場はこの何年かずっと上げてきた。ならば、なぜ今、買いが入らないのか。もっとも、こんなときでも一部の投資家は実際に株価のモメンタムを指標に銘柄のスクリーニングをしている。だが批評家は言う。株価に勢いがあるからといって買うのは危険だ、と。なぜなら、その企業のファンダメンタルズをまったく考慮に入れていないからだ。それに、これまで再三再四、頭にたたきこまれてきたように、過去のパフォーマンス（成績）が将来の利益を約束してくれるわけではないのである。とはいえ、レラティブストレングスの高い銘柄は引き続きアウトパフォームする（市場平均を超える）傾向があるため、この指標は投資尺度として有効だと主張するファンもいる（第５章の補足5.2参照）。

企業価値

　これは、グロース投資であれバリュー投資であれ、スクリーニングにうまくなじまないタイプの指標だ。それに、そもそも比率ではない。「企業の市場価値」とも言われるが、われわれがスクリーニングを行うときには測定基準として使うことはない。しかし、マスコミにさかんに取り上げられているし、最近ではゴールドマン・サックスのアナリストをはじめ、この指標を好むアナリストが多いため、ここで説明しておこう。
　なかには企業をより正確に評価できる手段と言う人もいる。計算方法は、企業価値（EV）＝株式時価総額＋負債－簿価ベースのキャッシュとなる。これを平たく言えば、企業を時価で買い付けたうえに、その負債を全額返済するには、自分のポケットからいくら出さなければいけないか、ということだ。

> 例えば、こんな具合になる。2001年半ば現在、ジュニパー・ネットワークスの時価総額は90億ドル、負債は11億ドル、キャッシュは11億ドル。この場合、この企業の企業価値は90億ドルとなる。

なる戦略」を必死で模索し、3人のCEOを経て、綿密な検討を3回行った結果、2000年初頭、FAOシュワルツ(高級おもちゃデパート)からジョン・アイラーを迎え、再建を目指すことになった。

アイラーが定めた方針は、これまでの倉庫型・低価格路線のスーパーマーケットスタイルから脱却し、性別や年齢別にターゲットを絞った売り場を区画するなど——例えば、赤ちゃん人形のそばには、きらきら輝くマニキュアを陳列し、バービー人形コーナーから離すなど——もっと双方向性のある店づくりを行うと同時に、商品の差別化を図ることだった。アイラーが着任してから1年半で株価は3倍以上になった(株式分割調整済み)。

企業収益はどうなっているか?

「最終損益」(bottom line)とは、よく使われる言葉だが、これは「純利益」のことだ。実際、この数値は企業の損益計算書の最下行(bottom line)にあり、四半期末か営業年度末の純利益(最終利益)あるいは純損失(最終損失)を示している。これは給与明細の最下行にあるものと同じで、その数値があなたの——ここでは企業の——「手取り金額」ということになる。

『スマートマネー』では、企業調査を行うとき、まず年間純益の「トレンドライン」をチェックすることにしている。これは長期利益成長率(アナリストによる将来的な企業収益の見通し)とは異なり、過去5年以上にわたる利益の実績値を見ていくものだ。トレンドは絶えず上向き——最良のシナリオ——になっているだろうか。利益は

年々減少してはいないだろうか。心電図のように飛んだり跳ねたりしてはいないだろうか、というわけだ。

　これは何も難しいことではない。過去2年間で利益が10％減少した企業よりも、毎年着実に15％ずつ利益が伸びている企業のほうが良いに決まっている。過去の実績は将来の結果を約束するものではないかもしれないが、いつも良い成績を収めているほうが絶えず悪いものよりも、良いのは確かだろう。

　次に問題となるのは、こうした成長が持続可能かどうかということだ。2～3年で劇的に利益を伸ばした場合、その後はどうなるだろう。この状態をずっと維持できるのだろうか。

　再び、ウォルマートを見てみよう。1999年11月号で特集したとき、同社は2年連続で25％の増益となり、好調の波に乗っていた。株価はさらにすごく、1996年の4倍になっていた。しかし、この巨大小売業者はこの先もこのペースを維持できるのだろうか。この疑問に対してわれわれが下した結論は、「おそらく無理」というものだった。

　同社が大幅に成長を遂げた原動力はスーパーセンターで、同店舗の増益率は年率30％を超えていた。しかし、アナリストらに言わせれば、その成長率もいずれは20％台まで落ち込み、従来型のディスカウントストアにいたってはわずか5％になるだろうとのこと。しかも、海外での売り上げが成長の第二の原動力であるにもかかわらず、海外投資によるコストが重くのしかかり、収益の足を引っ張っていた。

　予想は的中した。1年後、株価はこう着状態が続いていた。

　最後にもうひとつ考慮しないといけないことがある。こと株の分析に関しては何でもそうだが、利益のトレンドも相対的なものだ。そこで、売上高のトレンドも見るようにしよう。売上高と利益が一様に相補的なペースで増加していれば、たいていの場合、何もかも順調と見ていいだろう。しかし、売上高が減少しているようなら、いずれ利益も同じ運命をたどると見て間違いない。

1998年、ケチャップメーカーのHJハインツ・カンパニーは、わずかとはいえ2％の売り上げ減となったが（同社によれば、ドル高が主因）、利益のほうは165％もの増益となった。これは、ケチャップとツナ缶の売り上げが好調だったこともあるが、年末にかけて行った抜本的なリストラ計画（2500人の人員削減と25工場の売却・閉鎖）が功を奏し、売り上げの落ち込みが相殺されたからだ。翌年も売り上げはおおむね横ばい状態だったが（0.1％増）、純利益のほうは40％減となった。で、株は？というと、1998年末から2000年初頭までの15カ月間で46％もの下げを演じたのである。

その数値は同業他社と比べてどうだろう？

　2001年の蒸し暑い夏のころ、インテルは一見して割安株のように思われた。52週の高値から61％も下落し、実績PER（株価収益率）は37倍となり、同社の過去5年間の最高PERである50倍をはるかに下回っていたからだ。それにPSR（株価売上倍率）も6.4倍で、過去5年間のレンジのちょうど真ん中あたりで取引されていた。
　しかし、この話はここでひとまず置いておこう。それよりも、インテルが同業のライバルたちと互角にやっていけているのかどうか、チェックしていくことにしよう。
　表8.1を見てほしい。インテルとアドバンスト・マイクロ・デバイシズ（AMD）、アナログ・デバイシズ、テキサス・インスツルメンツ（TI）とを比較した場合、どんなことが言えるだろうか。
　まず、規模的にはインテルが明らかに勝っている。また、同社の2000年度の純利益は約54億ドルで、これもライバルの5倍以上となっている。なぜインテルのPEGレシオがほかより割高なのか、これで説明がつく（インテルの2.93倍に比べれば、AMDは1.17倍で、かなり控えめというか、割安になっている）。しかし、ROE（株主資本利

表8.1 最高の投資先となるのはどのチップメーカーか？

	企業名			
	アドバンスト・マイクロ・デバイシズ	アナログ・デバイシズ	インテル	テキサス・インスツルメンツ
時価総額(100万ドル)	5,754	16,859	195,287	60,625
売上高(100万ドル)	4,556	2,880	30,444	10,749
純利益(100万ドル)	752	685	5,383	1,374
5年間平均増収率(%)	17.27	18.05	10.56	0.25
5年間平均増益率	—	23.37	11.48	46.68
純利益率	16.50	23.80	17.70	12.80
予想EPS成長率	17.10	25.00	18.40	21.90
予想PER(倍)	20	36.2	53.8	52.2
PEGレシオ	1.17	1.45	2.93	2.38
PSR	1.3	5.8	6.4	5.6
PCFR	—	19.3	—	16
PBR	1.8	6.4	5.3	4.8
ROE(%)	22.90	25.90	14.60	10.80
ROA	12.50	14.30	11.60	8.20

出所＝SmartMoney.com（2001年7月末のデータより）

益率）については、アナログ・デバイシズやAMDが約23％以上なのに対して、インテルは14.6％と情けない。さらに純利益率については、アナログ・デバイシズが約24％であるのに対して、インテルは約18％とちょうど業種平均となっている。そのうえ、予想EPS（1株益）成長率にいたっては、業種平均にも満たない。アナリストの予想では、TIやアナログ・デバイシズの向こう5年間の利益成長率は20％を超えているのに、インテルの長期利益成長率はたったの18％ぐらいしかないのである。というわけで、ほぼどの指標を見ても、インテルは非

効率で割高のうえに成長性に劣るものと考えられる。

 だからといって、けっしてインテルを売るべきだと言っているわけではない。ここで"言いたいこと"は、2001年夏に仮にチップメーカーに投資したいと思っていたなら、見た目で選択したインテルよりも、ずっといい投資先があったに違いない、ということだ。

 このセクターの株を評価する方法については、補足8.2「チップショットを決める」を見てほしい。

そこの経営陣は愚か者の集まりか？

 CEO（最高経営責任者）やその他の経営幹部らと実際に顔を合わせて話をすることは、多くのファンドマネジャーにとって非常に大事な仕事である。経営陣を間近で見て、その「人となり」をきちんと理解する必要があるからだ。

 成績トップのウォサッチ・コア・グロース・ファンドの運用担当者サム・ステュアートは、株を保有している、あるいは買い候補となっている企業の経営陣とは必ず会うことにしている。投資会社を運営して25年になる彼はこう言う。

 「まず、重役連中が正直者かどうか感触をつかむ。言うことは筋が通っているか、その戦略はどうか、彼らの話に納得できるかどうかを見ていく」

 ステュアートはプロバント（従業員トレーニングと効率コンサルティングの会社）の最高経営幹部と会ったときの話をしてくれた。相手はけっして目を合わせようとはせず、最近の買収・統合について質問すると、話をはぐらかしたという。そこで、同社の株を全部売り払ったところ、3カ月もたたないうちにプロバントの収益が落ち込み始め、それから14カ月の間に株価は74％も下落したそうだ。

 あなたの場合、経営陣に直接会うのは無理かもしれないが、だから

補足8.2

チップショットを決める──半導体株で儲ける

　何といってもインテルが世界中でいちばん有名──かつ最大の──チップメーカーである。しかも、この10年間で株価はなんと1867％も値上がりし、これを年率換算すると年に112％の上昇となる。この株で多くの投資家が大金持ちになったが、そこまでいかない人でも、せめて家の頭金に当てたか、子どもの大学の授業料の足しにしたか、ヨーロッパや極東地域への旅行代金ぐらいにはしただろう。しかし正直言って、株価上昇の道のりはけっして平坦ではなく、上昇局面よりも下降局面のほうが長かった時期もあったくらいだ（図8.1参照）。

　「半導体関連は投資するにはいちばん難しいセクターだと思う。ともかく値動きがかなり荒い。チャートをチェックしてみて、結構上がってきたじゃないかなどと思っていると、やがてまたイライラさせられることになる」と語るのはエバーグリーン・セレクト・ストラテジック・グロース・ファンドを率いるシャノン・リードである。

　問題はいたって単純で、需給関係にある。供給過剰の波が株価を押し下げるように、需要の波が株価を押し上げるのである。これは繰り返し起こる。季節が移り変わるように決まったサイクルがある。需要が伸びれば供給が追いつかなくなるが、やがて供給が追いつき、需要が満たされると供給過剰となる。こうして過剰在庫を抱えると、使い切るのに何カ月か、時には何年もかかるが、使い切ってしまえば、同じことがまた最初から繰り返される。

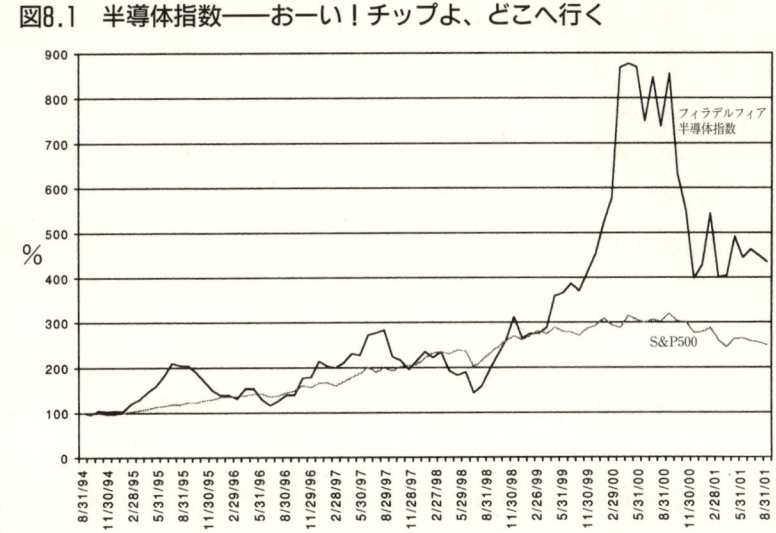

図8.1 半導体指数――おーい！チップよ、どこへ行く

(フィラデルフィア半導体指数とS&P500の比較グラフ、1994年8月31日～2001年8月31日)

出所＝SmartMoney.com

　そこで、特に半導体関連から勝ち組を探すときは、その製品がコンピューターのプロセッサーチップであれ、メモリーチップであれ、ハイテクの通信用チップであれ、その企業が実際にどんなものを製造しているのかを知るだけでなく、このサイクルのどのあたりにいるのかを見極めることが重要となる。これまでの歴史を見れば分かるとおり、もし下降局面にあるなら、それは必ず絶好の買い場となるはずなのだ。

　例えば、『スマートマネー』が創刊したころ、半導体株のことなど頭にある人はだれもいなかった。時は1992年の中ごろ、半導体業界は悲惨な１年にちょうど終止符を打ったばかりだった。そして、われわれがアプライド・マテリアルズを推奨したのも、まさにこのころだった。「同社の事業はあまりにも専門性が高い。だから、これまでずっと敬遠されてきたのだ」と書いたのである。では、いったい何をしている会社なのかという

と、チップの製造装置をつくっている会社である。同社の株はその後5年間で800％を超えるリターンをもたらし、年率リターンは55％にもなった。リードいわく、「こうしたことは直観で分かるものではないが、最高の買い場は状況が最も厳しいように見えるとき。そして、最高の売り場は状況が最も好調のように見えるときだ」という。

そこで、「そのとき」が来たときのために覚えておいてほしいことをここで説明していくことにしよう。

在庫水準

2000年6月、リードをはじめ、彼の率いるポートフォリオマネジャー・チームはベア・スターンズのテクニカル会議に出席した。「さらに強含みになるとは思えなかった」とリードは語る。需要が供給を追い越していたため、企業は必要となるものを確保するために注文を二重三重に出さざるを得なくなっていた。「これこそサイクルがピークに達したときに起こる現象である」というのは確かにそうだ。リードは言う。

「8月か9月には需要と供給が逆転し始め、結局、エンドユーザーとなる顧客の元には予想を上回る供給があることが判明した。これがピークだ」

それはリードにとって、「売り」のシグナルでもあった。

これを知る方法は2つある。まず、チップメーカーの在庫水準をチェックする。それから、エンドユーザーのところでどのようなことが起きているか調べる。なぜエンドユーザーかというと、彼らが売り上げの原動力となるからだ。例えば、インテルはコンピューター用のマイクロプロセッサーチップをつくっているため、コンパック、デル、ゲートウェイなどのコンピューターメーカーがすべて顧客ということになる。

そこで、2000年にデルとインテルの株がどうなっていたかを

見てみよう。両者ともその年は利益・売上高ともに2ケタ増で始まった。しかし、前年からすでに在庫が急増し始めていたのである。デルは43％増、インテルは52％増となっていた。その前の5年間には在庫がこんなに増えたことは一度もなかった。急増したというのは、サイクルが反転し始めたという明らかなシグナルであり、ひいては株価もそろそろ反落するということだ。で、実際にはどうなったかというと、2000年、インテル株は27％の下落。デルにいたっては完全に負け犬となり、なんと66％も値を下げたのである。

評価

　これは明らかに因果関係の問題である。半導体業界の需要が落ちてくれば、売上高や利益も落ち込み、株価も下がる。そこで、チップメーカーが底を打ったかどうかを見るひとつの方法は、その株の過去12カ月間の実績PSR（株価売上倍率）を過去の評価と照らし合わせてみることだ。2001年半ば現在、プログラマブル論理回路（PLD）メーカーのザイリンクスのPSRは8.2倍と、いかにも低い値で取引されているように見えた。1999年の17倍から大幅に下げているからだ。しかし、"過去"のPSRと比較してみると、8.2倍というのはまだ相当に高い。1998年以前にさかのぼってみると、同社の最高PSRは7.7倍で、最低PSRは2.5倍か3倍ぐらいとなっている。ということは、ザイリンクスの株価が底入れするにはもう少し時間がかかると考えられる。
　ところで、チップメーカーの株価評価にはPER（株価収益率）はあまり適しているとは言えない。というのも、リードいわく、「状況が最も厳しいように見えるときが最高の買い場となるが、こんなときは、利益もあまり出ないかもしれないから、PERが高く見えてしまう」。逆に、利益がピークにあるときは、

サイクルもピークに達していることになるが、こんなときは、おそらくPERは低く見えてしまうからだ（訳者注　PER＝株価÷１株益。分母が小さいために高PERに見えるケースもあれば、分母が大きいために低PERに見えるケースもあるのでPERは当てにならないということ）。

食物連鎖的な位置関係

　1980年代にはチップはひとつのもの、つまりパソコンのためだけに製造されていた。しかし1990年代には市場が急拡大し、今では家電製品、自動車、工業設備、通信設備などのためにもつくられている。業界は進化したが、市場の循環的な性質が変わったわけではない。チップメーカーを選別し、かつ、その製品となる各種のチップについて理解するには、以前よりもちょっと努力を要するようになった。そこで、ここでは頭に入れておくべきことを説明しておこう。

　「食物連鎖」の最下位にはDRAM（記憶保持動作が必要な随時書き込み読み出しメモリー）メーカーのマイクロン・テクノロジーのようなコモディティー型のチップメーカーが位置する。「これらのチップは価格も安く、付加価値はほとんどない」とリードは言う。そこから連鎖の鎖を上にたどっていくにつれ、チップは複雑化し、付加価値が高くなっていく。これにはコンピューターのマイクロプロセッサーチップ（例えば、ペンティアムとかセレロンなど）をはじめ、PMCシエラやアプライド・マイクロ・サーキッツが製造しているコミュニケーションチップなどが含まれる。リードによれば、「これらは登録商標商品で研究開発に相当の手間暇をかけているもので、価格もかなり高く、このため利益率も高め」とのこと。

　しかし半導体市場の各セクターがそれぞれ独自にちょっとした需給関係のトラブルを抱えている可能性もある。そこで、投

資をする前に、その企業が属している市場が連鎖のどの段階にあるのかを見極めておかないといけない。それに同じ業界内でもサイクルのどの地点にいるかはそれぞれ異なるかもしれない。例えば、1999年の前半に通信用チップが急に売れだしたころ、DRAM市場は全般的に供給過剰になっていた。このため、マイクロン・テクノロジーのようなDRAMの主力銘柄が値下がりしていく一方で、アプライド・マイクロ・サーキッツは142%もの上げを記録していたのである。

製品サイクル

チップメーカーの顧客の在庫水準にも気をつけないといけないが、同様にその製品サイクルにも気を配らないといけない。例えば、マイクロソフトが2001年後半に発売した最新基本ソフト「ウィンドウズXP」がパソコンの売り上げを押し上げると考えられるが、これまでの経験から言って、こんなときはインテルやAMDの株も上がる傾向にある（ついでに言えば、インテルのペンティアム4もPCの売り上げを促進するだろう）。それに、今さかんに宣伝されている次世代高速携帯電話の技術が確立されれば、きっと新型携帯電話の売れ行きも伸びるだろう。メリルリンチのグローバルテレコム担当アナリスト、アドナーン・アーマドによれば、3G携帯電話への切り替えが進めば、2002年には15%の売り上げ増が見込めるという（ちなみに2001年は9%増）。

といって、業績を監視できない理由にはならない。その経営陣はアナリストや株主に対してちゃんと約束を果たしているだろうか。市場関係者に対して企業の現状をきちんと報告しているだろうか。

実際、ウォールストリートでは優秀な経営陣は報いられることにな

っている。ゼネラル・エレクトリック（GE）を見てみよう。元CEOのジャック・ウェルチは20年間GEの舵取りを行ってきたが、投資家を失望させたことは一度もなかった。ウェルチ率いるGEは長年にわたり年間売上高増加率8％以上、年間EPS（1株益）成長率13％以上を達成してきた。そしてもちろん、株価もしかり。ウェルチの下、3500％を超すリターンをもたらしたのである。

　経営陣の質を評価したければ、その企業の業績を見て、そこから手掛かりを得るようにしよう。GEのように業績に一貫性はあるだろうか。それとも、てんでんばらばらだろうか。その企業は毎四半期、決算発表を行ったあとも、アナリストらに説明したとおりのことをきちんと実行しているだろうか。

　手掛かりはもうひとつある。その企業は危機に直面したとき、どのような対応をしているだろうか。1982年に起こったジョンソン＆ジョンソンの「タイレノール事件」を思い出してほしい（同社の鎮痛解熱剤タイレノールに青酸カリが混入された無差別殺人事件。結局は同社への脅迫事件と判明）。こうした危機に際して経営陣はどうあるべきか。このときの同社の対応はいまだに優れた模範とされている。それは情報の完全な開示、つまり全容の解明に努めることだ。直ちに薬品の回収を告知した同社は、毒物混入に関する調査報告を全国民に行い、政府とともに不正開封防止包装の図案作成作業に入った。その迅速な対応に株主たちはちゃんと報いている。悲劇的な事件（7人死亡）であったにもかかわらず、その年、同社の株は35％も値上がりしたのである。

　その逆のケースはコカ・コーラだ。1999年6月、コークを飲んだベルギーの子どもたち42人が体の不調を訴えた（原因は不良炭酸ガス）。しかし、コカ・コーラ側の対応の遅れが指摘され、その後1年間で株価が31％下落した原因のひとつとなった。回収の告知はしたものの、幹部がベルギーを訪問して謝罪したのは10日もたってからのことだっ

た。しかも、会社側はこうした状況を何カ月間もの間、軽く見ていたのである。当時のCEOダグラス・アイベスターが半年後、突然引退することになったのは、このときの大失態のせいである。

その企業は合併を急いでいないか？

　M&A（企業の合併・買収）のうわさがちょっと出ただけで、株価が急騰することがある。1998年初頭、ネットスケープがいくつかの企業と交渉中、といったうわさが流れた。お相手として名前が挙がったのは、サン・マイクロシステムズ、アメリカ・オンライン（AOL）、IBM、オラクルなどだが、たった1日で株価は25％も上昇した。なお、ネットスケープは現在AOLが所有している（AOLはタイム・ワーナーと合併し、現在はAOLタイム・ワーナー）。

　しかし長い目で見た場合、合併は投資家にとって実際どのような意味があるのだろうか。通常はあまり良いことではない。特に買収されたほうの企業にとってはそうだ。ノートルダム大学のファイナンス担当准教授ティモシー・ローランの調査によれば、たいていのM&Aは、結局、車輪が空回りしているのと同じだという。1979年から1989年までにM&Aが完了した企業のリターンを検討した結果、平均的な合併あるいは買収では、株式の価値はまったく上がっていないことが分かったのである。ローランに言わせれば、「値上がりゼロ。効果なし」とのこと。

　もっとも、長期的に見てもちゃんと価値を高めている合併企業も"いくつか"あることはある。そこで、過去のデータを基に、良いM&Aと悪いM&Aを見分けるのに役立つ指標をいくつか紹介しよう。

キャッシュは王様

最近のM&Aでは、株式が「選択通貨」となっている。例えば、過去の10大取引はいずれも株取引によるものだ。だからといって、"あなた"にとって選択通貨は株でなければいけないという意味ではない。実際、株主にとっては、乗っ取り（買収）にはキャッシュが使われたほうがはるかに良いとローランは言う。彼の調査によれば、株式交換による友好的な合併では、株価は5年間で25％下落しているが、キャッシュを使った敵対的買収の場合は、5年間で平均して62％上昇しているという。というわけで、「仮にあなたが経営者で、自社株が過小評価されていると思ったとしても、わざわざその自社株を使って他社を買い取るようなまねはなるべくしないほうがいい」というのがローランの意見だ。

敵対的買収なら大歓迎

M&Aの調査をしているローランやほかの研究者らが下した結論では、一般に、株主にとっては、友好的な買収よりも敵対的な買収のほうが良い結果が出ているという。こうした発見の裏にはいったい何があるのだろうか。「それはみな期待感によるものだ」とボストン・コンサルティングのM&Aアドバイザー、マーク・シロワーは言う。非友好的な経営陣が入ってくれば、より大きな変化と改善が見込めるはずだと市場は見る。つまり、「大変革は長期的な利益をもたらす」というわけだ。敵対的買収では、「価値を生まない生産ラインや工場、人材を一掃する傾向がより強い」とローランも言う。

プレミアムが高いときはさっさと売り逃げる

　AOLがタイム・ワーナーを買収すると発表した日、タイム・ワーナー株は65ドルから90ドルへと38％も上昇した。さて、こんなときは、ここで売って利益を確定すべきだろうか。答えはおそらくイエスだ。
　「プレミアムがついた（市場価値を超えた価格がついた）からといって、それをずっとキープできるわけではない」とシロワーは言う。実際、その発表から1週間ちょっとで、タイム・ワーナー株は82ドルまで下げた。で、AOLは？というと、61ドルまで一気に値を下げ、下落率はほぼ20％に達した。
　一般に、買収側の支払額が直近の市場価格を大きく上回れば上回るほど、さっさと利食って逃げたほうがいいケースが多い。「プレミアムが高ければ高いほど、経営陣はそれだけの価値があることを証明し、それを維持しなくてはいけなくなる」とシロワーは言う。企業側は四半期ごとに合併のメリットとして、いっそうの省力化か収益の拡大を求められることになるからだ。元ブーズ・アレンの副社長ジョン・ハービソン（現レイセオン・コマーシャル・ベンチャーズ）は、売り抜けたほうがいいような魔法のプレミアムなどない、と指摘しているが、最近の傾向は、売りの決断がしやすくなっている。被買収企業の株主に支払われるプレミアムの平均は、1990年の36％から大幅にアップして、現在は82％となっているからだ。多くの場合、過熱気味のIPO（新規株式公開）と同様、合併が軌道に乗ったら、あとで値下がりしたところを拾うのがいいだろう。

国際的な企業合併には要注意

　紙面上では「グローバル化」という言葉の意味は分かるかもしれな

いが——クライスラーとダイムラー-ベンツのあの合併騒ぎを思い起こしてみると——実際に何か得たものや削減できたものはあったのかというと、よく分からないことが多い。この自動車メーカー2社が合併してからというもの、予想以上に高い統合コストによってダイムラー・クライスラーの利益は幾度となく痛手を被ることになった。シロワーが言うように、「ブランドをただ寄せ集めただけでは、すぐに新しい価値は生まれない」のである。1996年から1998年までに行われた、国境を越えた合併案件700件の調査結果がそれを裏付けている。国際的なコンサルティング企業KPMGによれば、こうした案件のうち結果的に株価が下がったのは53%、変化なしが30%で、実際に株主に利益をもたらしたのは、わずか17%だったという。

「習うより慣れよ」とはいかない

　今日の優良企業の多くは他社を買収することで自らを築き上げてきた。ここでもまた、GEを例に挙げよう。同社があれだけ大きくなれた理由のひとつは、過去20年間にわたって数多くの買収を繰り返してきたからだ。しかし、経営陣に買収経験があまりないからといって、投資家が自動操縦できるというわけではない。GEにも毎度M&Aの達人を自称していながら、さらにまたひとつ買収を成功させようと急いで、返り血を浴びる経営陣は山ほどいる。その好例がセンダントとコンセコである。いずれの株価も買収の後遺症で大きく売られたことがある。

その企業の最大の弱点は何か？

　どの企業にも何らかの「アキレス腱」があるものだ。そこで、銘柄選びをするときは、そのアキレス腱がどこにあるのか、それに対して

企業が何らかの措置を講じているのかどうか、チェックしてみよう。

　時には企業の弱点が簡単に分かることがある。それはその弱点がその業界とつながっているからだ。例えば、ゲートウェイとデル・コンピュータはパソコンの需要の有無が泣き所となる。インテルは半導体のサイクルと格闘していかなければいけない。メルクやファイザーのような製薬会社は製品の流通ルートや特許の失効期限に目を光らせておかないといけない。また、弱点が社内にある場合も多い。例えばGE。果たして新任のCEOジェフリー・イメルトがジャック・ウェルチの評判に恥じないだけのCEOになれるのだろうか。

　逆に、かなり丹念に調査しないと、企業のアキレス腱がなかなか見つからないケースもある。例えば、1990年代の半ばごろ、HFS（のちにセンダントに社名変更）は目に止まったものなら何でも買収していた。そのCEOヘンリー・シルバーマンは高度な金融技術を駆使した複雑な取引を行う天才とされ——買収に次ぐ買収を経て——不動産会社のセンチュリー21や宿泊事業のデイズ・インのようなブランドネームを寄せ集めた企業グループを構築していった。その利益は1996年には76％増、1997年には100％増と爆発的に増大し、株価も1992年のIPO時の4ドルから値を飛ばし、1997年末には73.88ドルをつけていた。1997年初頭には四半期利益がIPO以来18回連続増益という記録を達成——しかし、その驚異的な成長が実は同社のアキレス腱だったのである。

　問題は、その途方もない成長力を維持するために、シルバーマンが引き続き買収を進めていかざるを得なくなっていたことにあった。これでは、いつか失敗する日が来る。そして実際、物の見事に失敗した。1998年初頭、CUCインターナショナルとの契約を110億ドルでまとめたものの、その後、CUC側の不正会計処理が発覚。利益の修正を迫られたうえ、株主から訴訟を起こされ、悲惨な結果に終わったのである。

補足8.3

金融サービス業界に手堅く投資する

　この何年かは金融サービス関連に投資して損をするということはほとんどなかった（図8.2参照）。それどころか、業界リーダーのいくつかは驚異的な上げを記録していた。1996年半ばから2001年半ばまでに、チャールズ・シュワブは330％、モルガン・スタンレー・ディーン・ウィッターは355％、シティグループは368％上昇。まるでハイテク株の話をしているかのように思われるかもしれない。

　これは進化の賜物と言えるだろう。ここ何年かの間に金融サービス業界の状況ががらりと変わったからだ。銀行はもはや預金を集めてお金を貸すだけのところではない。証券会社もただ売買を行うだけではない。投資銀行もコーポレートファイナンス（企業金融）だけに特化しているわけではない。1998年にシティバンクとトラベラーズが合併し、1999年に連邦議会が銀行業務と証券の引受業務との間にあった壁をすべて取っ払って以来、統合や合併がいつでも自由にできるようになったのである（**訳者注**　以前は銀行業務と証券業務の分離などを規定した「グラス・スティーガル法」というのがあった）。しかし、これだけではない。

　その根底にはマネーの争奪戦があったのである。ベビーブーマー世代（団塊の世代）が裕福になるにしたがって、管理すべき金も増えることになる。と同時に、自分の金は自分で蓄えるという動きが世界的に広がり、政府主導の年金基金から401kタイプの確定拠出型企業年金への移行が進み、資本市場の成長を

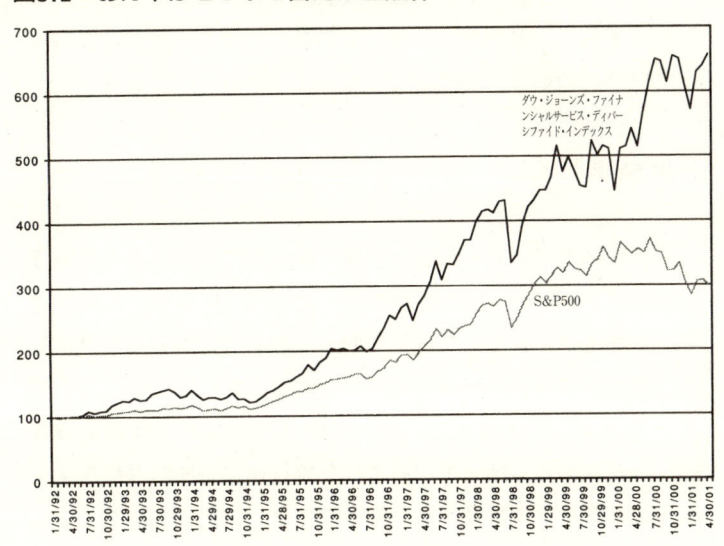

図8.2 おカネはどこ？と言えば金融株

(グラフ：ダウ・ジョーンズ・ファイナンシャルサービス・ディバーシファイド・インデックス と S&P500 の推移、1/31/92～4/30/01)

　促すことになったのである。アメリカでは企業の資金調達額の70％は資本市場からであって、銀行からの借入ではない。が、ヨーロッパではその逆となっている――ただし、これも今のところは、である。成績トップランクのモルガン・スタンレー・ファイナンシャル・サービス・ファンドの運用担当者シーン・オーリジェンマによれば、「資本市場の扉は開き始めている。あと2～3年もすれば、ヨーロッパもアメリカのようになるだろう」とのこと。

　しかし、たとえそうなっても、覚えておいてほしい大事なことがある。企業の合併がどんなに進んでも、金融サービス業務の各部門は同じではない、ということだ。例えば、クレジットカード会社や信託銀行などは、景気拡大期に業績好調となるが、貯蓄機関や抵当貸付業者などの金貸し業は、景気後退期に業績が回復する傾向があり、その逆もしかりだ。

このため、金融サービス業の投資基準については、業態別に説明していこうと思う。しかしその前に、業界の利益成長率やその評価について一般的なことをいくつか話しておこう。

成長率

こと金融サービス業については、あまりにも成長しすぎの感がある。「急成長している金融サービス業にはかなり気をつける必要がある。安定した成長力があるかどうかを見るだけでなく、それがコントロール可能かどうかも見ないといけない」とオーリジェンマは言う。ローンポートフォリオ（貸出金融資産）が毎年30％も増えているような銀行は、いずれ深刻なクレジットリスク（信用リスク／貸倒リスク）を抱え込むことになるだろう。「貸し出しが30％も伸びているような銀行で最終的に破たんしなかったところはひとつもない」と彼は指摘する。地方銀行やシティグループのような総合金融機関を含め、平均的な銀行の利益成長率は普通８％～12％、アメリカン・エキスプレスやハウスホールド・インターナショナルのような専門金融業者は約15％、生命保険会社は約10～15％である（ただし、損害保険会社のようなほかの保険会社の場合は、より周期性があり、成長率が２％の年が数年続くと、次の１～２年は20％になったりする）。そして最後になったが、資産運用会社の年間利益成長率は――長期的な成長性から見て、今のところ、いちばんの有望株だが――普通15～16％となっている。

評価

「一般に金融サービス業界では、その利益成長率に対して株が割高で取引されることはめったにない」とオーリジェンマは言う。例えば、2001年半ば現在で金融サービス業界全体を平均

すると、成長率の1.35倍で取引されていることになるが、代表的な銀行株でも5年間の平均利益成長率の1.43倍で、これは保険会社と基本的に同じくらいのプレミアムということになる。しかし、専門金融業者の場合はさらにプレミアムが少なく、長期成長率の1.26倍となっている。要するに、金融サービス業界では利益成長率の2倍で取引されるような銘柄はほとんどないということだ。

では、次からは金融サービス業界をいくつかに分けて、業態別に説明していくことにしよう。

銀行

このグループには、シティグループなどの巨大銀行をはじめとする総合金融機関から、ウェルズ・ファーゴやメロン・ファイナンシャルなどの地方銀行、カントリーワイドなどの抵当貸付業者、ダイム・セービングス・バンクなどの貯蓄貸付組合や貯蓄機関などがある。

貸倒引当金

銀行が貸し付けを行うときは、不良債権の発生に備えて引当金を積んでおかなければいけないことになっている。これは、まさかのときのためにお金を蓄えておくようなものだ。しかし、銀行にとっては、これを利用して実に巧妙なごまかしができる。引当金を計上するために純利益から「大金」を差し引く必要があるため、この引当金勘定によって、ときどき、利益が食われることになる——ということは、その逆もしかり。

そこで、利益に「活」を入れるために、引当金を少なめに計上する銀行も出てくるだろう。例えば、ワコビアの2001年第2四半期の利益成長率を見てみよう。これならまず業績は好調だ

と思うに違いない。なにしろ、希薄化後EPS（ストックオプションや新株予約権付社債などがすべて普通株式に転換されたと仮定した場合の1株益）が前年の70セントから74％も増えて1.22ドルとなっているのだ。その一方で不良債権が34％、純貸倒損失が120％も増えている。そして、引当金勘定は、というと、たったの13.4％増である。

引当金勘定はフォーム10Kでは「貸倒引当金」と表示されることもあるが、一般に、引当金を高く積み増している会社は引当金の少ない会社よりも、その他のことはみな同じでも、賭けがうまいと言えるだろう。カギは貸倒損失勘定をどう見積もるか。これをちゃんと心得ているかどうかである。では、引当金が十分に積まれているかどうかは、どうしたら分かるだろうか。次を読んでほしい。

まず、その銀行は貸出金に対して引当金をどのくらい積んでいるだろうか。年度末の引当金がいくらか調べてみよう。10Kの表にある「貸倒引当金」というところを見てほしい。同様に10Kにある貸出総額（あるいは平均貸出残高）もチェックしておこう。仮にその銀行の貸出金が1000億ドルで引当金が20億ドルなら「引当率」は20億÷1000億＝2％となる。ほかのことはみな同じとして、仮にバンク・オブ・アメリカ（BOA）の引当率が1.2％で、ウェルズ・ファーゴの引当率が2.5％だとしたら、BOAよりもウェルズを買ったほうがいいということだ。

次に、その銀行は四半期ごとに（あるいは毎年）、どのくらいの引当金を積んでいるだろうか。銀行が引当金勘定を通して年に4回積み立てている額は、実際には貸借対照表（バランスシート）上では「貸倒引当金」として記載される（手元にあるレポートがフォーム10Qなら四半期、フォーム10Kなら1年間の数値が分かる）。仮にある四半期において500万ドル引当金を計上したとしても、その500万ドルを償却（損失処理）してしまえば、引当金勘定は増えない。これで帳簿上、貸し出しがさ

らに増えていなければ何も問題はないが、その四半期に貸し出しが20億ドル増えているようなら、その貸出金については引き当てがされていないということになる。

1999年、セント・ポール・バンコープに対して警告が発せられた。不良債権に対するカバレッジ（保全率）が399％から227％に低下する一方で、不良資産が1260万ドルから1990万ドルと58％も増加していたのである。しかも、同行は1998年に貸倒引当金をまったく積んでいなかった。というより実際には、前年の貸倒引当金64万ドルを抹消して、利益のほうに加算していたのである。言うまでもなく、同行は業績不振に陥っていた。アナリストの予想どおり減益となっていたのである。

覚えておこう。オーリジェンマも言っているように、「蓄え」が豊かな企業がしばしば高PER（株価収益率）で取引されるのは、引当金を利益に付け替えたりせずに、引当金を十分に積み増しているからだ。

純貸倒損失

どの銀行にもその帳簿には「延滞債権」、いわゆる「不良債権」がある。このため、銀行は四半期ごとにその不良債権の一部を償却しなければいけない。10Ｋあるいは10Ｑレポート内で、この「純貸倒損失」を見つけるには、「貸倒引当金」から始まる表を探してみよう。「貸倒金」の下に、「貸倒回収額」があるが、「貸倒総額」とあるところは気にしなくていい。これには不良債権の回収額が含まれていないからだ。ここで必要なのは「貸倒金の純額」なのだから。

さて、分かっただろうか。その銀行は毎四半期あるいは毎年どのくらい不良債権を償却しているだろうか。その合計金額は増加傾向にあるか、減少傾向にあるか。それとも、いつも同じだろうか。例えば、全米第６位の銀行ファースト・ユニオンの純貸倒損失は1999年には８％増だったのが、2000年には９％以

上増加している。同行の不良資産はこの2年間で51％も膨らんでいた（しかも、その大半を単一の借り手が占めていることが大きな問題だった）。同行は危機的な状況にあったのかって？確かに、いろいろと大変だったようだ。2000年には大幅減益となり、1株益は1999年の3.33ドルから12セントにまで減少していた。

次に、貸倒金の純額と引当金勘定の期末残高を比べてみよう。引当金勘定は何年分（もし10Qを見ているなら何四半期分）の貸倒損失をカバーしているだろうか（計算式としては、引当金勘定の残高÷純貸倒損失となる）。オーリジェンマによれば、引当金勘定がだいたい2年半から3年分相当の貸倒金をカバーしているのが理想だという。例えば、2000年度末のバンク・オブ・アメリカ（BOA）の数値を見てみよう。引当金は68億ドルで、1999年度末とほぼ同額である。しかし、2000年度の純貸倒損失は24億ドルで、1999年の20億ドルから20％増加している。その結果、純貸倒損失に対する貸倒引当金勘定の残高は、前年の3.41（＝68億÷20億）から2.85（＝68億÷24億）に低下したことになる。

BOAのこの数値は絶対値的にも好ましくないが、競合他社と比べても、見劣りすることが分かる。例えば、ウェルズ・ファーゴでは、このレシオは1999年の2.99から2000年には3.04に改善している。ファースター（現USバンコープ）では1999年の4.3から若干下がって4.03になってはいるが、実に見事なものだ。

さて、今度は、ローンポートフォリオ（貸出金融資産）全体に対する純貸倒損失の割合を見てみよう（銀行によっては、この数値を計算してくれているところもある。アニュアルレポートの「貸倒引当金」が記載されている表をもう一度見てほしい）。このレシオを使って、同業他社と比較してみるといいだろう。

2001年2月にファースター（銀行持ち株会社）がUSバンコープを買収したことで成立したUSバンコープは2000年度の数値として、貸出総額に対する純貸倒損失の割合を0.35％と報告している。これはウェルズ・ファーゴ（0.76％）のほぼ半分で、BOAの0.61％（2000年度の10Kより）と比べても、はるかに望ましい。

経営陣

成績トップクラスのフィデリティ・セレクト・ファイナンシャル・サービス・ファンドの運用担当者ジム・カトゥダルはこう語る。

「金融サービス業界に関して言えば、当該四半期において引当金をどのくらい積むか、どのくらい利益として処理するかは、経営陣の自由裁量にゆだねられている。だから、ある意味、経営陣の能力がものすごく重要ということになる。なぜなら、金融機関では問題を長期にわたって隠すことが可能なため、突然表面化することになるからだ。こうしたことはどの企業にも当てはまることかもしれないが、金融機関については特に言えることだ」

これを要約すれば、「経営陣がいかに強引に数字をいじるか」ということである。カトゥダルがこう忠告してくれた。引当金を見ろ。そうすれば、その経営陣が「やり手」か、堅実かが分かる、と。彼いわく、「引当金が安定しているか、増加しているなら、それは保守的というサインと言えるだろう。しかし、利益を上げることに積極的な経営陣なら、引当金から金を引き抜いて、当期利益を粉飾するぐらいのことはするだろう」とのこと。ということは、経営陣がもっと積極果敢なヤツだったら、あなたの手に負えないということだ。

景気循環

　銀行の業績は景気に合わせて好不調の波がくるが、これにははっきりとした理由がある。好景気には財布が厚みを増すため、人々は貯蓄に励む（と、貯蓄銀行にお金を預けることになる）。あるいは新車や新築の家を購入する（と、ローンを組むことになる）。しかし、景気が減速してきたぐらいでは問題にならないかもしれないが、「深刻な不景気に突入すると、貸出債権が問題化することになる」とカトゥダルは言う。例えば、1990年にアメリカがリセッション（景気後退）入りしたとき、ダウ・ジョーンズ・マネーセンターバンク・インデックスは32％下落している。

　金利も問題の一因となる可能性がある。銀行株は金利変動にぴたりと歩調を合わせて動く傾向がある——といっても、方向は逆で、金利が上がるとき、株は下がり、金利が下がるとき、株は上がるが——これは信用の質をはじめ、資本市場ビジネス、貸付業務、預貸利ざや（運用資産利回りと借入コストの差）など、いずれも金利の影響を受けるものが銀行の収益を左右しているからだ。

　銀行の資産が多様化するほど、資産は市場リスクや金利変動リスクから守られることになるが、その一方で、芸がひとつしかない競走馬を育ててしまうことにもなる。例えば、サブプライム層（信用度の低い顧客）に高金利で貸し出す住宅ローンや自動車ローンの貸し手。これは、貯蓄預金だけでなく、学資・住宅・自動車などの各種ローンを取り扱っている貯蓄貸付組合（S&L）よりも不安定なものだ。1990年代初頭、こうしたサブプライム業者がもてはやされていた。1995年、マネー・ストアの株は9カ月で4倍になり、アーメスやユナイテッドなど、サブプライム融資を行う抵当貸付業者の株もそれぞれ300％と250％上昇した。しかし、彼らが手がけていることといえば、一種類のローンだけ。しかも借り手は信用度に問題のある客である

にもかかわらず、これらの債権を束ねて大手企業に売却していたのである。1998年、この手の債権の一部がロシアでデフォルト（債務不履行）を起こし、ヘッジファンドのロングターム・キャピタル・マネジメント（LTCM）が破たん。多くの企業が倒産に追い込まれた。オーリジェンマによれば、「いっぺんに20社ぐらいの企業が廃業した」そうだ。

保険会社

「分析するとき、保険会社は銀行よりもはるかに複雑だ」とカトゥダルは言う。

「まさしくブラックボックスで中身が分からない。なにしろ、保険契約を結んでからの彼らの仕事は向こう60年間にわたり保険を引き受けていくことなのだから。それに、これが良いこともあれば、悪いこともある」

にもかかわらず、年間あるいは四半期を問わず、保険会社の業務のなかには、あなたでも自分ひとりで調べられることがいくつかある――それも、ほかの企業のときと同様、普通のファンダメンタル分析が併用できるのは言うまでもない。

コンバインドレシオ

「保険会社にとっては、おそらくこれがいちばん重要だろう」とカトゥダルは言う。というのも、コンバインドレシオ――事業費率・損害率の合算比率――は保険会社の健全性を見るものだからだ。保険会社の懐に入る利益は、所定期間中の収入保険料から支払い保険金と費用を差し引いて投資収益を足した値となるが、「これは基本的にはあなたの総所得と同じようなものだ」とカトゥダルは言う。自分で計算することは可能だが、大変な作業となる。もっとも、10Kや10Qにはすでに計算済みの比率が掲載されている。コンバインドレシオは100を下

回っているのが健全とされるが、それは、支払保険金や費用よりも収入保険料のほうが多いということになるからだ。

スター・インシュアランス・アンド・セーバーズ・プロパティー&カジュアルティーの親会社メドウブルック・インシュアランス・グループではこのコンバインドレシオが悪化し、1998年前期の91.7%から1999年前期には112.1%となった。税引き前利益も1998年には970万ドルだったのに、1999年前期には110万ドルの赤字に転落している。株価も1999年は下落基調が続き、1年間で52%値下がりした。

債券市場

保険会社が所定の年に稼いだ保険料収入は、通常、保険金の支払い請求に備えて準備金として積み立てられる。ちょうど銀行が貸出金に対して貸倒引当金を積んでおくようなものだが、この準備金の大半は債券投資に向かう。カトゥダルによれば、「投資収益としては、一般に債券市場のほうが株式市場よりも重要」とのこと。そこで、気をつけて見てみることにしよう。

2000年、ジャンクボンド市場ではデフォルトが相次ぎ、発行総額6000億ドルのうち5.7%が債務不履行となった。これは1991年以来の高率である。しかも、保険業界のなかでは特に生命保険会社がジャンクボンドへの投資額が多いため、最もリスクが高い。ソロモン・スミス・バーニーによると、2000年末、平均的な生命保険会社では投資ポートフォリオ376億ドルのうちジャンク債への投資額は4.8%だったが、会社によってはもっとエクスポージャーの高いところもあった。例えば、アメリカン・エキスプレスではポートフォリオの11%がジャンクで占められ、それもなんと、2001年第1四半期には投資ポートフォリオの損失分の1億8500万ドルのせいで利益が18%も吹っ飛んでいたのである。その主因はジャンクボンドだった。

現在の経済情勢がその企業に与える影響は？

　金利変動に対する条件反射的な反応には極端なものもある。例えば、2001年1月初頭、連邦準備制度理事会（FRB）が市場の予想に反してフェデラルファンド（FF）レートの誘導目標を6.5%から6%に切り下げたが、このときの市場の反応を見てみると、投資銀行株が軒並み高となり、リーマン・ブラザーズが17%、ゴールドマン・サックスが15%、シティグループが9%の上昇となった。これは、「金利低下には金融株を買え」という昔からの公式どおりである（これについては、補足8.3「金融サービス業界に手堅く投資する」を参照のこと）。

　しかし、ほかのセクターはどうなるのだろう。金利が上がるときは、どのような株が値上がりするのだろうか。逆に、金利が下がるほど、値上がりするのはどんな株だろう。そこで、ここでは金利の変動にうまく乗っかるための投資の道しるべを記しておこう。ただし、覚えておいてほしいことがある。あなたが長期派の投資家なら、金利が上下しただけで、株を売ったり買ったりしてはいけない。ただ、本章で説明したほかの多くのことと同様、株を購入するときには、こうしたことも考慮に入れておいてほしいだけだ。

金利低下局面

　1980年から1998年までのFRBの利下げ調査によれば、平均すると、最初の利下げから1年間でヘルスケア業界は25%、小売業界とテクノロジー業界は26%上昇している。で、もっと上げたのは？　というと、放送・メディア関連で28%の値上がりだった。しかし、それとは対照的なのが銀行株で、ちゃんと上がったとはいえ、15%上昇とパッとはしなかった。

　これは意外（？）かもしれない。が、この調査を行ったネッド・デ

補足8.4

医薬品株で儲ける

　バイオ関連の企業のなかには飛び抜けた成長性がなく、投資妙味に欠けるものもあるかもしれないが、それでもやはり薬はビッグビジネスである。

　全米上位5社の売上高総利益率（粗利益率）は平均90％で、ここ最近は売上高、利益ともにほぼ10％増となっている。それに加え、薬価の年間上昇率が鈍化している──過去数十年にわたり7～8％だったのが最近はたったの3％──にもかかわらず、この10年間は画期的な新薬が開発されたおかげで1人当たりの処方薬支出額が125％も伸びているのである。米医療保険財政管理局（HCFA）によると、高齢化に伴い医療費の増大が見込まれることから、2010年には処方薬における国民支出は今の3倍以上に膨れ上がり、3660億ドル近くに上ると予想されている。

　「ヘルスケア業界の見通しは明るい。これは疑いようのないことだ」と語るのは、成績トップのエバーグリーン・ヘルスケア・ファンドの運用担当者リュー・アー・チェンだ。いわく、「この10年間でゲノム技術や抗体技術に関する知識が相当蓄積されてきており、がんやアルツハイマー病などの重大な病気に対する理解がいっそう深まってきている。多くの新薬が生まれるのは時間の問題だ」という。

　しかし、いきなり飛びつく前に、医薬品株が2つの顔を持っていることをまず知っておいたほうがためになるだろう。ひとつは「ディフェンシブ銘柄」という本来の顔。人間は時を選ば

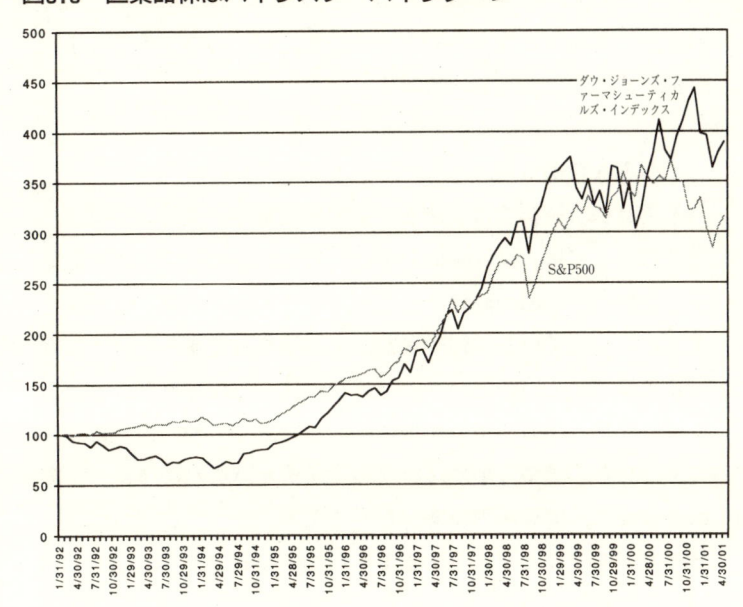

図8.3 医薬品株はハイリスク・ハイリターン

ず病気にかかる。景気がどうなろうと、世界で何かが起こっていようと、薬は要る。しかし、その一方で「成長株」の顔も持っている。ザックスによれば、製薬会社の向こう数年間の利益成長率は年率25％と予想されている。これはS&P500の予想利益成長率（平均13％）をはるかに上回るものだ。

結果、医薬品株は市場平均よりも割高で取引される傾向がある。2001年半ば現在、S&P500の平均PER（株価収益率）は24倍だが、医薬業界は33倍となっている。そのうえ、市場平均よりもボラティリティ（価格変動リスク）が高い傾向がある。しかし、図8.3を見れば分かるとおり、値動きが大きいからこそ多大な利益も手に入るのである。

ある特定の時期に最高の医薬品株を選択するというのは生易しいことではないが、銘柄選びに必要なほかのファンダメンタ

ル分析に加え、医薬品株を見るときの目のつけどころを心得ておけば、なんとかなるものだ。そこで、以下の4つの基本事項を押さえることから始めてみよう。

①有力な新薬情報

　医薬品株の値動きは昔から新薬の開発期待と直結している。場合によっては、計画中の新薬がひとつあるというだけでも動く。しかし、われわれはこうしたうわさの出た企業とは距離を置くことにしている。何年か前、性的不全治療薬ミューズに期待が集まり、ビバスという会社の株が買い上げられたことがある。しかし、1997年に生産上の問題が浮上し、株価は1日で31％下落した。調整段階や試験段階でイチかバチかの賭けに出るのではなく、開発中の新薬がたくさんあって、そのうち成功しそうな新薬がひとつ以上あるような企業を選ぶようにしよう。

②特許の失効

　株価には特許切れを事前に織り込んでいく傾向がある。1997年の半ば、メルクにある不安材料がつきまとっていた。同社の主力品バソテックとメバコールの特許が切れてしまうからだ。その年、メルクは33％上昇して取引を終えたものの、1年を通してほとんど45ドルから50ドルの間を行ったり来たりしていた。80％上昇して引けたライバルのファイザーと比べると、悲しいくらい成績が悪かった。

　製薬会社のなかには、ブリストル・マイヤーズ・スクイブのように、服用量を変更して同じ薬品を出したり、別の疾病にも薬効ありと申請したりして特許の失効を回避しようとするところもあるが、こうしたことをしてもただ失効期限が延長されるだけである。しかし、その企業に確実に大ヒットを飛ばしそうな新薬がひとつか2つあるなら、目玉商品の特許が切れても、その衝撃を和らげてくれるだろう。ただし、特許の失効と次の

新薬が市販されるまでに1～2年のタイムラグがあると、売り上げが回復するまで減益になってしまうかもしれない。

③研究開発力

　研究に携わる科学者らが新薬を開発していく。彼らが優秀であればあるほど、新薬の成功率もアップすることになる。新薬の発見から米食品医薬品局（FDA）の承認を得るまでに平均12年かかるが、株のほうはこの間に新薬の成功を見込んでかなり早くから動きだす。そこで、新薬の完成前に物色するなら、潤沢な研究開発費に支えられている研究チームに投資するのがいちばんだろう。例えば、ファイザーとイーライ・リリーはいずれも2000年には売上高の15～18％を研究開発費に当てているが、実際の支出額を見てみると、驚くほど差がある。ファイザーのほうが、企業規模がずっと大きいこともあり、その支出額は44億ドル。イーライ・リリーは20億ドルとなっている。

④市場支配力

　「どんなに良い薬でも、その企業にその薬を売るだけの販売力すなわち市場支配力がなければ、だれも買ってはくれまい」と語るのはエバーグリーン・インベストメンツでヘルスケア・ファンドの運用を担当しているリュー-アー・チェンだ。
　最近は、雑誌やテレビを見れば必ず何らかの新薬の広告を目にする。こんなことは10年前にはなかったことだ。しかし、競争の激化がゲームのやり方を変えてしまったのである。今日では消費者受けする強力なブランドネームがあっても十分ではない。製薬会社にも製品を販売するための営業部隊が必要不可欠となっている。例えば、ファイザーにはアメリカだけでも8100人を超すセールスマンがいる——メリルリンチによれば、これは医者85人に対して約1人のセールスマンがいる勘定になるという。仮に各セールスマンが1日に8回訪問販売を行うとした

ら、理論上、ファイザーが全米中の医者と会うのに2週間かからないということだ。

さて、こうした情報はみなどこで見つけたらいいのだろうか。

まず、医薬業界のニュースに通じていなくてはならない。状況が絶えず変わるからだけではない。大きく儲けるには常に時代を先取りしていかないといけないからだ。1996年の半ばごろ——ファイザーが開発した例の話題の性機能改善薬バイアグラが市販される2年前——USAトゥデーからバッファロー・ニューズやアリゾナ・リパブリックまで、新聞各紙は性的不能の万能薬について大騒ぎで書きまくった。抜け目のない投資家たちは先を争ってファイザー株に飛びついたが、このときもし買っていれば、1998年半ばにバイアグラが市販されるまでに投資元本が238％も増えていたことになる。

ニュース記事を読むだけでなく、企業側の発表にも絶えず気をつけておく必要がある。例えば、ジョンソン＆ジョンソンのウエブサイトはなかなかためになる。ここでは、開発中の新薬の最新リストのほか、臨床試験がどの程度まで進んでいるのか、といったことまで分かる。メルクのフォーム10Ｋも最高の情報源だ。医薬業界の歴史について参考になる説明があるほか、そろそろ特許切れになる薬品の名前や、当年度の各薬品の売上高なども記載されている。

ービス・リサーチのシニア・エクイティセクター・ストラテジスト、ランス・ストーンサイファーによれば、これは意外でも何でもない。「FRBの利下げによって資本の借入コストが下がれば、株式市場はそれを好感して強気になる。景気が上向くにつれ、成長株も上がっていく」と彼は言う。さらに追加利下げが実施されれば、その効果はさらに増すことになる。

金利上昇局面

　常識的に考えると、利下げによって値上がりするような株——テクノロジー関連などの成長株は、利上げによって値下がりすることになる。実際、2000年に金利が上昇したとき、そのとおりのことが起きている。ラッセル指数によると、テクノロジー株は2000年に約35％下落している。
　しかし、なぜだろう。
　こんなふうに考えたらいいだろう。金利が上昇すると、普通、景気は減速する。すると、成長企業は困る。なぜなら、住宅建設業者や専門小売店、抵当貸付業者、貯蓄貸付組合（S&L）と同様、消費者信頼感（消費者心理・購買意欲）を頼みの綱にしているからだ（**訳者注** これについてはアメリカの調査機関コンファレンスボードが発表している「消費者信頼感指数」などの指数がある）。
　では、どのような株が市場平均よりも良い成績を上げるのだろうか。いわゆる「ディフェンシブ銘柄」なら一般に下げ相場にも抵抗力がある（ただし、強気相場のときは普通、上げ足が遅い）。これには公益企業やエネルギー関連をはじめ、アパレル関係などの消費関連の循環株のほか、製薬会社やドラッグストアなどの医薬品株（**補足8.4「医薬品株で儲ける」**を参照）などが挙げられる。例えば、生活用品・主食品関連の企業は2000年に20％上昇しているが、これは、不景気でも利益が確保できると見られる企業が物色の対象となったからだ。結局のところ、景気がどうなろうと、人間、食べなきゃいけないものは食べるのだから。

第9章
今日の投資家のための
スペシャルトピック
SPECIAL TOPICS FOR TODAY'S INVESTORS

　根本的に、『スマートマネー』の銘柄選別法は、ともかく過小評価されている企業を物色することに尽きる。これまで言ってきたように、これこそが富を築くための最良の方法だからである。しかし、すでに買いたい株を"見つけてしまった"ものの、どう見てもあきれるほど高すぎる、ということもあるだろう。こんなときは、何はともあれ思い切って買ってしまうべきか。それとも、様子を見たほうがいいのだろうか。

　そこで、本章では買い出動のタイミングを計るためのひとつの戦略をお教えすることにしよう。また、市場に参加するに当たって出くわすであろう3つの投資戦略、つまりオプション取引、空買い（信用買い）、空売り（これは絶対下がると思ったときにするものであって、上がるときにしてはいけない）についても触れておこう。

目標株価を設定して的を射る

　ああ、入りそびれた——こんな言葉をいったい何度口にしたことか。その素晴らしき株はさらに一段高となり、きょうもまた高値を更新。この間ずっと横で指をくわえて見ていなけりゃならないなんて、完全に乗り遅れたって気分だ。マイクロソフトが93ドルだって？　そりゃ

237

どう見たって買われ過ぎだ、と思ったのは1998年初頭のこと。それから9カ月後、マイクロソフトは150ドルをつけた。1996年秋、インテルの株価が110ドル？　いくら何でも、もう天井だろう。特に半導体業界はここ数年で最大の落ち込みを記録しているし……。しかし、それから2年、インテルは1株を2株にする株式分割を経て、136％も上昇した。
　一部の株――成長産業で経営基盤のしっかりした優良企業――について言えば、「乗り遅れ」ということはほとんどないのである。この10年で最高の成績を上げた勝ち組銘柄（デル・コンピュータ、アメリカ・オンライン〔AOL〕、シスコ・システムズ）なら、株式公開時に買い損なって、かなり上がってしまってから買いに入っても、十分なリターンが得られただろう。
　しかし、こうした株に絶えず目を光らせておいて、一時的に下げたときに買う「押し目買い」のほうがずっといいのは言うまでもない。どんなに良い株でもさえないときがある。だから、この株なら基本的に大丈夫だ、と思えるなら、値下がりしているときこそ、絶好の買い場となる。
　ミューチュアルファンド業界では、こうしたプロセスを「目標株価の設定」と称している（これは、どこかの皮肉屋が言うような「希望的観測」とは違う）。非公式とはいえ、トップクラスのファンドマネジャーの多くが目標株価を設定している。レッグ・メーソンのビル・ミラーとそのアナリストチームはシリコン・グラフィックスを買うのに、買い場を求めて1年近くも待ったことがある。彼らが最初にこのワークステーション＆スーパーコンピューター会社（映画『ジュラシック・パーク』の恐竜たちの制作には同社のコンピューターが使用されている）に目をつけたとき、同社は再建中で株価は14ドル近辺だった。「興味はあったが、買うにはいまひとつだった」とレッグ・メーソンのポートフォリオマネジャーでリサーチ部門のディレクター、リ

サ・ラプアーノは言う。それから数カ月後、シリコン・グラフィックスに新しい経営陣が入り、株価は16ドルに上昇した。レッグ・メーソンではこのときも買いを見送った。1998年秋、相場が調整局面に入り、シリコン・グラフィックスが8ドルまで値を下げたとき、ラプアーノはすかさず買いを入れた。その後、株価は続騰し、翌年20ドルをつけた。

　もちろん、これは後知恵として分かることだ。最初の買いチャンスを逃したときに、こうした株を振り返り、あのとき巻き返しを図っていれば、と口で言うのはたやすい。しかし、将来のことを言い当てるのは至難のわざである

　では、話題の成長株を買うには、いつ、いくらで拾うのがベストか、どうしたら分かるのだろうか。ひとつのアプローチとしては、各銘柄の過去の取引パターン——値動きおよびその実績PER（株価収益率）——をS&P500と比較してみることだ。

　まず、値動きを調べてみよう。過去5年間、高値を付けてから、いつもどのくらい下げる傾向があるだろうか。10％か15％か、それとも20％だろうか。銘柄によっては、下落率にあまりにも一貫性があるので、きっとびっくりするに違いない（ただし、ファンダメンタルズに問題があるとか、相場全体が長期間にわたって低迷しているときは別である）。例えば、製薬会社のメルクの下落率はだいたい15％～30％前後ぐらいで、過去5年間、33％を超える下げは一度もない（図9.1参照）。また、ゼネラル・エレクトリック（GE）はたいてい10％～25％ぐらい下げると値を戻している（図9.2参照）。インテルの下落率は普通15％～30％前後だが、2000年後半にハイテク株が暴落したときには53％近く下げている（図9.3参照）。

　次に、各企業の過去5年間の実績PERを分析し、S&P500の過去5年間のPERと比較してみよう。S&P500と比べ、平均してどのくらいプレミアム付き（割高）で取引されているだろうか。このプレミアム

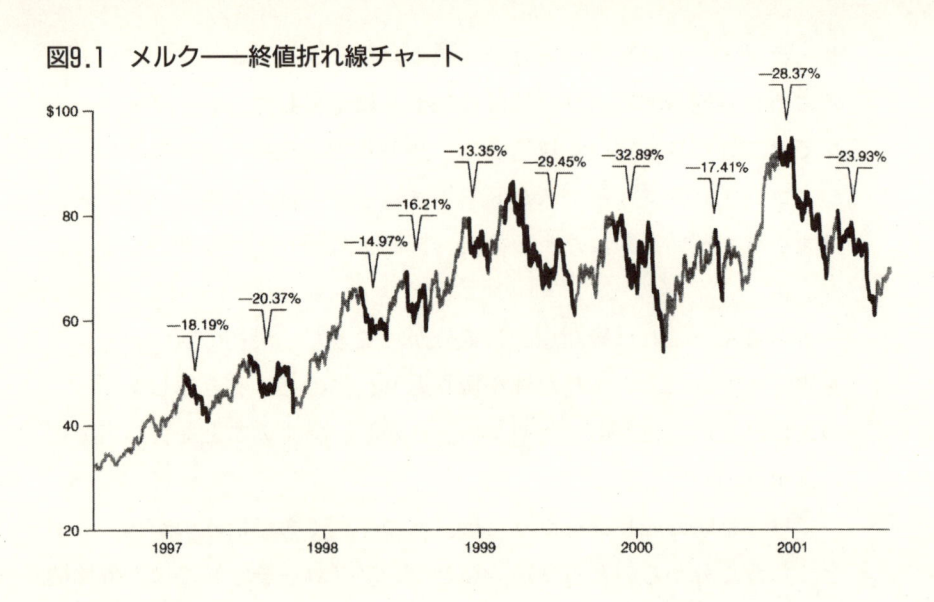

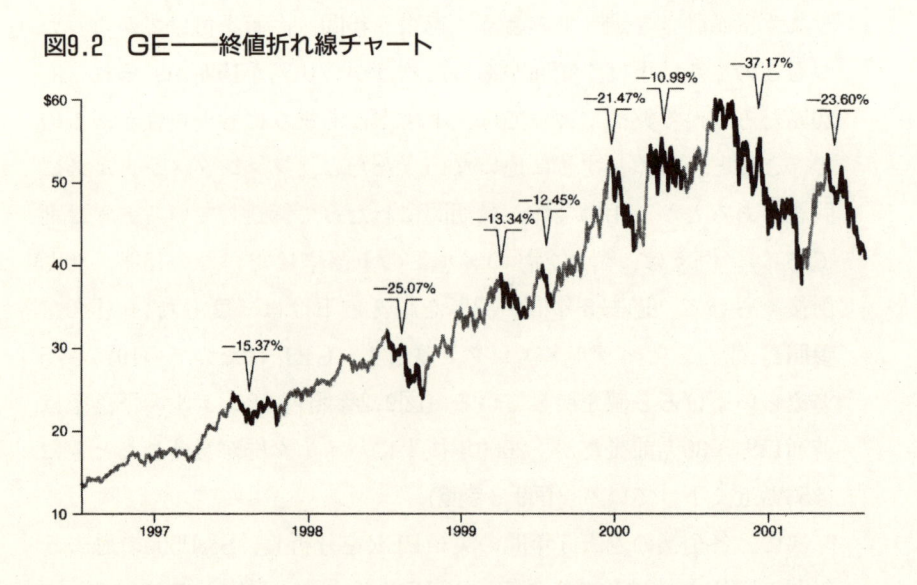

図9.1 メルク──終値折れ線チャート

図9.2 GE──終値折れ線チャート

図9.3　インテル──終値折れ線チャート

が最大あるいは最小のときはどのくらいだろう。まず、各銘柄のプレミアムの平均を調べてから──もし低迷期があって、そのせいで低PERに見えてしまうようなときは調整をしてから──PERの値を出せば、理想の目標株価を求めることができる。

　これを自分ひとりでやるには、まず、過去３年〜５年分の株価を調べないといけない。http://www.siliconinvestor.com/か、ヤフー！ファイナンスのサイトを見るといいだろう。なお、この間に大きな調整局面があったら、それを頭に入れておくこと。こうした危機に対してその銘柄はどのような動きをしただろうか。株価の平均下落率はどのくらいだろう。

　例えば、マイクロソフトの過去の値動きを見てみると、だいたい15％〜30％前後下げる傾向があることが分かる（図9.4参照）。例えば、2000年初頭に33％下落しているが、1998年後半にハイテク株が大きく売られたときにも同じくらい下げている。ただし、2000年前半にナス

241

図9.4 マイクロソフト──終値折れ線チャート

ダック総合指数が60％もの下げを記録したときは、82％の下げを演じている。

次に、5年間の実績PERのレンジを知る必要がある。これは、MSNマネー（http://moneycentral.msn.com/）の株式スクリーニングツールを使えば分かるだろう。このスクリーニング用のデータベースでは、過去5年間の平均PERだけでなく、最高PERと最低PERも調べることができる。例えば、2001年夏のマイクロソフトのPERは48倍で、過去5年間の最高PERを大幅に下回っている。などと言うと、いかにも割安のように聞こえるが、まあ、"あわてない"ことだ。飛びつく前に、PERが20.4倍という安値で取引されていたのはいったいいつなのか、この5年間をさかのぼって調べてみよう。現在と比較して当時の状況はどんな具合だったのだろうか。

直近では2000年に20倍ちょっととなっている（これは年間の株価の高・安と1株益の実績値を調べて分かったことだ）。当時は金利低下

局面で、景気が急に減速してきているときである。さらに「S&Pストック・レポート」（暦年ごとに最高PER、最低PERの一覧表がある）を調べてみたところ、過去10年間でPERが20倍ちょっとというのが5回あることが分かった。1993年から1996年までと2000年である。ということは、マイクロソフトのPERが20倍ちょっとというのは何も珍しいことではなく、特に景気が減速し、金利が低下してきているときはそうだということだ。そこで、2001年の経済情勢なら、PERが25倍から35倍、つまり株価にして48ドルから67ドル辺りなら買ってもいいということになる。

では、この目標株価をどうやって出したかと言うと、2001年半ば現在のアナリスト予想では、マイクロソフトの2002年6月期の予想1株益は1.92ドル。そこで、PERを25倍とすると、1.92×25＝48ドルとなり、35倍とすると、1.92×35＝67ドルとなるのである。

オプション取引

「ストックオプション」という言葉を耳にしたとき、頭にパッと浮かぶのはどんなイメージだろうか。役員や従業員に気前よく付与されるストックオプションでしこたま儲けたハイテク企業のヤギひげオヤジを思い浮かべる人もあれば、かなり価値のあったストックオプションが突然紙くずと化してガックリきているハイテク企業のヤギひげオヤジを思い浮かべる人もあるだろう。

しかし、従業員らに付与されるストックオプション（自社株購入権）は、株式オプションの一種にすぎない——それも、どちらかと言うとマイナーな取引だ。それに、従業員持ち株制度（ESOP）というのは、企業とその従業員が個別に契約を取り決めるものだが、たいていの株式オプションは株と同じように公の取引所で取引される。だから、オプションを買うのにドクター・フー・マンチュー（訳者注　英

国の作家ウォードの小説に登場する八の字ひげを生やした中国人の悪党）のような人間を介する必要はないのである。

シカゴ・オプション取引所（CBOE）、アメリカン証券取引所（AMEX）、国際証券取引所（ロンドン証券取引所のことではなく、北米にある取引所）のようなところで年間5億枚を超すオプション取引が行われている。オプション1枚が最低でも対象株式あるいは株価指数の100倍と同じだけの価値があると考えると、アメリカ市場の規模がいかに大きいかが分かる。しかも、マーケットは絶えず拡大し続けているのである。

問題は、オプションは複雑なうえに危険で高くつくということだ。評判が悪いのは、ろくに経験のない個人投資家がこうした市場に猛然と挑み、ひどい目に遭うケースがあまりにも多いからだ。世界最大のオプション市場であるCBOEでは、「オプション・インスティチュート」と称する教育的な取り組みを通して長年にわたって個人投資家にオプション取引のニュアンスを教えているが、その生徒のほとんどは投資の初心者ではない。シニア・スタッフ・インストラクターのテリー・ハガティーいわく、「われわれの調査では、平均的な投資家の場合、エクイティ・オプション（個別株オプション、株価指数オプション）が満足に取引できるようになるまでに、だいたい8年から10年の株取引の経験が必要であることが分かった」とのことだ。

しかし一定の状況下においては、オプション取引もなかなかためになるものだ。それに、こうした金融商品の仕組みを知ってもらうことがわれわれの目的でもある。そこで、基本事項をここで押さえておくことにしよう。

オプションと先物は別物

そもそもオプション取引と先物取引を混同している人がいる。いず

れも取引対象となる商品（コモディティー）や通貨、Tボンド（米国債）や株式などの金融商品から派生しているからだが、重要な違いがある。「先物取引」とは、買い手が将来の一定期日に一定量の対象商品を一定額で売買することを約束した法的な契約である。ということは、買い手にとっては途方もなくリスクが大きいということだ。なぜなら、相場がどうなろうと、この約束を果たさなければいけないからだ。

例えば、ある大豆農家がシカゴ商品取引所（CBOT）の先物を利用して大豆2001年11月限1枚（5000ブッシェル）を1ブッシェル当たり5ドルで売る契約を結んだとしよう。買い手にとっては、相場が上がってくれれば儲けものだが、下がれば痛手となる。例えば、期日までに相場が4.5ドルに下がってしまったとしたら、この農家から11月に大豆を1ブッシェル5ドルで買う契約をしていた人は、1ブッシェルにつき0.5ドル、トータルで2500ドルの損となる。そこで、われわれからのアドバイス。個人投資家はくれぐれも先物には近づかないこと。

しかしオプション取引の場合は、これとは対照的で、オプションの権利行使をするかどうかは買い手の自由裁量にゆだねられている。言い換えると、権利行使をしてもしなくても、それはあなたの勝手ということだ。オプションの対象商品（原資産）には株式、債券、商品、金利、通貨などがあるが、ここでは株式オプションに的を絞って話をしよう。というのも、たいていの個人投資家にとって興味があるのは株式オプションだからだ。

オプションを購入すると、オプションの期間中あるいは満期日に、あらかじめ決められた価格すなわち「権利行使価格」（ストライクプライス）で一定数量の株式を「買う権利」あるいは「売る権利」を与えられたことになる（期間内ならいつでも権利行使できるものをアメリカンスタイル、満期日しか行使できないものをヨーロピアンスタイ

ルという)。ただし、この権利と引き換えに、買い手は売り手に「プレミアム」と称するオプション料(あるいはオプション価格)を支払うが、これはその株の市場価格よりもずっと少額で済む。期間中は当該株式に関する権利はあなたのものとなる。オプションの期限はだいたい1カ月から3年ぐらいまでである。なお、期限が9カ月を超すオプションを「LEAPS」(Long-term equity anticipation securities／株式長期オプション) といい、これらも普通のオプションと同様に取引される。

プットとコール

オプションには2種類ある。プットとコールだ。「プット」オプションは買い手に与えられる「原株を売る権利」で、「コール」オプションは買い手に与えられる「原株を買う権利」のことだ(**訳者注** 本書ではプットやコールの買いのみで、売りについては言及されていない)。

プットは賭けた資金をヘッジするために使われることが多い。つまり、一定数量の株式をきょう決めた価格で将来的に「売る権利」を、お金を支払って今買っておくのである。例えば、2001年の半ばにゼネラル・エレクトリック(GE)を1株41ドルで100株購入したが、大幅に値下がりした場合に備えて、できるだけ元本を守りたいとしよう。こんなときは、GE2003年1月限、権利行使価格30ドルのプットを1枚買っておくと、期日が来るまでいつでも1株30ドルでGEを100株売却できる権利を得たことになる。これで、41ドルのとき購入したGEが仮に値下がりしても、その損失を限定することができる。

2001年半ばごろの当オプションのプレミアム(オプション料)はおよそ145ドル。仮にGEが2001年12月までに15ドルまで値を下げたとしても、ここで権利行使すれば、30ドルで売却できる。それでも、(41

ドル−30ドル）×100株＝1100ドルの損に加え、プレミアムとして支払った145ドル分の損が出ることになるが、もしオプションを買っていなかったら、（41ドル−15ドル）×100株＝2600ドルもの損が出ていたことになるのである。もちろん、この逆もあり得る。もしGEが95ドルに値上がりしてしまったなら、権利を行使する必要はなく、放棄すれば、無価値のまま期限が切れる。この場合、余計なヘッジをかけたために、145ドルが無駄となる。

　コールは、将来の一定期日に株を「買う権利」を、お金を支払って買うもので、現時点では実際に株を買わずに、ポジションをロング（買い建て）にしておくのによく使われる。例えば、GEはきっと上がる、とは思うものの、その可能性にすべてを賭けるほどの自信がない場合は、2001年半ば現在で、GE2003年1月限、権利行使価格55ドルのコールを1枚、約180ドルで買っておくと、現物を市場価格で買うよりもずっと少額でGEを100株買う権利を得たことになる。

　もしGEが2002年12月に100ドルまで値を飛ばしたら、権利行使をしてGE100株を55ドルで買って、100ドルで売却すれば、180ドルの投資に対して4320ドルの利益を得たことになる（値上がり益4500ドル−オプション料180ドル）。もっとも、株価が55ドルより下がってしまい、回復しないまま2003年を迎えてしまった場合は、話は別だ。この場合、オプションは紙くずとなり（やられているときに権利行使したら大損するので、行使しないで放棄すること）、プレミアムとして支払った180ドルが損となる。

オプションにも時間をかけるだけの価値がある？

　どうもプットもコールも一般に個人投資家が独力で儲けるには、いささか高くつきすぎるといった感じがする。しかし、短期的にある一定条件下でリスク管理がしたいというなら、納得のいく戦略がいくつ

かある。

　オプション市場に挑むだけの気力がまだあるなら、ちょっと時間を割いてCBOEのオプション・インスティチュートやオプション・インダストリー・カウンシルのウエブサイト（http://www.optionscentral.com/）をチェックしてみるといいだろう。ここではプットやコール、ストラドルやストラングルのほか、各種のエキゾチックオプションに関する詳しい説明が閲覧できるようになっている。

　とはいえ、いくら強調しても、したりないくらいだが、オプションはかなり複雑でリスクが高いため、臆病者には向いていない。それに初心者の場合も、株そのもの、それも単純で分かりやすいものに専念したほうがいいだろう。普通のハイテク株を買うのだって危険がいっぱいなのだから。

信用取引

　利益が2倍になれば、面白さも2倍になる。これが信用取引だ。いくらかのお金を借りて投資額に加え、値上がりしそうな株につぎ込む。すると——あ〜ら、不思議。お金持ちにヘンシーン！——となる。

　もちろん、株が下がらなければ、の話だ。値下がりした場合には、痛手も2倍。思い切り落ち込むことになる——ここがラスベガスで負けが込んだときとは違うところだ。

　そもそも信用取引はギャンブルではない。それに、実際のところ、戦略的に手堅くやって大きく儲けることは可能なのだから。とはいえ、自分のしていることを自覚し、大きなリスクを受け入れる覚悟が必要である。というわけで、以下に信用取引を始めるためのイロハを記しておこう。

信用取引とは

信用取引（マージン取引／証拠金取引）とは、証券会社から融資を受けてするもの、と考えたらいいだろう（**訳者注** この項では「信用買い」についてのみ言及されている）。こうしてお金を借りられるおかげで、自分の銀行口座に預けておいた、なけなしの金をはたくよりも、もっと多くの株を買えるようになる。信用取引口座を開設するときは、オンライン取引であろうとなかろうと、「信用取引口座設定約諾書」と称する契約書にサインして証券会社に提出しなければいけない。通常、初期投資額は最低2000ドルとされているが（証券会社によってはもっと高額のところもある）、いったん口座を開設してしまえば、残高不足にならないかぎり、その株の売買代金の50％まで融資を受けることができる。

例を挙げておこう。信用でマイクロソフトの株を2万ドル分買うとしよう。この場合、売買代金の50％を委託保証金（証拠金）として差し入れることになるため（日本では通常30％）、口座には少なくとも1万ドルのキャッシュが必要となる。残が十分にあれば、あとの1万ドルを借りることができる。それから、銀行と同じように、証券会社からも融資の金利（買い方金利）を取られることになる。レートは証券会社によってまちまちだが、口座の残高によって異なることもある。

普通は必要なかぎり、ずっと借りていてかまわないが、それには条件が2つある。

①最終的に、信用取引で買った株を売却したら、借りた金を即返済し、期間中の金利と売買手数料を払わないといけない（これで残ったものがあなたの利益となる）。

②信用取引口座の純資産価額が一定基準を下回った場合、証券会社

249

には融資を回収する権利がある。つまり、好むと好まざるとにかかわらず、借りた分に見合うだけの金を差し入れないといけない。この不気味な督促を「追い証」というが、これについてはまたのちほど詳しく触れることにしよう。

　ともかく、今は信用取引のおいしいところ、つまり儲けが大きくなる点に焦点を当てていこう。例えば、マイクロソフトが突如、急騰したとしよう。2万ドルの投資元本が一夜にして30％増えて2万6000ドルになり、あなたはもう興奮気味。しかし、ここで株を売却して利益を確定しようと思っても、1万6000ドルのリターンがそのまま手元に入るわけではない。まず、借りた金、つまり1万ドル（と手数料ならびに金利）を証券会社に返済する義務がある。だが、これでもまだ手元に6000ドル残る。ということは、マイクロソフトを1万ドル分しか買えていなかったとすると利益は3000ドルだったわけだから、儲けが2倍になったことになる。つまり、何が言いたいかというと、あなたの喜びも2倍ということだ。

死に神──追い証

　さて、これでなぜお金を借りて株を買うことがこんなにはやっているのかが分かったと思う。なにしろ、利益は増えるし、証券会社にも金利が入る。相場が上がっているかぎり、投資家も証券会社も信用買い（空買い）でみなハッピーになれる。しかし、相場が下がったらどうなるのだろう。あっという間に損も2倍になるのだろうか。
　答えはイエス。
　例えば、パソコンの売れ行きがだんだん落ち込んできて、マイクロソフトが1日で30％急落したとしよう。すると、2万ドルの投資元本は瞬く間に1万4000ドルに減る。このときもし売却したとすると、1

万ドル（と金利ならびに手数料）の返済を迫られるため、手元には4000ドルしか残らない。もし1万ドルしか投資していなければ（信用で金を借りたりしなければ）、30％のロスだけなので、手元に残るのは7000ドルとなる。まあ良いとは言えないが、そう悲惨なわけでもない。

　だが信用の場合は、事態はますます悪い方向へと向かっていく。これが通常の投資なら、値下がりしても、売らないかぎりペーパー上の単なる評価損、と思えば（見え透いた言い訳だが）、せめてなぐさめにはなる。1万ドルが7000ドルになったからといって、だから何だというのだ？　長期で持てば、マイクロソフトはいずれ回復する。そうすれば、あなたの気分も良くなるだろう。

　しかし、信用取引ではこうはいかない。前述したように、口座の純資産価額が口座の総資産価額の一定基準を下回った場合、証券会社には融資を回収する権利があるからだ。全米証券業協会（NASD）および取引所が定めた最低維持率は口座の時価評価額の25％となっているが、たいていの証券会社はもっと高いレート——30％ぐらいか——を採用している。ただし、ヤフー！とかアマゾン・ドット・コムのような乱高下の激しい銘柄を買い付けた場合、このレートはもっと高くなる可能性がある。

　そこで、ここで挙げた例で言えば、すぐに株を売却して証券会社から借りた資金を返済しないといけないことになる。しかし、なぜだろう。仮に証券会社の委託保証金維持率（証拠金維持率）が30％だとすると、信用取引口座の純資産価額（＝口座の時価評価額－融資を受けた額）が口座の時価評価額の30％はないといけない、ということだ。例えば、マイクロソフト株が30％値下がりすると、口座の評価額は1万4000ドルに目減りし、純資産価額は、1万4000ドル－借金返済額1万ドル＝4000ドルに下がる。しかも、4000ドルでは1万4000ドルの約28％しかないため、追い証（追加保証金）を請求されることになる。

ということは、株を売却して借りた資金を返済するか、あるいは維持率を満たすよう追加保証金を差し入れなければいけない。

ただし、気をつけてほしいことがある。相場が一挙に暴落したときは、まず追い証を求められることはない。証券会社があなたの代わりに反対売買をして取引を終了させてしまうからだ。たいていの信用取引の契約では、証券会社の資本を守るためにこうした措置が必要とされるときは、通告なしに顧客に代わって手仕舞う権利が証券会社に与えられているのである。事実、2000年4月にハイテク株が暴落したときは、こうしたことがかなり頻繁に行われている。TDウォーターハウスをはじめ、証券会社の多くは、通常の3日間の差し入れ期限まで待ってはくれない。その代わり、何の断りもなく、口座を清算してしまうのである。

100%超の元本割れ？

最悪のシナリオは、投資元本を上回る損をすることだ。しかし、これは何も珍しいことではない。ニュージャージー州の匿名希望の投資家の例を見てみよう。彼がまさしく初めて信用買いをしたとき、証券会社からマルチプル・ゾーンズ（現ゾーンズ・インク）というコンピューターハードおよびコンピューターソフトのマーケティング会社の株を買うように勧められたという。この会社はちょうどアマゾン・ドット・コムと契約を結び、ネットオークションの取引許可を得たばかりで、将来の見通しは明るそうだった。

が、実際にはそうではなかった。「スッ高値でつかんで、あとはもう棒下げでした」と彼は語る。飛びついたときの株価は1株16.5ドル。約定代金1万6500ドルのうち、自己資金は8250ドルで、あとの8250ドルは信用による融資だった。しかし、それから何カ月もたたないうちに、株価は62％下落し、6.25ドルとなった。1万6500ドルが6250ド

になってしまったのである。ということは、借りた8250ドルとその金利分を全額返済するだけでも、株を売却したうえに、なおかつ2000ドル以上の金を支払わなければいけないということだ。

「これは投資元本を上回る損をすることもある、というひとつの投資例である」とメリルリンチのファイナンシャルコンサルタント、ジョー・グランフェルドは言う。

戦略を立てる

信用取引がそんなに危険なら、普通の投資家は単にやらなければいいじゃないかって？　そうとは限らない。どんな投資であれ、投資対象はいったいどんなものなのか、金銭的にも精神的にもその投資をするだけの余裕が自分にあるのかどうか、知っておく必要がある。

ニュージャージー州を本拠とするアメリカン・エコノミック・プランニング・グループのファイナンシャルプランナー、スティーブ・ケイによれば、信用買い（空買い）する投資家は、上げ相場のように見えるときでも、ダウンサイドリスク（下振れリスク）について常に注意しておく必要がある。そして、「最悪の事態にも耐えられる」ようでなければいけない。つまり、すべてを失っても大丈夫なだけのリスク許容度がなければいけない、ということだ。何に投資するにせよ、どのくらい損をしそうか、あらかじめきちんと計算しておいたほうがいいだろう、と彼は言う。それから、万一赤字になったときにカバーできるよう、常にいくらかのキャッシュを余分に用意しておくべきだろう（古くからあるカジノの手法にこれとよく似たものがある。まずポケットに200ドル入れておき、あとは太陽が昇るか、手元の資金がなくなるまで遊ぶ、というやつだ）。

言うまでもないことだが、退職資金や新居の頭金など、いずれ必要となる資金は絶対に信用取引につぎ込んではいけない。「リスクマネ

ー」、つまり、失ってもかまわない金を自分なりに限定しておこう。大事なのは、信用取引はひとつの投資手段であって、宝くじの当選券ではない、ということを頭にたたきこんでおくことだ。運が良ければ、ちょっぴり多めに儲けることができ、ずっと目をつけていた株をいくらか買うことができるだろう。しかし、運が悪ければ、かなり高い買い物となるからだ。

貧乏くじを引く──空売り

　値下がりしていく株からいかにして利益を得るか。その手法の解明については業界に任せるとして、この手法を「空売り」あるいは「ショートセール」という。個人投資家の間でますますはやってきているが、その仕組みはこうだ。例えば、ある投資家がインテルを分析し、あらゆる兆候を検討した結果、株価が上がるよりも下がる可能性が大であることが分かった。インテルの現在の株価は１株100ドル。そこで、投資家は100ドルのときに同社の株を借りて──たいていは証券会社から借りる──即、売却する。株価がそう、80ドルぐらいまで下げたら、この株を市場で買い戻して、貸主に返す。ただし、株価が下がっていることから、手元に入るのはその差額──ここでは1株当たり20ドルとなる。

　もちろん、株価が当初の価格より上がってしまったら、大当たりとはいかない。ここに空売りの本当の怖さがある。株を実際に買って保有しているなら（これを業界用語では「ロング」あるいは「買い持ち」という）、最悪の場合でも投資元本を失うだけで済む。しかし空売りの場合は、理論上とはいえ、損失額は無限大となる！　最終的には市場価格で買い戻して株を返さないといけないため、株価が上昇するほど、損失が膨らんでいくことになるからだ。そこで、われわれから個人投資家の皆さんへのアドバイス。明らかに買われ過ぎと思われ

る株に遭遇して空売りしたい誘惑に駆られても、空売りはしないこと。

とはいえ、プロの「空売り筋」の動きには注目するだけの価値がある。なぜか。その理由はこうだ。会社単位で空売りを専門に仕掛けているところがあり、トラブルを抱えている企業を見いだす役目を引き受けてくれているからだ。彼らは企業の弱点をつかむために財務諸表を丹念に調べ上げているのである。もっとも、利益の割に買われ過ぎだと思っているだけのケースもある。証券取引所では空売りの「売り残」を銘柄ごとに追跡調査して毎月発表しているが、おかげでほかの投資家にもこうした空売り筋が何をもくろんでいるかが分かる。SmartMoney.comでも、株式スナップショットのデータを引っ張り出せば、各銘柄の売り残が閲覧できるようになっている。

この売り残が多い（あるいは増えている）ということは、その株について値下がりすると見ている人が多いという意味で、これは常に危険信号とされる。そこで、最善策としては、直近のリサーチレポートやニュースレポートをチェックして、アナリストがどう考えているか調べてみよう。だが、売り残が多いからといって、必ずしもその株に手を出してはいけないということにはならない。なにしろ、空売り筋も当てにならないことが結構多いからだ。

一方、「空売り比率」は——出来高が平均並みと仮定した場合に——好材料が出て株価が上昇し、思惑の外れた売り方がショートカバーに入る（買い戻す）のに何日かかるかを示している（**訳者注　日本では売り残をその日の出来高で割る**）。この比率が高いほど、買い戻しに時間がかかることになるが、これを「ショートスクイズ」あるいは「踏み上げ」といい、実際、損失覚悟の買い戻しが入ることによって、株価が跳ね上がることもある。そこで、最初から踏み上げを見越して買いに入る人もいるが、これもまた空売り同様、危険なことだ。で、われわれからのアドバイス。空売り比率は市場のセンチメント（市場心理）を見るバロメーターとしてだけ使うこと。特に乱高下の

激しい成長株についてはそうだ。しかし、どうしても危険な賭けに興味があるというあなたには、ラスベガスですることをお勧めしたい。

第10章 プロから学ぶ
LESSONS FROM THE PROS

　今日では個人投資家でも自分のポートフォリオの管理が簡単に、それも自宅でくつろぎながらできるようになった。これこそわれわれが本書を通じて声を大にして伝えたかったメッセージだが、きちんと伝わっているだろうか。

　とはいえ、プロの偉大なる資金運用者たちは、われわれ個人投資家が共有することを望むことさえできない情報源——単なる経験から得たものではない知識——を持っていることは否定できない。そこで、アマチュアの目標として、こうしたプロからできるだけ多くのことを学んでいくことにしよう。

　以下のページでは、ほんのひと握りだが、今日、最も非凡なマネーマネジャーたちのプロフィールを紹介する。そんな彼らとは、かの有名なウォーレン・バフェット、レッグ・メーソンのビル・ミラー、オークマーク・ファンドのビル・ニーグレン、ファーストハンド・ファンドのケビン・ランディス、そしてジャナス・ファンド・チームである。

　読めば分かるとおり、彼らが物色するのはいずれも有能な経営陣と将来的に有望な成長力を有した優良企業だが、銘柄選びにおいては各人各様である。とはいえ、共通点がひとつある。長年にわたり市場に勝ち続けていることだ。

ウォーレン・バフェット

運用者として

バフェットは現在71歳。1950年代の中ごろ、バリュー投資の名手であり良き師でもあったベンジャミン・グレアムに年収1万2000ドルで雇われ、グレアム-ニューマン・ファンドを担当して以来、ずっと資金運用の仕事に携わっている。最も有名なのはバークシャー・ハサウェイを築き上げたことだ。持ち株会社と呼ぶのがいちばんふさわしい同社は、保険・再保険会社（GEICO、ゼネラル・リー）、新聞社（ワシントン・ポスト紙）、食品会社（シーズ・キャンディーズ、コカ・コーラ）など、実にさまざまな企業を子会社として保有している。そういった意味で、ミューチュアルファンドのようなものと言えるだろう。もっとも、同社自体は上場会社で、同社のポートフォリオに組み入れられている企業には非公開企業もあれば、公開企業もある。

運用成績

バークシャー・ハサウェイの株は、4年間の例外（1967年、1975年、1980年、1999年）を除けば、1965年以来、ずっとS&P500に勝ち続けている。この間、1株当たり純資産＝（資産－負債）÷発行済み株式数──は19ドルから4万442ドルになり、年複利で23.6％の成長を遂げている。この間の累積リターンは、S&P500の5383％に対して、なんと20万7821％にも上る。ネブラスカ州オマハにある同社の2000年度の純利益は33億ドル、負債自己資本比率は0.07％、キャッシュ（現預金）は52億ドルとなっている（図10.1参照）。

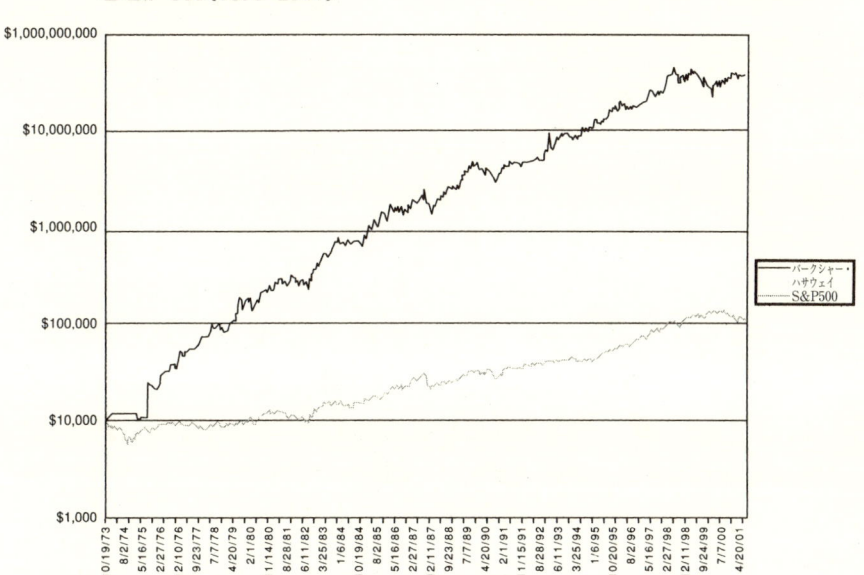

図10.1　1万ドル投じた場合の元本増加額——バークシャー・ハサウェイとS&P500（1973-2001）

投資手法

　他の追随を許さないその業績からして、天才でなければ、彼の手口を理解できないのではないか、と思われるかもしれない。しかし、そうではない。その基本的な手法は、ベンジャミン・グレアムから教わったもので、例えば、1ドルの価値のある株を50セントで買うなど、売られ過ぎたリスクのない企業を物色することだ。

　その最たる例は、1973年にワシントン・ポストを初めて買い付けたときだ（彼は今も同社の株を170万株保有している）。当時、彼の計算では同社の資産——ワシントン・ポスト紙、テレビ局4社、ニューズウィーク誌、新聞印刷所——の価値は4億ドルだったが、市場での評価は1億ドルしかなかった。このときの投資元本はこの28年間で9590

％も値上がりしている。

　ただし、長い間にはバフェットもその投資手法に若干変更を加え、幅を持たせている。例えば、『スマートマネー』の編集協力者ロジャー・ローウェンスタインの著書『ビジネスは人なり、投資は価値なり——ウォーレン・バフェット』（総合法令出版刊）によれば、1988年春、バフェットがコカ・コーラを10億2000万ドルで初めて買い付けたとき、同社の株はウォールストリートのアナリストからは「かなり割高な株」と評されていたという。しかし、この単純明快な企業コカ・コーラにはバランスシート（貸借対照表）には載らない資産があることをバフェットは心得ていた。つまり、同社のブランドネームである。これは正解だった。３年で彼の投資元本は３倍以上に膨れ上がり、37億5000万ドルになったのである（しかも、この13年間では、例の不幸な出来事——ベルギーの子どもたちが巻き込まれた不良ニュー・コーク事件——があったにもかかわらず、8382％も値上がりしている）。

　最近ではもうバリュー投資はバフェットの最重要事項のなかには入っていない。バークシャー・ハサウェイの2000年度のアニュアルレポート（年次報告書）から、彼が設けている６つの基準を挙げてみよう。

1．大型案件（税引き前利益が最低でも5000万ドルあること）
2．実証済みの一貫した収益力（将来の見通しや「再建中」には興味なし）
3．ROE（株主資本利益率）が高く、負債が少ないか無借金経営の企業
4．適材適所の経営陣（バークシャーからは送り込まない）
5．単純明快な企業（専門用語が多いと、理解できない）
6．売却価格の提示（価格不明のまま取引の交渉をするのは、たとえ予備段階であっても、売り手、買い手ともに時間の無駄になるので避けたい）

それでもやはりバフェットは明らかにバリュー型の投資家である。このところの経済情勢がそうさせるのか、バフェットは盛んに買いあさりに出ている。なにしろ、14カ月の間に8件もの買収を完了させたくらいだ。これには2つの経済要因が影響している。まず、経営者やオーナーの多くが自社の業績低迷が近いことを肌で感じていた。しかし、バフェットが目先の見通しなどに恐れをなすはずがない。バークシャー・ハサウェイの2000年度のアニュアルレポートにバフェットはこう書いている。

　「当社保有の企業もみな山あり谷ありです。そう考えれば、業績が下り坂になることなど、当社にとっては大したことではありません。でこぼこ道でもまったく気になりません。大事なのは、総合的に見た場合の業績です」

　だが、ほかの人間にとってはこれが怖いのである。

　「よって、売り手が駆り立てられる一方で、われわれのライバルとなっていたかもしれない買い手の熱意は薄れてしまうことになります」

　そう言いながら、バフェットは2000年に大型案件をいくつかまとめている。80億ドル（97％がキャッシュで、残りは株式）を投じて8企業を買収。その8社の売上総額は締めて130億ドルにも上る。しかし、バーゲンハンターであることについては、正直なところ、それほど熱心ではなかった。アニュアルレポートにはこうある。

　「バークシャーの買収手法はいたって単純そのものです。電話に出るだけですから」

　でなければ、ファクスをチェックしていたようだ。

　1999年11月、バフェットの元に懐かしい人からのファクスが1枚届いた。それは1986年にバークシャーがジェット機を1機購入したときに仲介を行った航空機のブローカーからだった。それも10年間、音信

不通だった相手である。ファクスにはコート・ビジネス・サービシズの買い取り交渉決裂に関するワシントン・ポスト紙の記事が添付されていた。同社はレンタル家具の大手で、主としてオフィス向けやアパートの一時入居者向けのレンタル事業を行っていた。

バフェットはコートのことは何も知らなかった。しかし、すぐさま同社のSECファイルをプリントアウトし、そして、彼の表現を借りれば、「見て気に入った」とのこと。同社の1999年第3四半期末の純資産額（＝資産－負債）は2億600万ドル。その年の最初の9カ月間で売上高は11％、純利益は26％伸びていた。ちなみに、前年の売上高は3億1800万ドルで、純利益は2500万ドル。そのうえ、営業キャッシュフロー（営業活動による現金収支）が純額で9000万ドルもあった。

しかし当時の株価は低迷していた。1999年11月時点の時価総額は約2億5000万ドル。つまり小型株で、このころの人気株とは正反対のオールドエコノミー株に属していた。1998年4月に天井をつけて以来、コート株は60％近くも値を下げ、20ドルぐらいになっていた。そこで、同社は株価に活を入れるため、投資家グループやコートの最高幹部らに同社を1株24ドルで買い取ってもらうべく、合意を取り付けようと試みていたが、11月早々に不発に終わっていた。そこへ踏み込んだのがバフェットだった。

ファクスが届いてから6日後、バフェットはコートのCEO（最高経営責任者）ポール・アーノルドとひざを交えていた。

「買収するのに格好の材料がそろっていることはすぐに分かりました。平凡でありながら魅力的な企業、優秀な経営者、それから価格（交渉が決裂したときの価格に基づいている）。いずれにも納得がいきました」

バフェットは同社を買い取るのに1株当たり28ドル――およそ3億8400万ドル――支払う気でいた。当時、まだ20ドル近辺をうろうろしていた株価にプレミアムがついたのである。

それから3カ月とたたないうちに取引は成立した。バフェットは、バークシャー・ハサウェイの80％子会社ウェスコ・ファイナンシャル・コーポレーションに代わってコートを買い取った。買収額は約3億8600万ドル。支払いはキャッシュだった（ただし、これは、その年バフェットよりも先に買値を提示していたライバルの家具会社が土壇場になって変更してきた条件をコートの取締役会が断ったその後のことだった。新しい条件は1株29.50ドルだったため、コートの取締役会も心が動き、バフェットに対してビッド〔買値〕を上げるように要求してきたが、バフェットが断ったのである）。こうして同社はバークシャーのポートフォリオのなかで4社目の家具小売業者となった。

さて、コートが加わったことでバークシャーの最終利益はどのくらい増えるだろうか。通例どおりなら、バフェットが買収してからこうしたことがはっきりするまでにはしばらく時間がかかるだろう。とはいえ、買収から15カ月間でバークシャー・ハサウェイ所有のウェスコ・ファイナンシャルの株価が40％も値上がりしたことは、注目に値することだ。

名言

バフェットは直近のアニュアルレポートに次のように書き記している。

「売り上げがもたらしてくれる金だけでなく（これが好きな気持ちはよく分かりますが）、自分の会社を心から愛している人たちといっしょに仕事をしていきたいと思っています。こうした愛社精神が根付いている会社なら、おそらく大切な資質をきちんと兼ね備えていると考えられます。つまり、こうした会社なら、不正会計処理とは無縁で、製品に対して誇りを持ち、顧客に対して敬意を払う、方向感覚のしっかりとした誠実な社員の集まりとなっているはずです」

ビル・ニーグレン

運用者として

　1996年３月、好成績を上げているオークマーク・ファンドファミリーの運用会社ハリス・アソシエーツのリサーチ部門でヘッドをしていたころ、「オークマーク・セレクト」の運用担当者となる。その成績があまりにも良かったことから、往年の人気ファンドマネジャー、ロバート・サンボーンが2000年に看板ファンド「オークマーク」から引退したとき、後釜に入ることになった。現在41歳。全体で70億ドルもの資産の監視に当たっている。ウィスコンシン大学でファイナンスの修士号を修得し、２年後の1983年、アナリストとしてハリス・アソシエーツに入社。以来、同社で働いている。

運用成績

　ニーグレンが担当している「オークマーク・セレクト・ファンド」の５年リターンは年率31％。ニーグレンがファンドファミリーのコアファンド「オークマーク」の責任者となって以来、ファンドは全バリュー型ファンドの上位２％の座に返り咲いている（図10.2参照）。

投資手法

　ほかのバリュー型のファンドマネジャーと同様、ニーグレンも人気の落ちた企業を物色している。ただし、似ているのはここまでだ。例えば、伝統的なバリュー指標に従っていれば、彼がカイロン（ワクチンや血液検査を専門とするバイオ企業）を買うことは絶対にあり得なかったに違いない。1999年半ばの同社のPER（株価収益率）は45倍

図10.2 オークマーク・セレクトI・ファンド

Oakmark Select I
Data updated through 07-31-2001

Rating ★★★★★
Net Assets $4122.3 mil
Morningstar Category Mid-Cap Value

Growth of $10,000

Fund/Index	Total Return %	Annualized Return %	Amount at End of Period $
Oakmark Select I	271.07	31.79	37,107
Mid-Cap Value	86.88	14.07	18,688
Standard & Poor's 500	83.73	13.66	18,373

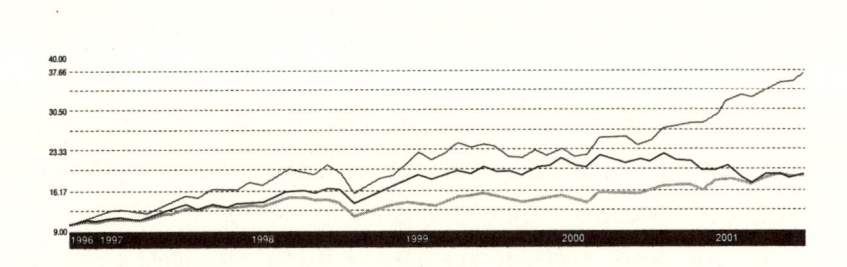

出所=モーニングスター

もあり、割高に見えたからだ。だが、カイロンの利益が落ち込んでいるのは研究開発費に膨大な資金をつぎ込んでいるためだと知ったニーグレンは、25ドルから買いを入れ始め、以来、株価は96%も上昇している。いわく、「われわれは自分たちのプライス感覚にはとらわれずに、成長企業を探すようにしている。破たんや低迷の恐れのある低PER企業は買わない」とのこと。

企業が３つの基準を満たしていれば、いずれニーグレンのファンドのどれかに組み入れられることになるだろう。その基準とは──。

1．バリューがあること

2．成長性があること
3．立派な業績を収め、株主の利益を第一に考える、実績ある経営陣がいること

　ニーグレンの「バリュー」の定義は、彼の言う、企業の「ビジネスバリュー」(business value) なるものが条件となっている。計算方法は、ビジネスバリュー＝その会社のいわゆる企業価値（EV）÷EBITA（利払い税引き前無形固定資産償却前利益）で、企業価値の計算方法は、EV＝株式時価総額＋負債－キャッシュとなる。彼によれば、ビジネスバリューのほうがPERよりも正確さが増すという。
　「PERは、負債やキャッシュがどのくらいあるかなど、企業のバランスシートに非常に左右されやすい。しかし、われわれのやり方なら土俵を平らにならすことができる」
　ニーグレンが株を買うときは、ビジネスバリューの60％を下回っていないといけない（**訳者注**　EV＝enterprise value　EBITA＝earnings before interest, taxes and amortization。よく使われるEBITDA〔earnings before interest, taxes, depreciation and amortization〕、いわゆる「営業キャッシュフロー」とは違い、設備などの有形固定資産の減価償却費〔depreciation〕を純利益に足し戻していないことに注意。なお、PER＝株価÷1株益＝時価総額÷純利益。企業価値については第8章の**補足8.1参照**）。
　成長性については、ニーグレンは売上高と利益の伸び率（成長率）をチェックしている——もっとも、彼に言わせれば、これは「出発点にすぎない」。彼が実際に見ているのは、その成長が効率的に生み出されているかということ（つまり、そこに至るまでに大量の資金を投入したりしていないという意味だ）。「企業によっては、成長を賄うために資金を調達しないといけないところがある。このような場合、ビジネスバリューの成長率は低下することになる。逆に、1株当たりキ

ャッシュを大量に生み出している企業もある。このような場合は、1株当たり利益もぐんと増加することになる」と彼は言う。

さて、ここまでの説明はちゃんと頭に入っただろうか。参考のために、ここで例をひとつ挙げておこう。1992年の半ばごろ、ニーグレンは老舗の医療用品メーカー、ケンドール（キュラッド包帯で有名）に注目していた。同社は1990年に深刻な資金難に陥ったことがあるが、現在は、ほかの2企業で素晴らしい実績を上げた有能なCEOが新しく迎えられ、再建中となっている。そして、このケンドールこそ、ニーグレンの定義によれば、バリュー株と言えるもので、予想1株益のたったの6倍で取引されていた。

唯一の問題はビジネスバリューの成長率だった。ニーグレンの感触では、売上高は着実に6～7％増となりそうだったが、「いまひとつパッとしなかった。ネックはキュラッド包帯だった。なぜなら、包帯の新規需要が増大する見込みなどないからだ」。しかし、コスト管理がうまくいくようになって利益率が改善されていたため、EBITA（利払い税引き前無形固定資産償却前利益）は10％を超す増加が見めそうだった。同様に、在庫管理も売上債権の管理も改善されていることから、利益を再投資しなくても、売り上げの伸びを支えていけそうに思えた。これなら、利益を3億ドルの負債の返済に回せる。

「負債水準は3年で1億7500万ドルまで下がるだろうとわれわれは見ていた」

EBITAが増加し、財務体質が強化されれば、EBITAの長期予想成長率は20％ぐらいになる。ニーグレンは1992年8月にケンドール株を16ドルで購入した。そして1994年7月、タイコ・インターナショナルが同社の株を55ドルで取得。結局、ケンドールは2年足らずで244％も値上がりしたのである。

最後の基準は経営陣である。ニーグレンは言う。

「『企業経営には強力な経営陣が必要だ』とだれもが言うが、それ

はわれわれだって同じである。しかし、経営陣の経済的な目標を見ることも同様に重要である。それは株主のことをきちんと踏まえた目標だろうか。ストックオプション（自社株購入権）やインセンティブプラン（奨励金制度など）の導入は株主資本を押し上げることが主眼なのだろうか」

ニーグレンは、単にトップレベルの売り上げ増を目指すよりも、その企業の資本収益率の向上に応じたインセンティブプランのほうがずっといいと思っているようだ。いわく、「売り上げが伸びただけでは株主にとっては何のためにもならない」。

そこで、ニーグレンとそのリサーチチームは経営陣の業績をチェックすることにしている——それも、できるだけさかのぼって、前の仕事の業績まで調べ上げているのである。また、委任勧誘状（訳者注　定時株主総会招集通知に同封されている「議決権行使についての参考書類」など）を熟読し、経営陣が「経済的」にどのようなコミットメントをしているか見るようにしている。例えば、自社株をどのくらい保有しているか。ストックオプションはどのくらい付与されているか。そのオプションの行使価格はいくらか。インセンティブプランはどのようなものを導入しているか——そのとき、どのような尺度が使われ、どのくらいのレベルまで達成する必要があるのか、といった具合だ。ところで、こうした情報はいずれもSEC（米証券取引委員会）に提出され、情報公開されている。

例えば、ニーグレンがケンドールにほれ込んだ理由のひとつは、新しいCEOのリチャード・ギレランドにあった。着任したとき、ギレランドは注文書について新しいルールを設けている。それまでは社員がいちいち彼のデスクまでやってこなければいけなかった。「これは不便だし、本当に重要なことでないなら、[社員が] こんなことをしなくてもいいよう、別のやり方を見つけたほうがいい、とギレランドは思った」という。しかも、彼は自身の金をかなり投じて会社と運命

をともにしていた。ニーグレンいわく、「彼はこんな話をしてくれた。どこのCEOよりも最高だと思った。『私とうちの娘はこの会社の株を6％保有しています。買ったのはPERが17倍のときですが、ケンドールが1ドル浪費するたびに、私たちの純資産も1ドルずつ目減りしていくんです』。この言葉が決め手となった。というのも、われわれはいつも株主と同じ目線を持っている経営陣を高く評価しているからだ」

今でもニーグレンは、経営陣がこの種のコミットメントをしていないところは買わないことにしている。例えば、業績不振に陥っていた玩具店トイザらスをなぜ、つい最近まで買わずにいたのか。これには大きな理由がひとつある。

「株価があまりにも高かったからではない。社員が自信を失っていたからだ。問題の解決も図らなければ、株主の立場にも関心を払わないような経営陣では安心できない」

その後、FAOシュワルツからジョン・アイラーがやってきた。それこそ実績ある人物の登場だった（彼はFAOシュワルツでも再建計画を立案し指揮していた）。アイラーなら何を改善すべきかちゃんと心得ているはずだ、とニーグレンは思った。それだけではない。着任時に多額のオプション一括契約を結び、個人的にも株をさらに買い増していた。そこで、ニーグレンも買いに入った――これは2000年初頭のことだが、それから2001年半ばまでに株価は約3倍になった（株式分割調整済み）。

名言

ニーグレンはこう語る。

「この3つの基準がすべて満たされていれば、かなり長期にわたってその恩恵が得られるだろう。株価がちょうど今、割安になっている

だけでなく、ビジネスバリューが増大し、経営陣が株主の立場になって意思決定を下してくれる見込みのあることが分かれば、その株を5年以上、保有するつもりでいる。だから、市場がその価値にいつ気づくかは問題ではない。長期で持てば、きっと儲かるだろう」

ケビン・ランディス

運用者として

ランディスは現在40歳。ミューチュアルファンド「インタラクティブ・インベストメンツ・テクノロジー・バリュー」を当時のパートナー、ケン・カームと初めて立ち上げたのは1994年5月のことだった。このファンドは、現在は「ファーストハンド・テクノロジー・バリュー」と名称が変更されているが、ファーストハンドの6本あるファンドファミリーのうちの1本で、あとの5本もランディスが担当している。とはいえ、それ以前は、資金運用の経験はまったくなかった。S-MOSシステムズという半導体メーカーで新製品のプロダクトマネジャーをしていたが、その前は、データクエストというリサーチ会社でアナリストをしていた。

運用成績

「ファーストハンド・テクノロジー・バリュー」を設定してからようやく3年の実績がついた1997年半ばまでの年平均リターンは56％で、当時はどのミューチュアルファンドよりも成績が良かった。しかし、テクノロジー関連のご多分にもれず、最近はつまずき気味で、2001年半ば現在の3年リターンは年率27％となっている。とはいえ、ほかのテクノロジーファンドの87％を打ち負かしている。それに、相変わら

図10.3　ファーストハンド・テクノロジー・バリュー・ファンド

Firsthand Technology Value
Data updated through 07-31-2001

Rating ★★★★
Net Assets $4600.0 mil
Morningstar Category Specialty-Technology

Growth of $10,000

Fund/Index	Total Return %	Annualized Return %	Amount at End of Period $
● Firsthand Technology Value	568.30	30.35	66,830
◐ Specialty-Technology	296.34	21.19	39,634
● Standard & Poor's 500	201.46	16.65	30,146

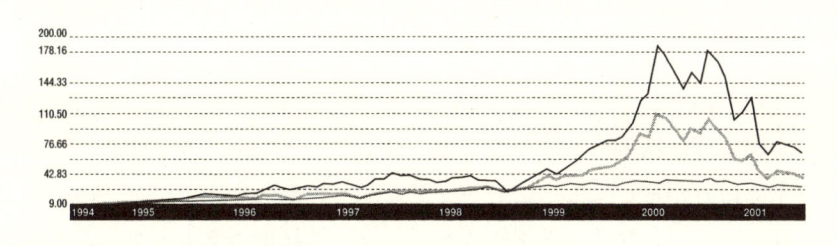

出所＝モーニングスター

ず人気も上々で、純資産総額は46億ドル。テクノロジーファンドでは全米第３位の規模を維持している（図10.3参照）。ちなみに、１位は「Ｔ・ロウ・プライス・サイエンス＆テクノロジー」、２位は「フィデリティ・セレクト・エレクトロニクス」である。

投資手法

　ランディスはまず、今後４～５年にわたって最も強含みで推移しそうなトレンドを特定することから始める。
　例えば、携帯電話。「最近では、だれでも携帯電話を持っているよ

うだが、人とおしゃべりするときにしか使われていない。しかし、5年もすれば、携帯電話の使い道はもっと広がっているだろう。優勢なトレンドとはこんな簡単なところからスタートするのではないかと思う」とランディスは言う。

あるいは、デジタルカメラ。「これから5年の間に、フィルムを売ってくれる店を見つけるのが難しくなる日が来るかもしれない。というのも、デジタルカメラへの切り替えが相当進むからだ」と彼は言う。

こうしていったんトレンドを見つけたら、その実態調査に入る。

「新たに創出される〝生態系〟や〝食物連鎖〟はどのようなものになるか、だれがどのレベルに参入してくるか、といったことを自問していく」

例えば、携帯電話業界では、ハンドセットのメーカーがあることはすぐに分かるが、ほかにもハンドセットの部品や内蔵ソフトのメーカー、サービスプロバイダーにネットワーク技術やネットワークサービスを提供する会社などがある。

「技術が商品化されると、パッと見以上に多くの関連企業が参入してくることになる」

必然的にひとつのトレンドから10以上のさまざまなトレンドが派生する。このため、ランディスはまず「トレンドの皮をむいていく」ことにしている。例えば、携帯電話の場合、そのエリア内ならすぐにその場でサービスを受けることができる。911番通報（日本の110番・119番に当たる）はアメリカのどこにいてもほぼつながり、救急オペレーターがあなたの居場所を正確に特定してくれる。あるいは、お友達リストに登録しておくと、リストに入っている人が近くにいる場合、携帯が鳴って知らせてくれる。

「音声認識など、ほかにもいくつか思いつくものがあるかもしれないが、いずれの分野にもその技術に関連したさまざまな企業が参加しているのである」

しかし、こうした企業のなかで、どの企業が最も魅力ある位置にあるのだろうか。パソコンが出回り始めたばかりのころを思い出してみよう。「データクエストで働いていたころ、アナリストたちがどのパソコン会社を買うのがいちばん良いか議論していたのを覚えている。答えはインテルとマイクロソフトで、あとの会社はダメ、ということだった」とランディスは回想する。

 こうしてランディスと彼のファーストハンド・チームは、そのトレンドとその業界のプレーヤーにひとたび狙いを定めると、最も影響力の大きい企業に的を絞っていくことにしている。

 「交渉力を持っているのはどの企業か。マイクロソフトおよびインテルとはいったい何者なのか」

 守りに入る側が防衛できるかどうかもまた問題となる。

 「かつて勝ち組だった分野にしがみついていけるのはどの企業だろうか」

 この時点で対象となる企業のリストを作成したら、そのなかから経営陣のしっかりしている企業だけを選び抜く。それからさらに昔ながらの分析を行っていかなければいけない。つまり、次のようなことを自問しながら企業に関する数値にざっと目を通していく。成長性はどのくらいあるだろうか？ どのくらいのキャッシュを生み出せるか？ 1〜2年でどのくらいの売り上げと利益を出せるだろうか？ これらの答えを出すにはかなり多くの予想を立てないといけないが、ランディスはこう言う。

 「正確である必要はない。あれこれ考えてみたところで、どうせピタリと当たるわけではない。それよりも、その企業の可能性を予想していくことにあらゆる努力を傾けるべきだろう」

 カギは、コストのあまりかからない成長中の企業を見つけることだ。「数値の見方については、われわれもほかの人たちとそれほど違わないが、GARP（割安成長株）が好みだ。これを人気が出る前に拾う

ようにしている」とランディスは言う。

　早めに買いに入るのがランディスの強みだ。例えば、彼が最近、気に入っている株のひとつにゾランというカリフォルニアの半導体企業があるが、3年強、保有した結果、76％のリターンを上げている。しかし彼いわく、「かなり長い間、見放されていた株で、注目を集めることなど一度もなかった」という。ザックスによれば、ゾランをカバーしているアナリストはウォールストリートに5人しかいないらしい。だからこそ、彼はこの株を好きになったのだ。

　ランディスがゾランの手掛かりを得たのは1980年代の半ばごろ、投資銀行でIPO（新規株式公開）の担当をしていた友人から同社の話を聞いたのが最初だった。しかし、同社は軍需関連の企業で、具体的に言うと、レーダーの会社だった。ランディスにとっては、まったく興味もなかったし、当時は資金運用もしていなかった。

　10年後、別の友人の勧めで、もう一度ゾランを調べてみたとき、同社の業績はまさしく順調そのもので、急に大勝ちしそうな株に見えてきた。カリフォルニア州サンタクララにある同社は、今や消費者市場に進出し、DVD（デジタルビデオディスク）やデジタルカメラ用のチップを販売するようになっていた。1996年当時、いずれの市場も成長スピードは緩やかだった。ランディスはそこに潜在的な可能性を見たが、ディズニーなどの主力企業が実際にDVDのタイトルを売り込んでくれるまでは、買いには入らなかった。

　「打席に立って、ホームランが出るまでバットを振り続けるかどうかは、すべてゾランの肩にかかっていた。ゾランはあらゆる家電メーカー向けに基礎となるものを供給していたが、こうした家電メーカーがいずれは大ヒット商品を生むだろう。そしてヒットが出れば、ゾランはすぐさまそのメーカーたちといっしょに歩んでいけると思った」とランディスは語る。

　1998年秋、ついにそのときが来た。ゾランは同社のDVDチップを

大量に出荷し始めた。その相手先には富士写真フイルムやルーセント・テクノロジー、ソニー・エレクトロニクスなどが含まれていた。1999年2月、ランディスは初めてゾランを買った。株価は19.50ドル。調べてみると、これはファーストハンドの期待に反して見切り品だった。ファーストハンドのリサーチ部門のディレクター、ケン・パールマンによると、彼らは同社の利益成長率を少なくとも35％と見積もっていた。「控えめな予想としては、市場シェアがまったく獲得できず、かなり深刻な値下げ圧力がかかることを想定していた」というが、うまくいけば、最高100％までシェアが取れると見ていたのである。「良く言えば、シェアを取るだけの潜在力はあるし、中国市場に進出すれば、急速に成長しているデジタルカメラ市場に食い込めると期待していた」という。1999年、株価が8ドルの安値を付けたときも、ランディスは引き続き買いを入れていた。

　彼らは正解だった。1999年、2000年とDVD市場は売上数量ベースで倍に膨れ上がり、2000年には株価も75ドル前後まで上昇した。

　最近は軟調で（軟調でないものなどあるだろうか？）、2001年半ば現在、株価は35ドル前後で取引されているが、ランディスは今も向こう2年間の成長率を50％〜60％と見込んでいる。2001年現在、アメリカの家庭でのDVD普及率はわずか12％。それに比べ、VHSビデオカセットの普及率は92％である。また、ゾランの半導体市場でのシェアは1999年にはだいたい25％〜27％ぐらいだったのが35％に増大している。

　「ここに商機があることはお分かりいただけると思う。これからビデオテープレコーダーを買おうという人はもういないだろうし、買わないほうがいい」とランディスは言う。それに、ゾランのデジタルカメラ用チップ事業も忘れてはならない、と彼は付け加えた。DVD市場に比べると、さほど規模は大きくないが、成長は速く、今年は60％ぐらい伸びるものと思われる。

名言

ランディスいわく、「他人の意見をうのみにしてはいけない。なぜだか知りたければ、"ボイラー室"（俗語では"もぐりの証券ブローカーの事務所"の意）を借りてみるといい。きっと自分自身で詳しく調査しないといけなくなるだろう。上昇トレンドにおいて有利な位置を占めている企業を探してみよう。優れたテクノロジー企業とは、必要不可欠で独自性の強い――したがって他の追随を許さない――そんな事業を行っているものだ」

ビル・ミラー

運用者として

　５つ星のファンド「レッグ・メーソン・バリュー・トラスト」の運用担当者。レッグ・メーソン・ファンド・マネジメントのCEO（最高経営責任者）でもある。大学卒業後（ワシントン＆リー大学1972年卒）、米軍の情報将校として海外勤務を経験したあと、ジョンズホプキンス大学で哲学博士の道を歩む。1981年にレッグ・メーソンに入社する以前は、鉄鋼会社やセメント会社向けの製品を製造しているJEベーカー・カンパニーの財務部にいた。レッグ・メーソンでは、1981年10月から1985年６月までリサーチ部門のディレクターを務め、1999年後半から同社の株式ファンドの運用責任者となる。バリュー・トラスト・ファンドが設定されたのは1982年だが、２年間ミラーが共同で運用に当たったあと、1990年後半から運用責任者となった。ほかには、1999年設定の「レッグ・メーソン・オポチュニティー・トラスト・ファンド」も担当。彼が運用を担当しているミューチュアルファンドの純資産総額は締めて240億ドルを超す。

運用成績

「レッグ・メーソン・バリュー・トラスト」の10年リターンは年率ベースで18%――というと、実にお見事という感じだが、うらやましくさえもある。というより、これだけ一貫してリターンを上げているというのは、それこそ畏敬の念を起こさせるものだ。なにしろ、1991年から2000年（そして2001年の8月）までの間に毎年一貫してS&P500に勝ち続けているファンドは全米でただひとつ。ミラーの「レッグ・メーソン・バリュー」だけなのだから（図10.4参照）。

図10.4　レッグ・メーソン・バリュー・プライム・ファンド

Legg Mason Value Prime
Data updated through 07-31-2001

Rating	Net Assets	Morningstar Category
★★★★★	$11092.1mil	Large Value

Growth of $10,000

Fund/Index	Total Return %	Annualized Return %	Amount at End of Period $
Legg Mason Value Prime	707.18	21.81	80,718
Large Value	306.16	14.16	40,616
Standard & Poor's 500	361.42	15.54	46,142

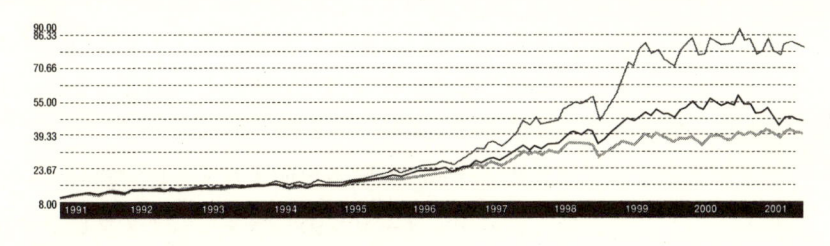

出所＝モーニングスター

投資手法

どうやってこの偉業を成し遂げているのだろうか。実は、ミラーがひとりで成し遂げたわけではない。彼と17人のアナリストたちとの共同作業によるものだ。スタッフを大量に投入したチームを信頼すること。これこそ、ミラーの手法が生きる唯一の方法なのである。ともかく信じられないくらい徹底した調査を行う。ミラーの基本は、自分で見積もった価値よりもはるか下で取引されている過小評価された企業を物色することだ。そして、その価値を見積もるまでの過程が多角的なのである。トップクラスのバリュー投資家が得意とする評価法——企業価値（EV）や純資産あるいは買収価値——を用いて、企業の内在価値（intrinsic value）を見積もる方法については、すでに何かで読んだことがあると思うが、ミラーの場合は、それらを全部採用する。それも、投資する前に思いつくかぎりすべての方法を使って企業の内在価値を評価するのである。

ミラーの強みのひとつは、S&P500について熟知していることにある。これはひとつのインデックス（指数）である。このため、パッシブ運用に使われるわけだが、その理由は採用銘柄の変更があまりないからだ。それに、銘柄の選択基準がいたって単純明快だからである。その基準とは、取引するに当たり十分な流動性があること。少なくとも３年間の営業実績があること。ひとつの業種を幅広く代表するような企業であること。これだけだ。なのに、なぜアクティブ運用のファンドマネジャーたちは概してインデックスに勝てないのだろうか。この問いの答えをミラーはずいぶん前に見いだしている。

「彼らがインデックスにほかの銘柄を追加するときは暗黙のルールがある」と語るのは、レッグ・メーソンのシニア・バイスプレジデントで、13年間ミラーと組んで仕事をしているメアリー・クリス・ゲイだ。が、むしろ、何のルールもないと言ったほうがいい。

例えば、インデックスに採用する企業を決めるとき、マクロ経済要因は一切影響しない。仮にFRB（連邦準備制度理事会）が利上げしても、S&P（スタンダード＆プアーズ社）が公共株指数を見直すわけではない。一方、個人向けのファンド運用者の多くは——なかにはかなりの好成績を上げている者もいるが——経済情勢の動きに合わせて頻繁にポートフォリオの入れ替えを行っている。

　しかも、投資スタイル（グロース型、バリュー型など）に一貫性がないうえ、ポジション（持ち高）のサイズも限定されていない。だから、ひとつの銘柄が大きく上昇してしまうと、インデックスの20％を占めてしまうこともある。そのうえ、インデックスには500社採用されているとはいえ、その多くは上位の大型株に集中している。ゲイによれば、「50社だけでインデックスの60％以上を占めている」とのこと。それに、インデックスの場合、銘柄の入れ替えが行われたのは、1957年以来、平均でたったの7〜10％であるのに対して、「平均的なファンドマネジャーの場合、ポートフォリオの回転率は120％を超えている」のだという。

　S&P500に関して、こうしたこと——ミラーが彼のライバルたちについて考察したこと——をいろいろ考えてみると、ファンドの運用方法に彼自身が学んだことをいくらか取り入れるのは当然のことと思われる。

　例えば、レッグ・メーソン・バリュー・ファンドの回転率はかなり小さく、年平均10％〜15％ぐらいだ。それに、業界リーダーで同業他社よりも競争優位な大企業（大型株）に的を絞っている。それも集中投資型である。通常、ポートフォリオには35〜50銘柄しか組み入れられていない。新規に銘柄を加えるときは、思い切ってポートフォリオ全体の2〜3％に当たるぐらい大きく買う。最後に、レッグ・メーソンのメンバーは株式アナリストとして経済情勢の観察も行う。ただし、企業調査や銘柄選びのときには経済情勢は一切考慮しないことにして

いる。

　実際に銘柄を選別するときのミラーの手法は、非常に伝統的なものだ。まず、収益力があって、利益が伸びている、財務体質のしっかりした企業を選ぶことから始める。そのとき、たいていは過去の評価に基づいてスクリーニングを行う。ゲイによれば、「割安に見える企業群を特定するときは、過去の実績を測定する指標を基にする」とのことで、なかでも特にPER（株価収益率）、PBR（株価純資産倍率）、PCFR（株価キャッシュフロー倍率）、EV（企業価値）、EBITDA（利払い税引き前減価償却償却前利益）、ROE（株主資本利益率）を用いているという。「過去は未来のガイド役となる。だが、もっと重要なのは、その企業の将来価値がどこにあるかを理解することだ」とゲイは言う。

　ミラーたちがリサーチの「質的な段階」に入っていくのは、まさにここからである。彼らは企業の「内在価値」——時価総額や株価とは別の、企業の根源的な価値——を求めるために複雑なモデルを複数構築している。つまり、絶対確かな方法がひとつだけあるというわけではないのである。

　なかでもとりわけよく知られているのは、「割引キャッシュフロー法」あるいは「DCF法」(discounted cash flow method) による企業分析だろう。つまり、2期間の年間フリーキャッシュフロー(FCF)——すなわち、予測期間中（例えば最初の5年間）と最終年のキャッシュフロー——を見積もるファイナンシャルモデルを構築したのである。この場合、キャッシュフローは毎年同じか、あるいは一定のレートでずっと増加していくものと仮定したうえで、各年のキャッシュフローを一定の割引率で割り引いて、現在価値を求めるのである（つまり、きょうの1ドルは、あすの1ドルよりも価値が高いと仮定しているわけだ）。分析は将来に関する仮定の連続に基づいているため、ミラーのアナリストたちは、それぞれ一連の仮定と特殊な可能

性を持ったさまざまなシナリオを精密に描き、評価の「中心傾向」（central tendency）を割り出していくようにしている。

　しかし実際のところ、彼らが企業分析に使うのはDCF法だけではない。ほかにも考えつくかぎり多くの方法を採用している。企業の解散価値はどのくらいだろう？　一部売却なら、どのくらいの価値になるのか？　その企業を非公開で丸ごと所有する場合、どのくらいの価値があるのか？　買収あるいは合併時に、相手企業はいくら払うだろうか？　ゲイによれば、「狂いが生じそうな事柄の数をできるだけ少なくするようにしている」という。それに、「強気と弱気の双方のケースを頭に入れておかないといけない。実際、多大な利益が得られる可能性と損をする可能性の違いに焦点を当てるようにしている」そうだ。

　彼らが求めているのは、潤沢なキャッシュフローを生み出し、資本収益率が高く、その資本を効率的に配分している企業だ。多くの調査からも明らかなように、資本コストに見合う投下資本利益率（ROI）を維持している企業ほど、市場価値も持続的に増大していく傾向がある、とゲイは語る。

　株価が企業の内在価値の「中心傾向」を50％下回っていたら、ミラーが買いを入れる。「これは3年間の対象期間および現在において自分たちが見積もった企業価値に安全余裕率（margin of safety）を見込んでおくためだ」とゲイは言う。いったんポートフォリオに組み入れた株は、通常7年～10年は保有するが、実際には、すぐに利が乗ることも少なくないとはいえ、下げ基調が続く場合が多い。

　例えば、ミラーがウェイスト・マネジメントを最初に拾ったのは1999年の初頭。当時の株価は45ドル前後だった。しかしその年、株価は値を下げ続け、12月には17ドルぐらいになってしまい、「さんざんこき下ろされた」とゲイ。だが2000年には反発し、60％上昇。ポートフォリオのなかで最も好成績を上げた株のひとつとなった。2001年半

ば現在、ウェイスト・マネジメントは持ち高トップの銘柄となっている。

もちろん、過程においては数字がすべてではない。ミラーの戦略は企業情報に関する主観的な解釈にも左右される。分析中の企業の多くが市場で敬遠されるような場合、それなりの理由がちゃんとあるのが普通だ。

ミラーがウェイスト・マネジメントに目をつけたとき、同社は市場から完全に見放されていた。不正会計処理で恥をさらしていたときで、経営陣が総辞職に追い込まれ、株価は1999年4月から7月までに56%も下落していた。しかし、ミラーたちが同社を分析した結果、参入障壁の高い業界で優位な地位――というよりトップの座――を占めていることが分かった。しかも、同社とのミーティングで、新しい経営陣がROIを改善すべく計画を立てていることも分かった。不採算部門の売却を予定していたのである。「これには興味をそそられた」とゲイは語る。

次に、アメリカ・オンライン（AOL）の例も挙げておこう。何よりもまず、これはいわゆる「バリュー（割安）株」とは言いがたい。いろいろな意味で典型的なグロース（成長）株だ。だがミラーが同社を観察し始めたとき、株価はすでに60%以上も下げていた。時は1996年の秋。同社が料金体系を定額制に切り替えことから、大量の加入者がアクセスしようとして、サーバーがダウン。もうAOLも終わりかと評されていた。人々がAOLのサービスに金を払わなくなる日は近い――金を払う必要などない――アクセス上のトラブルは同社にとっては致命傷、というわけだ。しかしミラーのアナリストたちは、AOLのサービスに苦情や悲観的な見方が出ているにもかかわらず、加入者がサービスをまだ打ち切っていないことに気づいた。ゲイは次のように回想する。

「加入者のなかで動揺している人はわずかで、アクセス量の80%は

相変わらずAOL内のサービスにとどまっていた――つまり、インターネットには接続していなかった。ということは、AOLのオンラインサービスは加入者にとって非常に魅力あるものだと考えられる。つまり、同社はかなりの〝バリュー〟を提供していたのである」

というわけで、アナリストたちは同社の数値を分解してみることにした。ウォールストリートのアナリストらが通常するように加入者単位で見るのではなく、広告収入に着目することにしたのだ。「企業はAOLのサイトに広告料を支払って、バナー広告を掲載している。こうしたバナーが余白を100％埋め尽くし、広告収入は１年間で100％増となっていた」とゲイは言う。これがリターンを押し上げてくれることが分かったため、株を購入。AOLの広告収入は比較的短期間（約１年間）で、そのキャッシュフローの80％に相当するようになった。ミラーはAOLに投じた資金が4700％も膨らんだところで、持ち高を大幅に減らし、1999年後半から2000年初頭にかけて、その組み入れ比率を12％から４％未満に落とした。

ミラーのもうひとつの強みはうまく売り逃げることだ（彼がAOLを外してから18ヵ月間で、株価は40％下落している）。おそらく、買うときと同様、売るときも徹底して規律に従っているからかもしれない。「いかにしてポートフォリオのリスクを管理するか。これが売るときの鉄則」とゲイは言う。

ミラーは株価がレッグ・メーソンのはじき出した内在価値に達したら売ることにしている。でなければ、もっと良い投資対象――リスク調整後のリターンがもっと高いもの――が見つかったときに売る。あるいは、「自分たちが判断ミスを犯したときや、外的な変化、例えば、法律上、企業や評価に影響を与えるようなことが起こった場合に売る」とゲイは言う。

1999年後半から2000年初頭にかけては、多くのファンドがハイテク株を保有していたが（買い付けは1995年から1996年ごろ）、そろそろ

内在価値に達するようになっていたため、ミラーはそれらを売り払っている。そのひとつがAOLであり、デル・コンピュータである。テキサスにあるこのコンピューター会社の株をミラーが購入したのは1996年第1四半期だが、2000年には15倍になっていた。しかし、このときすでに株価は60ドル近くまで上げており、レッグ・メーソンが見積もっていた適正価格45ドルから60ドルの上限に届きそうになっていた。そこで、ミラーは玉（ぎょく）の整理を始めた。ゲイによれば、「デルの組み入れ比率を6％から0.9％に落とした」という。それはもう絶妙なタイミングだった。2000年3月に59ドルを超す高値を付けてから、デルは下落に転じ、9月には30ドルをつけたのである。その後、12月に20ドルを下回ったところで、ミラーは再び買いに入り、それから9カ月後には、デルは50％近く上昇していた。

名言

ミラーは最近、株主（受益者）へのあいさつとして、こう記している。

「投資の世界を"バリュー"と"グロース"に分断するのは、賢明なことではありませんし、投資プロセスについて考えるうえでも有効だとは思えません。バリュー（価値）を測定するには、グロース（成長）を考慮する必要があります。一般に、成長企業は成長しない企業よりも価値が高くなります。しかし、その企業の利益が資本コストを下回っている場合は、成長スピードが速いほど、価値が目減りしていくことになります。資本コストを上回る資本収益率を上げてこそ、価値が生まれるのであって、コストを下回る利益しか出せない企業は、価値を台無しにしているのです」

ジャナス・チーム

運用者として

　ジャナスにスターがひとりだけいるのなら、こちらもどれほどスポットを当てやすいことか。しかし、実際のところ、デンバーにあるこのファンドファミリーは全米で最も成功著しい「成長株」と言っても間違いなく、ここにはスター選手が山ほどいる。なかでも、とりわけ有名なファンドマネジャーをここに挙げておこう。「ジャナス・オーバシーズ」「ジャナス・ワールドワイド」のヘレン・ヤング・ヘイズ、「ジャナス・トゥエンティ」のスコット・ショールゼル、「ジャナス・マーキュリー」のウォーレン・ラマート3世、「グロース・アンド・インカム」のデビッド・コーキンズ、そして、看板ファンド「ジャナス」のブレーン・ロリンズである。

運用成績

　1990年代後半、全米の国内株式ファンドのなかでS&P500に勝っているものが14％にも満たない時期があったが、ジャナスの国内株式ファンドはいずれも勝ち組のなかに入っている。最近のように成長株が投げ売りされ、一部のファンドで2001年半ばまでの1年リターンがマイナス20％～30％となっているようなときでさえ、ジャナスのファンドはしっかりと勝ち残っている。過去3年間で見ても、3年以上の運用実績を持つジャナスの株式ファンドのほとんどがS&P500を上回る成績を上げ、国際株式ファンドとも互角に戦っている。しかも、3年間の運用実績のある安定したファンド12本のうち、なんと7本がモーニングスターから4つ星か5つ星の評価を得ているのである。これだけの実績のあるファンドファミリーはほかにはない（図10.5参照）。

図10.5 ジャナス・マーキュリー・ファンド

出所=モーニングスター

投資手法

　ジャナスの運用法の秘訣はそのチームリサーチにある。ラマートによれば、ポートフォリオマネジャーやアナリストをはじめとするチームはおよそ50人で構成され、各人がリサーチの各段階にかかわっている。ジャナスを「巨大な投資クラブ」と考えてみるといいだろう。「われわれは一丸となって仕事をしているため、協働作業（コラボレーション）が多い。互いにごく自然にコミュニケーションが取れるのは、アナリスト全員がさらに知識を増やして優良銘柄を選び、ポートフォリオマネジャーの成績アップに貢献していきたいと思っているか

らだ」と語るのはジョン・シュライバー。彼は2000年に「ジャナス・ファンド2」の運用を始めたが、その前はアナリストを3年務め、そのさらに前はフィデリティでアナリストを2年やっていた。

シュライバーによれば、オフィスではアナリストが隣の席のアナリストにこんなことを言うのはごく普通のことだと言う。

「へー。きょう電話した企業さあ、君が担当している企業のサプライヤーなんだって。知ってた？」

もちろん、アナリストにとってアイデアが生まれる場所はほかにもある。アナリストレポートや経済紙、業界誌を読む。産業会議に出席する。アナリストや企業経営者、サプライヤーや顧客と話をする。が、話を注意深く聞くのが基本だ。

これには特別な極意のようなものがあるわけではない。しかしひとたび徹底的な調査が始まると、ジャナスのすごさが浮き彫りになる。「CEOと同席できるのは素晴らしいことかもしれないが、彼らの話はあまりにもフィルターがかけられていて、手加減されているうえに、やたらに長い。おそらく各部署で何が起きているのか、きちんと把握していないのではないかと思う」とシュライバーは言う。これに対して、ラマートがこう付け加えた。

「企業の営業マンのなかには、事業内容についてはろくに話せなくても、経営陣がどのくらい有能か、顧客からどんな情報を得ているかといったことなら話してくれる人がいる。だから、こうした人たちとよく話をするようにしている」

これはジャナスがEMCやシスコ・システムズ、保険会社のユナムプロビデントといった企業に対して何度も使った手口だ。

当然のことながら、彼らは企業のサプライヤーや顧客、競争相手とも話をする。「顧客やサプライヤーとはかなり長時間話をすることが多いが、そのおかげでその企業の経営者本人と話をするよりも、その企業の実情がよく分かる」とシュライバーは言う。そこで、ジャナス

では検討中の企業すべてについて、アナリストが企業内およびその周囲の関係者との連絡網を築くようにしている。

このプロセスには何週間も、場合によっては何カ月も要することがある。シュライバーいわく、「こうした関係を築くにはかなりの時間がかかる。最初からいきなり電話をかけたり、飛び込み訪問をしたりしても、お宝情報が得られるわけではない。これは探偵の仕事みたいなものだ」。

というわけで、ジャナスでは2000年にFBI（連邦捜査局）アカデミーの元インストラクターを招き、情報提供者の開拓方法や聞き込み捜査の方法――ボディーランゲージの読み取り方や、相手が正直に話しているかどうかの見分け方――などをアナリストに伝授してもらっている。シュライバーによれば、「これはすごくためになった」そうだ。

ジャナスのファンドマネジャーは成長志向でありながら、銘柄を選別するときは数値も参考にする。とはいえ、あらゆる数値を導き出すのも調査からだ。彼らは「情報提供者」から寄せられた情報をすべて使い、「それを薄切りや角切りにして、できるだけ細かくする」とシュライバーは言う。これは普通こういう意味だ。まず、企業の各部門を訪問し、個々に分析していく。すると、たいていは複雑な収益モデルが得られる。これによって、その企業の価値やそのモデルに沿った事業環境が見えてくる。「究極の問題は、これで本当に投資適格な優良銘柄を選び抜けるかどうかということだ。が、多くの場合、なかなかそうはいかない。でも、いずれは良い銘柄がいくつか見つかると思う」とシュライバーは語る。

時には、この問題をめぐって大いに議論することもある――協働作業をしていれば、これは当然のことだ。だからこそ作業が円滑に進むのかもしれない。

ラマートによれば、「ひとつの銘柄に対して見方がたったひとつ、ということはめったにない」そうだ。例えば、何年か前、無料のイン

ターネットサービスが登場したとき、AOLが割高な料金設定を維持できるかどうか、疑問を呈したグループがあった。「たとえ自分がその株を持っていたとしても、こうしたグループを支持する」とラマートは言う。ほかにはデータや映像分野において、長期的にはDSL（デジタル加入者線）のほうがケーブル会社の強力なライバルになると考えるグループもいれば、衛星テレビのほうがもっとシェアを取れると見るグループもいた（結局はDSLの勝利）。しかし、いろいろ言っても、こうしたことがあるからこそ深く掘り下げたリサーチができるのである。ラマートいわく、「評価から競争の図式まで、あらゆることが精査の対象となる。が、時には支配的なグループに誤りがある場合もある」。

　いずれにせよ、これが功を奏している。1990年代初頭、ジャナスはノキアに注目していた。同社の株がヨーロッパ以外の市場で取引されるようになるかなり前のことだ。「アメリカ人のボキャブラリーではとても表現できる株ではなかった。当時、その営業収益のうち最も割合が高いのはテレビ事業で、そのテレビのせいで損失を出していた」とラマートは言う（最近は、ノキア株も落ち込んではいるが、それでも1992年から7131％も上昇している）。これはジャナスが張り巡らしたリサーチ網によって優良銘柄が見つかったひとつの例にすぎない。ほかにもデル・コンピュータやシスコ・システムズ（これについては「富めるときも病めるときも抱えている株」とラマートはジョークを言っている）、AOLやコムキャストなど、ファンドに多大なリターンをもたらしている主力ハイテク株があるのは言うまでもない。しかし、テクノロジーとは無縁の企業もある。1990年代初頭、ウィスコンシン・セントラルという鉄道会社にかなり入れ揚げたことがあるが、これは1990年代の前半に1113％も上昇した。

　「長い間に連絡関係が築かれ、企業戦略や企業理念への理解が深まったおかげで、企業のファンダメンタルズの変化を評価できるように

なった。こうした変化を見抜く力がつくにつれて、市場平均を超える成績を上げられるようになった」とシュライバーは言う。

名言

　ウォーレン・ラマートは次のように語っている。
　「ジャナスのアプローチの特徴はリサーチとチームワーク。これに一意専心の構えで当たることだ。企業の属している"生態系"をしっかりと頭に入れるには、取引先との関係のなかで企業を理解するようにしないといけない。つまり、企業の経営者だけでなく、サプライヤー、競合他社、顧客とも話をして、企業の全体像とそのビジネスチャンスを把握していく——これがわれわれの信条である。そして、こうしたことを効率的に行うには、効果的なコミュニケーション法を磨いて、ネットワークを構築することだ。ジャナスでは、ポートフォリオマネジャーが最終判断を下すが、それは徹底した調査過程に基づいている。そして、こうしたことの積み重ねが当社の資源をよりいっそう幅広いものにしているのである」

付録
APPENDIX

あなたにふさわしい証券会社とは

　今日では、伝統的なフルサービスブローカー（総合金融サービス証券）からディスカウントブローカー（手数料割引業者）や、さらに手数料の安いオンラインブローカー（ネット証券）まで、証券会社の数が増え、これまでになく選択の幅が広がっている。いったいどの証券会社があなたにとってふさわしいのか。その答えはあなたの投資スタイルしだいである。

　人を頼らず、自分ひとりでやりたいなら（この本を読んでいるということは、あなたもそのひとりかもしれない）、ディスカウントブローカーかオンラインブローカーを利用するのがいいだろう。手数料を山ほど節約できるし、四六時中あれこれと情報を持ってくるブローカーからのうるさい電話に悩まされなくて済む。

　が、だからといって、こうしたことを否定するつもりはない。特に最近のように市場の動きがめまぐるしく変わるようなときは、プロの助けがいくらかあったほうがいい、という声を実際によく聞くからだ。このため、個人投資家のなかにはその便利さを求めて、自分のポートフォリオの管理をある程度ブローカーに任せてしまう人が多いが、こ

うした投資家をわれわれは「人任せ型」と呼んでいる。

　『スマートマネー』のお気に入りの証券会社は、直近の業界調査によってランク付けを行った結果、「自分でやりたい型」ならチャールズ・シュワブ、「人任せ型」ならメリルリンチとなった。これは特に驚くような結果ではない。両者は2大証券、それぞれディスカウントブローカーとフルサービスブローカーの最大手だからだ。とはいえ、実際には証券業界の勝ち組、負け組を選別するには膨大な調査を要した。

　わがレポーターチームが投資家やブローカー、業界のその他の専門家たちと話をしてその洞察を得るのに、半年以上もかかったのである。さらに、各証券会社に送った20ページにもわたるアンケートから大量のデータポイントを集計して分析。その結果、各証券会社の取扱商品、サービス、手数料体系、オンラインかオフラインかなど、詳しい情報が得られた。そして、何よりもすごいのは、オンラインブローカー全27社で取引口座を開設するために、『スマートマネー』が7万ドルも拠出したということだ。そこで、絶対にしてほしいことがある。まず、プログラムなどに不具合、一時的な異常、故障などがないか探す。投資家としては、これは要注意事項だ——そして、こんなことでみすみす大金を失わないようにしよう。幸い、この2点において、われわれがうまくやりおおせたことを報告しておこう。最終的に全部のテストを終了したとき、ベスト証券を選ぶのに十分なデータを得たうえに、手数料を差し引いても、2300ドル以上儲かったのである。

　図表A.1と図表A.2に、証券会社をランク付けして一覧表にしてみた。見てのとおり、特定の項目においてほかより抜きん出ている会社がいくつかある。例えば、ほかのことはどうでもいいから、ともかく手数料の安いところで取引がしたいというなら、ブラウン＆カンパニーをチェックしておこう。ここでは、ネット取引がわずか5ドルでできる。ただし、ここでも気をつけてほしいことがある。同社は一覧表

のどこに載っているだろうか――そう、どん尻だ。今のところ、同社の強みはただひとつ。取引手数料が安いということだけだ。同社のウェブサイトではリサーチツールはほとんど提供されていないし、顧客サービス支援も限られている。しかし、「余計なお飾りなど不要というなら、ずっと低コストで済む」とCEO（最高経営責任者）のエリザベス・フィッシャーは言う。「当社のお客様は取引経験の豊富な方ばかりなので、懇切丁寧なサービスをあまり必要としていない」のだそうだ。

さて、オンラインブローカーとフルサービスブローカー、口座を開設してみたいのはどちらだろうか。そこで、ここでは知っておくべきことを記しておこう。

オンラインブローカー

オンライン投資の黄金時代――それは2000年の3月にさかのぼる――証券会社のテレビコマーシャルでは、口座開設はまるでパソコンのスイッチを入れるのと同じくらい簡単そうに見えた。しかし実際は、その場の喜びなど一瞬で消えてしまった。なにしろ、たいていのオンラインブローカーでは、ウェブサイトからダウンロードした申込書を郵送しなければいけないことになっていたのだ。それに、申込書には基本事項を書き込まないといけない。例えば、チャールズ・シュワブの場合、純資産の評価額に加え、社会保障番号（SSN）、母親の旧姓、運転免許証のナンバーなどを書かされる。それから、ほとんどの証券会社がスウィープファンド（自動預け替えファンド）を指定するように求めてくる。通常はマネー・マーケット・ファンド（MMF）を選ぶことになるが、ここでは口座内に残っている待機資金に利息がつく（訳者注　いわゆる「証券総合口座」のようなもの。日本では証券の売却代金、利金、分配金などを自動的にMRF〔マネー・リザーブ・

ファンド〕でムダなく運用してもらえる）。

　こうして申込書の記入が終わったら、取引開始残高として小切手を同封して郵送する。これには普通、最低でも1000ドルから2000ドルは必要だ。これで小切手の決済が済むと、電話でユーザーIDとパスワードをもらい、やっとネット上をのぞけるようになる。

　オンラインブローカーの基本取引は、何の不安も感じさせないくらい簡単そうに見える。サイト上の取引画面（注文画面）にてあらかじめ設定されたフォームに従って、買いか売り、売買数量、銘柄のティッカーシンボル（銘柄コード）を入力する。たいていは取引画面とその銘柄のリアルタイム気配値が直接リンクするようになっている。「発注」ボタンをクリックすると、注文内容の確認画面が出てくるので、GE100株のつもりが間違って1万株になっていないかどうか、よく確かめること。シュワブなどでは、このとき手数料をいくら払えばよいかも教えてくれる。なお、オンラインブローカーに注文を出すときは、執行が遅れることがときどきあるので、「成り行き」注文の値段が大きくブレることになる。そこで、指値で出すことを検討してみよう。「指値」を選択すれば、売買したい値段を指定して注文することができる。

　サイト上の「預かり残高」あるいは「取引残高」のページを見れば、自分の資金がどうなっているのかオンライン上で追跡することができる。シュワブなどのページでは、ここに証券の「買付単価」も表示されているので、保有証券がどのくらい儲かっているかも調べられる。「取引履歴」の画面では、少なくとも過去90日間の取引状況を追うことができる。たいていの証券会社は毎月、取引明細書（月次報告書）を郵送してくれるが、会社によってはサービス料を徴収するところもある。

　一般に、取引残高あるいは取引回数が多くなるほど、特典が増えていくため、これがさらに収入を生むことになる。シュワブでは、残高

が10万ドル以上あれば、あるいは年に12回以上取引をし、かつ残高が最低1万ドルあれば、「特上サービス」を受ける資格がもらえる。例えば、情報提供量がさら増え、特別仕様のトレーディングソフトや専用の顧客サービス電話が使えるようになるため、どこかのしょうもないうすのろのために電話を待たされることもなくなる。ただし、ご想像どおり、取引残高、取引回数ともに少ない投資家には割増手数料が課されることになる。シュワブでは、残高が5万ドル未満か、年間の取引回数が8回に満たない場合は、四半期ごとに30ドル取られることになる。

フルサービスブローカー

　フルサービスブローカーでの口座開設はさらに私事に立ち入ってくる感じになる。こうしたいわゆる「ワイヤーハウス」(**訳者注**　本支店間の連絡に自社専用の電話・電信回線を使っている証券会社)の場合、従来型の口座(取引ごとに毎回、委託手数料を課す)と、手数料ベース口座(fee-based account：全サービスの対価として毎年預かり資産の残高に応じて何パーセントかの手数料を課す)のどちらかを選ぶように言われる(補足A.1「手数料ベース口座に逃げ込む」を参照)。典型的な手数料ベース口座では、最低5万ドルの預かり残がないといけない。一方、従来型の口座では、表向きは最低限度額というのは決められていないが、実際問題として、残高が10万ドル未満だと、ブローカーからなかなか相手にしてもらえないことが多い。

　金を投じる前に、あなたのファイナンシャルゴールやニーズ、リスク許容度などについて長々と質問を受ける。こうした話をしながら、手持ち資産のことからキャリアプランや保険ニーズまであらゆることが話題に上る。このように最初に行われる聞き取り調査をメリルリンチでは「ファイナンシャル・ファンデーション・レポート」と称して

図表A.1　「自分でやりたい型」向けベスト証券ランキング

会社名（カッコ内は2000年度の順位）	長所
1. チャールズ・シュワブ (3) 800-435-4000	投資対象の選択肢充実。投資アドバイス入手可。電話応対は丁寧で迅速
2. CSFBダイレクト (4) 800-825-5723	独力でも支援ありでも取引コスト同じ（20ドル）。電話は至れり尽くせり
3. ムリエル・シーバート (2) 800-872-0444	サイトの新デザイン良好。投資入門など、初心者向け教育支援あり
4. TDウォーターハウス (1) 800-934-4448	広域支店網。リサーチ・債券投資・年金保険購入に役立つツールあり
5. スコットトレード (9) 800-999-9225	委託手数料（7ドル〜）・証拠金率格安。ユニット型投資信託購入可
6. モルガン・スタンレー・オンライン (12) 800-688-6896	ポートフォリオに異変あれば警告メール送付。相場情報簡単アクセス
7. フィデリティ (6) 800-343-3548	積極派にとってはうれしい口座集計ツール「パワーストリート」機能良好
8. MLダイレクト (10) 877-653-4732	メリルリンチの調査レポート入手無料。信頼できるサイト、簡単カスタマイズ
9. マイディスカウントブローカー (8) 888-882-5600	低コスト取引（12ドル）。無線・携帯などによる口座アクセスの選択肢充実
10. E*トレード (7) 800-786-2575	E*トレード・バンク提供の新ファイナンシャルプランにて顧客の選択肢拡大
11. アメリトレード (13) 800-669-3900	買収によってデイトレーダー用のツール拡充。委託手数料格安（8ドル）
12. シティトレード (NR) 888-663-2484	パスワード導入、サイトの安全性増大。チャート、アナリストレポート多数入手可
13. クイック＆レイリー (16) 800-793-8050	親会社フリートボストンとの提携によってファイナンシャルプランの支援あり

注　NR＝2000年度ランクなし。T＝順位タイ。サービスの質＝スマートマネーおよびゴメス・インクによる各証券ウエブサイトのテスト使用を含む。手数料など＝2001/4/30現在の証拠金率を含む。ミューチュアルファンド＝調査会社モーニングスター評価による同分類上位25%のファンドが購入できるかどうかを反映

短所	サービスの質	手数料など	ミューチュアルファンド	リサーチ	取扱商品	口座の快適性
取引コスト（30ドル）・手数料高くすぐかさむ。電話は時にセールストーク調	2	27	12	2	1	1
残高10万ドル未満だと、CSFBの調査情報・新規公開株などの恩恵もらえず	6T	8	16	5T	4	10T
アナリストレポートを入手するには全部まとめて「現金払い」	5	11T	5	11T	8T	5T
サイトの動作鈍く、読みにくい。一部委託手数料値上げの見込み	16T	14T	3	4	2T	5T
債券・ミューチュアルファンドのオンラインデータが更新されていないときあり	11	6	15	10	5	24
ネット取引のスピードがかなり遅い。気配値と約定値の差、大きく開くときあり	6T	18	18	7T	10	20T
直販以外のミューチュアルファンド調査では手数料最高（購入時75〜250ドル）	3	26	6	7T	7	3
余計なオプション機能により取引コスト高くつく（30ドル）	1	25	22T	5T	8T	20T
債券・MMF購入不可。投資対象限りあり	13	4	17	11T	14T	17T
迷惑メール多い可能性大。電話担当者はウエブサイトに不案内	12	19	21	18T	2T	4
バイ・アンド・ホールド型の冬眠顧客には新規割増手数料、年間60ドルへ	10	5	7T	20T	23T	19
委託手数料高い（30ドル）。MMFのオンライン購入不可	4	23	25	1	25T	8
電話応対悪い。4月に折り返し電話支援を約束していながら、いまだ返事なし	19T	13	11	17	11	10T

会社名（カッコ内は2000年度の順位）	長所
14. ビッドウェル&カンパニー(14) 800-547-6337	ミューチュアルファンドより取り見取り、オンライン上で簡単購入可
15. ドレイファス(22) 800-416-7113	支援トレード格安(25ドル)。ミューチュアルファンド取引も格安
16. アメリカン・エキスプレス(19) 800-297-7378	リサーチツール強力。投資顧問・バンキングサービスに簡単アクセス
17. USAA(213) 800-435-1817	電話応対は大好きな叔父さんが証券会社を経営しているような感じ
18. ウォールストリート・エレクトロニカ(NR) 888-925-5783	オプション取引は信頼できてチープ（安い）。会社を通じて営業担当者と連絡可
19. デイテック(20) 800-823-2835	手数料激安。特にミューチュアルファンドの取引コストは＄1万購入につき＄10
20. JBオックスフォード(NR) 800-782-1876	退職プラン用計算ツール便利。無線・携帯など、口座アクセス手段多彩
21. アキュトレード(21) 800-228-3011	資産配分プラン詳細。ミューチュアルファンドの選択うまい
22. ABワトレー(18) 888-229-2853	デイトレーダー用ソフト基盤強固。調査時、Eメール返信いちばん迅速・詳細
23. バンガード(17) 800-992-8327	「総合一覧」機能により顧客の財務状況を詳しく概観
24. T・ロウ・プライス(24) 800-225-7720	信頼できるサイト。操作性高い取引システム。手数料データ明確
25. ブラウン&カンパニー(25) 800-822-2021	取引コスト激安。独力の場合、成り行き注文5ドル。支援付きでも17ドル

短所	サービスの質	手数料など	ミューチュアルファンド	リサーチ	取扱商品	口座の快適性
サイトの表示速度遅い。銘柄スクリーニング機能等の基本リサーチツールなし	16T	7	1T	24T	13	16
サービス最小限。チェック機能・デビットカードなし。MMFオンライン購入不可	21	3	14	13T	23T	2T
サイトは使い勝手悪し。特に取引画面。電話長時間待たされる（平均5分）	9	22	27	7T	18	2
サイトのレイアウト不便。申し込み前に電話にて「会員」になる必要あり	14T	21	20	13T	14T	5T
顧客担当者も同様にチープ（安っぽい）。電話担当者はまごまごしていて不慣れ	14T	24	19	15T	6	14T
株以外の投資対象わずか。電話応対はぞんざいで長時間待たされる	19T	2	22T	15T	27	27
サイトの取引画面、動作鈍く、扱いにくい	16T	14T	24	18T	22	14T
調査対象となった証券会社のなかで、電話で口座が動かせないのはここだけ	22T	16	7T	20T	21	23
ホームページ混乱、クラッシュ傾向あり。オンライン上では口座履歴取得困難	24T	9T	1T	26	20	22
ネット上で約定明細閲覧できず、注文状況追跡困難。Eメールサービス悪い	24T	11T	26	23	19	12T
リサーチツール不十分。特に株式情報。	24T	20	7T	24T	17	17T
サイト上のリサーチツール不足気味。取引状況追跡困難。Eメール支援なし	27	1	13	27	25T	25T

図表A.2 「人任せ型」向けベスト証券ランキング

会社名（カッコ内は2000年度の順位）	長所
1. メリルリンチ(1) 877-653-4732	銘柄選び最高。各保有銘柄の年間収益予想など、取引明細書の付加価値大
2. モルガン・スタンレー(3) 800-688-6896	新規公開株、口座リアルタイム更新など、サイト向上。3年間銘柄選択ランキング3位
3. チャールズ・シュワブ(4) 800-225-8570	ネット上のワークショップとオンライン情報により投資家が簡単に独学できる
4. AGエドワーズ(8) 877-835-7877	保有銘柄の追跡、投資顧問ホームページなど、オンラインサービス向上。証拠金率ランキング3位
5. ソロモン・スミス・バーニー(2) 800-221-3636	取引明細書は「解読」しやすい。シティグループと提携、引き続き恩恵ある見込み
6. UBSペインウェバー(6) —	UBSに買収されリサーチ向上。年間銘柄選択ランキング8位から2位へ
7. エドワード・ジョーンズ(9) 800-335-6637	顧客全員に投資相談員がつく。リサーチ卓越、3年平均でメリルに次いで2位
8. プルデンシャル(7) 800-843-7625	レーティングを簡素化(バイ/セル/ホールドのみ)、アナリストのアドバイスに従って動きやすい
9. アメリカン・エキスプレス(5) 800-297-5300	自動車保険向け抵当融資借り換え可。証拠金率最低。フリーボーナストレード$25000から

注 リサーチ＝基準は2001/3/31までの1年間と3年間の銘柄選択の成績。提供はザックス・インベストメント・リサーチ。手数料など＝2001/4/30現在の証拠金率含む。T＝順位タイ。
＊シュワブのリサーチ提供者のひとつ、クレディ・スイス・ファースト・ボストンが基準。
＊＊リターンの基準はペインウェバーとUBSウォーバーグの成績データ。＋リターンの基準はミューチュアルファンド「AXPブルーチップ・アドバンテージ」および「AXPリサーチ・オポチュニティー」の運用成績

短所	取扱商品・サービス	株式リサーチ	手数料など	オンラインサービス	ファンドミューチュアル
正統派の証券会社にはケチをつけにくく、唯一の難点は証拠金率が高いこと	1	1	2T	2	5
手数料・証拠金率ランキング中位以下、投資コスト高くつく	2	4	5	4	3
無料のアナリストレポートや投資相談など特典得るには残高＄10万か売買回数多数必要	4	5*	2T	1	2
1年前にオンライン取引開始を約束していながら、いまだ実行せず	5	8	1	8	1
推奨銘柄リストランキング最下位。この2年間は証券唯一の赤字決算	3	9	6	3	6
お金がかかる。証拠金率最高。委託手数料体系ランキング8位	7	3**	9	5	4
オンライン取引不可。配当再投資に2%手数料。ファンドファミリー7本のみ	9	2	4	9	9
推奨銘柄リスト2000年度ランキング最下位。リサーチ全体でも1位から7位へ転落	6	7	8	7	8
複雑な商品は選択肢わずか。先物やヘッジファンドは扱っていない	8	6†	7	6	7

補足A.1

手数料ベース口座に逃げ込む

　最近は相場が大荒れになっていることから、投資家たちがまったく違う2方向に逃げる傾向がある。ニューヨークの独立系ファイナンシャルプランナー、ガリー・シャツキーによれば、「証券会社にアドバイスを求めて駆け込んでくる人がいる一方で、証券会社から逃げていく人が同じくらいいる」そうだ。

　そこで、ある種のサービスで有名なフルサービスブローカーからそのサービスを受けたいが、歩合稼ぎを狙うブローカーに自分の口座をひっかき回されるのが心配、というなら、代わりに「手数料ベース口座」（fee-based account）を開設することを検討してみよう。

　たいていの大手証券にはこうした口座があり、預かり残高に応じて年間手数料が課される仕組みになっている。これならブローカーとあなたの利害は一致する。つまり、相手もあなたの資産を「回転させる」のではなく、「増やす」ことで稼ぎを得ることになるからだ。

　スティーブン・ホルツはこの手数料ベース口座を高く評価している。数年前にフルサービスのメリルリンチの口座から、同社の「アンリミテッド・アドバンテージ」プログラムに切り替えて以来、委託手数料の心配を一切しなくていいようになり、「前よりもずっと快適」になったそうだ。ミシガン州リボニアのこの弁護士は、同社のアドバイスについても高く評価している。2000年にメリルのアドバイザーからマイクロソフトとインテルを相当数売却するように言われたそうだ。最初は気乗りが

図表A.3　手数料ベース口座

会社名(プログラム名)	残高最低限度額	年間手数料
アメリカン・エキスプレス(SPSアドバンテージ)	25000ドル	最大預かり資産額の0.25～2.0%
メリルリンチ(アンリミテッド・アドバンテージ)	規定なし	最低1500ドル。最大資産額の1.5%
モルガン・スタンレー(チョイス)	50000ドル	最低1000ドル。最大資産額の2.25%
プルデンシャル(アドバイザー1)	50000ドル	最低250ドル。最大資産額の2.5%。1取引＄24.95
ソロモン・スミス・バーニー(アセットワン)	50000ドル	最低750ドル。最大資産額の1.5%
UBSペインウェバー(インサイトワン)	50000ドル	最低1250ドル。最大資産額の2.5%

しなかったものの、「結果的に本当に良いアドバイスだった」と、今40歳になるホルツは言う。それに「アンリミテッド・アドバンテージ」ならオンライン上で自分の口座をすべて見ることができるのもありがたいそうだ。

　手数料ベース口座が登場してから10年以上になるが、人気が出てきたのはつい最近のことだ。ボストンのコンサルティング会社セルリ・アソシエーツによれば、この口座の資産は年間で125%も増えているという。そのひとつの理由は、通常ならオンライン取引（つまり手数料の安い取引）に向かっていた投資家たちを引き付けるようになったことだ。手数料ベース口座なら、アドバイスをもらえるうえに、オンライン取引が何回でも（アンリミテッドに）できる。だが、気をつけてほしい。これ

> は「無制限に」デイトレーディング（日計り商い）ができるという意味ではない。顧客にとってそうすることが賢明な選択と言える、ある一定水準の取引回数までは認められているが、短期の値ザヤ稼ぎに明け暮れて、頻繁に売り買いを繰り返していると、口座を閉じられてしまう。
> 　こうしたプログラムの基本レートは各社各様で、メリルリンチでは残高の最低限度額は設けていないが、他社では最低のところでも2万5000ドルの残がないといけない。年間手数料は預かり資産の0.25％〜2.5％ぐらいで、残高が多くなるほど、手数料率が下がるようになっている（図表A.3参照）。とはいえ、覚えておこう。これはどの証券会社も強調していたことだが、手数料については交渉可能だそうだ。だから、うまく話がまとまるようにがんばってほしい。

いる。このレポートは各顧客に関するおよそ200ページにも及ぶデータから成る。

　証券会社の各担当者は、あなたから承認を得られるよう、こうした回答を参考にしながら投資戦略を練り、アセットアロケーション（資産配分）のモデルを作成していく（このモデルの見直しをするために毎年最低1回は面談することになる）。逆に、あなたのほうからは次のような質問をぶつけてみよう。

①おたくの投資哲学は？
②推奨レポートを作成するに当たって、どのようなリサーチをしていますか？
③推奨銘柄のこれまでの長期にわたるパフォーマンス（成績）は？

　自分の資産をその証券会社の担当者に託してもいいと判断したら、取引口座設定約諾書にサインする。すると、その担当者があなたに代

わって証券の売買を行う権利を得たことになる。

　メリルリンチのようなフルサービスブローカーでは、顧客サービスコストの節約のため、顧客にはなるべくオンライン上で口座のチェックをするよう奨励しているが、それでいて、細部まで行き届いた取引明細書もちゃんと送ってくれる。メリルの明細書では特に最近の相場展開から各保有銘柄の年初来の値動きまで、あらゆることを網羅して詳細に説明してある（図表Ａ.4参照）（訳者注　この図は「短期キャピタルゲイン」および「短期キャピタルロス」を示したもので、数量、銘柄とともに、１年間にいついくらで売買し、どのくらい儲かったか、損をしたかが記載されている）。

転ばぬ先の杖──悪徳ブローカーを避けるために

　SEC（米証券取引委員会）によれば、証券会社に対する苦情がこのところ急増しているとのこと。そこで、本当にちゃんとした投資アドバイスをしてくれるフルサービスブローカーを選びたいなら、投資する〝前に〟、必ず証券会社に関する調査を行うのが鉄則だ。

　NASD（全米証券業協会）レギュレーション（http://www.nasdr.com）に問い合わせて、取引を検討中の証券会社に関する情報をもらうようにしよう。レポートには証券会社に対する仲裁および規制措置がリストアップされている。また、ニューヨークで証券関係を担当している弁護士デービッド・Ｅ・ロビンズからのアドバイスによれば、ブローカーに対して、①推奨を行うときにどのようなリサーチをしたのか、②顧客の運用成績はどうなっているのか、③証券会社（あるいは担当者）の投資哲学はどのようなものか──の説明を求めるべきだという。それから、証券会社に口座を開設するときは、必ず自分の目的や目標を明確に伝えること。申込書などを空欄にしておくと、あなたの代わりに担当者が勝手に目的を設定することにもなりか

図表A.4 メリルリンチ・ピアース・フェナー&スミス・インクの年次報告書・取引明細

JOHN Q. CUSTOMER

3 2000 CAPITAL GAIN AND LOSS TRANSACTIONS

Quantity	Security Description	Date of Acquisition or Cover of Short	Date of Liquidation Or Short Sale	Sales Price	Cost Basis	Gain or (Loss)
SHORT-TERM CAPITAL GAINS						
1000	AMERICAN TEL & TEL	10/15/99	01/18/00	30,799.72	30,000.00	799.72
100	INTL BUSINESS MACH	11/15/99	03/22/00	11,044.82	11,000.00	44.82
1000	US SURGICAL CORP DEL	11/15/99	03/20/00	110,619.10	100,000.00	10,619.10
1000	US SURGICAL CORP	11/15/99	03/22/00	110,619.00	101,870.11 (U)	8,748.89
98000	TIGR SERIES 10%NOV 15 00	12/08/99	08/20/00	50,000.00	50,000.00	0.00
200	AMGEN INC COM PV $0.0001	12/18/99	09/23/00	10,040.60	4,239.08	5,801.52
200	THE SECTOR STRATEGY FUND	11/10/99	11/07/00	20,356.42	20,000.00	356.42
4	CALL IBM JAN 115	11/14/99	11/12/00	1,583.75	413.35	1,170.40
			Subtotal:	345,063.41	317,522.54	27,540.87

(U)–THE COST BASIS FOR THIS TAX LOT HAS BEEN ADJUSTED BY A PORTION OF THE UNLIMITED ADVANTAGE FEE ASSESSED IN THE YEAR 2000. FOR MORE INFORMATION, SEE THE UNLIMITED ADVANTAGE SECTION OF THE TAX REPORTING GUIDE.

SHORT-TERM CAPITAL LOSSES						
2	CALL IBM APR 110	03/15/99	01/10/00 (S)	950.66	1,775.57	(824.91)
6000	MICHIGAN ST HSG DEV AUTH.	04/05/99	04/01/00	5,150.00	6,000.00	(850.00)
25	BELLSOUTH	05/07/99	05/06/00	1,260.73	1,300.00	(39.27)
315	SIEMANS AG FN RT	05/15/99	05/13/00	2,583.00	2,600.00	(17.00)
200	AMER EXPRESS COMPANY	05/20/99	05/18/00	4,819.03	5,000.00	(180.97)
200	UP JOHN CO DEL PV1	03/18/99	12/05/00	7,873.90 (P)	9,236.52	(1,362.62)
100	IBM	05/15/00	12/18/00	11,045.00	11,186.73 (U)	(141.73)
1000	AT&T	10/15/00	15/18/00	30,799.00	31,027.86	(228.86)
			Subtotal:	64,481.32	68,126.68	(3,645.36)
		NET SHORT TERM CAPITAL GAIN (LOSS)				23,896.51

(P)–INDICATES THAT AN OPTION PREMIUM HAS BEEN INCLUDED IN THE CALCULATION
(S)–SHORT SALE
(U)–THE COST BASIS FOR THIS TAX LOT HAS BEEN ADJUSTED BY A PORTION OF THE UNLIMITED ADVANTAGE FEE ASSESSED IN THE YEAR 2000. FOR MORE INFORMATION, SEE THE UNLIMITED ADVANTAGE SECTION FOR THE TAX REPORTING GUIDE.

SUMMARY 2000

Merrill Lynch, Pierce, Fenner & Smith Inc.
Member, Securities Investor Protection Corporation (SIPC).
We urge you to keep this statement with your investment records.

ねない。

　約定確認書(取引明細書)に何やらおかしな点があった場合は、すぐに証券会社に書面にて問い合わせをする。問い合わせの記録がないままだと、日数が経過するほど、あなたが承諾したものと解釈されてしまう(訳者注　日本では、例えば、15日以内に連絡がない場合は、承認したものとみなすといった注意書きがあるものや、連絡票がついているものもある)。

ウエブサイト一覧

　ウエブサイトのアドレスをいっぱい集めて、あなたをリスト攻めにしようなどとは毛頭考えていない。むしろ、ここに挙げたのは『スマートマネー』の記者たちによって、使い勝手が良く、サクサク検索できて、何よりも重要で参考になると判断されたサイトたちだ。ひとつのサイトですべてが事足りるわけではない。だからこそ、検索してみたい情報ごとにまとめて一覧を作成してみた。

実績1株益

http://www.moneycentral.msn.com/
　EPS(1株益)に関するデータはいろいろなところで手に入るが、表示の仕方が気に入っているのはこのサイトだ。過去3年間の1株益が年ベースだけでなく、四半期ベースでも表示され、表になっているばかりか、そのデータをカラフルな棒グラフで示してあるため、企業の利益成長の過程が一目瞭然。それも、よくあるように年ごとだけでなく、四半期ごとに分かる。この情報を得るには、まず株価を検索してから(訳者注　「get quote」のところに銘柄のティッカーを入れて「go」をクリックする)、左側のメニューにある「Financial

Results」の下の「Highlights」(財務ハイライト) をクリックする。それに、おいしい情報がもうひとつある。過去3年間の(それも四半期ごとの)売上高も見ることができる。ただし、落とし穴もひとつある。インターネット・エクスプローラーを使っているなら、グラフが表示されるが、ネットスケープ・ナビゲーターでは見ることができない。

アナリスト予想

http://www.zacks.com/

アナリスト予想に関するデータベースについては(ファースト・コールによく似ているが)、ザックスのサイトだと、かなりフォーマットが良く、企業ごとに予想を閲覧できる。ティッカーシンボル(銘柄コード)を入力し、ホームページのトップメニューから「Estimates」(企業見通し)を選択する。ページが表示されたら、営業年度(今年度と来年度)および四半期(今期と来期)の見通しと、5年間の予想成長率が分かる。このサイトでは各証券会社(個々の会社名ではなく、会社の業態のみ表示)からの情報も掲載されているが、過去120日間および過去30日間にわたる市場コンセンサスの最高値、最低値、平均値も見ることができる。不必要な情報も多いが、特定の企業に対して市場関係者がどう見ているか、詳細な評価が得られる。

http://finance.yahoo.com/

ヤフー!ファイナンスのサイトには各企業に関する「Research」(リサーチ)のページがあって、過去2四半期の実績値とともに向こう2四半期分および2年分のアナリスト予想だけでなく、過去90日の間にアナリストが上方修正あるいは下方修正した数値も見ることができる。情報元はファースト・コール。

アナリストレポート（リサーチ）

http://www.multexinvestor.com/

レポートによっては10ドルから25ドルぐらい、時にはもっと払わなければいけないものもあるが、このサイトだと独立系の調査レポートがまとめて見つかる。ただし、全文ではなく、要約や抜粋になっている場合もあるので、ご了承願いたい。

http://www.zacks.com/

このデータベースは規模が大きい。マイクロソフトを検索してみたところ、CIBC、ロバートソン・スティーブンズ、ベア・スターンズ、JPモルガン・ハンブレヒト＆クイストなどの一流会社からのレポートが1年前までさかのぼって298本も取り出せた。金はかかるが（会社によって、またレポートの種類によって価格はさまざまだが）、企業レポートなら、たいてい1件につき10ドルから25ドルぐらいで済むが、業種別レポートだと150ドルぐらいかかることもある。しかも、このレポートを入手するには登録が必要。クレジットカード情報を入力すれば、オンライン上でレポートを買うことができる。

最後にひとこと。やけくそにでもなっていないかぎり、http://finance.yahoo.com/ 辺りでやたらに時間をかけてレポートを探し回らないこと。ここではいくら探しても、ソロモン・スミス・バーニーやメリルリンチ、モルガン・スタンレー、リーマン・ブラザーズ、ゴールドマン・サックスといったトップクラスの会社の調査レポートは見つからない。その代わり、あるのはアダムス・ハークネス＆ヒル（ウォール・ストリート・ジャーナル紙のランキングで44位）やグランタル＆カンパニー（同64位）、タッカー・アンソニー（同33位）、ジャニー・モンゴメリー・スコット（同42位）などのレポートだ。

チャート

http://www.bigcharts.com/
無料かつユーザー思いのインタラクティブなチャートガイド。チャート、気配値、レポートあり。銘柄の値動きとPER（株価収益率）などの指標とを比較することもできるし（真のお役立ちツール！）、株式分割や1株益情報も見られる。

http://www.smartmoney.com/
http://finance.yahoo.com/
どちらのチャートサービスも、当該銘柄の値動きを他社あるいはインデックスと比較できる。ヤフー！のサイトのほうがずっと画像表示がスピーディーだが、スマートマネーの「Map of the Market」（市場地図）も必見。4期間にわたる市場の各セクターの動きがカラーで見られる。

企業のスナップショット／プロフィール（会社概要）

http://www.zacks.com/
ここのカギはユーザーフレンドリーなこと。例えば、ヤフー！ファイナンスなどのほかのサイトでは、プロフィールを見るのに、まず株価を検索してからクリックしないといけないが、ここではホームページのトップに選択肢が設けてあるので、見たいプロフィールに直行できる。それに、ここのプロフィールのページでは、アナリストによる売り推奨、買い推奨などのレーティングや、今四半期、今年度、来年度の利益見通しに関する市場のコンセンサスもまとめてある——これはヤフー！の「プロフィール」のページでは絶対入手できない情報である。

http://finance.yahoo.com/

まず、株価を引っ張り出してから、「Profile」をクリックする。しかし、いったんページが表示されたら、企業の事業内容や経営者のことから、PBR（株価純資産倍率）やキャッシュフロー、ROE（株主資本利益率）などの基本的な指標までよくまとめてある。

5年間利益成長率・売上高増加率

http://finance.yahoo.com/

ヤフー！ファイナンスのサイトでは、各企業に関する「Research」のページがあり、ファースト・コール提供による収益見通しに関する市場のコンセンサスが掲載されている。また、企業の四半期成長率、年間成長率、5年間成長率を業種平均、セクター平均、S&P500と比較することもできる。ただし、残念ながら、このサイトでは売上高増加率は調べられない。

http://www.moneycentral.msn.com/

企業レポートを見るには、ホームページからまず株価を引き出してから、左側のメニューにある「Company Report」（企業レポート）をクリックする。下のほうにスクロールしていくと、「Financials」（財務データ）と題した表があり、ここに過去1年間の売上高および利益の実績値とともに5年間の平均成長率（％）が表示されている。

http://www.hoovers.com/

各銘柄の「company capsule」（会社概要）を引っ張り出してから、下にスクロールしながら、そのページの右側にある囲みのところを見てほしい。ここに1年間の利益成長率と売上高増加率が掲載されている。

フォーム10K・10Q

http://www.freeedgar.com/
このサイトは使い勝手が良く、画面表示が素早いので、これらのSEC（米証券取引委員会）ファイルを探すにはいちばんの近道だ。だが、企業のウエブサイトも必ずチェックするようにしよう。

http://www.moneycentral.msn.com/
ここも手っ取り早く検索できるサイトだ。フォーム10Qの全文をわざわざ見る必要がなく、当四半期の利益と売上高の数値だけ分かればいいというのであれば、MSNマネーのホームページから株価を検索して、左側メニューの「Financial Results」（業績）の下にある「Statements」（財務諸表）をクリックすると、過去（5年間）の貸借対照表（バランスシート）か、損益計算書が出てくる（選択肢によって選べる）。

PER（株価収益率）

当期PER・予想PER
PERについては、当期あるいは来期の予想1株益の平均値を探し出して、自分で計算しないといけない。検索方法は、このウエブサイト一覧の前のほうにある「アナリスト予想」の項を参照のこと。

実績PER
http://www.smartmoney.com/
http://finance.yahoo.com/
http://www.multexinvestor.com/
企業の実績PERについては、株価かチャートを引き出せば、どこ

のサイトにもたいてい掲載されている。

5年間の最高PER・最低PER
http://www.smartmoney.com/

　企業の5年間の最高PER、最低PERを知るには、株価を引き出してから、「Key Ratios」（主要レシオ）というタブをクリックする。このページにはほかにPBR（株価純資産倍率）、PSR（株価売上倍率）、PCFR（株価キャッシュフロー倍率）、ROE（株主資本利益率）、ROA（総資産利益率）などのレシオについて当期の数値や5年間の最高値・最低値を見ることができる（**訳者注**　現在では、「delayed quote（遅延株価）」のところをクリックすると、選択肢が出てくるので、「Key Ratios」を選択して、下にティッカーを入力すれば、直行することもできる。第5章の図5.7参照）。

5年間の平均PER

　これを見つけるのは至難のわざ。結局、MSNマネー（http://www.moneycentral.msn.com/）の株式スクリーニングツールからしかデータを拾えなかった。そのデラックスなスクリーニング用データベースでは、PERの5年間の最高値・最低値とともに平均値も調べられる。ただし難点がひとつある。ティッカーシンボル（銘柄コード）では検索できないことだ。だから、スクリーニングを行って、その企業を引っ張り出さないといけない。例えば、マイクロソフトの平均値を知るために、われわれは「ナスダック」で取引されている「時価総額50億ドル超」の「アプリケーションソフトウエア企業」という条件を入れてスクリーニングをした。

PSR（株価売上倍率）、PBR（株価純資産倍率）、その他のレシオ

http://www.multexinvestor.com/
　その企業のPBR、PCFR、PERを業種平均、セクター平均、S&P500と比較してみよう。ただし、そこにたどりつくには、まず、「Quote」（株価）を引き出さないといけない。それから、左側のメニューを見てほしい。「Company Information」（企業情報）という見出しの下のほうに「Ratio Comparison」（レシオ比較）が見つかるはずだ（**訳者注**　ここをクリックすると画面が表示される。第5章の図5.6参照）。

http://finance.yahoo.com/
　なかなか分かりにくいが、ここもまず株価を検索してから、「Profile」（プロフィール）をクリックし、そのページをずっとスクロールしていくと、下のほうに表がある。ここなら、売上高利益率や負債自己資本比率、簿価ベースのトータルキャッシュなど、調べたかった指標がすべて見つかるだろう。

http://www.smartmoney.com/
　流動比率をはじめ、PBR、PSR、PCFR、ROE、ROAなどの5年間の最高値・最低値を知りたければ、株価を引き出してから「Key Ratio」（主要レシオ）という項目をクリックする（**訳者注**　現在では最初から「Key Ratio」を選択して直行することもできる。第5章の図5.7参照）。

株価・気配値

遅延株価
http://finance.yahoo.com/
われわれが知るかぎりでは気配値の更新がいちばん早い。

http://www.zacks.com/
このサイトの際立っているところは、20分遅れの株価とともに自動的にチャートがポップアップすることだ（これは52週の高値・安値、その日の高値・安値、時価総額、予想1株益、アナリストによるレーティングの平均など、ほかの通常の情報も同様）。

リアルタイム気配値
http://www.smartmoney.com/
ほかにどこがある？　なにしろタダだ。ただし、まずは登録の必要あり。

過去の株価
http://finance.yahoo.com/
ヤフー！ファイナンスでは、1962年1月までさかのぼって、日、週、月ごとの株価を選択して引き出すことができる。ただし、いちばん右側の列に要注意だ。ここには株式分割調整済みの株価が掲載されている。したがって、調整前の株価を探すのでなければ、太字の株価は無視してかまわない。ホームページ上の検索結果は並べ替えができないが、スプレッドシートの形でダウンロードできるので、株価の取引パターンの勉強をしたい、目標株価を設定したいという人には貴重な情報源となる。難点は、このサービスは検索しにくいことだ。過去の株価を引き出すには、その銘柄の「chart」（チャート）をクリックし、

チャートのページの中間あたりまで下にスクロールしていくと、表の下に「historical prices」（過去の株価）と記された選択肢が見つかるので、そこをクリックする。

http://www.siliconinvestor.com/
1968年1月までさかのぼり、日付、株価、出来高などを基準に検索結果の並べ替えができる。いちばん右端の列には株式分割調整済みの株価が掲載されているので、調整前の株価を探すのでなければ、太字の株価は無視してかまわない（**訳者注**　企業名かティッカーを入力して株価「Quote」を引き出してから、銘柄名の上に並んでいる選択肢のなかから「Hist.Prices」をクリックする）。

競合他社とのレシオ比較

http://www.smartmoney.com/
PER（株価収益率）、PBR（株価純資産倍率）、売上高、キャッシュフローなどについて同業他社と比較するには、まず株価を引き出してから、「Competition」（競争相手）というタブを探す。でなければ、「Tools」（ツール）の下に出てくる「Chart Center」（チャートセンター）に進むと、その企業とその競合他社の実情が分かる（**訳者注**　現在ではトップ画面から「Competition」を選択して直行することもできる）。

http://www.marketguide.com/
その企業のPBR、PCFR、PERを業種平均、セクター平均、S&P500と比較してみよう。ただし、そこにたどりつくには、まず、「Quote」（株価）を引き出さないといけない。それから、左側のメニューを見てほしい。「Company Information」（企業情報）という見

出しの下のほうに「Ratio Comparison」(レシオ比較) が見つかるはずだ (**訳者注** ここをクリックすると画面が表示される。このアドレスから入っても、www.multexinvestor.comの画面が出る。第5章の図5.6参照)。

スクリーニング

http://www.zacks.com/
http://www.moneycentral.msn.com/

いずれも、いちいちパラメーターを設定しないでスクリーニングがしたい、という投資家には打ってつけのサイトだ。バリュー、グロース、高配当利回りといった条件で銘柄を探せるよう、あらかじめスクリーニングの設定がしてあるので、そこから選択すればいいようになっている。

しかし、こうしたサイトであらかじめ設定されている以上のことをしたいなら、知っておくといいことがいくつかある。ザックス・インベストメント・リサーチ (http://www.zacks.com/) のサイト「custom screening」は若干気が利かないが、PER、PBR、PSRといったパラメーターをひとつずつ入力して絞り込んでいけるようになっている。実際、このカスタムスクリーニングのサイトでは、特定のセクターか業種内でのふるい分けしかできないが、時価総額の範囲を設定したり、ニューヨーク証券取引所 (NYSE) か、ナスダックかのいずれかを指定したりできる。だから、例えば、時価総額が10億ドル超でNYSE上場の素材産業といった条件でスクリーニングができる。

こうした基本的なパラメーターを一度セットしておくと、ザックスが企業のリストをパッと出してくれるので、時間が節約できるし、あとで見返すこともできる。また、エクセルファイルに取り込みたい情

報や情報量を厳密に指定することも可能だ。例えば、通常の一連の検索項目（株価、時価総額、PER）のほか、収益見通しやアナリストによるレーティング平均などの情報を指定できる。

MSNマネーのサイト（http://www.moneycentral.msn.com/）で、もっと高度なスクリーニングがしたいなら、ソフトをダウンロードしないといけない。これには数秒かかるが（ケーブルモデム回線の場合は、56Kモデムで2分かかる）、時間をかけるだけの価値はある。

http://www.quicken.com/

ここは、初心者、上級者を問わず、特定の指定をしたい人から、ただ大まかなスクリーニングをしたい人まで、すべての投資家に役立つサイトで、操作の簡単な3段階のスクリーニング画面が用意されている。第1段階は初心者向けで、MSNマネーのサイトと同じように、あらかじめスクリーニングができるように設定してあり、「Popular Searches」（ポピュラー検索）というメニューを選ぶと検索できるようになっている。その次は「EasyStep Search」（簡単ステップ検索）となっていて、特に重要な変数（業種、時価総額、PER、PBR、PSRなど）をひとつずつ順に用いて、どんどん絞り込んでいけるようになっている。最後は「Full Search」（総合検索）で、これを選ぶと、33種の基準を設定できる（**訳者注　第5章の図5.4参照**）。

http://www.siliconinvestor.com/

例えば、「PERが7倍以上、14倍以下」というように、自分で関心のある範囲をきちんと設定できるなら、このサイトにある上級者向けの株式スクリーニングツールをチェックしてみよう。ここではPERからROEまで、たいていの指標について最大値、最小値を入力できるようになっている。

セクター別パフォーマンス

http://www.smartmoney.com/

各セクターの値動きがどうなっているのか知りたければ、「Map of the Market」(市場地図)を見てみよう。ここでは生活用品・主食品関連から金融、エネルギー、運輸関連まで、あらゆる業種を網羅している。直近の終値から、26週、52週、年初来の動きまで追うことができる。また、各セクターの成績最上位、最下位の銘柄を反転表示させることも可能。

用語集

10年物財務省証券（Tノート）　10-year Treasury note
米財務省発行の債券（米国債）で、償還期限が10年のもの。30年物財務省証券に代わり、この10年債が金利のトレンドを見るための指標銘柄となった。一般に、財務省証券はアメリカ政府の十分な信頼と信用によって保証されているため、アメリカで投資対象となる債券のなかではいちばん安全とされる。

12b-1手数料　12b-1 fees
ファンドの流通・販売費用として課される手数料。経費率のなかに含まれてはいるものの、しばしば別扱いにされる。フロントエンドあるいはバックエンドロード（販売手数料）に加えて課されるものだが、ノーロードファンドでも12b-1手数料を請求するところが多い。12b-1手数料を足すと、ファンドの経費率が同種のファンド平均を超えてしまう場合は、買う前にもう一度考え直してみよう。

1株当たり利益／1株益（EPS）　earnings per share
発行済み株式数1株当たりの企業収益。1株益＝純利益÷発行済み株式数。例えば、企業の年間利益が200万ドルで、発行済み株式数が200万株なら、1株益は1ドルとなる。1株益を計算する場合、発行済み株式数は期中平均株数を使うことが多い。なお、1株益はPER（株価収益率）を算出する際の分母となる（PER＝株価÷1株益）。

30年物財務省証券(Tボンド)　30-year Treasury bond
米財務省発行の債券(米国債)で、償還期限が30年のもの。ただし、2001年以来発行が停止されている。指標銘柄としての地位を10年物財務省証券に取って代わられるまでは、金利のトレンドを見るためのベンチマークとされていた。「ロングボンド」ともいう。一般に、財務省証券はアメリカ政府の十分な信頼と信用によって保証されているため、アメリカで投資対象となる債券のなかではいちばん安全とされる。利払いは半年に1回行われ、売買単位は最低1000ドルから、その倍数。

3カ月リターン最高値　best three-month return
過去5年間において基準月を1カ月ずつずらして3カ月ごとに測定した、ファンドの3カ月リターンの最高値。

401kプラン(確定拠出型企業年金)　401(k) plan
雇用者がスポンサーとなり、従業員が税引き前給与からの天引きによって拠出し積み立てていく退職貯蓄プラン。雇用者が一定額まで上乗せして拠出してくれる「マッチング拠出」が普通。運用は従業員の自己責任により、株式・債券・短期金融商品などの選択肢のなかから自分で選んで資金配分を行う。運用収益は資金を引き出すまで課税が繰り延べられる。

403bプラン(非営利団体職員向け適格年金)　403(b) plan
大学、病院、学校、非営利団体などの職員向け退職貯蓄プラン。企業の従業員向けの401kプランと同様、被雇用者が税引き前給与からの天引きによって拠出し積み立てていくもの。定額年金、変額年金、ミューチュアルファンドのなかから選んで自分で運用する。運用収益は資金を引き出すまで課税が繰り延べられる。

ADR（米国預託証券）　American depositary receipts（ADRs）

アメリカの株式市場で取引されているアメリカ国外の企業の株式すなわち預託証券のこと。ADRはアメリカの投資家にとって見るからに利点が大きい。第一に、USドルで買えるので、複雑な為替取引が不要。第二に、ADRを発行している企業のほとんどが「一般に認められた会計原則」（GAAP）に従った詳細な財務報告を義務付けられているため、透明性が増し、利益を操作されたり、不正処理されたりする確率が減る。

AMEXマーケット・バリュー・インデックス　AMEX Market Value Index

アメリカン証券取引所（AMEX）上場の全主要産業を代表する800社以上のパフォーマンスを測定した株価指数。

BA（銀行引受手形）　banker's acceptances

輸出入取引などで使われる資金調達手段のひとつ。

BBレシオ（出荷受注比率）　book-to-bill ratio

企業あるいはその業種の売り上げのトレンドを見る尺度。BBレシオとは、出荷額に対する受注額の割合、つまり、供給に対する需要の割合を示している。数値が1より大きければ、市場が拡大している、逆に1より小さければ、市場が縮小していることを意味する。例えば、BBレシオが1.03なら、100ドル相当の製品を出荷するごとに、103ドル相当の新規注文を受注していることになる。毎月発表されるこの数値はハイテク産業に投資している人にとって最大の関心事となる。というのも、売り上げの伸びと在庫管理は、財務体質を健全にするためのカギとなるからだ。

CD（譲渡性預金） certificate of deposit

指定された金額が預金されていることを示す証書で、銀行や貯蓄機関が発行するもの。特定の満期日には元本（預金額）に利息がついて払い戻されることが保証されている。受け取れる利息はそのときの市中金利、満期、預入金額によって異なる。満期前に中途解約すると、高額なペナルティーを取られることが多い。CDは米連邦預金保険公社（FDIC）による保険がついているので、安全な投資対象と言える。ただし、インフレ時や途方もない強気相場のときは不利になる（訳者注　FDICの預金保険限度額は10万ドルまで）。

CMO（不動産抵当証書担保債券） collateralized mortgage obligations（CMOs）

モーゲージ担保証券（MBS）を切り分けて、満期日、クーポン、リスクのそれぞれ異なる債券のセットをつくり、その基礎となるパススルー証券の元金払いを、目論見書に明記された優先順位に従って、各債券の償還金に充当していくもの。

CP（コマーシャルペーパー） commercial paper

企業が資金調達手段として利用している短期の無担保約束手形。公開市場でディーラーを通して、あるいは直接、投資家に販売される。CPの期間は通常270日未満だが、30日〜50日ぐらいが最も一般的。このように期間が短いため、非常に安定しており、流動性も高い。株式ファンドのキャッシュポジションや企業の流動資産の現金同等物のなかに含まれていることが多い。マネー・マーケット・ファンド（MMF）もCPを保有している。

CUSIPナンバー　CUSIP number

有価証券の識別番号。CUSIP（キューシップ）とはCommittee on

Uniform Securities Identification Procedures（統一証券識別手続き委員会）の頭文字。

EBIT（利払い税引き前利益）　EBIT
earnings before interest and taxesの略で、支払利息や税金を差し引く前の利益。計算方法は、EBIT＝売上高－売上原価－営業費用となる。この数値は有利子負債の多い企業の業績を見るのによく使われる。

EBITDA（利払い税引き前減価償却償却前利益）　EBITDA
earnings before interest, taxes, depreciation, and amortizationの略で、支払利息、税金、有形固定資産の減価償却費、無形固定資産の償却費を差し引く前の利益。「営業キャッシュフロー」ともいう。計算方法は、EBITDA＝売上高－売上原価－営業費用となるが、減価償却費と償却費はコストのなかに含めない。EBITDAは、大規模リストラ・増資・買収費用などによって利益の落ちている企業のキャッシュフローを見るのに役立つ尺度。

EMS（欧州通貨制度）　European Monetary System
EU（欧州連合）加盟国が欧州の通貨統合を目指して採用していた為替相場制度。2002年初頭、その努力が実り、単一通貨が発行された（**訳者注**　1999年1月にECU〔エキュー〕に代わって「ユーロ」が導入され、2002年1月から紙幣や硬貨が流通するようになった）

ETF（株価指数連動型上場投資信託）　exchange-traded fund
個別株と同様に売買可能な株式バスケット（多数の銘柄をまとめたもの）。1日1回、場が引けてから値付けされる従来型のミューチュアルファンドとは異なり、ETFは取引所が開いている間はいつでも市場価格で売り買いができる。ETFにはたくさん種類があり、S&P500

連動型の「スパイダース」、ダウ工業株30種平均連動型の「ダイヤモンズ」、ナスダック100連動型の「キューブス」(QQQ) などから選ぶことができる。

FT100（フィナンシャル・タイムズ100種総合株価指数）　FT-SE100
Financial Times-Stock Exchange 100-Share Indexの略。ロンドン証券取引所に上場している時価総額上位100社のインデックス。FT-SE250は、上位100社に続く大企業250社のインデックス。

GIC（元本・利回り保証契約型保険商品）　guaranteed investment contract
元本の確保と一定利率のリターンを約束した保険会社の運用商品。401kや403bなどの確定拠出型年金プランの多くが退職年金の運用資産のひとつとしてGICを提供している。投資ポートフォリオの市場リスク、信用リスク、金利リスクのすべてを保険会社が負うが、保険会社が儲かるのは、リターンが保証額を超過したときだけである。GICを保証しているのは保険会社のみで、政府関係機関は一切かかわっていないため、保険会社が破たんすれば、契約不履行の可能性もある。とはいえ、全般的に見れば、GICは一定利率のリターンをもたらしてくれる安定した商品である。

IMF（国際通貨基金）　International Monetary Fund
世界の為替相場の安定と国際収支の均衡・改善を目標に融資やその他の支援を行う組織。加盟国は必要に応じて外貨を調達できるため、自国通貨を下落させずに、国際収支の調整を行うことができる。

IPO（新規株式公開）　initial public offering
企業が不特定多数に向けて初めて株式を発行すること。こうした手続

きを「株式公開」(going public) という。IPOは、例外はあるものの、たいていは創業間もない小企業が自社株と引き換えに公開市場で資本調達を図るものだ。したがって、IPO株を購入するということは、大儲けできる可能性と同時に、多大なリスクを受け入れるだけの覚悟が必要である。

IRA（個人退職年金勘定）　individual retirement account
虎の子を育てていくのに便利な課税猶予型の退職年金プラン。所得が一定額に満たない人や、雇用者がスポンサーとなる401kや403bなどの退職年金プランに加入していない人なら、所得税算出時に年間のIRA拠出額の一部あるいは全部が控除対象となるが、その他の人はIRAに拠出しても、控除は受けられない。独身者の場合は年間3000ドル（控除可）まで、夫婦の場合は年間6000ドルまで拠出できる。拠出した金は引き出すまでずっと税金が繰り延べられるので、非課税で増えていくことになる。しかし、59.5歳未満で引き出した場合は、10％のペナルティーが科される。一方、「ロスIRA」の場合は、普通のIRAとは逆で、拠出時の税控除はないが、引き出すときは非課税となる。

LEAPS（株式長期オプション）　long-term equity anticipation securities
オプションの期限が9カ月から最長3年ぐらいまでの長期オプション。

MSCI・EAFE指数　MSCI EAFE index
外国株のベンチマークとして広く使われている時価総額加重式のインデックス。EAFEとは、欧州（Europe）、豪州（Australia）、極東（Far East）の意味で、モルガン・スタンレー・キャピタル・インターナショナル（MSCI）が集計を行っている。21カ国の指数を総合し

ているため、世界の主要市場の多くを集めて代表したものと言え、国際型ミューチュアルファンドのほとんどがそのパフォーマンス（運用成績）の評価尺度として、この指数を利用している。

NYSE総合株価指数　NYSE Composite index
ニューヨーク証券取引所（NYSE）の全上場銘柄をカバーした時価総額指数。

PBR（株価純資産倍率）　price-to-book（P/B）ratio
PBR（倍）＝株価÷1株当たり純資産。有価資産を多く所有している一般企業が市場で過小評価されているか、過大評価されているか——株価が割安か割高か——を見るのに適した指標。

PCFR（株価キャッシュフロー倍率）　price-to-cash-flow（P/C）ratio
企業のキャッシュフローに対して投資家がどのくらい支払っているかを見る指標。キャッシュフローにはさまざまな定義があるため、計算方法もいろいろある。とはいえ、いちばんよく使われているのは、PCFR（倍）＝株価÷1株当たりEBITDA（利払い税引き前減価償却償却前利益：営業キャッシュフロー）である。というのも、償却費を巧妙にごまかせば、利益の数値を改ざんすることが可能なため、純利益よりもキャッシュフローを見たほうが企業の潜在成長力をより正しくとらえられると考えている株式アナリストが多いからだ。つまり、キャッシュフローのほうが「操作」しにくいのである。

PEGレシオ　price-to-earnings-growth（PEG）ratio
PEGレシオ（倍）＝予想PER（株価収益率）÷今後3年〜5年間の予想EPS（1株益）成長率。これは予想利益成長率に比して割安に

取引されている企業を探すのに使われる指標。PEGレシオが1倍割れなら、その株はバリュー株（割安株）とされる。一般に、PEGレシオが高いほど、株価も割高ということになる。

PER（株価収益率） price-to-earnings（P/E）ratio

株式の価値を評価する指標。PER（倍）＝株価÷1株当たり利益。過去1年間の利益の実績値を使って計算する場合は「実績PER」（trailing P/E）、アナリストによる来年の予想利益を使う場合は、「予想PER」（forward P/E）というが、いずれにせよ、PERの最大の弱点は、企業が実際よりも利益を良く見せようとして会計処理を巧みにごまかすことが時々あることだ。このため、PERよりもPCFR（株価キャッシュフロー倍率）を尺度としたほうがいいというアナリストもいる。

PSR（株価売上倍率） price-to-sales（P/S）ratio

PSR（倍）＝株価（直近の終値）÷1株当たり売上高（あるいは営業収益）。1株当たり売上高＝過去12カ月間の売上高÷発行済み株式数。PSRは、利益がほとんど出ていないか、赤字の企業を測定する尺度として特に有効である。

ROA（総資産利益率） return on assets

企業の資産を活用してどのくらいの利益を上げたかを示す投資収益率で、収益力を見る指標のひとつ。ROA（％）＝過去12カ月間の純利益÷総資産×100。ROAは同業他社との効率性比較に有効である。なお、ROAは、ROE（株主資本利益率）とは違い、企業の負債（他人資本）も考慮に入れられている。

ROE（株主資本利益率） return on equity
企業の株主資本を活用してどのくらいの利益を上げたかを示す投資収益率で、収益力を見る指標のひとつ。ROE（％）＝過去12カ月間の純利益÷自己資本（あるいは純資産）×100。この数値により、企業が投資家から得た資金をどのくらい効率的に使っているかが分かる。ROEは同業他社との効率性比較に有効である。なお、ROEは、ROA（総資産利益率）とは違い、企業の他人資本（負債）は考慮されていない。「ROA」の項も参照のこと。

ROI（投下資本利益率） return on investment
投下資本全体から企業がどのくらいの利益を稼ぎ出したかを測定する尺度。ROI（％）＝純利益÷（自己資本＋長期負債）×100。なお、長期負債とは、社債や長期借入金などの長期借入債務のこと。

S&P500（S&P500種株価指数） Standard & Poor's 500 stock index
市場規模、流動性、業種を代表する銘柄といった一定基準によって選ばれた500銘柄のインデックス。市場全体の動きを示すベンチマークとして使われる。ダウ工業株30種平均（ダウ平均／NYダウ）よりも広範かつ総合的な指数で、11の産業部門から時価総額上位のアメリカ企業が採用されている。時価総額加重式なので、各採用銘柄のウエートは時価総額に比例し、小型株よりも大型株の価格変動がその規模に応じてカウントされるようになっている。ウエートが株価で決まるダウ平均とは対照的で、ダウ平均の場合は、企業規模が考慮されず、各銘柄の値動きがすべて等しくカウントされる。

SEC（米証券取引委員会） Securities and Exchange Commission
証券法の施行、ミューチュアルファンドを含む上場銘柄の情報開示

（ディスクロージャー）基準の設定などを行う連邦政府機関。1934年設立。米大統領が任命し、上院の同意を得た5人の委員で構成される。委員の任期は5年だが、それぞれ任期満了時期が異なる。SECの独立性を確保するため、同じ政党から選出できる委員は3人まで。

SIPC（証券投資者保護公社） Securities Investor Protection Corporation
証券会社が破たんした際に、その顧客口座にある有価証券や現金類を50万ドルまで保証してくれる機関。SEC（米証券取引委員会）に登録しているあらゆるブローカーやディーラーが加入を義務付けられている。

アウト・オブ・ザ・マネー　out-of-the-money
今すぐ権利行使しても、利益の出ない状態にあるオプション。コールオプションの場合は、行使価格が原資産価格（取引対象となる証券などの現在値）よりも高いとき、プットオプションの場合は、行使価格が原資産価格よりも低いときを意味する。

アセットアロケーション（資産配分）　asset allocation
株式、債券、現金同等物、貴金属、不動産、収集品といったタイプの異なる資産の間でポートフォリオを分散化する投資テクニック。リスク・リターンについていえば、アセットクラス（資産の種類）の異なるものは、まったく異なる振る舞い方をするものだ。例えば、株がいちばん高いリターンをもたらすが、損をするリスクもいちばん高い。債券はそれほど儲かることはないが、株に比べると、ずっと安定している。マネーマーケット商品（短期金融商品など）のリターンは取るに足りないものだが、元本割れを起こす心配はほとんどない。資産配分をきちんとしておけば、リスクとリターンを最適な状態に組み合わ

せることが可能である。

アセットバック証券（ABS／資産担保証券） asset-backed securities
貸付金や売掛金などの資産を裏付けにして発行される証券。例えば、証券会社が自動車ローンなどの複数の債権を束ねて資産担保債をつくり、ローンの返済金を受け取る権利を投資家に売却する。

アット・ザ・マネー at-the-money
オプションの対象となる株式などの原資産の現在値が行使価格（ストライクプライス）と等しい状態のオプション。

アナリスト analyst
証券会社あるいはファンドの運用会社の社員で、企業調査を行い、その企業の株について買い推奨、売り推奨を出す人。普通は、ヘルスケア、半導体、銀行など、特定の業種を専門にしている。

アニュアルレポート（年次報告書） annual report
公開企業が毎年発行する、財務状況などを詳細に記した記録。株主全員に配布が義務付けられている。レポートには企業の事業内容、貸借対照表（バランスシート）、損益計算書、その他の関連情報などが盛り込まれている。SEC（米証券取引委員会）提出用の公式アニュアルレポートを「フォーム10K（テンケイ）」という。

アメリカンスタイルオプション American-style option
期日までなら、いつでも権利行使ができるオプション。「アメリカンタイプ〜」ともいう。「ヨーロピアンスタイルオプション」も参照のこと）。

アメリカン証券取引所（AMEX） American Stock Exchange (AMEX)

ニューヨーク証券取引所（NYSE）、米店頭株式市場（ナスダック）に次いで3番目に商いが活発な市場。1842年ニューヨーク市に設立。ここでは主に中小型株が取引されている。「アメックス」あるいは「カーブ取引所」ともいう。

アルファ値　alpha

ファンドのリスク調整後のリターンを測定する尺度。ファンドマネジャーの能力によってプラスされた、あるいはマイナスされた価値を直接的に測定するのに用いられる。その値は、ファンドの実際のリターンと、ベータ値によって測定されたマーケットリスク（市場リスク）の水準から期待されるリターンとの差を測定することによって求められる。アルファ値が1.0というのは、ベータ値から導かれた期待リターンよりもファンドの実際のリターンが1％高いという意味で、逆にマイナス1.0のときは、期待リターンよりもファンドのリターンが1％低いということになる。アルファ値の精度は次の2つの要因で決まる。①ベータ値によって測定される市場リスクだけが唯一のリスク要因であること。②ファンドとベンチマーク（S&P500など）が強い相関関係にあること。なお、この相関関係の確かさは決定係数（アールスクエア＝Rの2乗）によって測定されるが、この決定係数が50未満のときは、ファンドのアルファ値の評価は事実上、無意味とみなされることになる。

アンダーパー債　discount bond

額面を下回る価格（額面割れ＝アンダーパー）で取引されている債券。クーポンレート（表面利率）が実勢レートを下回っているときに、ディスカウントされて売買される。例えば、8％クーポンの新発債が

1000ドル（利回り8％）で出回っているとき、6.5％クーポンの債券（額面1000ドル）なら、たったの812ドルで買えるかもしれない（**訳者注** ここでは最初から割引されて発行されるディープディスカウント債や、同じく割引方式で発行され、利札（クーポン）のついていないゼロクーポン債やストリップス債などの、いわゆる「割引債」のことではなく、流通市場において額面を割っている利付債のことをいう）。

委託保証金（証拠金） margin

信用買い（空買い）とは、証券会社から金を借りて証券を買うということ。そして融資を受けるときにはこの委託保証金を証券会社に差し入れなければいけない。アメリカでは最低委託保証金率は売買代金の50％で、キャッシュで支払うことになっている。例えば、信用で1万ドル分の株を買いたければ、最低でも5000ドル差し入れなければならない。信用買いでは、自己の投資資金だけでなく、借りた金も失う恐れがある。

一般財源債（GO債） general-obligation bond

有権者や議会からの承認を受けて、アメリカの州・地方政府などが発行する地方債。元利払いは州・地方政府などの課税権（税収）に基づき、憲法上保証されている。「一般保証債」（full-faith-and-credit bond）ともいう（地方債にはほかに特定財源債〔レベニュー債〕がある）。

委任勧誘状（議決権委任勧誘状） proxy statement

企業側の議案に対して株主が委任投票する前に株主に提供しなければならない情報。これはSEC（米証券取引委員会）によって義務付けられているもの。委任勧誘状には、取締役候補者氏名、社内取締役の給与、少数株主あるいは経営陣からの決議案などが盛り込まれている

(訳者注　日本では「定時株主総会招集通知」と、そのなかに含まれる「議決権行使についての参考書類」がこれに該当する）。

委任状（議決権行使委任状）　proxy
株主の署名入りの承諾書あるいは代理委任状で、議決権行使を他者に任せるもの。企業の経営陣は年次株主総会に先立って、株主名簿に記載されている株主に対して議決権委任勧誘状を郵送することになっている。この委任勧誘状には経営陣からの議案に加え、各議案に対して賛否表示をし、自ら議決権を行使するか、経営陣あるいは他者に議決権の代理行使を頼むかについての簡単な説明がなされている（**訳者注**　日本では「定時株主総会招集通知」とともに「議決権行使用紙」と「議決権行使についての参考書類」などが同封されてくる。賛否表示をして返送すれば、議決権を行使したことになるが、何も記入しなければ白紙委任となる。また企業によっては、インターネットでの議決権行使も可能）。

委任状争奪戦　proxy fight
企業を支配するための争いのひとつで、単独あるいは複数の企業・グループ・個人が買収目的でその企業の株主たちから委任状をかき集めること。例えば、標的企業の株主に対して、現在の経営陣を失脚させ、買収側に味方する取締役候補者に票を投じるよう説得する。これでもし株主が委任投票を通じて賛意を示せば、買収側はプレミアムを支払うことなく、その企業の経営権を握ることができる。

一般に認められた会計原則（GAAP）　generally accepted accounting principles
特定の状況においてどのような会計処理をすべきかを説明したガイドラインで、財務会計基準審議会（FASB）によって定められたもの。

GAAPに準拠しているアメリカ企業は、多くの外国企業に比べ、透明性が高く、財務分析がしやすいと言われている。実際、国が違うと、会計基準が異なるため、国籍の違う企業の利益を比較することは難しい。

イン・ザ・マネー　in-the-money
今すぐに権利行使すれば、利益が得られる状態にあるオプション。コールオプションの場合は、原資産価格（取引対象となる証券などの現在値）が行使価格よりも高いとき、プットオプションの場合は、原資産価格が行使価格よりも低いときを意味する。

インカムファンド　income fund
株式や債券など、配当収入やクーポン収入をもたらす証券に投資して高水準のインカムゲインを狙うミューチュアルファンド。

インカム型株式ファンド　income equity fund
常に配当を出している有配株に投資して、高水準の安定したインカム（配当収入）を狙うミューチュアルファンド。

インカム型債券ファンド　income bond fund
公社債に投資して、高水準の安定したインカム（クーポン収入）を狙うミューチュアルファンド。

インサイダー（内部者）　insider
役員や取締役など、企業に関する情報を一般に公表する前に知り得る立場にある人。また、企業の議決権株式を10％超保有している人もインサイダーとされる。こうしたインサイダーによる取引はすべてSEC（米証券取引委員会）に開示しなければいけないことになって

いるが、公開前の企業情報を利用して取引した場合には違法行為となる。プロの投資家のなかには企業の先行きを見るときの手掛かりとしてインサイダーの動きを注視している人が多い。

インサイダー取引（内部者取引） insider trading
第一の意味は、企業の役員らが公開された情報に基づいて証券売買を行う合法的な取引。第二の意味は、投資家が未公開情報を利用して証券売買を行う違法取引。こうしたインサイダー取引を、企業の先行きを見る手掛かりとして注視しているプロの投資家が多い（訳者注　日本では普通、違法取引の意味で使われる）。

インデックス（指数） index
特定の市場、業種、アセットクラス（資産の種類）を代表するような株式、債券、その他の証券を選んで合成したもの。例えば、S&P500種株価指数はアメリカの大型株、ラッセル2000指数はアメリカの小型株、モルガン・スタンレー・キャピタル・インターナショナル（MSCI）EAFE指数は欧州・豪州・極東の外国株、リーマン・ブラザーズ総合債券指数は全米の債券市場を代表するインデックス。こうした総合指数は特定の市場の全体の動きを見るときや比較するときのベンチマークとして利用できる。例えば、大型株ファンドを持っているなら、そのトータルリターンとS&P500のそれとを比較すれば、ファンドのパフォーマンス（運用成績）が良いかどうかが分かる。

インデックスアービトラージ（指数裁定取引） index arbitrage
株式バスケットすなわち多数の銘柄を一括して買うか売るかする一方で、株価指数先物を使って反対売買をする。例えば、一時的に現物が先物よりも割安になっていたら、現物を買って、先物を売り、その価格差すなわちスプレッドを利用して利益を得ること。しかし、市場間

の瞬間的な価格のゆがみに乗じてサヤ取りをしているうちに、市場をより効率的にするような経済的役割を果たしていることになる。

インデックスオプション（株価指数オプション）　index option
株価指数に代表される株式バスケット（多数の銘柄をまとめたもの）を特定の期日あるいは特定の期間中に特定の価格で「買う権利」あるいは「売る権利」（いずれも義務ではない）を投資家に付与する契約。インデックスオプションなら、個別銘柄をすべて買い付けなくても、特定の市場や特定の業種に的を絞った取引ができる。

インデックスファンド　index fund
特定のインデックス（指数）に採用されている銘柄をすべて保有していると仮定した場合と同じリターンを目指すミューチュアルファンド。いちばん多いのがS&P500に連動するインデックスファンドで、これはS&P500と同程度のリターンを目指すもの。インデックスファンドはポートフォリオの回転率が低いため、数あるファンドのなかで、いちばん経費率が低く、節税効果が高い。初心者には最適なファンド。

インデックス運用　indexing
パッシブ運用の一種で、S&P500などのインデックス（指数）とトータルリターンが同程度になるように運用する消極的な投資戦略。機械的にインデックスに合わせて運用するため、アクティブ運用のポートフォリオに比べ、独特の利点がいくつかある。第一に、規律に従った一貫性のある投資スタイル。これが最も重要な点だ。例えば、S&P500型のインデックスファンドの場合、S&P500の採用銘柄以外のものに投資することは絶対にない。こうした一貫性は、実際に自分でポートフォリオを作って適切な資産配分を行う際にも必要なことだ。その点、アクティブ型のファンドマネジャーは投資スタイルに一貫性が

なく、独自の資産配分計画とは合致しないものまで買い付けたりする。インデックス運用の他の利点は、経費が安く、節税効果があること。

インフレ（率） inflation
モノやサービスなどの全般的な物価水準の上昇率。インフレは、上げ足の遅い証券の価値をじわじわと侵食していく不気味な存在である。このため、マネー・マーケット・ファンド（MMF）にだけ投資していると、見た目以上にリスクが大きいことになる。仮にMMFの利回りが5～6％で、インフレ率が年に3％ずつ上昇していくとするなら、せっかくためたお金も退職後には物足りない額になってしまう。インフレ指標には消費者物価指数（CPI）や生産者物価指数（PPI）がある（**訳者注** PPIは、厳密には意味が違うが、「卸売物価指数」と訳されることもある）。

インフレ連動債（TIPS） inflation-indexed bonds
インフレに歩調を合わせるように設計された財務省証券（米国債）。利率は固定されたままだが、消費者物価指数（CPI）に連動して元本部分（額面）が調整されるようになっている。これで、インフレにより元本の価値が目減りすることはない。1997年に導入され、正式名称は「Treasury Inflation Protection Securities」（インフレ連動型財務省証券）あるいは「TIPS」という。

ウィルシャー5000 Wilshire 5000
ニューヨーク証券取引所（NYSE）、アメリカン証券取引所（AMEX）、ナスダック（米店頭株式市場）で取引されているアメリカを本拠とする企業の株式、およそ7000銘柄の時価総額指数。アメリカ株式市場全体を見るのにいちばん良い指標となる。「S&P500」「ダウ工業株30種平均」の項も参照のこと（**訳者注** 現在は銘柄数が7000

を超しているが、当初5000銘柄だったため、名称はそのまま使われている)。

売上高　sales
企業が商品の販売やサービスの提供などによって得た代金。場合によっては、賃貸料や特許権使用料などからの収入も含む。「営業収益」(revenue) ともいう。

売上高営業利益率（営業利益率）　operating margin
営業費用をすべて差し引いたあとの企業の利益率。営業利益率(％)＝営業キャッシュフロー÷売上高×100。これにより、負債に対する支払利息や減価償却費などを差し引く前の企業の収益力が分かる。損益計算書にある有形資産の減価償却費や無形資産の償却費はしばしば「操作」されるため、企業の収益力を見るには、営業利益率のほうがより正確だと思っているアナリストが多い。

売上高純利益率（純利益率）　net margin
あらゆるコストや費用、税金を差し引いたあとの企業の利益率。純利益率（％）＝純利益÷売上高×100。企業の営業効率を測定するのに用いられる。企業経営にかかるすべての費用が考慮に入れられているため、利益率のなかでも特に注目度が高い。しかし、企業の収益力をより正確に見たければ、売上高営業利益率のほうがいいかもしれない。

売上高総利益率（粗利益率）　gross margin
生産コストを差し引いたあとの企業の利益率。計算方法は、売上高－売上原価＝売上総利益。粗利益率（％）＝売上総利益÷売上高×100となる。粗利益率により、管理費や税金、減価償却費などを差し引く前の企業の本業における収益力が分かる。ただし、売上高営業利益率

のほうが企業の利益率をより正確に表していると言える。

売上高増加率（増収率）　sales growth percentage
売上高あるいは営業収益の年間増加率をパーセントで表示したもの。利益の出ていない若い企業の成長率を測定するのに役立つ。また、会計処理上、売上高は利益に比べれば、「操作」されにくい。

売上高利益率（利益率）　profit margin
企業の収益力やコスト構造、効率性を見る尺度。利益率＝利益（あるいはキャッシュフロー）÷売上高（あるいは営業収益）。利益率は基本的に4種類あり、粗利益率、営業利益率、税引き前利益率、純利益率がある。投資家がいちばん注目するのは純利益率で、あらゆるコスト、費用、税金などを差し引いたあとの企業の収益力を見るもの。純利益率（％）＝純利益÷売上高×100。利益率は特に、他の多くの企業との収益性比較にも便利だが、これひとつだけで企業の財務上のトラブルを見いだすこともできるので、非常に役に立つ指標である。

売掛金　accounts receivable
企業が顧客（取引先）などから支払ってもらうことになっている代金。現預金、売掛金、市場性のある有価証券、棚卸資産（在庫）などをすべて足し合わせたものが企業の流動資産となる。

売りさばき手数料　reallowance
証券の引受業務において、引受シンジケート団がシ団メンバー以外の証券会社に募集・売り出し対象となる株や債券を売りさばいてもらうときに支払う手数料。

売り出し（2次分売）　secondary offering

すでに発行された株式、特に機関投資家が大量に保有している株式を売りさばくこと。IPO（新規株式公開）と同様、2次分売の際も通常、投資銀行が合意に基づく価格で売り手から証券を買い取り、その価格に上乗せした価格で転売し、その差額（スプレッド）から利益を得る。

売り呼び値（オファープライス／オファー）　ask price

証券あるいは資産を売却したい人が、これなら売ってもかまわないという値段。株式市場で売り呼び値といえば、その時間帯に売り手が応じるいちばん安い値段のこと。なお、売り呼び値と買い呼び値の差を「スプレッド」という。

運転資本　working capital

流動資産から流動負債を差し引いた額。この数値によりその企業の支払い能力がどのくらいあるかが分かる。運転資本が潤沢にある企業は、事業に再投資して業績を伸ばしていくだけのキャッシュを持っていることになる。

運用資産　assets under management

ミューチュアルファンドの時価総額。資産水準はファンドを出入りする資金の流れとファンドの市場評価によって決まる。したがって、ファンドの資産額をチェックしておけば、そのファンドの規模、機動性、人気を評価するときに役立つ。例えば、小型株ファンドの純資産総額が扱いにくいサイズに達している場合、小型株ファンドというカテゴリーをそのまま維持できるのかどうかの判断材料にもなる。

営業権（のれん）　goodwill

会計上、営業権とは、好感度の高いブランドネームやシンボルなどの

強み、すなわち、競合他社よりも利益を上げることのできる超過収益力のことをいう。買収時に被買収企業の解散価値を超過した部分が営業権となり、無形資産として扱われる。例えば、工場などは売却して現金化できるが、それとは違い、この無形資産には個別の市場価値や清算価値がない。このため、買収側の企業は「一般に認められた会計原則」（GAAP）に従って、一定期間（最長40年）の間に営業権（のれん代）を償却しなければいけないことになっている。この償却（writing off）手続きを「amortization」（償却）という。企業の純利益を算出するときは、有形固定資産の減価償却費（depreciation）と無形固定資産の償却費（amortization）の双方を営業収益から差し引いて求める（**訳者注** 2002年第2四半期から「のれん代」の償却ルールが変更され、均等償却が廃止された）。

営業収益（売上高）　revenue
あらゆるコストや費用を差し引く前の企業収益。純売上高と本業から得たその他の収益をすべて足し合わせたものをいい、「operating revenues」（営業収益）と称される。営業収益には、配当・利息収入などの営業外収益は含まない。「売上高」（sales）ともいう。

営業利益　operating income
企業の継続事業からの収益力を見る尺度で、支払利息や法人税などを差し引く前の利益のこと。営業利益＝売上高－売上原価－営業費用。有利子負債の多い企業の財務実績を評価するのによく使われる。「operating profit」（営業利益）あるいは「EBIT」（利払い税引き前利益）ともいう（**訳者注**　『バリューライン・インベストメント・サーベイ』などでは、EBITDA〔利払い税引き前減価償却償却前利益〕を営業利益としている）。

益回り　earnings yield
企業の1株当たり利益を株価に対する割合（％）で示したもの（訳者注　PER〔株価収益率〕の逆数。益回り＝1株益÷株価）。益回りは、その他の株だけでなく、株と債券とを比較する尺度にもなる（訳者注　長期金利から益回りを差し引いた値を「イールドスプレッド」という）。

エスカレーター条項（物価スライド制）　escalator clause
労働コストや原材料費などの上昇について規定した契約条項。

エマージングマーケット（新興成長市場）　emerging markets
メキシコ、マレーシア、チリ、タイ、フィリピンなどの発展途上国の金融市場のこと。エマージングマーケットの証券は世界中で最もボラティリティ（価格変動リスク）が高い。莫大な潜在成長力はあるものの、政変、政治腐敗、通貨暴落など、リスクが非常に高い。

エリサ法（従業員退職所得保障法）　ERISA
Employee Retirement Income Security Actの頭文字で、ほとんどの企業年金制度にこの法律が適用される。

追い証　margin call
最低委託保証金維持率を割った場合、これを満たすよう、信用取引口座にキャッシュか証券を追加で差し入れろと証券会社から請求されること。全米証券業協会（NASD）では委託保証金維持率を、信用取引口座に入れてある証券の時価評価額の25％と定めているが、たいていの証券会社はもっと保守的で30％を要求してくる。この維持率を満たすことができない場合は、口座内の証券は売却されてしまう可能性がある。

大型株　large-capitalization stock

通常、時価総額50億ドル超の大手公開企業の株。「ラージキャップ」(large-cap stocks／large caps) あるいは「ブルーチップ（優良株）」ともいう。こうした企業は経済の原動力として特に重要な役割を果たしている。とりわけ注目度の高い2つの指標——ダウ工業株30種平均（ダウ平均／NYダウ）とS&P500種株価指数（S&P500）——はいずれも大型株で構成されている。ダウ平均にはニューヨーク証券取引所（NYSE）の上場銘柄のなかで特に規模の大きい大型株30銘柄が採用され（**訳者注**　1999年11月からマイクロソフトやインテルなどのナスダック銘柄も含まれている）、S&P500には時価総額上位のアメリカ企業500社がカバーされている。大型株はサイズが大きいこともあり、小型株よりも成長スピードは遅いが、はるかに安定性がある。

オーバーパー債　premium bond

額面を上回る価格（オーバーパー）で取引されている債券。クーポンレート（表面利率）が実勢レートを上回っているときに、プレミアム付きで売買される。例えば、5.5%クーポンの新発債が1000ドル（利回り5.5%）で出回っているときに、6%クーポンの債券（額面1000ドル）を買うには1090ドル支払わなければいけないだろう。

オープンエンド型ミューチュアルファンド　open-end mutual fund

投資家からの需要に従って株式（受益証券）を発行するタイプのファンド。その逆はクローズドエンド型ファンドで、発行株数が固定されていて、店頭（OTC）か証券取引所で売買される。オープンエンド型の価格は、ファンドの純資産総額を発行済み株式数（総口数）で割った値となり、これをファンドの「純資産価額（NAV）」（基準価格）という。オープンエンド型の純資産価額はその日の立会い終了時

に毎回算出される。たいていのミューチュアルファンドはオープンエンド型である。

押し目　dip
上げ基調のときに証券の価格が若干下がること。アナリストはよく「押し目買い」を勧めるが、これは「一時的に値を下げたときに買え」という意味。

オプション　option
株式、債券、商品（コモディティー）などを一定の価格で一定の期限内に「買う権利」あるいは「売る権利」（いずれも義務ではない）を投資家に与える契約。コールオプションは証券などを「買う権利」、プットオプションは「売る権利」である。ただし、期日までに権利行使しなかった場合は、オプションを買うために支払った金（**訳者注**　オプション料あるいはプレミアム）は全額損失となる。オプションを扱っている取引所はいくつかあり、シカゴ・オプション取引所（CBOE）、アメリカン証券取引所（AMEX）、フィラデルフィア証券取引所（PHLX）、パシフィック証券取引所（PSE）、ニューヨーク証券取引所（NYSE）などがある。

終値　closing price
市場の立ち会い終了時に、最後に取引された値段。引け値。

お化粧（決算対策）　window dressing
顧客や株主に対してポートフォリオを実際よりも良く見せるために、四半期末あるいは年度末近くになって行う取引。例えば、ミューチュアルファンドの運用担当者が、半期報告書（運用報告書）が公表される直前に、ポートフォリオのなかで損失の出ている銘柄を売却して、

いかにも儲かっている銘柄ばかりを保有しているかのように見せかけること（訳者注　これを「お化粧売り」という。window dressing は一般には「粉飾決算」の意）。

下位証券　junior security
資産や収益の分配を受ける順位が他の証券よりも下位にある証券。

買掛金　accounts payable
企業がサプライヤー（仕入れ先）などに支払わなければいけない代金。買掛金、短期借入金、長期借入債務の支払利息などをすべて足し合わせたものが企業の流動負債となる。

会計年度（FY）　fiscal year
企業や政府が会計上使用する１年間の区切り。企業の会計年度（営業年度）は、例外もあるが、たいていは暦年と同じになっている。しかし季節性のある事業を行っている企業では、会計年度が暦年とは違うことが多いが、これはいちばん現金が入る時期、つまり物理的に在庫が少なめになる時期が決算期に当たるようにするためだ。なお、アメリカ連邦政府の場合、９月30日が年度末になる。

回転商い　churning
証券の過当取引。課税対象となる投資勘定において、四六時中、売り買いを繰り返していると、短期キャピタルゲイン税が高くつくため、リターンが目減りすることになる。課税が猶予される401k（確定拠出型企業年金）やIRA（個人退職年金勘定）でさえ、委託手数料によってリターンが食われることになる。それどころか、歩合稼ぎに顧客に回転商いを勧めるようなブローカーは、証券取引法違反である。また、ポートフォリオの入れ替えを頻繁に繰り返しているファンドマ

ネジャーも税金面では金食い虫となる。

回転率　turnover ratio
ファンドの取引履歴を見る尺度で、パーセントで表示される。ファンドの回転率が100%の場合は、一般に全ポートフォリオの組み入れ銘柄を毎年丸ごと入れ替えていることを意味する。回転率が20%〜30%と低めなら、バイ・アンド・ホールド戦略を採用していると見ていいだろう。逆に、回転率が100%を超える場合は、売買をかなり頻繁に繰り返すような投資戦略をとっていると考えられる。回転率の高いファンドほど、売買委託手数料がそれだけかさんでいることになる。また、絶えず利益を実現させているため、回転率の低いファンドよりもキャピタルゲイン（実現売却益）を多く分配する傾向がある。ファンドの回転率の全体的なパターンが変化したときは、市場環境の変化や運用スタイルあるいは運用方針の変更があった可能性がある。

買い戻し手数料　redemption fee
ミューチュアルファンドを換金（解約）するときに課される手数料。バックエンドロード（後払い販売手数料）とは違い、この手数料はファンド会社の懐には入らないが、ファンドそのものに戻されるため、差し引きすれば、株主（受益者）にとって費用となるわけではない。また、買い戻し手数料がかかるのは購入後一定期間だけで、通常は購入後30日か、180日あるいは365日経過すれば、手数料はかからなくなる。こうした手数料を課すのは通常マーケットタイマー（ファンドを短期売買する人）の動きによってファンドがかき乱されるのを防ぐ意味合いがある。買い戻し手数料は換金額の１〜２％が普通**（訳者注　ミューチュアルファンドは本来、投資会社の株なので、投資家からの解約があれば、ファンドがその株式を買い戻す形になる）**。

買い呼び値（ビッドプライス／ビッド）　bid price

証券あるいは資産を購入したい人が、これなら買ってもかまわないという値段。株式市場で買い呼び値といえば、その時間帯に買い手が応じるいちばん高い値段のこと。なお、売り呼び値と買い呼び値の差を「スプレッド」という。

確定給付型年金　defined-benefit plan

従来型の企業年金プラン。退職後、自分の年齢、給与水準、勤続年数に応じて、毎月決まった額の小切手を受け取れるもの。401kなどの確定拠出型年金とは異なり、年金給付を受けるために必ずしも給与の一部を拠出しなければいけない、というわけではない。

確定拠出型年金　defined-contribution plan

拠出額が一定水準に決められた年金プラン。ただし、年金の給付額はその運用成績次第で変わる。401kプラン（確定拠出型企業年金）、403bプラン（非営利団体職員向け適格年金）、457プラン（州地方公務員団体職員向け適格年金）などの場合は、被雇用者が任意で課税繰り延べ口座に拠出するようになっており、雇用者が一定額を上乗せしてくれる場合と、してくれない場合がある。確定拠出型年金は、確定給付型とは違い、株式、債券、マネー・マーケット・ファンド（MMF）のどれに投資するかは通常、被雇用者が選択できるようになっている。

確定利付証券　fixed-income security

一定の決まったレートでリターンをもたらす証券。通常は、満期まで固定金利の利払いのある国債・地方債・社債や、配当率の確定している優先株を指す。確定利付証券は毎年の利金あるいは配当の支払いが約束されているため、そうしたことが約束されていない株に比べると、

本質的にリスクが低い。

額面／額面価格（パー） par
額面価格（パー）で取引されている債券は、券面額（額面価額）と同じ金額で買うことができる。

額面／額面価額（パーバリュー） par value
債券の発行体によって決められた額面金額。すなわち、債券が償還するときに返済されることになっている元本金額のこと。ただし、実際の債券価格は額面を超えていることもあれば（オーバーパー）、額面を割っていることもあり（アンダーパー）、この市場価格の変動が利回りに影響する。価格が額面を下回るほど、利回りは上昇し、価格が額面を上回るほど、利回りは低下する。「券面額」（face value）ともいう。

額面／券面額（フェースバリュー） face value
その言葉のとおり、債券の券面に印刷されている金額のことで、通常は1000ドル。「額面価額」（par value）ともいい、償還時に発行体が返済しなければいけない元本金額を表している。ただし、債券の実際の市場価格は額面金額より高いこともあれば、安いこともあり、この債券価格の変動が利回りに影響する。価格が額面を割り込むほど、利回りは上昇し、額面を超えるほど、利回りは低下する。

加速償却　accelerated depreciation
普通償却よりも初期ほど多額の償却が認められている会計処理法のひとつ。結果、損益計算書においてしばしば税金の支払額が減ることになる。

合併　merger
複数の既存企業が普通株をプールするか、キャッシュ払いにするか、その両方により、ひとつの企業を形成すること。普通株同士の株式交換による合併は非課税扱いとなるため、「非課税合併」（tax-free mergers）という。

カバード　covered
デリバティブ投資戦略のひとつで、売り手が原資産を保有している（現物のカバーがある）状態のもの。例えば、「カバードコール」は、証券を購入したうえで、その証券のコールオプションを売ること。カバードコールはマーケットニュートラル投資戦略のひとつで、保有証券の値下がりから投資家を守ると同時に（**訳者注**　オプション料が収益となる）、いくらかの値上がり益を得ようというもの。

株　share
株式あるいはミューチュアルファンドの所有権の一単位。この所有権を象徴するのが株券（証券）で、ここには株主名と企業名あるいはファンド名が示されている。企業にとって発行が認められている株数は、企業の設立許可書に詳細に記されている。ただし、オープンエンド型ミューチュアルファンドの場合は発行株数に制限はない。

株価指数オプション　stock index option
株価指数を取引対象（原資産）としたコールオプションあるいはプットオプション。株価指数オプションなら、個別銘柄をすべて買い付けなくても、特定の市場あるいは特定の業種に投資することができる。例えば、テクノロジー関連株が下がると思うなら、山ほどあるテクノロジー株を空売りしなくても、テクノロジー指数を「売る権利」すなわちプットオプションを買えばいい。

株価指数先物　stock index future
将来の一定期日までに株価指数の金銭価値を売買する契約。市場全体の動きを予想し、投機対象として株価指数を先物で空売りしておく、あるいは保有証券の値下がりに備えてヘッジのために先物契約を結んでおく、といったことができる。最も活発に取引されている指数は、ニューヨーク先物取引所（NYFE）ではNYSE総合株価指数、シカゴ・マーカンタイル取引所（CME）ではS&P500。

株式　equity
企業の株主によって保有されている所有権の持ち分。「bonds」（債券）に対しては「stock」（株式）という。株主に帰属するのは、企業の純資産の一部。

株式　stock
投資対象のひとつ。株に投資することで企業の資産および収益の一部を所有する形となる。普通株と優先株の2種類がある。普通株には議決権があるが、配当がもらえるという保証はない。一方、優先株には議決権がないが、一定の配当が保証されている。また、企業が破たんした場合、普通株よりも優先株のほうに残余財産の分配を受ける優先権がある。「債券」「社債」の項も参照のこと。

株式オプション／ストックオプション　stock option
原資産が企業の普通株式であるオプション。オプションの買い手には、一定期日までに一定の価格でその株式を「買う権利」または「売る権利」が与えられる。また、従業員への報酬制度のひとつ、「ストックオプション」（自社株購入権）の場合は、一定期間中に定められた価格で自社株を買う権利が従業員に付与される。最近では、最高幹部に報酬としてストックオプションを与えるのが流行している。

株式ファンド　stock fund

株式に投資するミューチュアルファンド。グロース型、ブレンド型、バリュー型など、さまざまな投資戦略がある一方、小型株、中型株、大型株など、時価総額別に投資していくファンドもある。S&P500などの特定の株価指数に連動するインデックスファンドもあれば、テクノロジーやヘルスケアなどの特定の業種に投資する業種別ファンドもある。株式ファンドを購入する重要な利点のひとつは、よく分散されたポートフォリオをアクティブ運用してもらえることだ。

株式型インカムファンド　equity income funds

運用資産の最低65％を有配株（配当を出している企業の株）に投資することによって、インカムゲイン（配当収入）を狙うファンド。その投資哲学はバリュー型ファンドとよく似ている。なぜなら、配当利回りの高い株ほど割安株の傾向があるからだ。こうしたファンドの第一の銘柄選択基準は配当なので、キャピタルゲイン（値上がり益）は期待できないことが多い。このため、市況回復時には往々にして出遅れることになるが、下げ相場でもインカム（配当）が取れるので、損失をその分抑えることができる。

株式分割　stock split

企業の時価総額や株主構成を変えることなく、発行済み株式数を変更させること。既存株主に対しては一定の比率に従って新株が発行される。例えば、「a 2-for-1 stock split」では、1株が2株に分割されるため、発行済み株式数は2倍になる。例えば、60ドルの株を100株保有していた人は、30ドルの株を200株保有することになるが、株主構成には変わりはない。通常、株式分割は、株価を手ごろな値段に引き下げて、投資家数の増大を図るために実施される。

株主割当増資　rights offering
新株引受権を有している既存株主を対象に新株を追加発行すること。通常は時価よりも安い値段で発行され、活発に取引される。

株主資本　shareholders' equity
総資産から負債総額を差し引いた額。「自己資本」(net worth) あるいは「純資産」(book value) ともいう。仮に企業が丸ごと売却されたとして、負債をすべて返済したあとに株主に残されるであろうもの、それが株主資本である。このなかには利益剰余金（内部留保）に加え、設立当初から企業につぎ込まれた全投資額が含まれる。有価資産を多く所有している一般企業の場合、PBR（株価純資産倍率）をチェックすれば、その企業が市場において過小評価されているか、過大評価されているかがよく分かる。

株主代表訴訟　derivative suit
企業あるいはミューチュアルファンド、およびその株主を代表して株主たちが起こす訴訟。損害が賠償された場合は、その企業あるいはミューチュアルファンドに賠償金が支払われる。そもそも株主代表訴訟とは、失策を招き私利私欲に走る旧態依然とした取締役連中を相手取って、株主が訴えを起こすひとつの手段。

空売り（ショートセール）　short selling
株価などが下がると予想される場合の取引戦略のひとつ。証券会社から株式あるいはその他の金融商品を借りて売却することで、ショートポジションを作る（売り持ちにする）こと。そして、株などを買い戻して、借りたものを返すことで、ポジションをカバーした（すなわち手仕舞った）ことになる。株価が下がれば、借りた株を空売りしたときよりも安い値段で買い戻せるため、儲かることになる。

空売りの買い戻し（ショートカバー）　short covering
空売りして売り持ち（ショートポジション）になっていたのを反対売買によって決済する、すなわち手仕舞うこと。例えば、株価が急騰した場合、下がることを見込んで空売りしていた投資家が証券会社から借りた株の買い戻しを迫られることがよくある。こうした買い戻し（ショートカバー）が入ることによって、株価がさらに一段高となることがある。

空売り残高（売り残）　short interest
所定の株において空売りされたまま買い戻されていない株数の総額。通常は、値下がりによって利益を得るために空売りを仕掛ける。このため、売り残は、特定の銘柄について市場がどのくらい悲観的に見ているかを示す指標となることが多い。が、その反面、その株の潜在需要を示していることにもなる。というのも、特に株価が大きく値上がりしたときは、空売り筋が買い戻しを余儀なくされるため、その株が活況を呈する可能性があるからだ。つまり、売り残が多いということは、いずれは株価が押し上げられることを意味している。また、悲観的な見方とは無縁の、ほかの理由で空売りするケースもある。例えば、デリバティブ取引やM&A（企業の合併・買収）のヘッジ戦略として空売りが利用されることもある。

空売り比率　short interest ratio
投資家がショートしている株数（売り残）を、その株の30日あるいは90日間の平均出来高で割った比率。つまり、空売り比率は——出来高が平均並みと仮定した場合に——好材料が出て株価が上昇し、思惑の外れた売り方がショートカバーに入る（買い戻す）のに何日かかるかを示したもの（訳者注　日本では売り残をその日の出来高で割る）。

為替手形　bill of exchange
ある企業（振出人）が別の企業（支払人）に対して第3者（受取人）に一定金額の支払いをするように指示した署名入りの有価証券。「draft」ともいう。

為替手形　draft
ある企業（振出人）が別の企業（支払人）に対して第3者（受取人）に一定金額の支払いをするように指示した署名入りの有価証券。「bill of exchange」ともいう。

関係会社　affiliate
一方の会社がもう一方の会社の株式を、過半数を超えない程度に所有しているか、2社がいずれも第3者の子会社となっている場合、その2社を関係会社という。あるいは、一般には、親会社・子会社の関係がなくても、2社の間に何らかのつながりがある場合も関係会社という。

監査意見（会計士の意見）　accountant's opinion
企業の財務諸表に対する会計事務所からの署名入りの意見表明。監査人は「一般に認められた会計原則」（GAAP）に従わなければいけない。意見は無限定の場合もあれば、限定付きの場合もある。「限定意見」は、監査の限界を指摘する、あるいは財務諸表に異常項目があるといった注意を促すもの。

監査報告書　auditor's report
企業の財務諸表が「一般に認められた会計原則」（GAAP）にきちんと従っているかどうか、独立した会計事務所が意見を表明したもの。監査報告書は企業のアニュアルレポート（年次報告書）に掲載されて

いる。

元本（元金）　principal
債券の額面価額あるいは券面額。債券が償還したときに返済されることになっている金額。例えば、額面1000ドル、クーポン5％の10年物財務省証券を購入した場合、この1000ドルが元本で、これが10年後に戻ってくることになる。

元本割れ（MMFの〜）　break the buck
マネー・マーケット・ファンド（MMF）の株価（基準価格）が、本来維持する予定である1株（1口）1ドルを割ったとき、「元本割れ」——直訳では「1ドル割れ」——という。MMFは安全ですぐに換金できると思われているため、1株1ドルはまず割れないとされる。実際、1ドル割れはめったにない（訳者注　日本では2001年にマイカルやエンロンの社債を組み入れていたMMF〔マネー・マネージメント・ファンド〕が相次いで元本割れを起こし、一時問題となった）。

期日／満期日（オプションの行使期限）　expiration date
この期日を過ぎると、オプションの権利行使ができなくなるという日。

貴金属　precious metals
投資対象となる金・銀・プラチナなどの商品（コモディティー）。地金や宝飾品の形で現物を手に入れることもできれば、先物やオプション取引、あるいは鉱業株として購入することもできる。一般に、貴金属投資はインフレヘッジになると考えられている。

期限延長リスク　extension risk
モーゲージ担保証券（MBS）の場合、金利が上昇すると、住宅ロー

ンなどの期限前返済率が低下し、償還期限が長期化するリスクがある。この場合、その証券に投じた資金が凍結してしまうため、金利の高い投資対象に乗り換える機会を逃す恐れがある（**訳者注**　この逆は「期限前償還リスク」で、金利低下局面で問題となる）。

逆張り投資家　contrarian
特定の時期において大方の投資家とは逆の動きをする投資家。逆張り派によると、だれもが「こうなる」と確信を持っているときは、そのとおりにはならないものだという。というのも、「相場は上がる」と言っている人たちが一斉に大枚をはたいて投資に向かうと、あとはもう資金が続かなくなるため、そこが天井となる。逆に、みんなが下がると見ているときは、すでに売るだけ売ってしまっているため、相場はもう上がるしかない。逆張り投資にはバリュー投資と多くの共通点があるが、違いもある。逆張り派が買う株は単に安いだけではなく、思い切り嫌気売りされている株である。だから、リスクも高いが、儲かる可能性も高い。

キャッシュフロー　cash flow
純利益に減価償却費や償却費などの現金支出を伴わない費用項目を足し戻したもの。「現金収入」（cash earnings）ともいう。キャッシュフロー＝純利益＋減価償却費－優先株配当金。純利益よりもキャッシュフローを見たほうが企業の真の潜在成長力が分かるという株式アナリストが多いが、これは償却費をごまかせば、利益の数値は改ざんできるからだ。

キャピタルゲイン　capital gains
証券、不動産、その他の資産を売却したときに得られる実現益（資産売却益、売買差益、値上がり益）。米内国歳入庁（IRS）（**訳者注**　国

税庁）からどのくらいキャピタルゲイン税を取られるかは、その証券の保有期間で決まる。保有期間が1年以下の株から得た売却益は、「短期キャピタルゲイン」と見なされ、通常の所得税率を課せられる。つまり、最大で39.6％取られる可能性がある。しかし1年超保有すれば、キャピタルゲイン税は最大でも20％で済む。

キャピタルゲインによる収益分配金　capital gains distribution
ミューチュアルファンドがキャピタルゲイン（売却益）によって得た収益を株主（受益者）に株数（口数）に応じて分配するもの。こうした分配金は年に1～2回もらえるのが普通だが、ファンドマネジャーが売却した証券をどのくらい長く保有していたかによって、長期あるいは短期のキャピタルゲイン税を課されることになる。そこで、ミューチュアルファンドを購入する前に、分配金の支払い直前でないことを確かめておこう。でないと、自分が儲けたわけでもないのに、税金をふっかけられることになる。税金が気になるなら、ファンドの回転率にも注意が必要。

キャピタルロス　capital loss
資産を購入価格より下で売却することによって被った損失（資産売却損、売却差損、値下がり損）。このキャピタルロスをうまく利用すれば、税金支払い時に好都合となる。キャピタルゲインをキャピタルロスで相殺すれば、税負担が軽くなるからだ。こうした戦法を「損出し」という。

急落　sell-off
市場にまとまった売りが出て、株価や債券価格が急激に下がること（**訳者注**　大幅な下げを示す表現としては、そのときの状況によって「全面安」「棒下げ」「暴落」「崩落」「深押し」「一段安」「投げが投げ

を呼ぶ」などがある）。

業種別ファンド（セクターファンド）　sector fund
バイオテクノロジー、金産業、地方銀行など、一業種に的を絞って投資するミューチュアルファンド。一般に業種別ファンドは成績の出来不出来が極端で、ミューチュアルファンドの年間成績表の上位か下位を占めていることが多い。

競争売買市場　auction market
証券取引所にて買い手同士、売り手同士が競争し合いながら、最良の値段を求めて証券を売買すること。個別銘柄の取引はスペシャリストと呼ばれる取引所の会員によって管理され、秩序が保たれている。

金融政策　monetary policy
米連邦準備制度理事会（FRB）などの中央銀行がマネーサプライ（通貨供給量）や金利の調節を行って、インフレを制御し、通貨の安定を図ること。例えば、景気が過熱気味になると、FRBは市中銀行から金を吸い上げるか、支払準備率を引き上げる、あるいは公定歩合を引き上げて、景気の沈静化を図る。逆に、景気が減速してきたときは、その反対の政策をとり、マネーサプライを増やし、支払準備率や公定歩合を引き下げる。

金利　interest rate
お金を借りるときに課される利子率で、通常は年率（％）で表示される。計算方法は、金利＝利子÷借金額（元金）となる。例えば、銀行から1000ドル借りて、年間50ドルの利子を取られるとすると、その金利は5％となる。金利は手形をはじめ、短期債、中期債、長期債、クレジットカード、そして各種消費者金融や企業貸付けなどで引き合い

に出されるが、一般にインフレ率の上昇やFRBの利上げに伴ってレートも上昇する傾向にある。金利が上昇して、株よりも新発債を買ったほうが利回りが取れるようになると、株式市場にはマイナスとなる。同様に、債券の流通市場においても、新発債よりもクーポンレートの低い既発債は魅力が薄れ、売られることになる。

金利スワップ　interest rate swap
一方が他方から変動金利を受け取り、その見返りに固定金利を支払うことを約束する一種のデリバティブ。

金利リスク（金利変動リスク）　interest rate risk
保有債券の利率（クーポンレート）よりも実勢レートが大幅に高くなる危険性。こうなると、債券価格は下落するため、売却すると、損をすることになる。これは、財務省証券（米国債）を含め、長期債に投資している人にはとりわけ深刻なことだ。というのも、償還期限が長いほど、金利変動リスクが高くなるからだ。

クーポン　coupon
債券発行時に決められている表面利率（クーポンレート）。例えば、6％クーポンの債券を1000ドル購入した場合、償還するまで毎年60ドルの利金（利息）がもらえる。もちろん、すべての人が債券を満期まで保有しているわけではない。それに、流通市場（セカンダリーマーケット）で債券を購入する場合、価格はたいてい額面（パー）より上（オーバーパー）か、下（アンダーパー）になっているため、実際の利回りはクーポンレートとはかなり違う可能性がある。

クオンツ　quant
定量分析手法を駆使するアナリストを指す俗語。

クラムダウン制度　cram-down

破産交渉の妙策のひとつ。不利な立場にある劣後債権者が1グループでも賛成すれば、他の反対を押し切ってでも再建計画を債権者たちにのませることができる制度。

グロース&インカム型ファンド（安定成長型ファンド）　growth and income fund

第一の目標として元本の長期的な成長（グロース）を目指し、第二の目標として配当収入（インカム）の確保を狙うミューチュアルファンド。安定した配当実績と将来的な利益成長力を有する大型株を購入していくのが普通だが、成長株よりも割安株のほうが高配当が得られるため、グロース志向というよりもバリュー志向の投資スタイルに近い。リスクの点では、S&P500などの市場平均と歩調を合わせた動きをする傾向がある。プラス面は、市場全体に比べてボラティリティ（価格変動リスク）が小さいこと。マイナス面は、一般にトータルリターン（総合利回り）ベースでの飛び抜けた成績はあまり期待できないこと。

クローズドエンド型ファンド　closed-end fund

ミューチュアルファンドの一種で、発行株式数が固定されていて、通常は証券取引所で売買されるもの。主流のオープンエンド型ファンドとは異なり、クローズドエンド型は市場の需給関係に基づいて決められた市場価格で取引される。したがって、面白いことに、市場価格がその基となるポートフォリオの価値（純資産価額あるいはNAV）を上回ることもあれば（プレミアム状態）、下回ることもある（ディスカウント状態）。そこで、クローズドエンド型の場合、ディスカウント幅の大きいときに、いずれ幅が縮小することを期待して資金を投じる人が多い。

グロース型ファンド（成長株ファンド）　growth fund

その名のとおり、このタイプのファンドは、市場において最も急成長している企業を物色する傾向がある。グロース型のファンドマネジャーは、より大きなリスクをとって、こうした株を、プレミアムを払ってでも買い付けていく。市場平均よりも利益成長力の大きい企業あるいは値上がり益の大きい企業の株でポートフォリオを組み立てていくのである。一般に、成長株ファンドは普通のファンドに比べると、ハイリスク・ハイリターン型となっている。つまり、下げ相場では市場全体よりも下げがきつくなる傾向があるが、上げ相場ではS&P500などのたいていのベンチマークを上回る上昇を見せるのが普通。また、時価総額にはこだわらず、中小型株から大型株まであらゆるサイズの株に投資している。

グロース投資（成長株投資）　growth investing

利益成長率が今期のみならず、将来的にも市場平均を超えるような企業を物色する投資スタイル。信条は、値段にかかわらず、並外れた成長力を有する株を買い付けること。このため、成長株には、利益成長率はかなり高いものの、配当利回りが非常に低い傾向がある。市場での評価が高く、高PBR（株価純資産倍率）、高PER（株価収益率）、高PSR（株価売上倍率）で取引されているのが普通。株価が高く、配当利回りが低いため、割安株に比べて、下値リスクが大きく、ボラティリティ（価格変動リスク）が高い。特に金利上昇局面には弱く、急成長に水を差されることもある。「バリュー投資」の項も参照のこと。

グローバルファンド　global funds

世界中の株式に投資するファンドだが、資産の何パーセントかはアメリカ株（国内株）が含まれている（通常25%～50%）。グローバルフ

ァンドは外国株式投資のなかでは最も安全な投資対象と言えるが、それは名の通ったアメリカ株に依存していることが多いからだ（**訳者注** グローバルファンドには株だけでなく債券型もある）。

景気回復　recovery
景気循環において、景気の下降あるいは景気後退（リセッション）のあとに経済活動が上向きに転じ、国内総生産（GDP）がプラス成長になる時期。

景気先行指数　leading economic indicators
10の景気指標から成り、経済全般の将来的な変化を予測するのに役立つ指標。米コンファレンスボードが集計している。その構成は、週平均労働時間、新規失業保険申請件数、消費財受注、配送遅延指数、非国防資本財新規受注、住宅着工許可件数、長短金利差（10年物－FFレート）、株価（S&P500）、マネーサプライ（M２）、消費者期待指数の10項目。

景気遅行指数　lagging economic indicators
全般的な経済活動のペースよりも遅れて変動を示す景気指標。景気先行指数や一致指数とともに毎月、米コンファレンスボードにより発表される。失業率、設備投資、単位労働コスト、銀行貸出残高、銀行金利、生産者在庫・流通在庫の６項目から成る。

経済指標（景気指標）　economic indicators
景気や商況を分析し、見通しを立てるのに用いられる主要統計値。失業率、インフレ率、設備稼働率、貿易収支などがある。

経常収支　current account balance

国の国際収支の構成要素のひとつで、商品・サービスの輸出入額などが集計されている。経常収支は国の競争力や弱点を評価し、その国の通貨の強さを予想するのに役立つ。

経費率　expense ratio

毎年ミューチュアルファンドの資産から差し引かれる費用の割合をパーセントで示したもの。これには運用報酬、運営費、管理費、12b-1手数料など、ファンドにかかるあらゆるコストが含まれる。例えば、最近の国内株式型ファンドの平均経費率は約1.4％、債券ファンドは同約1.1％、国際型ファンドは経費率が高めで約1.8％となっているが、これより経費率の高いファンドを買う理由はどこにもない。時々、リターンを引き上げるために、株主（受益者）に課す経費の割合を抑えるようにしているファンドがあるが、これは一時的にそうしている場合が多く、一定期間が過ぎると、しばしば経費率が上がるので、要注意だ。

決定係数（アールスクエア＝Rの2乗）　R-squared

ファンドと市場との相関関係を見る尺度。ファンドの過去3年間の月次リターンとベンチマークのそれとを比較することによって求められる。株式ファンドではS&P500、債券ファンドでは財務省短期証券（TB）がベンチマークとなる。決定係数は0〜100の値をとり、100のときはベンチマークと完全に同じ動きをしていることを示し、85のときは、相関関係の確かさが85％という意味になる。一般に、決定係数の値が大きいほど、ベータ値の信頼度が高くなる。例えば、ファンドのリターンがベンチマークとしているインデックスのリターンに最も近いとき、すなわち決定係数がほぼ100のとき、ベータ値が1を下回っていれば、リスク調整後のリターンはベンチマークよりも高いと

考えられる。ただし、決定係数の値が小さくなるほど、ベータ値とファンドのパフォーマンスの関連性は薄れていくことになる。

気配値（相場） quote

「quotation」ともいう。所定の市場、所定の証券における現時点で有効の最も高い買い呼び値と最も低い売り呼び値のこと。この買い呼び値と売り呼び値の価格差を「スプレッド」という。

原価基準 cost basis

キャピタルゲイン（資産売却益）を算定するときに使われる、資産の取得原価。通常は、株、債券、その他の有価証券の購入価格を指す。

減価償却（費） depreciation

消耗や老朽化、陳腐化による資産価値の減少を表す現金支出を伴わない費用項目。工場や機械装置などの有価資産は、時がたつにつれて価値が目減り（減価）していき、最終的には交換しなくてはならなくなる。そこで、こうした減価分を費用（減価償却費）としてその資産の耐用年数に従って帳簿から消していく（償却していく）のである。利益はこの減価償却費を差し引いたものになるため、アナリストによっては、純利益よりもキャッシュフロー（現金収支）を重視する人もいる。これなら、純利益に減価償却費の影響が出ないからだ（**訳者注** 簡易キャッシュフロー＝純利益＋減価償却費）。

現金同等物 cash equivalent

ファンドの資産などに組み入れられている現預金や短期の確定利付証券など。株式ファンドにおいてキャッシュの配分が多すぎると、運用成績の足を引っ張ることになる。その一方で、慎重派のファンドマネジャーなどは下げ相場において元本を確保するためにキャッシュを積

み増すこともある。また、買い場を逃さないようにするため、あるいは株主（受益者）からの解約に備えて、キャッシュを用意しておくこともある（**訳者注　運用関係において「キャッシュ」という場合は、現金だけでなく、現金同等物、すなわち容易に換金できる短期金融商品、市場性のある有価証券なども含まれる。TB、CD、CPなど）。

建設支出　construction spending
米商務省が毎月測定している建設支出額。これは商務省が新築費の調査を行い、居住用、非居住用、公共部門に分けて発表するもの。建設支出のトレンドは金利および景気循環と密接なつながりがある。支出の伸びは経済成長とともに潜在的なインフレの兆候となる。

現物価格（スポット価格）　spot price
商品（コモディティー）や通貨などを即日あるいは数日内に売却・受け渡しをする際の価格。

現物市場（キャッシュマーケット）　cash market
時価あるいは現物価格（スポット価格）で証券などの取引を行う市場。その逆は先物市場。

現物市場／直物市場（スポット市場）　spot market
即日あるいは数日内に現金で受け渡しを行う商品取引市場または外国為替市場。先物取引の場合でも「当限」（限月が当月、すなわち決済期限がその月に到来するもの）のことを「スポット」という。

権利行使価格（ストライクプライス）　strike price
オプションの取引対象（原資産）となる証券をこの値段でなら売買できるという、あらかじめ指定された価格。例えば、今後3カ月の間に

某企業の株を100株購入できるコールオプションを買い、その権利行使価格が1株50ドルだったとする。仮にその株が現在1株75ドルで取引されていて、そろそろ天井だと思ったら、コールオプションの権利を行使して1株50ドルでその株を買い付け、75ドルで売却すれば、1株につき25ドルから手数料などを差し引いた額が儲けとなる。「exercise price」(行使価格)ともいう。

公開企業　public company
その株式を不特定多数に向けて放出している企業。公開企業はSEC（米証券取引委員会）の規制対象となる。「publicly held company」ともいう。

鉱工業生産　industrial production
米連邦準備制度理事会（FRB）が毎月発表している指標で、製造業・公益事業・鉱業の生産量を測定したもの。鉱工業生産指数は景気拡大期に上昇し、景気後退期には低下する。この指数はアナリストらによってGDP（国内総生産）の代用として利用されることが多いが、金融市場でも注目度が高い。鉱工業生産の上昇は債券にとっては売り材料となるが、これはインフレ圧力によって債券の利回りが食われることになるからだ。

公定歩合　discount rate
米連邦準備銀行（連銀）が加盟銀行に貸し出す際の金利。これらの金融機関が取引先に貸し出す際の金利にも公定歩合が影響する。また、連邦準備制度理事会（FRB）の金融政策の舵取り手段のひとつとして公定歩合が利用される。公定歩合は金利動向やFRBの今後の政策を見極める手掛かりとなるため、債券市場や株式市場にとっても重要である。

公認ファイナンシャルコンサルタント（ChFC） chartered financial consultant

ファイナンシャルプランニングに関する資格で、米ペンシルベニア州の大学、ブリンマーカレッジによって適任とされたプランナーに与えられる。

公認ファイナンシャルプランナー（CFP） certified financial planner

ファイナンシャルプランニングではいちばんよく知られている資格で、デンバーにあるCFPボード・オブ・スタンダード（CFPボード／CFP資格認定委員会）によって適任とされたプランナーに与えられる。

小売売上高　retail sales

消費者向けに販売された耐久財（耐用年数が最低3年はあるとされる製品）および非耐久財の売上高を米商務省が毎月調査して発表しているもの。小売売上高の変化は全般的な個人消費のパターンを見るのに最も速報性の高い指標とされる。小売売上高の減少は債券には好材料となる。なぜなら、景気減速を示すシグナルになるからだ。逆に、好況期にはインフレ懸念が高まり、債券は売られることになる。

コーラブル債（繰り上げ償還条項付き債券） callable bond

発行体が満期前に償還できる権利を有している債券。繰り上げ償還日（コールデート）とその償還価格（コールプライス）はあらかじめ定められているが、その時期になって、債券のクーポンレート（表面利率）が実勢レートよりも高い場合は繰り上げ償還される危険性がある。万一コールがかかってしまった場合、その償還金をこれまでと同じくらい利回りの高い債券に再投資するのはまず不可能となる。

コール（繰り上げ償還） call
発行体が満期前に債券あるいは優先株を償還できる権利。あるいはその権利を行使すること。金利が大幅に低下し、発行体にとって低い金利で新発債を発行したほうが節約になるというときは、通常、利率の高い既発債は繰り上げ償還されることになる。発行体がいつからコールをかけるようになっているかなど、コール条項（繰り上げ償還条項）については債券の目論見書に明記されているので、必ず確認のこと。

コールオプション call option
この契約によって一定期間内に一定の価格で株式か、債券あるいは商品、その他の投資対象を「買う権利」がもらえる。これには「買う義務」はない。「プットオプション」の項も参照のこと。

コールリスク（繰り上げ償還リスク） call risk
発行体が予定（満期日）よりも早めに証券を償還させるかもしれないリスク。

子会社 subsidiary
その議決権株式の50％超を別の会社、いわゆる親会社によって所有されている会社。「関係会社」の項も参照のこと。

小型株 small-capitalization stocks
通常、時価総額10億ドル未満の比較的規模の小さい公開企業の株。「スモールキャップ」（small-cap stocks／small caps）ともいう。大型株に比べると、成長スピードは速いが、ボラティリティ（価格変動リスク）が高い。発行済み株式数が少ないため、必然的に値動きが荒くなる。好材料が出ると、もてはやされて買いが入り、一気に急騰す

るが、悪材料が出ると一気に急落してしまう。小型株指数としてはラッセル2000がいちばん有名。

国際型ファンド　international funds
主として国外の株式に投資するファンド（**訳者注**　債券に投資するファンドもある）。国際分散投資が可能となる一方で、為替リスク、政治リスク、経済リスクなど、気をつけなければならないリスク要因がいくつかあるが、特に為替リスクは投資リターンを大きく変えてしまう要因となる。また、海外投資はコストが高くつくため、たいていの国際型ファンドは国内型ファンドよりも経費率が高めになっている。

国内総生産（GDP）　gross domestic product
国内の生産者によって生み出されたモノやサービスの総価値。GDPは個人消費支出、政府支出、民間投資（**訳者注**　民間設備投資・住宅投資・在庫投資）、純輸出などから成る。アメリカでは商務省が四半期ごとにGDPの数値を算出しているが、これは経済成長率を測定する重要な指標となる。国内の生産活動を測定しているため、GDPの値が大きいほど、景気が良いということになり、債券は売られることになる。好況になるとインフレ懸念に火がつくため、債券にとってはマイナス要因となるからだ。逆に、GDPが伸びているときは、株のほうは堅調となる傾向にある。景気拡大期には利益成長率の増大が見込まれるからだ。

固定資産　fixed assets
企業の事業活動に使用される有形資産のうち、通常の事業活動のなかで消費されたり現金化されたりしないもの。工場、機械・装置、器具・備品、賃貸資産の付属施設などが普通、固定資産に含まれる。固定資産を多く所有している企業ならPBR（株価純資産倍率）できちん

と評価できる。

サーキットブレーカー（売買遮断システム）　circuit breakers
主要証券取引所および商品取引所で導入されている措置で、相場が暴落あるいは暴騰した際に一時的に取引を停止させること。例えば、ニューヨーク証券取引所（NYSE）では、ダウ工業株30種平均（ダウ平均）が1日で10％超下落したら、サーキットブレーカーを採用し、取引を中断させることになっている（**訳者注**　1987年10月19日のブラックマンデーをきっかけに導入されたシステム）。

債券　bond
定期的に一定額の利息の支払いを約束した債務証書。借金額を「元金」といい、借り手は貸し手に対して資金を調達できたお返しに、通常「利払い」という形で報いる。債券には主に3種類あり、社債、国債、地方債がある。格付けの低い社債を「ハイイールド債」（高利回り債）あるいは「ジャンクボンド」（投資不適格債）という。

債券ファンド　bond fund
分散型ポートフォリオのなかに債券を専門に組み入れて運用している債券型ミューチュアルファンド。たいていの債券ファンドは毎月分配型だが、この分配金は再投資しても、受け取ってもいいことになっている。債券ファンドの満期は短いもので1年、長いものだと30年になるものもある（**訳者注**　無期限のものも多い）。ファンドの欠点は、債券そのものではないこと。確定利回りではないし、いずれ償還して元金を返済するという契約上の義務もない。つまり、債券の重要な特徴が2つともないのである。とはいえ、国債、社債、地方債を組み入れたさまざまな種類の債券ファンドがいろいろある。特に社債の場合、ボラティリティ（価格変動リスク）が大きいため、個別に債券を買う

よりも、多種多様な銘柄を組み入れたファンド（ディバーシファイドファンド）を購入したほうがいいだろう。

債券格付け　bond rating
債券の発行体（借り手）が決められたとおりに債券（借金）の利息を支払う能力があるかどうかを評価したもの。債券の格付けは、ムーディーズ・インベスターズ・サービスやスタンダード＆プアーズ（S&P）などの独立した格付け機関が行っている。レーティングには、最上級のAAAあるいはAaa（トリプルA）から債務不履行（デフォルト）状態を示すDまである。BBBより下の債券は投資には不適格とされ、「ハイイールド債」（高利回り債）あるいは「ジャンクボンド」（投資不適格債）という。こうした債券はデフォルトを起こす可能性がきわめて高いため、発行体はそれだけ高い金利を支払って、投資家を募る必要がある。

債券利回り　bond yield
簡単に言うと、債券の利回りとは、投資額に対する、実際に得られる利息の割合のこと（訳者注　ここでは「直接利回り／直利」のことをいっている）。新発債を額面価格で購入した場合、利回りは利率（クーポンレート）と同じになるが、流通市場（セカンダリーマーケット）では利回りは上下することになる。債券の利回りが上がれば、債券価格は下がり、逆に、利回りが下がれば、価格は上がるのである。

最終損益　bottom line
会計用語で、純利益（最終利益）あるいは純損失（最終損失）のこと。

最終利回り（YTM）　yield to maturity
債券の直接利回り（直利）と似ているようだが、最終利回り（終利

には償還差益あるいは償還差損も考慮されている。例えば、1000ドル額面の債券を900ドルで購入した場合、償還時には100ドル儲かることになる。一方、1000ドル額面の債券を1090ドルで購入した場合は、償還時に90ドル損することになる。最終利回りは、額面よりも上（オーバーパー）あるいは下（アンダーパー）で取引されている償還期限の異なる債券同士を比較するのに最適な尺度となる。だが問題は、計算方法が複雑なため、新聞にも掲載されていないことだ。したがって、終利はブローカーか、ボンドディーラーに問い合わせないといけない（**訳者注** 最終利回りは日本の国内債では単利計算されることが多いが、アメリカでは複利計算される）。

裁定取引（アービトラージ／サヤ取り）　arbitrage

2市場において異なる価格で取引されている証券を同時に売り買いすること。つまり、価格差を利用して、一方の市場で買うと同時に、もう一方の市場で売って、利ザヤを稼ぐこと。ただし通常は、価格差はごくわずかなので、多大な利益を確定しようと思えば、大量に売買する必要がある。完全に効率的な市場では裁定取引のチャンスはないが、幸い、そのような市場はめったに存在しない。

サイドカー　sidecar

いわゆる「サーキットブレーカー」（売買遮断システム）のひとつで、ニューヨーク証券取引所（NYSE）およびシカゴ・マーカンタイル取引所（CME）においてS&P500種株価指数先物（S&P500先物）が12ポイント下落したら、取引を一部制限することになっている。これをダウ工業株30種平均（ダウ平均／NYダウ）でいえば、ざっと90ポイントの下落に匹敵する。

指値注文　limit order
指定した値段か、それよりも有利な値段で株式の売買をするように頼む注文。ブローカーはその値段の範囲内で取引を執行する。この種の取引のほうが成り行き注文（どんな値段でもOKという売買注文）を出すよりも、自分で投資のコントロールができる。

債務証書　debt
債券、手形、モーゲージをはじめ、一定額の負債を返済する意思を明記したその他の文書を含めた有価証券。過重債務を抱えた企業はいずれ資金繰りが悪化する可能性がある（**訳者注**　debtは一般には負債、債務、借金の意）。

財務会計基準審議会（FASB）　Financial Accounting Standards Board
「一般に認められた会計原則」（GAAP）の確立および解釈に関する責任を担う独立機関。GAAPに準拠しているアメリカ企業は、多くの外国企業に比べ、透明性が高く、財務分析がしやすいと言われている。実際、国が違うと、会計基準が異なるため、国籍の違う企業の利益を比較することは困難となる。

財務省証券（米国債／トレジャリー）　Treasurys
米財務省が発行する債券。元利金はアメリカ政府によって裏付けされているため、信用リスク（クレジットリスク）はまったくないとされる。償還期限が1年以下の財務省短期証券（TB／Tビル）、2年～10年の財務省中期証券（Tノート）、10年超～30年の財務省長期証券（Tボンド）がある。流動性リスクも低く、信用リスクもないと思われているため、年限が同じの他の債券よりも利回りが総じて低めになっている。社債や地方債、モーゲージ担保債券などの他の多くの債

券は、財務省証券（国債）とのスプレッド（利回り格差）が何ベーシス開いているかによって評価される。

財務省短期証券（TB／Tビル） Treasury bills（T-bills）
米財務省発行の債券（米国債）で、償還期限が1年以下のもの。期限は通常91日（3カ月物）、182日（6カ月物）、52週間（1年物）となっている。TノートやTボンドは半年に1回利払いがあるが、TBは利払いがなく、その代わり、額面から割引された価格で発行される（いわゆる割引短期国債）。したがって、購入価格と額面金額の差（償還差益）が利息収入に相当する。売買単位は最低1000ドルから、その倍数。

財務省中期証券（Tノート） Treasury notes（T-notes）
米財務省発行の債券（米国債）で、償還期限が2年〜10年のもの。利払いは半年に1回行われ、売買単位は最低1000ドルから、その倍数。Tノートは通常、残存期間の長いTボンドよりも利回りは低めだが、ロングボンド（30年債）に比べると、ボラティリティ（価格変動リスク）は半分ぐらいで済む。10年債は今では金利のトレンドを見るための指標銘柄とされる。

財務省長期証券（Tボンド） Treasury bonds（T-bonds）
米財務省発行の債券（米国債）で、償還期限が10年超〜30年のもの。利払いは半年に1回行われ、売買単位は最低1000ドルから、その倍数。30年債はつい最近まで金利のトレンドを見るための指標銘柄とされていた（現在は10年物財務省証券がベンチマークとなり、30年債は発行が停止されている）。一般に、財務省証券はアメリカ政府の十分な信頼と信用によって保証されているため、アメリカで投資対象となる債券のなかではいちばん安全とされる。

先物オプション　futures option
先物を取引対象(原資産)とするオプション

先物取引／先物契約(フューチャーズ)　futures contract
将来の指定された月に一定量の商品(コモディティー)や証券をきょう決めた値段で売買することを売り手と買い手の間で取り決めた契約。先物はオプションとは違う。オプションは売買する権利であって、売買しなければいけない義務はないが、先物契約は実際に取引することを約束したものだからだ(**訳者注**　オプションの買い手〔バイヤーあるいはホルダー〕は権利行使するかどうかを自分で選択できるが、買い手が権利行使した場合、相手方となる売り手〔セラーあるいはライター〕には応じる義務がある)。先物の価値は原資産の価値から派生しているため、デリバティブ(金融派生商品)の一種と言える。

シェルマージャー(偽装合併)　shell merger
IPO(新規株式公開)によって株式公開ができない企業が株式を公開するときに使う手法。公開を望む企業がペーパーカンパニーすなわち大した事業も行っていないような公開企業と合併すること。合併は国のM&A法に基づいて行われるため、従来型のIPOに比べると、SEC(米証券取引委員会)への提出物が少なくて済む。「back-door merger」(裏口合併)ともいう(**訳者注**　こうしたことを香港や日本では「裏口上場」という)。

時価総額　market capitalization
企業あるいはその株式の市場価値の総額。時価総額＝現在の株価×発行済み株式数。アメリカ市場は一般に時価総額によって3つに分類される。すなわち、大型株・中型株・小型株である。大型株は通常、時価総額が50億ドル超で流動性が高いため、時価総額が10億ドル以下の

小型株よりもボラティリティ（価格変動リスク）が低い傾向にある。

シカゴ・オプション取引所（CBOE） Chicago Board Options Exchange

シカゴ商品取引所（CBOT）によって創設された取引所で、個別株オプション、通貨オプション、S&P500などの株価指数オプションやその他のベンチマークの取引を行っている。

シカゴ商品取引所（CBOT） Chicago Board of Trade

商品（コモディティー）を取引する所。

自己資本（純資産） net worth

総資産から負債総額を差し引いた額。「株主資本」（shareholders' equity）あるいは「純資産」（book value）ともいう。仮に企業が丸ごと売却されたとして、負債をすべて返済したあとに株主に残されるであろうもの、それが自己資本である。このなかには利益剰余金（内部留保）に加え、設立当初から企業につぎ込まれた全投資額が含まれる。有価資産を多く所有している一般企業の場合、PBR（株価純資産倍率）をチェックすれば、その企業が市場において過小評価されているか、過大評価されているかがよく分かる。

資産 asset

個人や法人の所有物のなかで経済的価値を持った、特に換金可能なもの。例えば、現預金、有価証券、売掛金、棚卸資産、事務機器、住宅、車、その他の財産など。

資産管理口座 asset-management accounts

証券会社の顧客が証券の売買をしたり、ひとつあるいは複数のマネー

・マーケット・ミューチュアルファンド（MMMF／MMF）にお金を預けたりできるオールインワン口座。一般に、この口座では小切手の振り出しや、クレジットカードやデビットカードの使用、自動口座振替も可能。年間手数料はたいてい100ドルぐらいまで。

失業率　unemployment rate
労働人口に対する失業中の求職者の割合。米労働省が毎月集計を行い、季節調整済みの数値が発表される。政府発表の経済指標のなかでも雇用統計は景気の先行きを占うのに最も分かりやすい指標であるため、特に注目されるもののひとつ。アナリストもFRB（米連邦準備制度理事会）も、失業率の上昇を景気が弱含んでいる兆候ととらえるため、FRBが金融緩和策をとる可能性が出てくる。逆に、失業率の低下は景気が拡大していることを意味するため、インフレ懸念に火がつく恐れがある。結果、FRBが利上げに踏み切るかもしれない。利上げが実施されると、株も債券も急落する傾向がある（**訳者注**　失業率と同時に発表される非農業部門雇用者数と、毎週発表される新規失業保険申請件数も重要）。

実効利回り　annual effective yield
利息を再投資して複利運用した場合の実際の年利回り。

支払準備率　reserve requirement
米連邦準備制度理事会（FRB）が銀行に対して準備預金として保有を義務付け、貸し出しや再投資を禁じている金融資産の限界水準。準備預金の額によって、銀行がいくらまで貸し出せるかが決まる。

支払日　payment date
株の配当支払日や債券の利払い日など。

指標銘柄　bellwether bond

アメリカ市場で債券の指標銘柄といえば、10年物財務省証券（米国債）である。これは債券市場を総体的に評価するときに使われるベンチマーク（指標）で、つい最近、30年物財務省証券（ロングボンド）に代わり、10年物のTノートが指標となった（**訳者注**　30年債の発行がストップしたため）。

私募　private placement

株や債券、その他の投資対象を投資家に直接販売すること。私募発行の有価証券の場合、SEC（米証券取引委員会）に登録する必要はない。

資本的資産　capital asset

通常の事業活動のなかで1年以上売買されずに所有される資産。資本的資産のなかには一般に、土地、建物・構築物、機械・装置、器具・備品などの固定資産が含まれ、これらの資産は減価償却の対象となる（**訳者注**　土地と建設仮勘定は例外で、減価償却の対象とはならない）。

社債　corporate bonds

社債とは民間企業あるいは公益企業が発行する債務証書（債券）のこと。社債は、長期債における元利払い能力を基準にスタンダード＆プアーズ（S&P）やムーディーズなどの格付け機関によって格付けを取得している。こうした格付けはAAA、AA、Aというように文字で表され、企業や政府が支払うべき金利を決める目安となる。BBBを下回る（BB以下の）債券をハイイールド債（高利回り債）あるいはジャンクボンド（投資不適格債）という。こうした債券は、利回りは高いが、デフォルト（債務不履行）を起こす危険性も高い。とはいえ、社債は昔から株よりも安全な投資対象と思われている。その主な理由

は、社債保有者は企業の利益および資産の分配を優先的に受ける権利を有しているからだ。

ジャンクボンド　junk bond
信用度がきわめて低い債券。レーティング的には、スタンダード＆プアーズ（S&P）でBBB、ムーディーズ・インベスターズ・サービスでBaaを下回る債券で、投資適格債に比べ、デフォルト（債務不履行）の可能性が非常に高いため、「ジャンク」（＝くず、がらくた）と見なされている。ジャンクボンドの発行体は、創業からそれほど年数の経過していない中小企業か、信用度に問題のある企業である場合が多く、こうした付加的なリスクの代償として、投資適格債よりも利回りを高くして発行される。しかし最近では、ジャンクボンドの人気が上昇し、デフォルト率が低下しているため、利回りも下がり気味になっている。「ハイイールド債」（高利回り債）ともいう（訳者注　2002年に入り、ジャンクボンドのデフォルト率が上昇し、国債と社債のスプレッドが広がる傾向にある）。

従業員持ち株制度（ESOP）　employee stock ownership plan
従業員に自社株を買わせて、自社の業績と利害関係を持たせることを奨励する制度。

住宅完工件数　housing completions
米商務省が毎月調査を行っている一戸建て住宅および集合住宅の完工件数。通常は「住宅着工件数」のほうが指標としてはより適切と思われているが、住宅完工件数も経済成長を見る指標とされる。

住宅着工件数　housing starts
地方政府当局による住宅着工許可件数を米商務省が毎月調査している

もの（**訳者注** 住宅着工件数と同時に許可件数も発表される）。

循環株　cyclical stocks
景気が上向くと急上昇し、景気が悪化すると急落する傾向のある株。例えば、住宅株、鉄鋼株、自動車株、製紙株などがある。こうした景気敏感株はバリュー投資家にとってはメシの種となる。景気の谷間で拾って、回復するまで待つのである。

純資産　book value
企業の資産から負債を差し引いた額で、通常は1株当たりの数値で表示される。仮にその企業が丸ごと売却されたとして、負債をすべて返済したあとに株主に残されるであろうもの、それが純資産である。このなかには利益剰余金（内部留保）に加え、設立当初から企業につぎ込まれた全投資額が含まれる。計算方法は、純資産＝総資産－負債総額。1株当たり純資産＝純資産÷発行済み株式数。PBR（株価純資産倍率）＝株価÷1株当たり純資産となる。PBRは、特に有価資産を多く所有している一般企業において株価が割安か割高かを見るのに適している。

純資産　net assets
ファンドの純資産総額（＝資産－負債）のこと。小型株ファンドや積極型の株式ファンドに投資する際は純資産総額に気をつけること。というのも、この手のファンドが買い付ける銘柄は流動性が低く、ボラティリティ（価格変動リスク）が高いため、ポジション（持ち高）調整や入れ替えが機動的にできる状態にないといけない。つまり、純資産総額が膨れすぎてしまうと──10億ドルを超えると──運用成績が悪化する可能性があるからだ。

純資産価額／NAV　net asset value

「1株（1口）当たりの純資産価格」（基準価格）ともいう。NAV（あるいは基準価格）＝ファンドの純資産総額÷発行済み株式数（総口数）。NAVは市場が引けたあとに毎日算出されることになっている。オープンエンド型の場合は、常にNAVで売買されるが、クローズドエンド型の場合は、NAVを上回ってプレミアムがつくこともあれば、NAVを下回ってディスカウント状態で取引されることもある。

純利益　net income

あらゆるコストや費用、税金を差し引いたあとの企業収益。「最終損益」（bottom line）ともいう。純利益＝営業収益－営業費用－減価償却費－支払利息－税金。一般に、純利益に注目が集まりすぎるきらいがあるが、純利益は簡単に「操作」することができる。このため、企業の成長率を見るならキャッシュフロー（現金収支）のほうがいいというアナリストもいる。「earnings」（利益）あるいは「net profit」（純利益）ともいう。

上位5銘柄組み入れ比率　percent in top five holdings

ミューチュアルファンドの運用資産のなかで上位5銘柄の持ち高が占める割合。上位5銘柄に投資資金をつぎ込みすぎている場合、適切な分散投資ができていない可能性がある。

上位証券　senior security

資産や収益の分配を受ける順位が他の証券よりも上位にある証券。中期債や長期債、無担保社債などの債券は株よりも順位が高い。企業が破たんした場合、上位証券にはその資産の分配を優先的に受ける権利がある。

償還日（満期日）　maturity date

債券が満期になり、元本が全額返済されることになっている日。償還するまでの期間（残存期間）が長いほど、デフォルト（債務不履行）リスクが増大し、インフレ率や金利の上昇などのマイナス要因のインパクトが大きくなる。

償却　amortization

営業権（のれん）や特許権、著作権などの無形の権利あるいは無形固定資産をその有効期限までに償却する会計手続き。有形固定資産を償却するときは「減価償却」（depreciation）という。企業の純利益を計算する際は、営業収益から減価償却費および償却費の両方を差し引く。

証券（有価証券）　security

一般には、株式あるいは債券を指す。具体的に言うと、保有者が企業の株式を所有していることを示す紙切れ（＝株券）、または保有者が企業や政府機関に金を貸し付けていることを示す紙切れ（＝債券）のこと。

証券の発行　floating an issue

株や債券を一般に向けて新規に放出すること（**訳者注**　債券の場合は「起債」ともいう）。IPO（新規株式公開）のこともあれば、すでに公開している企業による募集のこともある。

証券会社　brokerage firm

証券を売買するときは通常、証券会社を通して行う。証券会社を大きく分けると、フルサービスブローカーとディスカウントブローカーの2種類になる。ディスカウントブローカーのほうがフルサービスブロ

ーカーよりもはるかに委託手数料が安いが、それよりもさらに安いディープディスカウンターの数が増えてきている。しかし一方を立てれば、もう一方が立たず、といった具合で、ディスカウントブローカーを使うと、投資アドバイスはほとんどもらえないか、まったくもらえないため、自分ひとりで売り買いの判断を下さないといけない。一方、フルサービスブローカーなら、投資対象を選んだり、ファイナンシャルプランを立てたりするときに手伝ってもらえる。

少数株主支配会社（非公開企業）　closely held
少数グループの支配株主がいる会社。逆に、一般の公開企業には多くの株主がいる。少数の株主によって支配されている会社では委任状争奪戦を起こすのは困難か不可能。

消費者快適度指数　consumer comfort index
家計や経済全般にわたる消費者マインドの指標。マネー誌とABCニュースが毎週調査して、数値の集計をしている（訳者注　似たものに、ミシガン大学の「消費者信頼度指数」や、コンファレンスボードの「消費者信頼感指数」がある）。

消費者物価指数（CPI）　consumer price index
消費財の価格変化を測定したインフレ指標。都市部で購入・提供された特定の商品・サービスのリスト項目に基づいている。こうした消費財のなかには食品、交通手段、住居、電気・ガス・水道、衣服、医療、娯楽などが含まれる。指数データの発表は米労働省が毎月行っている（訳者注　ブレの大きいエネルギーと食品価格を除いた「コア指数」が重要）。

商品（コモディティー）　commodities
穀物、貴金属、畜産物、石油、綿花、コーヒー、砂糖、ココアなど、商品は山ほどある。こうした商品を売るときは、現物市場においてその場で受け渡しをするか、商品取引所において将来の一定期日に決済することができるが、取引所での取引は先物契約という形で行われる。商品は消費者物価指数（CPI）の上昇とともに価格が上昇するため、インフレヘッジとして見なされることが多い。

奨励型ストックオプション（ISO）　incentive stock options
一定期間に一定の価格で自社株を購入できる権利を役員に付与する一種の報酬制度。オプションを付与されたときも、権利行使したときも税金がかからない。

証券取引所　bourse
ヨーロッパの株式取引所のことを「bourse」という。

信用格付け　credit rating
政府機関や企業の信用利用の記録や債務履行能力などを正式に評価したもの。スタンダード＆プアーズの債券格付けでは、AAA（トリプルA）が最上級で、これは元利払い能力がきわめて高いことを示している。AA（ダブルA）の債券はそれより1段下で、その下はA（シングルA）、その下はBBB（トリプルB）……と続く（ムーディーズ・インベスターズ・サービスも同じような格付け体系になっていて、最上級はAaaとなっている）。信用度の差異をさらに細分化して、上記の格付けに＋（プラス）、あるいは－（マイナス）記号が付加される場合もある（**訳者注**　ムーディーズでは1～3の数字が付加される）。BBBとそれ以上の格付けの債券を「投資適格債」といい、数多くの年金基金をはじめとする一定の投資家は、投資適格債だけを購入

するよう制限を設けている。BB、B、CCC、CC、Cの債券は投機的と見なされ、ハイイールド債（高利回り債）あるいはジャンクボンド（投資不適格債）といわれ、利回りは高いが、デフォルト（債務不履行）の危険性もかなり高い。Dの債券はデフォルト状態か、破産申請中を意味する。

信用取引口座　margin account
証券会社から融資を受けて証券を買い付けることが認められている証券取引口座。

スタグフレーション　stagflation
景気停滞と高インフレが組み合わさったもの。1970年代に造られた合成語で、空前の高失業率（すなわち景気の停滞＝stagnation）と空前の物価上昇率（すなわちインフレ＝inflation）の同時進行を意味している。その元凶は1973年にOPEC（石油輸出国機構）の強行により石油価格が4倍に跳ね上がったこと。このため、経済活動全般にわたる物価が上昇する一方で景気が減速。従来型の財政・金融政策により失業率を低下させようとしたが、かえってインフレを悪化させる結果となった。

ストップオーダー（逆指値）　stop order
市場価格が注文時に指定した値段（指値）を上回ったら買い（買い注文の場合）、下回ったら売り（売り注文の場合）という売買注文。このタイプの注文は、どんな値段でもOKという成り行き注文よりも投資のコントロールができる。買いのストップオーダーでは、指値は必ず現在値よりも高い値段にするが、これは通常、空売りの利益を確保する、あるいは損失を限定することを目的としている。逆に、売りのストップオーダーでは、指値は必ず現在値よりも安い値段にするが、

これは通常、すでに買い付けた証券の利益を確保する、あるいは損失を限定することを目的としている（**訳者注** 「ストップ・ロス・オーダー」あるいは「ストップロス」ともいう）。

ストリップス債　STRIPS
通常は米財務省が発行する債券で、クーポン部分と元本部分が分離され、それぞれがゼロクーポン債（割引債）として別々に取引されるもの。通常の財務省長期証券（Tボンド）よりも若干利回りは高いが、定期的なクーポン収入は得られない。その代わり、債券価格が徐々に上がっていき、あらかじめ決められた償還日（満期日）に額面価格で償還する。このため、買い手はその値上がり益あるいは償還差益によってリターンを得ることになる。STRIPSとはseparate trading of registered interest and principal of securitiesの頭文字をとったもの（**訳者注**　元の債券からクーポン部分を「はがす〔＝ストリップする〕」という意味合いもある）。

スピンオフ　spin-off
企業分割の一種で、子会社あるいは事業部門が独立した会社になること。従来型のスピンオフでは新会社の株は親会社の株主に分配される。また、子会社あるいは事業部門の経営陣によるレバレッジドバイアウト（LBO）によってスピンオフが成立することもある（**訳者注**　これを「マネジメントバイアウト（MBO）」という）。

スプレッド　spread
株式の場合は、買い呼び値と売り呼び値の「価格差」。債券の場合は、同じ格付けでも償還期限（残存期間）の違う銘柄同士や、償還期限（残存期間）は同じでも格付けの違う銘柄同士などの「利回り格差」のことをいう（**訳者注**　債券の売値と買値の価格差も株と同様、スプ

レッドという)。また、新規発行証券の公募価額と発行体への支払額の差、すなわち「引受募集手数料」もスプレッドという。

スペシャリスト　specialist
特定の銘柄について秩序ある公正な市場を維持する責務を担う取引所の会員。スペシャリストの仕事は、指定された証券において需給関係のバランスを取ること。仮にブローカーがある株を買いたいと思っても、売り物が出てこない場合、スペシャリストが自己勘定からその株を売って注文に応じる。逆に、ブローカーが売りたいのに、買い手が見つからない場合、スペシャリストがその株を買い取る。スペシャリストのことを「マーケットメーカー」ともいう。

清算　liquidation
株式やその他の資産を換金する手続き。会社解散時には、こうして得た現金から、まず債券や優先株の保有者に対して負債および債務の返済が行われる。こうして残った現金があれば、1株単位で普通株主に分配される。

生産者物価指数（PPI）　producer price index
生産者の出荷段階の商品価格に基づいたインフレ指標で、毎月、米労働統計局が発表している（**訳者注**　PPIはWPIとは異なり、商品出荷時点での価格なので、輸送コストや流通マージンは含まれていないが、「卸売物価指数」と訳されることもある）。PPIは食料品、金属、材木、石油、ガス、その他の多くの商品価格をカバーしているが、サービス価格の測定はしていない。しかしエコノミストらは消費者物価指数（CPI）の変化を正確に先取りする指標としてPPIのトレンドに気をつけている。というのも、生産者価格の上昇あるいは下落がいずれは消費者に響いてくるからだ（**訳者注**　特に、ブレの大きいエネ

ギーや食料品を除いた「コア指数」が注目される)。PPIの数値にいちばん敏感に反応するのは債券価格だが、これはインフレが将来的に債券の元利金の価値を目減りさせてしまうからだ。一方、株式市場のほうはPPIの数日後に発表されるCPIによって、PPIのトレンドが示す内容が確認されるか否定されるのを待ってから反応することが多い。

整理株　stub stock
急激に時価総額が減少した公開株。通常、レバレッジドバイアウト(LBO)によって企業が負債を抱えたときや、一度に多額の配当を出したときなどに、こうしたことが起こる。

積極値上がり益追求型ファンド　aggressive growth funds
短期間で大きな値上がり益を追求し、時価総額にはこだわらずにエマージングマーケット(新興成長市場)の成長企業などに投資したりするファンド。小型成長企業や新興成長企業に投資することが多く、他のファンドに比べ、新規公開企業のほか、高PER(株価収益率)、高PBR(株価純資産倍率)の企業に投資することが多い。また、一部のセクターに大量に集中投資する、レバレッジを利かせる(**訳者注**　例えばデリバティブを利用して少ない証拠金で大きな取引をする)、空売りを仕掛けるなど、各種の投資戦略を駆使することもある(**訳者注**　日本のリスク・リターン分類RR5に相当するハイリスク・ハイリターン型のファンド。訳語は日本の用語に合わせた)。

設備稼働率　capacity utilization
米連邦準備制度理事会(FRB)が評価し毎月発表している生産設備能力の稼働率。設備稼働率が90%を超えることはめったにないが、これは90%を超えると生産コストが高くなりすぎてしまうからだ。なお、稼働率が高くなると——85%を超えると——インフレが進行中という

ことになる。

ゼロクーポン債（割引債）　zero-coupon bond（zeros）
毎年、何のクーポン収入も得られないが、その代わり、額面よりも大幅に割引された価格で購入できる（ちなみに、ゼロクーポン債の米国債バージョンを「ストリップス債」という）。償還時には複利計算された利息相当分がまとめて全額支払われ、債券の額面金額が戻ってくる。とはいえ、理論上では利息は半年複利で増えていくため、経過利子相当分に対して毎年税金が課されることになる。投資家のなかには大学の授業料など、特定の出費予定の時期にちょうど償還するようなゼロクーポン債を選んで購入する人が多い（**訳者注**　日本では保有期間中に税金をとられることはなく、満期まで持った場合の償還差益は雑所得、満期前の中途売却による所得は譲渡所得として、総合課税の対象となる）。

全米証券業協会（NASD）　National Association of Securities Dealers
証券業界の自主規制機関で、ナスダックをはじめとする店頭株式市場の運営および規制の責任を担う。NASDには、店頭市場で取引をしているほぼすべての投資銀行や証券業者が加盟している。倫理的なガイドラインを設け、業界慣行を標準化し、ルール違反の申し立てがあれば調査する規律上のシステムを有する。

総資産　total assets
企業の流動資産の総額と非流動資産（固定資産）の総額を合計したもの。非流動資産には土地、工場、機械装置、その他の長期債権や投資有価証券などが含まれる。総資産は、企業の貸借対照表（バランスシート）を見れば分かるが、効率を見る指標「ROA」（総資産利益率）

を計算するのに必要な大事な数値である。また、総資産から負債総額を差し引くと、純資産となる。

底値拾い　bottom fishing
株価が底入れしたとき、あるいは底値圏まで下げたときに買いに入ること。バリュー投資家が好む投資テクニック。

耐久財受注　durable goods orders
耐用年数が最低3年はあるとされる商品についてアメリカの国内メーカーが直渡しおよび先渡しで受けた新規受注件数を測定したデータ。金融市場では耐久財受注の発表を製造業部門のトレンドを示す優れた指標として見ている。米商務省により、前月の数字が毎月、月末近くに発表される。国防資本財、非国防資本財など、カテゴリーが大きく分かれている。

建玉　open interest
先物やオプションの市場の厚みを見る尺度。建玉とは、先物取引やオプション取引において反対売買されずに買い建て、あるいは売り建てたままになっている未決済契約の残高（**訳者注**　株式や債券のことも「玉（ぎょく）」といい、例えば、「玉を整理する」「玉を仕込む」などという）。

大恐慌　Great Depression
1929年10月29日の株価大暴落（暗黒の火曜日）をきっかけに1930年代まで続いた世界的経済不況。こうした大恐慌が起こっても、長期的に見れば、株価も利益も右肩上がりできたのである。仮に1929年にS&P500に100ドル投資していれば、1999年には黙っていても8万3000ドルになっていたのだから（配当はすべて再投資）。

貸借対照表（バランスシート）　balance sheet

特定日における企業の資産や負債を一覧表にした財務諸表のひとつ。企業が所有しているもの（現預金、棚卸資産、機械装置、売掛金など）と企業にとって返済義務のあるもの（短期借入金、長期借入金、買掛金など）をリストアップすることで、企業の財務状態が分かるようにしてある。資産から負債を差し引いたものを「株主資本」(shareholders' equity) あるいは「純資産」(book value) という(**訳者注**　「バランスシート」という言葉は「財務体質」という意味で使われることもある)。

ダウ・ジョーンズ・エクイティ・マーケット・インデックス　Dow Jones Equity Market Index

全米の100以上の業種の値動きを測定したインデックス。ニューヨーク証券取引所（NYSE）、アメリカン証券取引所（AMEX）、米店頭株式市場（ナスダック）で取引されている銘柄が採用され、全部で全米の株式時価総額の約80％を占める。このインデックスは時価総額加重式なので、各銘柄のインデックスへの影響は市場規模に比例することになる。

ダウ・ジョーンズ・グローバル・インデックス　Dow Jones Global Indexes

複数のインデックスにより世界29カ国の約2700企業の株式をフォローしている。これらのインデックスは地域別と業種別に細分化されているもので、全部を合計すると、世界中の株式市場における株主資本の80％以上をカバーしていることになる。いずれも株価に発行済み株式数を掛け合わせた時価総額加重式となっているため、全世界の株式に対する各国のウエートは、その株式の時価総額に比例している。アメリカ市場は世界最大なので、グローバル・インデックスにおけるアメ

リカ株の占める割合も高く、構成銘柄数は700を超えている。

ダウ・ジョーンズ・ワールド・ストック・インデックス　Dow Jones World Stock Index

世界中の2000を超す企業のパフォーマンスを測定したインデックスで、25市場における株主資本の80％以上をカバーしている。ダウ・ジョーンズ・グローバル・インデックスの総合指数。

ダウ・ジョーンズ平均株価　Dow Jones averages

業種別に株価の動きを追った4種類のダウ平均がある。ダウ工業株30種平均（NYダウ）は工業株30銘柄、ダウ輸送株20種平均（輸送株20種）は航空・鉄道・トラック運送関連の20銘柄、ダウ公共株15種平均（公共株15種）はガス・電気・電力関連の15銘柄の値動きを測定し、ダウ総合65種平均（総合65種）は上記3業種の全65銘柄をモニター（監視）している。ただし、ダウ平均のウエートは株価にあり、S&P500のように時価総額加重式ではないため、昔から批判が出ている。いずれも採用銘柄の平均株価を算出しただけなので、低位株（値段の低い株）よりも値がさ株（値段の高い株）がインデックスの動きを大きく左右することになるからだ。しかし市場全体にとっては、株価など時価総額に比べれば取るに足らないものだ。

ダウンティック　downtick

直近値よりも下で上場証券を売却すること。

ダウ工業株30種平均（ダウ平均／NYダウ）　Dow Jones Industrial Average

単に「Dow」あるいは「DJIA」と称されることが多い。株式市場のパフォーマンスを示す指標として広く報道され、最も名が通っている。

大型優良株30銘柄の値動きを追ったもので、その時価総額を合計すると、ニューヨーク証券取引所（NYSE）の全上場株式時価総額のざっと20％に匹敵する。とはいえ、NYSEの時価総額の80％超を占めるS&P500ほどの規模はないため、しばしば批判の的となる。また、ダウ平均は株価にウエートが置かれているため、低位株（値段の安い株）よりも値がさ株（値段の高い株）の影響を大きく受けるが、S&P500は時価総額加重式のため、ウエートは各銘柄の株式時価総額にある。アナリストによっては、時価総額指数のほうが株式市場の全体像をより正確にとらえているという人もいる。

ダッチ方式の競争入札　Dutch auction

オランダの花の競売方法に由来する証券売買の手続きのひとつ。通常、株や債券を大量に売却する際、一定の価格帯のなかから落札価格を決めていくが、この場合、入札価格を評価後、最低価格を落札価格とし、その価格で全額売却する。米財務省短期証券（TB）はこのダッチ方式で入札が行われている（**訳者注**　「Dutch」は「オランダの」という意味）。

棚卸資産（在庫）　inventory

原材料・仕掛品・貯蔵品・完成品などの金銭的価値。企業の貸借対照表（バランスシート）上に過剰在庫があれば、それは売り上げが落ち、価格決定力に欠けていることを示している（**訳者注**　いわゆる「在庫」はバランスシート上では「棚卸資産」あるいは「商品」として記載される。なお、「棚卸資産」は会計用語）。

棚卸資産回転率／商品回転率／在庫回転率　inventory turnover

企業の棚卸資産（在庫）に対する年間売上高の割合（＝売上高÷棚卸資産）。つまり、平均的な在庫品が年に何回入れ替わるかを示してい

る。在庫は通常、何のリターンももたらさないため、この回転率が低いということは、効率が悪いことのあかしとなる。例えば、前年の売上高が2000万ドルで、棚卸資産が6000万ドルなら、棚卸資産回転率は2000万ドル÷6000万ドル＝0.33回となり、異常に低い値ということになる。これでは在庫を完全に売り切るのに3年もかかってしまう。

短期キャピタルゲイン／短期キャピタルロス　short-term gain or loss
保有期間が12カ月以下の固定資産あるいは有価証券を売却したときの税務上の売却益あるいは売却損。短期キャピタルゲインには通常の所得税率が課せられるため、最大で39.6％も取られてしまう可能性がある。しかし、売却しなければ報われることになる。長期キャピタルゲインの場合、現行の連邦税では、税率は最大でもたったの20％で済む。

短期債　short-term bonds
財務省短期証券（TB／割引短期国債）の場合は、償還期限が90日～1年、社債の場合は1年～5年の債券を短期債という。短期債は償還期限が短いため、特にデフォルト（債務不履行）リスクや金利リスクが低く安全とされるが、その分、利回りが低い。

担保　collateral
ローンの返済ができないときのために借り手が貸し手に対して差し入れさせられる株式やその他の資産。担保はデフォルト（債務不履行）を起こした企業にとっては重要なもの。債務不履行となれば、工場、土地、機械装置などの有価資産は回収され、整理されることになる。

地方債　municipal bond
州や市、その関係機関など、地方政府当局が発行する債券（訳者注

一般財源債〔GO債〕と特定財源債〔レベニュー債〕がある。地方債はいわゆる「免税債」で、連邦所得税が非課税となり、地方税も免除される場合が多い）。

地方債ファンド　municipal bond fund
地方債に投資するミューチュアルファンド。大きく分けて2種類あり、国税が免除されるファンドと、州税が免除されるファンドがある。国税免除型ファンドは全米中の地方自治体に投資するもので、連邦所得税が非課税となる。州税免除型ファンドは特定の州に投資するもので、連邦税と、その州に居住している人が購入した場合は州税も非課税となる。国税免除型のほうが広く分散されているため、それだけリスクも減るが、節税効果は少ない。

地方取引所　regional exchange
ニューヨーク以外にある証券取引所としては、ボストン、フィラデルフィア、シカゴ、シンシナティ、パシフィック証券取引所がある。ニューヨーク証券取引所（NYSE）あるいはアメリカン証券取引所（AMEX）に上場している株式は地方の証券取引所でも売買できるが、通常、地方取引所には地元で取引されている証券だけが上場している。

中型株　mid-capitalization stock
通常、時価総額が10億ドルから50億ドルの中堅公開企業の株。「ミッドキャップ」（mid-cap stocks／mid-caps）ともいう。すでに基礎の確立した企業ではあるが、まだそれほど有名にはなっていない。小型株の成長性と大型株の安定性を兼ね備えているため、分散投資に最適と言える。中型株の指標としてはS&P400（S&P400種中型株価指数）があるが、その平均時価総額は約23億ドルとなっている。

中期債　intermediate-term bonds
財務省中期証券（Ｔノート／中期国債）の場合は、償還期限が２年～10年、社債の場合は５年～15年の債券を中期債という。

長期債　long-term bonds
財務省長期証券（Ｔボンド／長期国債）の場合は、償還期限が10年超、社債の場合は15年超の債券を長期債という。長期債は利回りが高めになってはいるが、それだけインフレリスクやクレジットリスク（信用リスク）も高めになっている。

長期借入債務　long-term debt
１年後以降に返済義務が発生する債務。企業の長期借入債務には、銀行借入、担保付社債、無担保社債、その他の債務がある。アナリストらは企業の財務レバレッジがどのくらいあるかを見るのに、この長期借入債務をチェックする。

長期的　secular
「季節的」あるいは「循環的」とは対照的な意味で使われる。

超小型株ファンド（マイクロキャップファンド）　microcap fund
主として時価総額の非常に小さい企業の株式に投資するファンドで、銘柄の時価総額中位数は約２億5000万ドル以下が普通。ここまで規模の小さい株を組み入れていると、そのボラティリティ（価格変動リスク）は常にすさまじく高くなるが、その潜在成長力も並外れて大きい。

調整局面　correction
個別の株、債券、商品、指標、あるいは株式市場全体の下落局面。

超人気株（ホットイシュー）　hot issue

株価が堅調に推移し、多くの場合、さらなる値上がりが期待できるため、注目を集めている株（**訳者注**　人気株のことを「glamour stock」ともいう。また、債券の場合、人気のある新発債のことを「ホットイシュー」という）。

直接利回り（直利）　current yield

債券の直利とクーポンレート（表面利率）は同じものだと思っているかもしれないが、新発債を額面価格で買わないかぎり、同じレートにはならない。クーポンレートは変化しないが（**訳者注**　変動利付債は別）、直利は、流通市場（セカンダリーマーケット）において債券価格が変動するたびに変わる。計算方法は、直利＝年間のクーポン収入（利金）÷債券の購入価格となる。例えば、6％クーポンの債券（額面1000ドル）を900ドルで購入した場合、直利は60÷900＝6.7％になる。直利が上がれば、債券の市場価格は下がり、直利が下がれば、債券価格は上がるのである。

貯蓄債券　savings bond

ゼロクーポン債と同じように、額面よりも割引して発行され、償還時に額面金額が全額支払われる。州・地方税が免除となり、連邦税は償還するまで繰り延べが可能。売買単位は最低50ドルから1万ドルまで。購入価格と償還期限はそのシリーズ（E、EE、HH）と表面利率（クーポンレート）によって異なる。購入あるいは途中売却（半年後から可能）は地元の銀行か、連邦準備銀行（連銀）あるいは米公債局でできる。800-872-6637に電話するか、合衆国貯蓄債券（United States Savings Bonds）のウエブサイト（www.savingsbond.gov）を訪問してみれば、もっと詳しい情報や直近のレートが得られるだろう。

通貨　currency
貨幣を交換する際の各国の正式単位。海外投資をするときは、為替リスクが問題となる。投資先の景気がどんなに良くても、為替の変動が株価にマイナスとなる場合もある。その国で株価が急騰していても、ドル高になれば、ドルベースでの価値が目減りして株の値上がり益を食うことになる（**訳者注**　円投で外国株や外債に投資した場合は、円高になると、円転したときに受取額が目減りすることになる）。

通貨切り下げ　devaluation
他国通貨に対して自国通貨の価値を相対的に引き下げること。通貨が切り下げられると、輸入品は高くなるが、輸出品は海外で安くなり、競争力が増すことになる。

強気相場（ブルマーケット）　bull market
数カ月から数年にわたり、長期的に株価が上昇している「上げ相場」のこと。アメリカ株式市場は、短期的にはかなりきつい調整局面が何度かあったものの（**訳者注**　1987年のブラックマンデーなど）、それを除けば、1999年6月30日までの15年間、堅調な強気相場を経験した。この間、S&P500は1295％上昇し、年率リターンは19.2％になる。

デイオーダー（当日限り注文）　day order
投資家からの売買注文で、約定がつかなかった場合、その日の立ち会い終了時に取り消される注文（**訳者注**　アメリカ株において指値注文を出すときは、ほかにGTW〔今週限り〕、GTM〔今月限り〕、GTC〔good till cancelled orders＝投資家がキャンセルするまで注文が有効となるもの〕やAON〔all or none＝一括売買注文〕などがある）。

ディスインフレ（ディスインフレーション） disinflation

物価の上昇率が鈍化すること。ディスインフレは景気後退期に起こる。売り上げが落ちるため、小売業者がコスト高を顧客に転嫁できなくなる、つまり値上げできなくなるのである。

ディスカウント discount

クローズドエンド型ファンドの市場価格がその基となる純資産価額（NAV）を下回るとき、「ディスカウントで取引されている」という。ディスカウントされているときは、1ドルの価値のある証券を1ドル未満で買えることになる。仮に10％ディスカウントされて取引されているクローズドエンド型ファンドが1株10ドルの価値のある株式ポートフォリオを保有しているとするなら、そのポートフォリオを1株9ドルで買えることになる。クローズドエンド型は、オープンエンド型ファンドとは違い、取引所で株と同じように取引されるため、ファンドの価格は市場の需給関係によって決まる。需要がなければ、ファンドの市場価格はその基準となるポートフォリオの価値を下回ることになる——これがディスカウントの原因である。

ディスカウントブローカー discount brokers

フルサービスブローカーよりも委託手数料の安い証券会社。その代わり、銘柄選びに関するアドバイスや保有銘柄に影響する最新情報、リサーチサービスなど、通常フルサービスブローカーが提供してくれるような恩恵は受けられない。ただし、最近ではディスカウントブローカーとフルサービスブローカーとの線引きがだんだんあいまいになってきている。

定性分析 qualitative analysis

経営陣の力量、産業循環、研究開発力、労使関係といった、財務デー

タ以外の情報に基づく主観的判断によって証券の評価を行う証券分析。「定量分析」の項も参照のこと。

ティッカーシンボル／ティッカー（銘柄コード）　ticker symbol

取引をするときにその証券を識別するために必要な文字記号（アルファベット）。総合テープによる売買報告においても、気配値を表示するマシンにおいても、銘柄名はシンボルで表される。例えば、マイクロソフトのティッカーはMSFTである。「ストックシンボル」（stock symbol）ともいう。

ディフェンシブ銘柄　defensive securities

相場が全体的に下げているときでも、投資リターンがそれほど落ちない株。このなかには食品会社や医薬品会社のように、景気循環とは無関係に利益が伸びる傾向のある企業や、比較的高配当の公益企業などが含まれる。

定量分析　quantitative analysis

経営陣の人柄や労使関係といった質的要素とは一線を画した、計量可能な価値を扱ったリサーチ手法。定量分析では企業の貸借対照表（バランスシート）や損益計算書から得た財務データを用いて投資判断を下していく。例えば、企業の財務比率、資本コスト、資産評価、売上高および利益の動向などを調査する。定量分析と定性分析はまったく異質のものだが、企業の財務体質をきちんと見極めるには、両方の分析手法が必要となる。

出来高（売買高）　volume

その企業の株式あるいは市場全体において所定期間中に取引された株数。いつもよりも出来高が異常に増えているときは、好材料であれ、

悪材料であれ、何かしら、その企業に関するニュースが発表されていることが多い。しかし何の材料もないのに、出来高が膨らんでいるときは、機関投資家が動いている可能性がある。テクニカルアナリストは出来高を非常に重要視する。例えば、出来高の急増は、これから株価が急騰あるいは急落する前兆と考えられている。というのも、その銘柄あるいは市場への関心が増大していることを意味しているからだ。

テクニカル分析　technical analysis

株の需給関係に関連したあらゆる要因を調査すること。ファンダメンタル分析とは異なり、株を評価するとき、企業に内在する収益力を調べたりはしない。むしろ、チャートやコンピュータープログラムを駆使して、出来高や値動きからそのトレンドを見極めようとする。企業の内在価値には目もくれず、株の値動きだけを追っていくのである。たいていのテクニカル分析は短期投資に用いられる。

デフォルト（債務不履行）　default

債務証書（債券）の元利払いができなくなること。デフォルトを起こした債券の保有者は通常その損失を取り戻すために発行体の資産を請求することができる。債務不履行状態にある債券の格付けは、スタンダード＆プアーズではDとなっている。一般に、債務不履行に陥ったからといって、投資額が全額失われるわけではない。一時的に資金繰りがうまくいかなくなったために債務不履行となるケースもあり、破産申請をしているとは限らないからだ。ただ、それ以外のケースで、企業が破産した場合はその資本構成や事業を整理するか、再編することになる。いずれにせよ、債券の場合は、額面金額の何パーセントかは取り戻せるのが普通。

デフレ（デフレーション） deflation

モノやサービスの価格（物価）が全般的に下がり、その結果、お金の購買力が上がること。インフレ（インフレーション）の逆。デフレは企業の価格決定力を失わせるため、必ずしも経済にとって良いわけではない。

デマンドプルインフレ（需要インフレ） demand-pull inflation

需要が供給を上回ったときに発生する全般的な物価上昇。

デュレーション（デュアレーション） duration

債券や債券ファンドのリスクを測定する尺度のひとつ。これで投資元本の平均回収期間がどのくらいになるかも分かる。計算が複雑なので、その数値については、ファンド会社か、債券ディーラーに問い合わせないといけないが、これなら金利リスクを簡単に判定することができる。例えば、債券または債券ファンドのデュレーションが7年の場合、金利が1％下がると、価格は7％上昇し、金利が1％上がると、価格は7％下落することになる。債券のデュレーションの値が大きくなるほど、ボラティリティ（価格変動リスク）も大きくなる。一般に、クーポンが同じなら、残存期間が長いほど、デュレーションは長くなり（値は大きくなり）、残存期間が同じなら、クーポンが高いほど、デュレーションは短くなる（値は小さくなる）。

デリバティブ（金融派生商品） derivative

その価値が他の金融商品や指数、その他の投資対象のパフォーマンスあるいは値動きから「派生」している金融商品。例えば、先物、オプション、モーゲージ担保証券（MBS）などをデリバティブという。また、空売りを仕掛けたり、ダウンサイドリスク（下振れリスク）を回避するためにヘッジをかけたりするときにデリバティブが用いられ

る。

デルタ（オプションデルタ）　delta
オプション価格（オプション料あるいはオプションプレミアム）と、その取引対象となる先物や株式などの原資産価格との関係を示す尺度。

転換社債型新株予約権付社債／旧転換社債（CB）　convertible bond
一定の条件下で将来、株式に転換できる債券。CBはなかなか面白いハイブリッド型の投資対象で、株式による値上がり期待がいくらか持てると同時に、債券なので下値抵抗力がある。相場が上がって、転換権を行使するときは、転換比率を見れば、取得できる株数が分かる（訳者注　アメリカでは転換比率か、転換価格のどちらかが表示される）。一般に、CBは転換しないほうが得だが、株価がかなり上がっているなら、転換するだけの価値はある。逆に、下げ相場において株価がどんなに急落していても、債券なので一定利率のクーポン収入がある。しかしCBは複雑なので、CBファンドを通して購入するのがいちばんいいだろう（訳者注　日本では2002年に「転換社債」の新規発行が停止され、新たに「転換社債型新株予約権付社債」が導入されるようになった）。

テンダーオファー（株式公開買い付け）　tender offer
企業が公告をして、一定期間内に一定株数の自社株あるいは他社株を提示した価格で買い取ること。普通は直近の市場価格にプレミアムをつけた値段が提示される。他社の株を買い取るときは買収目的であることが多い。企業の株式を5％超取得する場合は、SEC（米証券取引委員会）により情報開示が義務付けられている（訳者注　TOB〔テイク・オーバー・ビッド〕ともいう）。

店頭デリバティブ　over-the-counter（OTC）derivative
その価値が株式や債券、通貨、その他のベンチマークのリターンに追随するように設計された金融派生商品のなかで、取引所外あるいは店頭で相対（あいたい）取引されるもの（**訳者注**　取引所で取引されるデリバティブを「上場デリバティブ」という）。

店頭市場（OTC）　over-the-counter market
電話やコンピューターネットワークを介してディーラー間で株式や債券などの取引を行う市場。「店頭取引」ともいう。

店頭銘柄　over-the-counter securities
証券取引所で取引されていない非上場銘柄。店頭証券ディーラーをつなぐ電話やコンピューターネットワークを介して売買される。店頭取引の監視および規制は全米証券業協会（NASD）が行っている。店頭銘柄を商う市場としてはナスダック（NASDAQ）がいちばん有名。

投下資本総額　total invested capital
事業経営のために調達した自己資本（株主資本）から長期借入債務などの他人資本まで、資本をすべて合計したもの。具体的に計算するときは、普通株、優先株、長期借入債務、繰延法人税等、投資税額控除、少数株主持ち分などの合計となる。投下資本総額は、企業の財務レバレッジがどのくらいかを測定する尺度「負債総資本比率」の分母となる。

投資格付け／投資適格（債）　investment grade
格付け会社が債券に関して行う評価で、元利払いが予定どおりにきちんと行われるかどうかを示したもの。スタンダード＆プアーズ（S&P）でBBB以上、ムーディーズ・インベスターズ・サービスでBaa以

上が「投資適格」とされる。これよりも格付けの低いもの（BB、Ba、Bなど）は投機的とされる。投資適格債は投機的な債券に比べると、デフォルト（債務不履行）リスクは低いが、利回りも低い。一方、投機的な債券をハイイールド債（高利回り債）あるいはジャンクボンド（投資不適格債）という。

投資銀行　investment bank

企業が市場で証券を発行する際の手伝いをする証券会社や金融機関、仲介業者。発行体から新規発行証券を購入し、ディーラーや投資家に分配して、その買値と売値（発行価格）の差から利益を得る。また、既発債の大量販売や私募債を引き受けることもある。たいていの投資銀行は証券業務とその他の金融サービスを兼ねていることが多い（**訳者注**　「～銀行」と言うが、銀行ではないので要注意）。

トータルリターン　total return

特定の期間に得た投資収益の総額。ミューチュアルファンドや有価証券の場合、トータルリターンには、①ファンドのNAVあるいは基準価格・株価・債券価格などの騰落、②再投資された収益分配金・配当金・利金などの累計額、③期間中の複利運用による収益——の3つが考慮される。リターンはまた、6カ月、1年、5年といった特定期間における投資収益率としてパーセントで表示されるのが普通。トータルリターンは特定期間中の「累積リターン」あるいは「年率リターン」に換算できる。累積リターンとして見れば、投資額が期間中に合計でどのくらい増えたかが分かるし、年率リターンとして見れば、期間中の年平均リターンが分かる。

独占禁止法　antitrust law

不公正なビジネス手法を制限し、独占的な市場支配を封じ込めること

によって競合他社の成長を促進するための法律。

特定財源債（レベニュー債）　revenue bond
橋、トンネル、下水道などの公共工事・公共事業のための資金調達手段として発行される地方債で、そのプロジェクトから入る収益が直接裏付けとなる。例えば、橋梁工事のために発行されたレベニュー債の場合、橋を利用する運転者らから徴収する通行料金が債券の元利払いに充てられることになる。債券の保有者は発行体の他の財源から支払いを受けることはできない。

特別損益（項目）　extraordinary items
アニュアルレポート（年次報告書）やクォータリーレポート（四半期報告書）では臨時的なイベントも株主に説明しないといけないことになっている。例えば、買収や工場閉鎖にかかわる費用、法的手続きの結果、予想外の税制上の優遇措置などがそうだ。通常はこうした特別損益項目の影響を考慮する前と後の両方の利益が報告されるが、この数値によって、利益が実際よりも良く見えたり悪く見えたりするので、この特別損益にはよく注意するようにしよう。

途中償還利回り（YTC）　yield to call
最初の繰上げ償還日（コールデート）に途中償還すると想定した場合の債券利回り。債券のコール条項（繰り上げ償還条項）については目論見書に詳しく記されているので確認のこと。途中償還利回りは、繰り上げ償還日（通常は最初の予定日）を最終の満期日として計算するため、最終利回り（YTM）とは異なる。発行体がコールをかけることのできる価格をコールプライス（繰り上げ償還価格）というが、額面価格よりも上で、プレミアムがついているのが普通。保守派の投資家はYTCとYTMの両方を計算し、利回りの低いほうを潜在的なリタ

ーンの尺度としている。

取引所　exchange
証券や商品（コモディティー）の取引を集中して行う場所。ここでは通常、競売や入札も行われる。ニューヨーク証券取引所（NYSE）、アメリカン証券取引所（AMEX）などがある。

トリプル・ウィッチング・アワー　triple witching hour
株価指数先物、株価指数オプション、個別株オプションの決済期限（満期日）が四半期ごとに重なる、その日の一定時間帯を意味する俗語。決済がらみの取引によって、株式市場の出来高が膨らみ、価格が乱高下する要因となっている。3月、6月、9月、12月の第3土曜日の前日金曜日がその日に当たる（**訳者注　直訳すると「3魔女の時間」。「トリプル・ウィッチング・デー」ともいう**）。

ドル・コスト平均法　dollar-cost averaging
相場の動きとは無関係に一定額を一定期間ごとに一定の証券に投資していく戦略。ドル・コスト平均法は形を変えた分散投資となる。というのも、資金を多種多様な株や債券に分散する代わりに、投資時期の時間分散を図ることになるからだ。その結果、値段が高いときよりも、値下がりしているときほど、証券の買い付け数量が増えることになる。つまり、同じ銘柄に毎月300ドルずつ投資している場合、株価が高騰しているときよりも、低迷しているときのほうがたくさん株を買えるということだ。この戦略を使えば、全体の平均コストを下げることができる。

トレーダー　trader
①仲介者（ブローカー）としてではなく、自己勘定を使ってディーラ

ーとして、あるいは本人名義で証券の売買をする人。②短期の値ザヤ稼ぎを目的に頻繁に売買を繰り返している短期派の投資家。

内在価値　intrinsic value

時価総額や株価とは別の、企業の根源的な価値。ファンダメンタル分析では企業業績の量的な面と質的な面の双方を考慮する。例えば、定量分析では利益、売上高などの財務指標を使用し、定性分析では企業の経営陣の力量などを検討する。ファンダメンタルアナリストはこうした分析を基に予想収益や企業見通しが株式の内在価値に見合うかどうかを予測していく。株式の内在価値とその市場価格（株価）とが一致しないこともあるが、これはその企業が市場によって過大評価されている、あるいは過小評価されていることを意味する（**訳者注**「intrinsic value」は、オプション用語では「本源的価値」と訳され、権利行使したときに得られる利益のことをいう）。

内部収益率（IRR）　internal rate of return

資産の運用利回りを評価するときの計算上の用語。ある投資対象において、資金の流出額（初期投資額）の現在価値と資金の流入額（将来得られるキャッシュフロー）の現在価値とが等しくなるように引き直すときに使われる割引率のこと。

ナスダック（米店頭株式市場）　Nasdaq

全米証券業協会（NASD）によって運営されている電子株式市場。ブローカーはコンピューターネットワークを通じて気配値を得、電話か、コンピューターネットワークを介して取引を行う。この市場で取引されている全銘柄をカバーしたインデックスを「ナスダック総合指数」という。商いを集中化させるような取引所があるわけではないため、「店頭市場」（OTC）あるいは「相対（あいたい）売買市場」と

もいわれる。ナスダックで取引されている株にはハイテク関連が多い（訳者注　NASDAQはNational Association of Securities Dealers Automated Quotationsの略で、NASD運営の店頭銘柄気配自動通報システムのこと）。

ナスダック・ナショナル・マーケット　Nasdaq National Market

ナスダック（米店頭株式市場）のセクションのひとつで、ナスダックで取引されている株のなかで特に大型で活発に商いされている上位銘柄が登録されている。ここに登録されるには、もうひとつのセクション「ナスダック・スモールキャップ・マーケット」よりも厳しい基準を満たさないといけない（訳者注　スモールキャップ＝小型株）。

ナスダック総合指数　Nasdaq Composite index

ナスダック（米店頭株式市場）で取引されている全銘柄の値動きをカバーしたインデックス。

成り行き注文　market order

どんな値段であれ、注文が場につながった時点でついた値段で執行される売買注文。指値注文とは違い、その証券がいくらで買えるか、自分ではコントロールできないが、売り物があれば、必ずその証券を買うことができる。

日経平均株価（日経平均）　Nikkei

東京証券取引所（東証）上場の大型株225銘柄の単純平均株価。ダウ工業株30種平均（ダウ平均／NYダウ）の日本版で、実際、1985年まで「日経ダウ」と呼ばれていた。NYダウと同様、代表的なブルーチップ（優良株）から成る。株価にウエートが置かれ、時価総額加重式ではない。

ニューヨーク証券取引所（NYSE）　New York Stock Exchange

アメリカ最大の最も歴史ある証券取引所。ニューヨーク市のウォールストリートにある。NYSE上場企業はざっと2800社。その時価総額は約10兆ドル。1792年設立。「ビッグボード」ともいう。

年金（年金保険）　annuity

保険会社や銀行、証券、ミューチュアルファンド会社（投信会社／投資会社）などが販売している課税猶予型の運用商品のひとつ。「定額年金」は、1〜2年は固定レートだが、その後はレートが上下する可能性もある。「変額年金」は、ミューチュアルファンドのような複数のサブアカウント（特別勘定）のなかで投資家が自分で資金配分できるようになっているもの。この場合、選択したファンドの運用成績に応じてリターンが変わる。ただし、販売手数料や経費率、期日前の解約手数料が高いので、注意が必要。

年平均利回り　average annual yield

運用期間が1年を超す場合の投資リターン（投資収益率）を計算する方法。計算方法は、毎年の投資リターンを足し合わせて、運用年数で割って求める。

年率リターン　annualized return

運用期間が1年を超す場合の投資リターン（投資収益率）を計算する方法。年率リターンあるいは年平均リターンの計算方法は、毎年の投資リターンを足し合わせて、運用年数で割って求める。このリターンには、期間中の元本部分の増減に加え、利金や配当金、ミューチュアルファンドのキャピタルゲイン〔実現売却益〕による分配金などの再投資分も考慮に入れる。「累積リターン」の項も参照のこと。

ノート　note
償還期限が1年超、10年以下の債券。

ノーロード・ミューチュアルファンド　no-load mutual fund
販売手数料や委託手数料なしで販売されるミューチュアルファンド。こうしたファンドは証券会社からではなく、ファンド会社（投信会社／投資会社）から直接購入する。経費削減にはもってこいのファンド。ノーロードファンドの価格リストは新聞に掲載されており、NLと付記されている。

ノックアウトオプション　knock-out option
オプションの原資産の価格か相場があらかじめ決められたポイントに達したら、権利が消滅するタイプのオプション。

ノックインオプション　knock-in option
オプションの原資産の価格か相場があらかじめ決められたレンジを超えるか割るかして一定水準に達したときのみ、権利が発生するタイプのオプション。

パーソナル・ファイナンシャル・スペシャリスト（PFS）　personal financial specialist
ファイナンシャルプランニングに関する資格で、ニューヨークを本拠とする米公認会計士協会（AICPA）によって適任とされた公認会計士に与えられるもの。

ハイイールド債（高利回り債）　high-yield bond
デフォルト（債務不履行）状態の債券の次に格付けが低い債券。レーティング的には、スタンダード＆プアーズ（S&P）でBBB、ムーデ

ィーズ・インベスターズ・サービスでBaaを下回る債券で、投資適格債に比べ、デフォルトの可能性が非常に高いため、投機的と見なされている。ハイイールド債あるいはジャンクボンドの発行体は、創業からそれほど年数の経過していない中小企業か、信用度に問題のある企業である場合が多く、こうした付加的なリスクの代償として、投資適格債よりも利回りを高くして発行されることになる。しかし最近では、ジャンクボンドの人気が上昇し、デフォルト率が低下しているため、利回りも下がり気味になっている（**訳者注**　日本でも1996年に適債基準が廃止されてから、ハイイールド債の発行が可能になった。なお、2002年に入り、ジャンクボンドのデフォルト率が上昇し、国債と社債のスプレッドが広がってきている）。

配当　dividend
企業の純利益の一部を株主に対して投資の見返りとして支払うもの。配当利回り＝年間配当金（1株配）÷現在の株価。例えば、株価が1株20ドルで1株配が1ドルなら、配当利回りは5％となる。配当を出すか出さないかはその企業の取締役会の自由裁量で決まる。配当の第一の利点は、いったん支払われれば、株価が下落していても、銀行預金のような安全資産となり、唯一の収益となる。不利な点は、通常の所得税が課せられるため、税率等級の高い人は、税金の支払額が増えることになる。

配当性向　payout ratio
企業の利益のなかから株主に配当として支払われる割合。配当性向（％）＝年間1株当たり配当金÷年間1株当たり利益×100。通常、成長中の企業は利益を留保するが（配当金などにあてないが）、銀行や公益企業などの伝統産業では配当性向が高めの傾向がある。

配当落ち　ex-dividend

配当支払いにおける株主確定基準日（配当基準日）直前の一定期間、株を新規に買い付けた投資家にはその期の配当を受ける権利がない（**訳者注**　基準日より前に約定をつけても受渡日が基準日よりあとだと、その株を売却した人のほうに配当がついてしまう）。このため、その初日には、もらえなくなった配当分の価値を反映して、株価が下方修正されることになる。このとき、その株を「配当落ちした」（go ex-dividend）という。通常、新聞では株やミューチュアルファンドの銘柄名の横に「X」マークが付記される。

配当利回り　dividend yield

企業の年間配当額を現在の株価に対する割合で示したもの。したがって、株価が下がると、配当利回りは上がることになる。例えば、株価が1株20ドルで1株配が1ドルなら、配当利回りは5％となるが、株価が10ドルに値下がりすると、配当利回りは10％になる。バリュー投資家はよく、配当利回りの高さを割安株の目安にしているが、配当利回りが高いと、リスクを嫌う投資家には魅力的に映るため、下げ相場でもクッションの役目を果たすことになる。ただし、マイナス面としては、配当には通常の所得税が課せられるため、高利回りになるほど、税金を多く支払わなければいけなくなる。

配当基準日　record date

配当を受け取る資格を得たければ、必ずその日にはその企業の株式を取得して株主になっていなければならないという日。例えば、取締役会による配当の発表が10月1日にあって、10月15日現在の株主に対して11月1日に配当が支払われることが決まった場合、10月15日よりあとに株を取得して株主になった投資家には11月1日支払いの配当を受ける資格がない。したがって、配当基準日後の株を「配当落ち」とい

う（訳者注　実際には受渡日の関係で、基準日より前に配当落ちする）。

破産　bankruptcy
個人や組織が債務超過、支払い不能に陥ること。つまり、借金を返せなくなった状態。アメリカの連邦破産法はいくつかの章（チャプター）に分かれており、破産に対してさまざまな救済手続きを用意している。「連邦破産法第7章」（チャプターセブン）は、ほぼすべての資産を整理（清算）したあとにすべての債務免除を裁判所に申し立てるもの。なお、自宅などの一定の資産については通常、整理しなくても済むようになっている。「連邦破産法第11章」（チャプターイレブン）では、資産を保有したままでいいが、債務の返済計画について債権者と交渉しなければいけない（訳者注　「〜章」は「〜条」ともいう）。

端株　odd lot
取引単位に満たない株で、アメリカでは100株未満の株のことをいう。端株売買は単元株（旧単位株）よりも委託手数料が高くなることが多い。こうした端株売買手数料は証券会社によって異なる（訳者注　日本では2001年に「単位株制度」が廃止され、上場企業が自由に売買単位を決めることのできる「単元株制度」が導入された）。

パススルー証券　pass-through security
債務証書（訳者注　特に住宅ローン債権など）を集めて作った証券。基の債務証書からの元利払いが仲介者——通常は政府機関や投資銀行——を通して、投資家にそのまま支払われる（すなわちパススルーされる）。

バックエンドロード（後払い販売手数料）　back-end load
ミューチュアルファンドを換金（解約）するときに課される販売手数

料。「偶発繰り延べ販売手数料」（CDSC）ともいう。一般に、バックエンドロードは時が経過するにつれて手数料率が下がるようになっている。例えば、購入してから1年後にファンドを売却したときは、5％取られるかもしれないが、3年間保有してからだと、2％で済むといった具合だ。しかし残念ながら、12b-1手数料は毎年かかる。これは長期派の株主（受益者）によってバックエンドロードが0％になるまで保有されてしまったときにファンド会社が被る損失を埋め合わせるためのものだ。こんなものを取られるくらいなら、フロントエンドロード（初期販売手数料）を払ったほうがマシな場合が多い。

発生主義　accrual basis
収益や費用を実際にはまだ受け取っていない、あるいはまだ支払っていなくても、取引があった時点でそれらが発生したとして計上する会計処理法。一方、「現金主義」とは、実際に現金を受け取った、あるいは支払ったときに初めて収益や費用として認めるというもの。発生主義会計は企業を長期的な視点で見るのに役立つ。

バランス型ファンド　balanced fund
株式、債券、現金部門（現預金・短期金融商品など）を組み合わせて運用しているミューチュアルファンド。各種の資産をミックスすることによって、成長（グロース）と収益（インカム）の安定を目指したポートフォリオができる。「ハイブリッド型ファンド」あるいは「アセット・アロケーション・ファンド」ともいう。

バリアオプション　barrier options
標準的な金融オプションの変形物。いったん原資産の価格が一定水準に到達すると、権利が発生する、あるいは消滅するタイプのオプション（**訳者注**　前者をノックインオプション、後者をノックアウトオプ

ションという）。

バリュー型ファンド（割安株ファンド） value funds
市場が見落としているような企業を好んで買い付けていくファンド。ファンドが好むのは業績的に目立たない企業、すなわち景気サイクルに合わせて好不調の波が訪れる鉄鋼・自動車メーカーなどの循環株で、こうした株がサイクル下降期の底付近にあるときに拾い集めていく。ただし、最大のリスクは、「埋もれているお宝」をせっかく見いだしたのに、そのまま埋もれてしまい、だれにも認めてもらえないことがあることだ。とはいえ、バリュー型のファンドマネジャーは株をいったん買ったら、株価が上向きに転じるまで保有するため、経費率もポートフォリオの回転率も低い。したがって、税金を取られたくない保守派の投資家向きのファンドと言える。

バリュー投資（割安株投資） value investing
バリュー型の投資家は「株式市場のバーゲンハンター」である。売りたたかれて当期利益や法人資産に比して割安になった株を好む。よって、配当利回りが高いか、低PER（株価収益率）あるいは低PBR（株価純資産倍率）の株を買い付けるのが普通だ。バリュー投資とグロース投資（成長株投資）は投資スタイルが正反対であることが多いせいか、業界での人気は回り持ちとなっている。つまり、ある年にグロース投資が大流行したと思ったら、翌年にはバリュー投資が優勢になるといった具合だ。

販売手数料 sales charge
「ロード」(load) ともいう。ミューチュアルファンドを購入するために支払わなければいけない手数料。最初に投資したときにかかるフロントエンドロード（初期販売手数料）と、解約時にかかるバック

エンドロード（後払い販売手数料）がある。

引受業者（アンダーライター）　underwriter
株式公開予定の企業の株を買い取り、上乗せした価格で投資家に転売する投資銀行など。引受業者が新規公開企業の株を市場にもたらすことを「IPO」（新規株式公開）という。また、既存の公開企業による「売り出し」（2次分売）を投資銀行が引き受けることもある。

引受募集手数料（総手数料）　gross spread
証券購入のために投資家が支払った額と発行体が受け取る金額の差。証券の引受業務ではこの差額分が総手数料となり、株や債券の公募にかかわった引受シンジケート団に支払われる。このなかには引受シ団が受け取る販売手数料、募集責任を担った証券会社が受け取る引受手数料および幹事手数料が含まれている。

ビッグボード　Big Board
ニューヨーク証券取引所（NYSE）の別称。

非農業部門労働生産性　business productivity
米労働省が実働1時間あたりの生産量あるいは生産高を毎月測定したもの。

標準偏差　standard deviation
過去のリターンのレンジ（最低と最高の幅）を見ることによって導き出されたファンドのボラティリティ（変動率）の尺度。標準偏差の値が大きいほど、潜在的な価格変動リスクが高いことになる。例えば、ファンドの過去3年間の年平均リターンが12％で標準偏差が20の場合、12に20を足す、あるいは12から20を引けば、過去3年間の3分の2期

間におけるファンドの最高リターンと最低リターンが分かる。この場合、最高リターンは12＋20＝32％となる。また、この標準偏差に2を掛けてから同じ計算をすると、過去3年間の95％にあたる期間中のファンドの最高リターンと最低リターンを求めることができる。

ピンクシート　pink sheets
店頭株の売値と買値の相場が印刷されているピンク色の冊子。ナショナル・クォーテーション・ビューローが発行している。

ファイナンシャルプランナー（FP）　financial planner
一種のファイナンシャルアドバイザーで、パーソナルファイナンス（個人資産の運用・管理）のあらゆる分野に関する幅広い知識を有していることが理想。とはいえ、特別な研修や資格が要求されるわけではないため、多くの不適格者や詐欺師そのもののような人たちでさえファイナンシャルプランナーを自称している。コンサルティング料だけ取るプランナーの場合、報酬源はクライアントだけである——つまり、他から販売手数料や給与をもらっているわけではない。コンサルティング料と販売手数料を取るプランナーは、アドバイスやその他のサービスに対して手数料を取ったうえに、運用商品・保険商品の販売手数料まで取る。ファイナンシャルプランナーを選ぶときは、その人が公認ファイナンシャルプランナー（CFP）の資格を持っているかどうか確かめるようにしよう。CFPはいちばんよく知られている資格で、CFPボード・オブ・スタンダード（CFPボード／CFP資格認定委員会）からアドバイザーとして認定を受ける必要がある。

ファクタリング業者（売掛債権買取業者）　factors
売掛債権（掛売りした商品・サービスなどの代金を返済してもらう権利）を買い取る会社。返済期日の到来した金を回収するのがその役目。

ファンダメンタル分析　fundamental analysis

株価は将来的な利益や配当の見通しによって決まる、とするのがファンダメンタル分析の考え方。そして、企業の財務諸表や業界内での競争状態を調べ、株価の基となる企業の「内在価値」(intrinsic value) を見いだそうとするのがファンダメンタルアナリストである。仮に企業の内在価値が株価を上回っているなら、その株は過小評価されていると言える。つまり、その企業には株価に織り込まれている以上の潜在収益力があるということだ。テクニカル分析では潜在収益力ではなく株価の動きに焦点を当てるが、ファンダメンタル分析はこれとは対照的なものだ。

ファンド会社（投信会社／投資会社）　fund company

ミューチュアルファンドの運用・販売・流通を担う企業体。通常、株式市場や債券市場の両方に投資し、多種多様なファンドを提供している。ファンドの会計処理や顧客サービスなどの管理業務については、他へ外注する会社もあるが、自前で行っている会社もある。大手のファンド会社としては、フィデリティ、バンガード、フランクリン・テンプルトン、T・ロウ・プライスなどがある。多くの場合、同じファンド会社が運用するひとつのファンドから別のファンドへと無料で、あるいはごくわずかの手数料で乗り換えることができるが、こうした乗り換え可能なファンド群を「ファンドファミリー」という。

フェデラルファンド　federal funds

市中銀行が地区の連邦準備銀行（地区連銀）に預けている資金。この準備預金が一時的に不足して、支払準備率を割った場合、準備預金を過剰に保有している銀行から借りることができる。

フェデラルファンド（FF）レート　federal funds rate

銀行間でフェデラルファンドを相互に利用する際に課す金利。準備預金不足の銀行に資金を貸し出す際に適用する翌日物（オーバーナイト）金利のこと。レートは毎日変わり、全般的な金利動向を示す最も敏感な指標となる。レートは連邦準備制度理事会（FRB）がいちいち決めるわけではなく、ファンドの需給関係に応じて上下する（**訳者注**　ただし、FRBによるFFレートの「誘導目標」というのがあり、この目標を引き上げる、あるいは引き下げることが「利上げ」「利下げ」を意味するため、FOMC〔米連邦公開市場委員会〕の発表が注目されることになる）。

不況　depression

景気がひどく悪化し、物価下落、購買力低下、失業者増大といった現象が目立つようになること。1929年に始まった大恐慌は1930年代まで続いた。しかし、こうした不況を何度も乗り越えながら、株価も利益も右肩上がりできたのである。

複利　compounding

ファイナンシャルアドバイザーたちは複利の魔法について話すのが好きだ。どんな魔法かって？　それは例えば、年率10%で5年間複利運用した場合、リターンは50%ではなく、61.1%になるということ。その理由はこうだ。年とともに、増えていくのは投資元本だけではない。最初の年からのリターンが累積されて増えていくから、儲けが大きくなるのだ。

負債　liabilities

企業あるいはその他の事業体に対して支払い請求ができるもの（企業側から見れば支払い義務のあるもの）。買掛金、賃金、給与、配当、

税金のほか、債務証書、無担保債、銀行ローンなどの債務。

負債自己資本比率　debt-to-equity ratio
財務レバレッジ（借入比率）を測定する尺度のひとつ。負債自己資本比率＝長期借入債務÷株主資本（あるいは純資産）。この負債自己資本比率の値が大きくなるほど、将来的に負債を返済できなくなる可能性が高くなる。

負債総額　total liabilities
流動負債と長期借入債務に繰延法人税などを足したもの。負債総額は企業の貸借対照表（バランスシート）を見れば分かる。総資産から負債総額を差し引くと、純資産あるいは自己資本になる。

負債総資本比率　debt-to-total-capital ratio
これは企業の財務レバレッジ（借入比率）がどのくらいあるかを示した比率。負債総資本比率＝負債総額÷投下資本総額。なお、投下資本総額とは、事業経営のために調達した自己資本（株主資本）から長期借入債務などの他人資本（負債）まで、資本すべてを合計したもの、すなわち総資本のこと。つまり、負債自己資本比率との大きな違いは、長期借入債務を分母に含めていることである。この負債総資本比率の値が大きくなるほど、将来的に負債を返済できなくなる可能性が高くなる。

普通株式　common stock
企業の部分的所有権を表したもの。普通株の保有者は議決権を有するが、配当金の支払いが保証されているわけではない。会社解散時には、債券や優先株の保有者のほうが普通株の保有者よりも優先的に支払請求をする権利がある。とはいえ、一般に普通株のほうが値上がりする

可能性が高い。

プット・コールレシオ　put/call volume ratio
有価証券あるいは指数などを「売る権利」(プットオプション)の売買高÷「買う権利」(コールオプション)の売買高。

プットオプション　put option
この契約によって一定期間内に一定の価格で株式か、債券、商品、その他の投資対象を「売る権利」がもらえる。これには「売る義務」はない。

浮動株　float
企業の発行済み株式数のうち、不特定多数の間で取引が可能なもの。浮動株が少ないと、大口の売買注文が株価に大きく響くため、乱高下しやすくなる。逆に、浮動株が多いほど、ボラティリティ(価格変動リスク)は小さくなる。時価総額の小さい小型株は大型株に比べ、発行済み株式数が少ないため、その分浮動株も少なく、値動きが荒くなる傾向がある。これは少数株主支配会社についても同じことが言える。

不動産投資信託（REIT）　real estate investment trust
株主の利益のために不動産ポートフォリオを運用している上場会社(訳者注　投資家はこの会社の株を買う形で不動産投資をすることになる)。ミューチュアルファンドを範とし、多種多様な不動産ポートフォリオ(マンション、オフィス、倉庫、ショッピングセンター、ホテル、介護施設など)を保有している。株主は、こうした不動産から得られる家賃収入を配当として受け取る。投信会社段階での課税を回避するため、REITの収益の75％以上は不動産収入から得、その純資産総額の95％を株主に毎年分配することになっている。REITの場合、

その利益のほとんどが分配されるため、利回りが高く、5％～10％以上にもなる（**訳者注　日本版REITを「J－REIT（ジェイ・リート）」**という）。

踏み上げ（ショートスクイズ）　short squeeze
証券価格が急騰し、空売り筋の多くが損失を限定するためにショートカバー（買い戻し）に入るときに起こる現象で、株価がさらに跳ね上がること。踏み上げ相場によって、まだショートしたままの売り方の損がさらに膨らむことになる。

ブルーチップ（優良株）　blue-chip stocks
長期にわたる収益実績および配当実績のある企業の株。傾向的には名の通った安定性の高い大型株で、S&P500の上位銘柄はほとんどがブルーチップ。

フルサービスブローカー　full-service brokers
売買注文の執行、投資対象のリサーチ、投資目標の設定・達成の支援、投資アドバイスなどを行う証券会社。こうした業務の対価として手数料を課す。強気相場で株価が上げ基調のときは、うまい話など掃いて捨てるほどあるが、相場が荒れているときは、確かなアドバイスがあなたを救ってくれる。証券会社によっては、好成績の各種ミューチュアルファンドの販売、エステートプランニング（相続・贈与・信託対策）サービス、税金相談なども行っている。あなたの資産・収入・目的・目標を基に、あなたのファイナンシャルプロフィールを作成して適格なアドバイスをくれる。こうしてあれこれと尽くしてもらう以上、何もしないディスカウントブローカーよりもコストがかかるのは言うまでもない。

ブレイディ債　Brady bonds
元米財務長官ニコラス・ブレイディ策定による新債務戦略の一環として外国政府によって発行された債券。

プレミアム　premium
クローズドエンド型ファンドの市場価格がその基となる純資産価額（NAV）を上回るとき、「プレミアム付きで取引されている」という。例えば、1株10ドルの価値のある株式ポートフォリオを保有しているクローズドエンド型ファンドが10％のプレミアム付きで取引されているなら、そのファンドの市場価値は実際には1株11ドルということになる。クローズドエンド型の場合、オープンエンド型とは違い、取引所で株と同じように取引されるため、ファンドの価格は市場の需給関係によって決まる。需要が供給を上回れば、ファンドの市場価格はその基準となるポートフォリオの価値を超えることになる――これがプレミアムのつく原因である。

ブレンド型ファンド　blend fund
グロース型ファンド（成長株ファンド）とバリュー型ファンド（割安株ファンド）の中間あたりに位置するのがこのブレンド型ファンドである。これは両方の戦略を採用しているため、例えば、成長性の高いネット株にも、割安な自動車株にも投資する。だから、リスク分類がしにくい。S&P500インデックスファンドはS&P500の全銘柄に投資しているため、「ブレンド型」として分類できるが、2つの投資スタイルをもっと思い切った形で採用しているファンドはほかにもある。

ブローカー　broker
投資アドバイスを行い、株式や債券、商品、オプションなどの売買注文を処理する人。フルサービスブローカーやディスカウントブローカ

ーなどの証券会社で仕事をしている。なお、証券会社のタイプは、委託手数料の額とブローカーからのアドバイスをどの程度受けられるかによって決まる（**訳者注**　「ブローカー」は証券会社を指す場合と、いわゆる証券マン、証券外務員を指す場合とがある）。

ブローカー・コールレート　broker call rate
証券会社が信用取引の顧客に融資する際に証券を担保に銀行から資金を借りる際の金利。普通はこの金利に若干上乗せして顧客に融資する。「ブローカー・ローンレート」（broker loan rate）ともいい、通常フェデラルファンド（FF）レートよりも約１％ポイント高めになっている。

プログラム売買　program trading
15銘柄以上、総額100万ドル以上の「バスケット取引」（多数銘柄の一括売買）などの株取引。たいていのプログラム売買はコンピューターシステムを駆使し、ニューヨーク証券取引所（NYSE）で執行される。インデックスアービトラージ（指数裁定取引）に絡む売買が傑出して多い。

ブロックトレード（大口取引）　block trade
株式の場合、１銘柄１万株以上、債券の場合、20万ドル以上の売買（**訳者注**　これは相対ではなく、競争売買市場におけるトレードの場合）。

プロフォーマ決算（見積もり決算）　pro forma results
一定の状況下において実際にはこうなるだろうという見積もりベースの財務報告書。例えば、合併したばかりの企業の場合、全期間を通じて合併していたと仮定して、達成したであろう利益を報告する際に使

われる（**訳者注**　ここでは今問題となっている「プロフォーマ」とは説明が異なり、「見積もり」の意味で使われているが、いわゆる「プロフォーマベースの決算」といえば、「実質ベースの決算」のことで、「プロフォーマベースの純利益」とは、買収コストやリストラ費用、のれん代の償却費などの一時的な費用を税引き後利益に足し戻した「実質ベースの純利益」のことをいう。企業の都合の良いように利益をかさ上げすることが可能で、本来赤字でも実質黒字と発表できるため、2002年夏現在、問題となっている）。

分散投資　diversification

資金を多種多様な証券に小分けして投資すること。分散して投資しておくと、個別銘柄や特定のセクターが値下がりしても、ポートフォリオがひどい痛手を受けるリスクを回避できる。

平均株価　averages

株式市場において「averages」（一般には「平均」の意）といえば、代表的な株価の動きを把握するための指標すなわち「平均株価」のこと。いちばんよく使われる指標はダウ工業株30種平均（ダウ平均／NYダウ）で、これは大型株30銘柄のパフォーマンス（値動き）を測定したもの。

ベーシスポイント　basis point

１％ポイントの100分の１、つまり、0.01％のこと。ベーシスポイントなら、利回りのわずかの差を表現するのに便利だ。例えば、「ある債券は他の債券よりも利回りが１％ポイントの10分の１だけ高い」と言うよりも、「ある債券は他の債券よりも利回りが10ベーシス高い」と言ったほうがずっと簡単である。これは利率についても使える。例えば、利率が５％なら、4.5％のものよりも利率が50ベーシス高いと

言える。

ベータ値　beta

ベンチマークに対する投資対象のボラティリティ（変動率）を測定する尺度。株式あるいは株式ファンドの場合は通常S&P500、債券あるいは債券ファンドの場合は財務省短期証券（TB）をベンチマークとする。ベンチマークのベータ値は常に1.00である。そこで、ある株式ファンドのベータ値が1.00とすると、その値動きはS&P500とほとんど同じように上下してきたということになる。一方、ファンドのベータ値が1.25なら、上げ相場ではS&P500よりも25％大きく上昇し、下げ相場では25％大きく下落することが予想される。一般には、ベータ値が高いほど、リスクも高くなるが、「決定係数」（アールスクエア＝Rの2乗）が高くない場合は、ベータの統計値は無意味となることもある。なお、決定係数とは、投資対象のリターンとベンチマークとの相関関係の確かさを判定するもの。

ヘッジファンド　hedge fund

富裕な個人投資家や機関投資家が所有している私募形式の投資パートナーシップ。ミューチュアルファンドでは採用できないような積極的な戦略が認められており、空売り、レバレッジ、プログラム売買、スワップ、裁定取引（アービトラージ）、デリバティブなどを駆使した運用を行う。ヘッジファンドは法律により投資家数を100人未満に制限されているため、ファンドの最低投資額は通常100万ドルに設定されている。

ヘッジ取引　hedging

コールオプション、プットオプション、空売り、先物取引などを駆使して、投資リスクの軽減を図る投資戦略。ヘッジをかけておけば、現

在出ている利益を確定しておくのに役立つ。例えば、先物でポジションを作っておく（買い建てておくか、売り建てておく）ことで、現物のポジション（売り持ち、あるいは買い持ち）を相殺する。つまり、ある証券を保有しているなら、それを先物で売っておく。あるいは、空売りした株のコールオプション（買う権利）を買っておく。しかし完璧にヘッジしてしまうと、損失の可能性もなくなるが、将来的な儲けのチャンスも失ってしまう。不完全にヘッジしておくことで、損失の一部を回避することが可能となる。

ペニーストック（投機的低位株）　penny stocks
ペニーストックの多くが実際に１ドル割れとなってはいるが、普通に話すときには株価が５ドル以下の株まで含めて言うことが多い。まともな企業の株価がここまで落ち込むことは結構あるが、通常、「ペニーストック」と言うときは、強引に売り込みをかける悪徳ブローカーあたりが盛んに推奨しまくっているような、営業実体がほとんどないか、まったくない危ない企業の株を指す。

ポイズンピル　poison pill
敵対的買収が法外に高くつくようにして乗っ取りを防止する戦略。例えば、買収された場合にプレミアムで償還できる権利をつけた優先株を次々に発行する、あるいは新株を発行して、乗っ取り屋を除く、全既存株主に格安で買ってもらうなどの措置を取ることで、買収コストをつり上げたり、希薄化（発行済み株式数の増加による１株当たり利益の減少）を招いたりして、TOB（買収目的の株式公開買い付け）をやめさせるようにすること**（訳者注　「ポイズンピル」の直訳は「毒薬」）。**

法人　corporation
法律的観点から企業をひとつの人格として扱ったもの。法人は資産を所有し、負債を負い、証券を売却することなどが認められているが、訴訟を起こされることもある。

ポートフォリオ　portfolio
投資家による保有証券のコレクション。多種多様な証券で構成されているほうが投資リスクを最小限に抑えることができる。

ポートフォリオインシュアランス（PI）　portfolio insurance
例えば、株式市場の下落時には株価指数先物を売っておくなど、ポートフォリオの価値を守るためにヘッジをかける手法。こうしたヘッジ売りが1987年10月の株価大暴落の主因となった（**訳者注**　PIの直訳は「ポートフォリオ保険」）。

ポートフォリオマネジャー　portfolio manager
ミューチュアルファンドあるいは投資信託の運用担当者（**訳者注**　「ファンドマネジャー」「マネーマネジャー」ともいう）。

ボラティリティ　volatility
短期的に価格が乱高下するような証券あるいは相場の性質を表すもの（**訳者注**　訳語としては「（価格）変動率」「（価格）変動性」「価格変動リスク」「乱高下」「不安定」などが使われる）。証券やミューチュアルファンドの市場全体に対する相対的なボラティリティを測定する尺度にはベータ値がある。株価が乱高下するにはさまざまな理由があるが、企業の見通しが特に不透明、発行済み株式数が非常に少ない、すなわち流動性がない、などが考えられる。ベータ値も株やファンドに適用できるが、ミューチュアルファンドのボラティリティの測定に

は標準偏差のほうが広く利用されている。ちなみに標準偏差とは、ファンドの過去のリターンのレンジを調べ、ポートフォリオの最高リターンと最低リターンのブレの可能性を見ていくもの。

ボリンジャーバンド　Bollinger bands
テクニカルアナリストが用いる手法のひとつで、過去の取引パターンから将来の値動きを予測するもの。ボリンジャーバンドは移動平均線を中心に上下に引かれた線で、値動きが大きいほど、バンドの幅が広がる（訳者注　株価の移動平均値から標準偏差を求めて引いた線で、上のラインが上値抵抗線、下のラインが下値支持線になると見られる）。

ボンド・バイヤー地方債インデックス　Bond Buyer Municipal Bond Index
長期債40銘柄をベースにした地方債のインデックス。免税地方債の値動きを見るときの指標としてよく使われる。業界紙『ボンド・バイヤー』が集計しているインデックスで、ほかにも地方債の指数をいくつか発表している。

ボンドディーラー（債券ディーラー）　bond dealer
自己勘定で債券を保有し、不特定多数を相手にするか、証券会社間で取引をし、債券の買値と売値の差額から利益を得る。ブローカーがディーラーを兼ねている場合は、手持ちの債券を販売することができるため、通常よりレートが良くなる。というのも、ブローカーの場合は、顧客のために特定の債券をほかのディーラーから買い付けてこないといけないが、ディーラーの場合は、その必要がないため、その段階で発生する手数料が不要となるからだ。

ボンドブローカー（債券ブローカー） bond broker

顧客に代わって顧客の希望する債券をいちばん良い値段で買えるよう、各ボンドディーラーに電話をかけて探してくれる人。ブローカーはこうしたサービスの対価として手数料を取るか、単にサヤ（債券の買値と売値の差額）を抜くことで儲ける。

マーケットタイミング market timing

上昇相場をうまく利用する一方、下降に転じてもやられないように、タイミングを見ながら売ったり買ったりして、資金シフトさせていくこと。例えば、ミューチュアルファンドに投資している場合、株式市場の見通しがまずくなりそうなら、株式ファンドからマネー・マーケット・ファンド（MMF）に乗り換えたりすること。とはいえ、残念ながら、マーケットのタイミングをうまく計って売買できる百戦百勝の投資家は、仮にいたとしても、わずかしかいない。

マーケットメーカー（値付け業者） market maker

店頭市場（OTC）において秩序ある市場を形成する責務を担い、個別銘柄の売買にいつでも応じる用意のあるトレーダー。マーケットメーカーの仕事は、指定された証券についてファームビッド（買値）とファームオファー（売値）の双方を常に提示すること（**訳者注** 「ファーム」というのは、その値段で必ず応じるという確定した値段。ちなみに「インディケーション」の場合は単なる参考レート。「サブジェクト」の場合は、約定をつける前にもう一度確認を要する、つまり値段が変わる可能性ありという意味。特に外債を売買するときにはどの値段なのかよく確認する必要がある）。仮にブローカーがある株を買いたいと思っても、売り物が出てこない場合、マーケットメーカーが自己勘定からその株を売って注文に応じてくれる。その逆もしかり。ブローカーが売りたいのに、買い手が見つからない場合、マーケット

メーカーがその株を買い取ってくれる。アメリカン証券取引所（AMEX）やニューヨーク証券取引所（NYSE）などでは、マーケットメーカーを「スペシャリスト」という。

マッチトレーディング　match trading

競争売買や相対（あいたい）取引とは別の株取引。同一銘柄において売り注文と買い注文の値段が一致したものを組にして商いを成立させていくもので、執行はたいていコンピューターが行う（**訳者注**　ちなみに競争売買としては、日本では「板寄せ方式」や「ザラバ方式」というのがある）。

マネー・マーケット・アカウント（MMA）　money‐market account

連邦政府の保険付き預金口座。銀行や信用金庫、貯蓄貸付組合（S&L）などでたいてい利用できる。流動性が高く、通常1カ月に3回まで小切手の振り出しができるうえ、償還期限が1年未満の短期証券に的を絞って運用しているため、安定性も高い。また、マネー・マーケット・ファンド（MMF）とは違い、米連邦預金保険公社（FDIC）の保険もついている。ただし、MMAは利回りが非常に低いため、気をつけないと、インフレによって投資元本が目減りしてしまうかもしれない。

マネー・マーケット・ファンド（MMF）　money-market fund

ミューチュアルファンドの一種で、安定した短期証券を投資対象としている。すぐに換金ができ、通常は1株（1口）1ドルを割り込むことはないが、連邦政府の保険はついていない。買い付け証券の種類によってさまざまなタイプのMMFがあるが、分配金が課税となるか非課税となるかがいちばん重要な違いと言える。

マネーサプライ（通貨供給量） money supply

自国経済に供給されているお金の残高のことで、主として世間に出回っている現金通貨、普通預金、当座預金などから成る。モノの産出量に比して金の量が多すぎるときは、金利が低下し、インフレになる傾向がある。逆に、金の量が少なすぎるときは、金利上昇、物価下落を招き、失業者が増え、設備稼働率が低下する傾向にある。米連邦準備制度理事会（FRB）は、銀行に保有を義務付けている準備預金を増減させたり、銀行がFRBから金を借りるときの金利すなわち公定歩合を上下させたりして、マネーサプライを管理している。また、政府証券の取引（レポなど）を通じて、市中から金を吸い上げたり、注入したりもする（訳者注　「レポ」〔repurchase agreements〕とは買い戻し条件付きの売り。この逆は「逆レポ」あるいは「リバースレポ」で、売り戻し条件付きの買い。いわゆる「現先取引」のこと）。マネーサプライにも、M1、M2、M3など、いろいろな測定尺度があり、これらも通貨供給量といわれる。

ミューチュアルファンド mutual fund

数多くの個人投資家から集めた金をプールして、株や債券、その他の金融商品を買い付けていく投資会社（訳者注　この投資会社のことを日本では「会社型投資信託」という。日本の「契約型投資信託」では投信会社発行の「受益証券」に投資する形になり、投資家＝受益者となるが、アメリカでは投資会社発行の「株式」に投資する形になる。つまり、投資家＝株主となる。基本的に仕組みが異なるため、本書の訳出にあたっては、日米両サイドの言葉をなるべく併記するようにした）。ミューチュアルファンド投資の2大メリットはプロによる運用と分散投資だが、これらのサービスと引き換えに通常、年間1～2％の運用報酬を取る。また、ファイナンシャルアドバイザー経由で購入した場合は、販売手数料（ロード）やその他の手数料も取られること

になる。ファンドにはオープンエンド型とクローズドエンド型があり、オープンエンド型は、投資家から資金が流入するたびに新株を発行し、解約時には株を買い戻す。価格（基準価格）はファンドの純資産総額を発行済み株式数（口数）で割った値となる。一方、クローズドエンド型は、IPO（新規株式公開）時に一定数の株式を発行し、その後は公開市場で売買される。普通のミューチュアルファンドはたいていオープンエンド型である。

無記名株式　bearer stock
株主の名前が記載されていない株券。名前が裏書きされていなくても売買は可能（**訳者注**　日本では無記名株式の制度は1991年に廃止されている）。

無形資産　intangible assets
特許、営業権（のれん）、著作権、商標など、物理的な形のない資産。例えば、工場などは売却して現金化できるが、それとは違い、こうした無形資産には個別の市場価値や清算価値がないため、会計処理上、「操作」されることが多い。「一般に認められた会計原則」（GAAP）では無形資産は一定期間（最長40年）の間に償却しなければいけないことになっている。この償却（writing off）手続きを「amortization」（償却）という。企業の純利益を算出するときは、有形固定資産の減価償却費（depreciation）と無形固定資産の償却費（amortization）の双方を営業収益から差し引いて求める。

無担保社債　debenture
普通タイプの社債で、リストラ中の企業が発行することが多い。無担保社債は、発行体の信用力あるいはネームバリューのみが裏付けとなっている。担保がついていないため、資産担保債よりもリスクが高く

なるが、それだけリターンも高くなる可能性がある。しかし発行体が優良企業の場合は、かなり高い格付けを取得しているケースもある。

メジャー・マーケット指数（MMI）　Major Market Index
ダウ工業株30種平均に採用されている17銘柄を含む、ブルーチップ（優良株）20銘柄で構成された株価指数。オプションや先物取引では、このMMIを原資産とした取引が行われている。

モーゲージ担保証券（MBS）　mortgage-backed securities
モーゲージ（住宅ローンなど）を集めてプールし、これを裏付けにして発行される債務証書。投資家が受け取る元利金には、基となるモーゲージの元利払いが充当される。金利低下局面には住宅取得者がローンを期限前に返済して借り換える傾向があるため、MBSは金利に非常に敏感に反応する（**訳者注**　これを「期限前償還リスク」という。逆に金利上昇局面では「期限延長リスク」がある）。

目論見書　prospectus
有価証券の募集または売り出しの際に提出する公式文書で、発行体の現在の事業内容や事業計画などについて記したもの。SEC（米証券取引委員会）への提出が義務付けられており、証券購入予定者に交付しなければいけないことになっている。目論見書には企業の財務状況、リスク、製品・サービス、経営陣に関する情報が記載されている。ミューチュアルファンドの販売時にも目論見書が使われるが、これにはファンドの運用方針、リスク、手数料、その他の基本事項が記されている。

持ち株会社　holding company
実際に商品・サービスを供給している会社などの証券を保有し、その

保有証券が主要資産となっている会社。こうして複数の企業の大株主になることによって、保有している企業を支配できるようになる。

有価資産　hard asset

「有形資産」(tangible asset) ともいう。有価資産の価値は特定の物理的特性によって決まる。こうした資産には、建物・構築物、機械・装置などの再生産可能資産や、土地、鉱山、芸術作品などの再生産不能資産などがある。また、営業権（のれん）や著作権などの形のない資産を「無形資産」という。工場や機械などの有価資産を多く所有している一般企業はPBR（株価純資産倍率）での評価に適しているが、ソフトウエアメーカーや医薬品会社のように無形の知的資産をたくさん抱えている企業は他の指標で評価すべきだろう。

優先株　preferred stock

指定されたレートで配当の支払いがあり、利益配当および資産清算時には普通株よりも優先的に分配を受けることのできる株式。企業倒産時における残余財産の分配についても普通株より優先順位が高い。ただし、優先株には議決権がないのが普通。

ヨーロピアンスタイルオプション　European-style option

満期日のみ権利行使できるオプション（訳者注　「ヨーロピアンタイプ～」ともいう。「アメリカンスタイルオプション」も参照のこと）

弱気相場（ベアマーケット）　bear market

株価が長期にわたって下げ続けている「下げ相場」のことで、通常はマーケットの下落率が20％以上の場合をいう。

ライター（オプションライター） writer

オプション市場において、プットオプション（売る権利）やコールオプション（買う権利）を売る側の人（**訳者注** 権利を買う側が権利行使した場合、売り手には応じる義務がある。「オプションセラー」ともいう）。

ラダーポートフォリオ ladder

連続して満期がくるよう、償還期限（あるいは残存期間）の異なる債券を購入していくことで、利払い日や償還日が来るたびに定期収入を得ながら、金利変動リスクを回避していこうというポートフォリオ戦略。債券に資産を配分するだけの余裕があるなら、残存期間が1年、3年、5年、7年、9年の財務省証券（米国債）を同額ずつ購入してみよう。この場合、ポートフォリオの平均残存期間が5年になるが、1年おきに償還して元本が返ってくるので、それを再投資に回し10年債を同額ずつ買い付けていくようにすると、ポートフォリオの平均残存期間を常に5年から6年ぐらいに保つことができる（**訳者注** 「ラダー」は「はしご」の意）。

ラッセル2000指数 Russell 2000 Index

小型株のベンチマークとしていちばんよく知られている時価総額指数。アメリカ市場で時価総額下位の小型株2000銘柄をカバーしている。その時価総額の合計は、ラッセル3000指数に代表されるアメリカ市場全体の時価総額の約8％しかない。ラッセル2000の直近の再構成時点における平均時価総額は約5億2640万ドル。採用銘柄のなかで最大規模の企業の時価総額は約13億ドルとなっている。インデックスファンドの多くがラッセル2000をベンチマークにしている。

ラップ口座　wrap account
資金の運用・管理から証券の委託売買サービスまで、すべてをひっくるめた（ラップした）投資プラン。その簡便さが受けて人気を博している。すべて込みの年間手数料を払うだけで（**訳者注**　残高ベースの手数料なので、取引ごとに委託手数料などが課されるわけではない）、投資会社などから専門のマネーマネジャーのサービスを受けることができる。すなわち、プロの運用担当者が株や債券あるいはミューチュアルファンドのポートフォリオを構築してくれ、ありとあらゆる取引の面倒を見てくれる。

利益　earnings
企業が支払ったあらゆるコストや費用、税金を差し引いたあとの収益。利益＝営業収益−営業費用−減価償却費−支払利息−税金。利益は、こと市場においては、究極の価値評価尺度となる。利益の急成長、安定成長はいずれも市場で好感される。「profit」（利益）あるいは「net income」（純利益）ともいう（**訳者注**　英語では前後の文脈で「1株当たり利益」と分かるときにはper shareを省略して、単にearningsということもある）。

利益　profit
企業が支払ったあらゆるコストや費用、税金を差し引いたあとの収益。利益＝営業収益−営業費用−減価償却費−支払利息−税金。こと市場に関しては、利益は究極の価値評価尺度となる。「earnings」（利益）あるいは「net income」（純利益）ともいう。

利益成長率（増益率）　earnings growth
企業の四半期あるいは年間の1株当たり利益（1株益）の前年同期比の変化率。例えば、1998年第2四半期の1株益が1ドルで、1999年第

2四半期の1株益が1.25ドルなら、利益成長率は25％となる。企業の業績がどのくらい好調かを見たければ、この利益成長率を同業他社と比べてみるといいだろう。

利食い　profit-taking
通常は、短期間に値上がりした証券をすかさず売却すること。目先筋（短期売買を繰り返している投資家）が値上がり益を確定する行為を指すことが多い。マーケットが利食い売りに押されることもあるが、一時的なことにすぎない。この言葉を使うときは、相場は上昇基調にあるという含みがある（**訳者注**　ニュアンスは異なるが「利益確定売り」という言い方もある）。

リスク　risk
投資対象から得られる実際のリターンが期待されていたリターンとは異なってしまうという金融面における不確実性。投資に影響を与えるリスクファクター（リスク要因）には、インフレ、デフレ、為替レートの変動、流動性、発行体によるデフォルト（債務不履行）、金利の変動などがある。

リセッション（景気後退）　recession
経済活動が沈滞すること。一般に、多くのエコノミストたちによる定義では、国内総生産（GDP）が少なくとも2四半期連続してマイナス成長となったときに、リセッションという。

リターンの押し下げ要因（格下げ要因）　drag on returns（drag grade）
ミューチュアルファンドのリターンの足を引っ張る要因には、①販売手数料、②年間経費、③ポートフォリオ回転率——の3つがある。回

転率が高いと、キャピタルゲインによる収益分配金が増え、税金が高くつく。うっかりしていると、何年もたつうちに管理費やキャピタルゲイン税によって収益が——何千ドルとは言わないまでも——何百ドルも削られてしまうかもしれない。

利回り（配当利回り／直接利回り）　yield

投資額に対する年間の配当金やクーポン収入の割合をパーセントで表示したもの。一般的な計算方法としては、株式の場合、年間配当金÷購入価格×100＝配当利回り（dividend yield）、債券の場合、年間のクーポン収入÷購入価格×100＝直接利回り（current yield）となる。株価や債券価格が下がると、利回りは上がる。例えば、株価が1株20ドルで年間の1株配が1ドルなら、配当利回りは5％となるが、株価が10ドルに値下がりすると、配当利回りは10％になる。

利回り格差（イールドスプレッド）　yield spread

さまざまな証券間の利回りの差。償還期限（残存期間）や格付けの異なる債券同士を比較するのによく用いられる。格付けが高く、残存期間の短い債券に比べ、格付けが低く、残存期間の長い債券ほど、利回りが高くなる傾向がある。信用度の低い債券を評価するときは、格付けの高い債券よりもデフォルト（債務不履行）リスクが高いため、それに見合うだけの利回り格差があるかどうかを見極めなければいけない（**訳者注**　特に「イールドスプレッド」というときは、長期金利から株式の益回りを差し引いた値を指すことが多い）。

利回り曲線（イールドカーブ）　yield curve

縦軸に利回り、横軸に残存期間をとって償還期限（残存期間）のそれぞれ異なる債券の利回りを表示したグラフ。投資価値のいちばん高い債券が分かるばかりか、経済指標としても利用できる。通常のイール

ドカーブすなわち「順イールド」は右上がりで、短期金利のほうが長期金利よりも低い。逆にイールドカーブが右下がりの「逆イールド」は、短期金利のほうが長期金利より高いことを示している。順イールドは、債券市場が景気拡大を、逆イールドは、景気後退を先取りしていることを意味している。

流通市場（セカンダリーマーケット）　secondary market
既発行証券を売買する市場。たいていの取引は流通市場で行われる。セカンダリーマーケットとしては、ニューヨーク証券取引所（NYSE）、アメリカン証券取引所（AMEX）、ナスダック（米店頭株式市場）、債券市場などがある（**訳者注**　ちなみに発行市場は「プライマリーマーケット」という）。

流動資産　current assets
1年以内に現金化できる資産で、現金・預金、市場性のある有価証券、売掛金、棚卸資産などが含まれる。

流動性　liquidity
金融資産をその価格や価値を大幅に変動させずに簡単に現金化できるとき、「流動性がある」という。流動性があるかないかは、証券の発行額あるいは流通量、人気、その証券の売却予定額によって左右される。例えば、マイクロソフトのようなブルーチップ（優良株）は活発に商いされているため、少しぐらい買いや売りが入っても株価が大きく動くことがないため、流動性が高いと言える。また、マネー・マーケット・ファンド（MMF）や当座預金も小切手の振り出しが可能であることから、流動性が高いと言える。

流動性がない　illiquid
簡単に現金化できないという意味。流動性のない投資対象としては、クラシックカー、絵画、切手などの収集品がある。また、流動性のない証券といえば、流通市場でほとんど取引されていないため、売却したくてもなかなか売れない証券のこと。小型株は大型株に比べ、発行済み株式数が少なく、出来高も少ないため、流動性も低くなる傾向にあり、乱高下しやすい。

流動比率　current ratio
企業の流動性や短期借入債務の返済能力を見る尺度。流動比率＝流動資産÷流動負債。流動資産が流動負債の少なくとも２倍あれば、たいていの場合、その企業は健全とされる。

流動負債　current liabilities
１年以内に返済しなければいけない負債で、買掛金、短期借入金、長期借入債務の支払利息などが含まれる。

累積リターン　cumulative return
一定期間の投資で稼いだトータルリターン。年率リターンのように年平均の数値を出すのではなく、毎年のリターンを加算したもの。このリターンには、期間中の元本部分の増減に加え、利金・配当金やミューチュアルファンドのキャピタルゲイン〔実現売却益〕による分配金の再投資分も含まれる。

累積投票　cumulative voting
企業の取締役を選任するときの投票方法のひとつ。１株保有ごとに、選任される取締役の数と同数の議決権をもらえるもので、株主は自分の意思に従って、これらの議決権をひとりだけでなく、数人の候補者

に分散させて投票してもかまわないことになっている。

劣後債　subordinated debenture
会社解散時にその会社（債券の発行体）が上位債権者にまず負債の返済をしたあとで返済がなされる債券。

レバレッジ　leverage
投資家や企業による借入金の活用度。企業の場合、レバレッジは負債自己資本比率（＝長期借入債務÷株主資本）によって測定できる。長期借入債務が増えるほど、財務レバレッジが大きくなり、破たんの危険性も高くなる。一方、投資家の場合、レバレッジとは、信用買い（空買い）や、オプションなどのデリバティブを利用して、少額の投資金額で大きなリターンを狙うことをいう。しかし、借入金をテコにした投資の場合、投資元本（自己資金）だけでなく、借りた金をも失う可能性があるため、非常にリスクが大きい（**訳者注**　「レバレッジ」の本来の意味は「テコ作用」）。

レバレッジドバイアウト（LBO）　leveraged buyout
主として借入やジャンクボンドによって資金調達した少数の投資家による企業買収。多くの場合、買収側の企業が標的企業の資産を担保にして融資を受け、その買収先のキャッシュフローを使って融資の返済をする。買収側の企業は被買収企業を公開企業から非公開企業に転換させることによって支配を続ける。

連邦公開市場委員会（FOMC）　Federal Open Market Committee
米連邦準備制度理事会（FRB）の政策決定機関。FRBのマネーサプライ（通貨供給量）および信用の調節目標に応じて金融政策を決定する。FOMCの主な政策手段は、政府証券の購入（資金の供給）、売却

(資金の吸い上げ)を通じて、マネーサプライの増減を調節すること(**訳者注** これを「公開市場操作」あるいは「オペ」といい、ニューヨーク連銀が行う)。また、公定歩合などの主要金利の決定も行う。FOMCのメンバーは12人で、米大統領によって任命されたFRBの理事7人と、12ある地区連銀の総裁から選出された5人で構成される(**訳者注** うち1人はニューヨーク連銀総裁)。

連邦財政赤字　federal budget deficit

連邦政府が過去1年間に歳入を上回る歳出を行ったために抱えた借金の総額。政府は通常この不足分を補うために長期債や短期債を発行して一般国民から金を借りる。1970年代から増え始めた財政赤字は1980年代、1990年代には年に1000億ドル単位にまで膨れ上がった(**訳者注** 1998年から黒字に転じたが、2002年度にはテロ対策による支出増や景気減速などにより1600億ドル前後の大幅赤字となる見通し)。膨大な財政赤字は、消費者や企業からの民間借入に匹敵するため、高金利とインフレをもたらすと考えるエコノミストもいるが、80年代、90年代にはそうしたことは実際には起きていない。過去の赤字のうち、未払いとなって積み上がっている借金(負債)を連邦政府債務すなわち「連邦債」(federal debt)あるいは「国債」(national debt)という。

連邦準備制度(FRS)／連邦準備制度理事会(FRB)／連邦準備銀行(連銀)　Federal Reserve

金融政策の決定を担うアメリカ版中央銀行。アメリカの経済・通貨の安定を目標にマネーサプライ(通貨供給量)・金利・信用の監視を行う。7人の理事から成る理事会(FRB)によって統括される連邦準備制度(FRS)には12の地区連銀と25の支店、全米の制度加盟国法銀行・州法銀行が含まれている。「Fed」(フェド)ともいう(**訳者注** アメリカでは日本とは違い、日銀のような中央銀行がひとつあるわけ

ではない)。

連邦政府関連機関　government-sponsored agency

政府関連機関には、連邦住宅抵当金庫（FNMA／ファニーメイ）、連邦住宅貸付抵当公社（FHLMC／フレディーマック）、奨学金融資金庫（SLMA／サリーメイ）、テネシー渓谷開発公社（TVA）などがあるが、こうした機関が発行している債券を「政府機関債」（エージェンシー）という。政府機関債は財務省証券（米国債）とほぼ同じくらい安全で流動性があるが、利回りは若干高めになっている。

連邦政府機関債（エージェンシー）　agency bonds

政府後援機関および連邦政府関連機関が発行している債券。政府機関債はいずれも最高格付けトリプルA──スタンダード＆プアーズ（S&P）社からはAAA、ムーディーズ・インベスターズ・サービス社からはAaa──を取得しており、信用度、流動性においてアメリカでは財務省証券（米国債）に次ぐ債券とされる。通常は、条件が類似の財務省証券よりもやや利回りが高い。発行体としては連邦住宅貸付抵当公社（FHLMC／フレディーマック）や連邦住宅抵当金庫（FNMA／ファニーメイ）などがある。

連邦政府債務　federal debt

連邦政府が過去の赤字のために背負い込んだ借金の総額。連邦債は財務省短期証券（TB／Tビル）、財務省中期証券（Tノート）、財務省長期証券（Tボンド）などの債務証書（債券）から成る。議会が連邦政府債務（国債発行枠）の上限（デットシーリング）を課してはいるが、赤字の累計額が上限に達しそうになるたびに引き上げられ、債務残高（国債発行残高）は1990年代半ばには5兆ドルを突破し、その利払い費が連邦政府の主要経費のひとつとなっている。ただし、政府債

務残高（長年にわたる連邦政府の負債累計額）と財政赤字（一会計年度における連邦政府の歳入に対する歳出の超過）を混同しないこと。

ロード（販売手数料） load
ミューチュアルファンドを売買するときに課される販売手数料。「フロントエンドロード」（初期販売手数料）は、初期投資額の何パーセントという形で表示され、ファンド購入時に取られる。一方、「バックエンドロード」（後払い販売手数料）は、初期投資額か、最終売却時（解約時）の純資産価額のいずれか少ないほうをベースにして課せられる（**訳者注** バックエンドロードは保有年数に従って手数料率が下がり、最終的にはゼロになる）。

ロードファクター（座席占有率／搭乗率） load factor
航空会社の経営効率を見る尺度。座席数に対する乗客数の割合。

ロードファンド load fund
販売手数料のかかるミューチュアルファンド。逆に、売買時に一切手数料のかからないものを「ノーロードファンド」という。ロードファンドでは通常、購入時に「フロントエンドロード」（初期販売手数料）を課すか、売却時に「バックエンドロード」（後払い販売手数料）を課して、ブローカーへの報酬とする。これに加え、ブローカー経由のファンドの多くが毎年「12b-1手数料」を課すが、これもブローカーへの報酬となり、ファンドの経費率に含まれている。ロードファンドのメリットを強いて挙げるとすれば、ブローカーあるいはセールス担当者から、売り時や買い増し時期を教えてもらえるなど、投資アドバイスをもらえることだろう。

ローン・パーティシペーション・ファンド　loan-participation fund

銀行が信用格付けの低い企業に資金を貸し出したときのその貸出債権を投資対象とするファンド。貸出債権自体は投資適格ではないが、資産担保付きなので、万一破産しても最初に弁済される（このため、ジャンクボンドよりも信用度は高い）。しかし、この手のファンドは、そのポートフォリオの性質上、投資適格債や国債型のファンドよりも高い利回りを提供することができる。しかも、貸出金利は30日か60日、あるいは90日ごとに実勢レートに合わせて見直されるため、金利リスクがほとんどない。というわけで、非常に安定した投資手段と言える。「フローティング・レート・ファンド」ともいう。

ロスIRA　Roth IRA

1997年の納税者救済法（一定所得内の対象納税者が退職に備えて貯蓄する場合、運用収益は非課税扱いとなる）によって設けられたIRA（個人退職年金勘定）の一種。拠出額には課税されるが、引き出すときは、ある一定条件を満たせば完全非課税となる。独身者の場合は年間3000ドルまで、夫婦の場合は年間6000ドルまでロスIRAに拠出できる（**訳者注**　ウィリアム・ロス上院議員が提案したため、この名がある）。

ロング（買い持ち）　long

ショート（売り持ち）あるいはショートセール（空売り）の逆。ポジション（持ち高）をロングにするということは、値上がりを期待して証券を買い付け保有しておくという意味。例えば、「銀行株をロングにして、半導体株はショートにしておく」といった言い方をする。

ロングボンド　long bond
30年物財務省証券（トレジャリー／米国債）の俗称。2001年より発行停止となった。

ワラント（新株予約権／旧新株引受権）　warrant
その保有者には、将来の一定期間内に一定の価格（行使価格は通常、現在値よりも高く設定される）で相応な額の株式を買う権利が与えられる証券。新株予約権は企業が発行するもので、通常は債券や優先株に「甘味料」としてセットされることで市場性を高める働きをしている。コールオプションに似ているが、行使期間がはるかに長く、何年にもわたる場合がある。それに新株予約権は企業が発行するものだが、上場オプションはそうではない（**訳者注**　日本では2002年にワラント債すなわち新株引受権付社債の新規発行が停止され、新たに新株予約権付社債が導入されるようになった）。

用語集（欧文索引）

10-year Treasury note　10年物財務省証券（Tノート）
12b-1 fees　12b-1手数料
30-year Treasury bond　30年物財務省証券（Tボンド）
401（k）plan　401Kプラン（確定拠出型企業年金）
403（b）plan　403bプラン（非営利団体職員向け適格年金）
accelerated depreciation　加速償却
accountant's opinion　監査意見（会計士の意見）
accounts payable　買掛金
accounts receivable　売掛金
accrual basis　発生主義
affiliate　関係会社
agency bonds　連邦政府機関債（エージェンシー）
aggressive growth funds　積極値上がり益追求型ファンド
alpha　アルファ値
American depositary receipts（ADRs）　ADR（米国預託証券）
American Stock Exchange（AMEX）　アメリカン証券取引所（AMEX）
American-style option　アメリカンスタイルオプション
AMEX Market Value Index　AMEXマーケット・バリュー・インデックス
amortization　償却
analyst　アナリスト
annual effective yield　実効利回り

annual report　アニュアルレポート（年次報告書）
annualized return　年率リターン
annuity　年金（年金保険）
antitrust law　独占禁止法
arbitrage　裁定取引（アービトラージ／サヤ取り）
ask price　売り呼値（オファープライス／オファー）
asset　資産
asset allocation　アセットアロケーション（資産配分）
asset-backed securities　アセットバック証券（ABS／資産担保証券）
asset-management accounts　資産管理口座
assets under management　運用資産
at-the-money　アット・ザ・マネー
auction market　競争売買市場
auditor's report　監査報告書
average annual yield　年平均利回り
averages　平均株価
back-end load　バックエンドロード（後払い販売手数料）
balance sheet　貸借対照表（バランスシート）
balanced fund　バランス型ファンド
banker's acceptances　BA（銀行引受手形）
bankruptcy　破産
barrier options　バリアオプション
basis point　ベーシスポイント
bear market　弱気相場（ベアマーケット）
bearer stock　無記名株式
bellwether bond　指標銘柄
best three-month return　3カ月リターン最高値

beta　ベータ値
bid price　買い呼値（ビッドプライス／ビッド）
Big Board　ビッグボード
bill of exchange　為替手形
blend fund　ブレンド型ファンド
block trade　ブロックトレード（大口取引）
blue-chip stocks　ブルーチップ（優良株）
Bollinger bands　ボリンジャーバンド
bond　債券
bond broker　ボンドブローカー（債券ブローカー）
Bond Buyer Municipal Bond Index　ボンド・バイヤー地方債インデックス
bond dealer　ボンドディーラー（債券ディーラー）
bond fund　債券ファンド
bond rating　債券格付け
bond yield　債券利回り
book value　純資産
book-to-bill ratio　BBレシオ（出荷受注比率）
bottom fishing　底値拾い
bottom line　最終損益
bourse　証券取引所
Brady bonds　ブレイディ債
break the buck　元本割れ（MMFの〜）
broker　ブローカー
broker call rate　ブローカー・コールレート
brokerage firm　証券会社
bull market　強気相場（ブルマーケット）
business productivity　非農業部門労働生産性

call　コール（繰り上げ償還）
call option　コールオプション
call risk　コールリスク（繰り上げ償還リスク）
callable bond　コーラブル債（繰り上げ償還条項付き債券）
capacity utilization　設備稼働率
capital asset　資本的資産
capital gains　キャピタルゲイン
capital gains distribution　キャピタルゲインによる収益分配金
capital loss　キャピタルロス
cash equivalent　現金同等物
cash flow　キャッシュフロー
cash market　現物市場（キャッシュマーケット）
certificate of deposit（CD）　CD（譲渡性預金）
certified financial planner（CFP）　公認ファイナンシャルプランナー
chartered financial consultant（ChFC）　公認ファイナンシャルコンサルタント
Chicago Board of Trade（CBOT）　シカゴ商品取引所
Chicago Board Options Exchange（CBOE）　シカゴ・オプション取引所
churning　回転商い
circuit breakers　サーキットブレーカー（売買遮断システム）
closed-end fund　クローズドエンド型ファンド
closely held　少数株主支配会社（非公開企業）
closing price　終値
collateral　担保
collateralized mortgage obligations（CMOs）　CMO（不動産抵当証書担保債券）

commercial paper CP（コマーシャルペーパー）

commodities 商品（コモディティー）

common stock 普通株式

compounding 複利

construction spending 建設支出

consumer comfort index 消費者快適度指数

consumer price index（CPI） 消費者物価指数（CPI）

contrarian 逆張り投資家

convertible bond 転換社債型新株予約権付社債／旧転換社債（CB）

corporate bonds 社債

corporation 法人

correction 調整局面

cost basis 原価基準

coupon クーポン

covered カバード

cram-down クラムダウン制度

credit rating 信用格付け

cumulative return 累積リターン

cumulative voting 累積投票

currency 通貨

current account balance 経常収支

current assets 流動資産

current liabilities 流動負債

current ratio 流動比率

current yield 直接利回り（直利）

CUSIP number CUSIPナンバー

cyclical stocks 循環株

day order デイオーダー（当日限りの注文）

455

debenture　無担保社債
debt　債務証書
debt-to-equity ratio　負債自己資本比率
debt-to-total-capital ratio　負債総資本比率
default　デフォルト（債務不履行）
defensive securities　ディフェンシブ銘柄
defined-benefit plan　確定給付型年金
defined-contribution plan　確定拠出型年金
deflation　デフレ（デフレーション）
delta　デルタ（オプションデルタ）
demand-pull inflation　デマンドプルインフレ（需要インフレ）
depreciation　減価償却（費）
depression　不況
derivative　デリバティブ（金融派生商品）
derivative suit　株主代表訴訟
devaluation　通貨切り下げ
dip　押し目
discount　ディスカウント
discount bond　アンダーパー債
discount brokers　ディスカウントブローカー
discount rate　公定歩合
disinflation　ディスインフレ（ディスインフレーション）
diversification　分散投資
dividend　配当
dividend yield　配当利回り
dollar-cost averaging　ドル・コスト平均法
Dow Jones averages　ダウ・ジョーンズ平均株価
Dow Jones Equity Market Index　ダウ・ジョーンズ・エクイティ

・マーケット・インデックス
Dow Jones Global Indexes　ダウ・ジョーンズ・グローバル・インデックス
Dow Jones Industrial Average　ダウ工業株30種平均（ダウ平均）
Dow Jones World Stock Index　ダウ・ジョーンズ・ワールド・ストック・インデックス
downtick　ダウンティック
draft　為替手形
drag on returns (drag grade)　リターンの押し下げ要因（格下げ要因）
durable goods orders　耐久財受注
duration　デュレーション（デュアレーション）
Dutch auction　ダッチ方式の競争入札
earnings　利益
earnings growth　利益成長率（増益率）
earnings per share (EPS)　1株当たり利益／1株益（EPS）
earnings yield　益回り
EBIT　EBIT（利払い税引き前利益）
EBITDA　EBITDA（利払い税引き前減価償却償却前利益）
economic indicators　経済指標（景気指標）
emerging markets　エマージングマーケット（新興成長市場）
employee stock ownership plan (ESOP)　従業員持ち株制度（ESOP）
equity　株式
equity income funds　株式型インカムファンド
ERISA　エリサ法（従業員退職所得保障法）
escalator clause　エスカレーター条項（物価スライド制）
European Monetary System　EMS（欧州通貨制度）

European-style option ヨーロピアンスタイルオプション
exchange 取引所
exchange-traded fund（ETF） ETF（株価指数連動型上場投資信託）
ex-dividend 配当落ち
expense ratio 経費率
expiration date 期日／満期日（オプションの行使期限）
extension risk 期限延長リスク
extraordinary items 特別損益（項目）
face value 額面／券面額（フェースバリュー）
factors ファクタリング業者（売掛債権買取業者）
federal budget deficit 連邦財政赤字
federal debt 連邦政府債務
federal funds フェデラルファンド
federal funds rate フェデラルファンド（FF）レート
Federal Open Market Committee（FOMC） 連邦公開市場委員会
Federal Reserve 連邦準備制度理事会（FRB）
Financial Accounting Standards Board（FASB） 財務会計基準審議会
financial planner ファイナンシャルプランナー（FP）
fiscal year（FY） 会計年度
fixed assets 固定資産
fixed-income security 確定利付証券
float 浮動株
floating an issue 証券の発行
FT-SE100 FT100（フィナンシャル・タイムズ100種総合株価指数）
full-service brokers フルサービスブローカー
fund company ファンド会社（投信会社／投資会社）

fundamental analysis ファンダメンタル分析
futures contract 先物取引／先物契約（フューチャーズ）
futures option 先物オプション
generally accepted accounting principles（GAAP） 一般に認められた会計原則
general-obligation bond 一般財源債（GO債）
global funds グローバルファンド
goodwill 営業権（のれん）
government-sponsored agency 連邦政府関連機関
Great Depression 大恐慌
gross domestic product（GDP） 国内総生産
gross margin 売上高総利益率（粗利益率）
gross spread 引受募集手数料（総手数料）
growth and income fund グロース＆インカム型ファンド（安定成長型ファンド）
growth fund グロース型ファンド（成長株ファンド）
growth investing グロース投資（成長株投資）
guaranteed investment contract（GIC） GIC（元本・利回り保証契約型保険商品）
hard asset 有価資産
hedge fund ヘッジファンド
hedging ヘッジ取引
high-yield bond ハイイールド債（高利回り債）
holding company 持ち株会社
hot issue 超人気株（ホットイシュー）
housing completions 住宅完工件数
housing starts 住宅着工件数
illiquid 流動性がない

incentive stock options　奨励型ストックオプション（ISO）
income bond fund　インカム型債券ファンド
income equity fund　インカム型株式ファンド
income fund　インカムファンド
index　インデックス（指数）
index arbitrage　インデックスアービトラージ（指数裁定取引）
index fund　インデックスファンド
index option　インデックスオプション（株価指数オプション）
indexing　インデックス運用
individual retirement account（IRA）　IRA（個人退職年金勘定）
industrial production　鉱工業生産
inflation　インフレ（率）
inflation-indexed bonds　インフレ連動債（TIPS）
initial public offering（IPO）　IPO（新規株式公開）
insider　インサイダー（内部者）
insider trading　インサイダー取引（内部者取引）
intangible assets　無形資産
interest rate　金利
interest rate risk　金利リスク（金利変動リスク）
interest rate swap　金利スワップ
intermediate-term bonds　中期債
internal rate of return　内部収益率（IRR）
international funds　国際型ファンド
International Monetary Fund（IMF）　IMF（国際通貨基金）
in-the-money　イン・ザ・マネー
intrinsic value　内在価値
inventory　棚卸資産（在庫）
inventory turnover　棚卸資産回転率／商品回転率／在庫回転率

investment bank　投資銀行

investment grade　投資格付け／投資適格（債）

junior security　下位証券

junk bond　ジャンクボンド

knock-in option　ノックインオプション

knock-out option　ノックアウトオプション

ladder　ラダーポートフォリオ

lagging economic indicators　景気遅行指数

large-capitalization stock　大型株

leading economic indicators　景気先行指数

leverage　レバレッジ

leveraged buyout　レバレッジドバイアウト（LBO）

liabilities　負債

limit order　指値注文

liquidation　清算

liquidity　流動性

load　ロード（販売手数料）

load factor　ロードファクター（座席占有率／搭乗率）

load fund　ロードファンド

loan-participation fund　ローン・パーティシペーション・ファンド

long　ロング（買い持ち）

long bond　ロングボンド

long-term bonds　長期債

long-term debt　長期借入債務

long-term equity anticipation securities（LEAPS）　LEAPS（株式長期オプション）

Major Market Index　メジャー・マーケット指数（MMI）

margin 委託保証金（証拠金）
margin account 信用取引口座
margin call 追い証
market capitalization 時価総額
market maker マーケットメーカー（値付け業者）
market order 成り行き注文
market timing マーケットタイミング
match trading マッチトレーディング
maturity date 償還日（満期日）
merger 合併
microcap fund 超小型株ファンド（マイクロキャップファンド）
mid-capitalization stock 中型株
monetary policy 金融政策
money supply マネーサプライ（通貨供給量）
money-market account マネー・マーケット・アカウント（MMA）
money-market fund マネー・マーケット・ファンド（MMF）
mortgage-backed securities モーゲージ担保証券（MBS）
MSCI EAFE index MSCI・EAFE指数
municipal bond 地方債
municipal bond fund 地方債ファンド
mutual fund ミューチュアルファンド
Nasdaq ナスダック（米店頭株式市場）
Nasdaq Composite index ナスダック総合指数
Nasdaq National Market ナスダック・ナショナル・マーケット
National Association of Securities Dealers（NASD） 全米証券業協会
net asset value（NAV） 純資産価額／ＮＡＶ

net assets　純資産
net income　純利益
net margin　売上高純利益率（純利益率）
net worth　自己資本（純資産）
New York Stock Exchange（NYSE）　ニューヨーク証券取引所
Nikkei　日経平均株価（日経平均）
no-load mutual fund　ノーロード・ミューチュアルファンド
note　ノート
NYSE Composite index　NYSE総合株価指数
odd lot　端株
open interest　建玉（たてぎょく）
open-end mutual fund　オープンエンド型ミューチュアルファンド
operating income　営業利益
operating margin　売上高営業利益率（営業利益率）
option　オプション
out-of-the-money　アウト・オブ・ザ・マネー
over-the-counter（OTC）derivative　店頭デリバティブ
over-the-counter market　店頭市場（OTC）
over-the-counter securities　店頭銘柄
par　額面／額面価格（パー）
par value　額面／額面価額（パーバリュー）
pass-through security　パススルー証券
payment date　支払日
payout ratio　配当性向
penny stocks　ペニーストック（投機的低位株）
percent in top five holdings　上位5銘柄組み入れ比率
personal financial specialist　パーソナル・ファイナンシャル・スペシャリスト（PFS）

pink sheets　ピンクシート
poison pill　ポイズンピル
portfolio　ポートフォリオ
portfolio insurance　ポートフォリオインシュアランス（PI）
portfolio manager　ポートフォリオマネジャー
precious metals　貴金属
preferred stock　優先株
premium　プレミアム
premium bond　オーバーパー債
price-to-book（P/B）ratio　PBR（株価純資産倍率）
price-to-cash-flow（P/C）ratio　PCFR（株価キャッシュフロー倍率）
price-to-earnings（P/E）ratio　PER（株価収益率）
price-to-earnings-growth（PEG）ratio　PEGレシオ
price-to-sales（P/S）ratio　PSR（株価売上倍率）
principal　元本（元金）
private placement　私募
pro forma results　プロフォーマ決算（見積もり決算）
producer price index（PPI）　生産者物価指数
profit　利益
profit margin　売上高利益率（利益率）
profit-taking　利食い
program trading　プログラム売買
prospectus　目論見書（もくろみしょ）
proxy　委任状（議決権行使委任状）
proxy fight　委任状争奪戦
proxy statement　委任勧誘状（議決権委任勧誘状）
public company　公開企業

put option プットオプション

put/call volume ratio プット・コールレシオ

qualitative analysis 定性分析

quant クオンツ

quantitative analysis 定量分析

quote 気配値（相場）

real estate investment trust（REIT） 不動産投資信託（REIT）

reallowance 売りさばき手数料

recession リセッション（景気後退）

record date 配当基準日

recovery 景気回復

redemption fee 買い戻し手数料

regional exchange 地方取引所

reserve requirement 支払準備率

retail sales 小売売上高

return on assets（ROA） ROA（総資産利益率）

return on equity（ROE） ROE（株主資本利益率）

return on investment（ROI） ROI（投下資本利益率）

revenue 営業収益（売上高）

revenue bond 特定財源債（レベニュー債）

rights offering 株主割当増資

risk リスク

Roth IRA ロスIRA

R-squared 決定係数（アールスクエア＝Rの2乗）

Russell 2000 Index ラッセル2000指数

sales 売上高

sales charge 販売手数料

sales growth percentage 売上高増加率（増収率）

savings bond　貯蓄債券

secondary market　流通市場（セカンダリーマーケット）

secondary offering　売り出し（2次分売）

sector fund　業種別ファンド（セクターファンド）

secular　長期的

Securities and Exchange Commission（SEC）　SEC（米証券取引委員会）

Securities Investor Protection Corporation（SIPC）　SIPC（証券投資者保護公社）

security　証券（有価証券）

sell-off　急落

senior security　上位証券

share　株

shareholders' equity　株主資本

shell merger　シェルマージャー（偽装合併）

short covering　空売りの買い戻し（ショートカバー）

short interest　空売り残高（売り残）

short interest ratio　空売り比率

short selling　空売り（ショートセール）

short squeeze　踏み上げ（ショートスクイズ）

short-term bonds　短期債

short-term gain or loss　短期キャピタルゲイン／短期キャピタルロス

sidecar　サイドカー

small-capitalization stocks　小型株

specialist　スペシャリスト

spin-off　スピンオフ

spot market　現物市場／直物市場（スポット市場）

spot price 現物価格（スポット価格）
spread スプレッド
stagflation スタグフレーション
Standard & Poor's 500 stock index（S&P500） S&P500種株価指数
standard deviation 標準偏差
stock 株式
stock fund 株式ファンド
stock index future 株価指数先物
stock index option 株価指数オプション
stock option 株式オプション／ストックオプション
stock split 株式分割
stop order ストップオーダー（逆指値）
strike price 権利行使価格（ストライクプライス）
STRIPS ストリップス債
stub stock 整理株
subordinated debenture 劣後債
subsidiary 子会社
technical analysis テクニカル分析
tender offer テンダーオファー（株式公開買い付け）
ticker symbol ティッカーシンボル／ティッカー（銘柄コード）
total assets 総資産
total invested capital 投下資本総額
total liabilities 負債総額
total return トータルリターン
trader トレーダー
Treasury bills（T-bills） 財務省短期証券（ＴＢ／Ｔビル）
Treasury bonds（T-bonds） 財務省長期証券（Ｔボンド）

Treasury notes（T-notes） 財務省中期証券（Tノート）
Treasurys 財務省証券（米国債／トレジャリー）
triple witching hour トリプル・ウィッチング・アワー
turnover ratio 回転率
underwriter 引受業者（アンダーライター）
unemployment rate 失業率
value funds バリュー型ファンド（割安株ファンド）
value investing バリュー投資（割安株投資）
volatility ボラティリティ
volume 出来高（売買高）
warrant ワラント（新株予約権／旧新株引受権）
Wilshire 5000 ウィルシャー5000
window dressing お化粧（決算対策）
working capital 運転資本
wrap account ラップ口座
writer ライター（オプションライター）
yield 利回り（配当利回り／直接利回り）
yield curve 利回り曲線（イールドカーブ）
yield spread 利回り格差（イールドスプレッド）
yield to call 途中償還利回り（YTC）
yield to maturity 最終利回り（YTM）
zero-coupon bond（zeros） ゼロクーポン債（割引債）

■著者紹介
ネリー・S・ファン（NELLIE S. HUANG）
1993年よりスマートマネー誌の記者。投資関連の特集記事から養子縁組の話やIBM株で無一文になった定年退職者の談話まで、ありとあらゆるリサーチを担当。不動産関係に手を広げるようになってからは、着実にキャリアを積み、シニアライターとなる。この5年間は、株や投信の選定のほか、マネーマネジャーの横顔紹介など、主に投資関連の記事に携わっている。

ピーター・フィンチ（PETER FINCH）
2001年1月1日よりスマートマネー誌の編集長。同誌の創刊間もない1992年の秋、年季契約の編集者としてスタート。消費者コラム「テン・シングス」をはじめとする多くの人気特集記事の企画・構成に貢献し、1995年、編集責任者に昇進。1999年、『スマートマネー』の日常業務を引き継ぎ、編集者となる。同年、デリア・マーシャルとの共著『ハウ・ツー・レイズ・キッズ・ウィズアウト・ゴーイング・ブローク』を出版。

■訳者紹介
木村規子（きむら・のりこ）
慶應義塾大学文学部卒。山種証券（現さくらフレンド証券）本店国際金融部外国債券課、三菱重工業長崎造船所資材部造船購買課勤務を経て、翻訳に従事。証券会社時代には、郵貯・簡保などの機関投資家を担当。全米証券業協会登録有価証券外務員試験（RRシリーズ7）合格。訳書に『地球環境百科』（共訳・産調出版）、『マクベス』（ニュートンプレス）、『アルウィンのスケッチ入門』（MPC）、『目覚めよ日本　リー・クアンユー21の提言』（たちばな出版）、『賢人たちの投資モデル』（パンローリング）など。

2002年11月14日　初版第1刷発行

ウィザードブックシリーズ㊺

スマートマネー流　株式選択術
銘柄スクリーニングバイブル

著　者　ネリー・S・ファン、ピーター・フィンチ
訳　者　木村規子
発行者　後藤康徳
発行所　パンローリング株式会社
　　　　〒160-0023　東京都新宿区西新宿7-21-3-1001
　　　　TEL　03-5386-7391　FAX　03-5386-7393
　　　　http://www.panrolling.com/
　　　　E-mail　info@panrolling.com
編　集　エフ・ジー・アイ(Factory of Gnomic Three Monkeys Investment)合資会社
装　丁　新田"Linda"和子
印刷・製本　大日本印刷株式会社

ISBN4-7759-7006-2

落丁・乱丁本はお取り替えします。
また、本書の全部、または一部を複写・複製・転訳載、および磁気・光記録媒体に
入力することなどは、著作権法上の例外を除き禁じられています。

Ⓒ Noriko Kimura　2002　Printed in Japan

ウィザードブックシリーズ①
魔術師リンダ・ラリーの短期売買入門
ウィザードが語る必勝テクニック基礎から応用まで
著者●リンダ・ブラッドフォード・ラシュキ&ローレンス・A・コナーズ
訳者●世良敬明,長尾慎太郎,鶴岡直哉
A4判上製本・250ページ／定価本体28,000円+税

アメリカで短期売買のバイブルと絶賛された、プロ必携の本。

原書名: Street Smarts

ISBN4-939103-03-X C2033

ウィザードブックシリーズ②
ラリー・ウィリアムズの短期売買法
投資で生き残るための普遍の真理
著者●ラリー・ウィリアムズ／訳者●清水昭男,柳谷雅之,長尾慎太郎
A4判上製本・264ページ／定価本体9,800円+税

世界で最も成功し、知名度と人気が高いトレーダー
"ラリー・ウィリアムズ" 10年ぶりの画期的新書。

原書名: LONG-TERM SECRETS to SHORT-TERM TRADING

ISBN4-939103-06-4 C2033

ウィザードブックシリーズ③
タートルズの秘密
最後に勝つ長期トレンド・フォロー型売買
著者●ラッセル・サンズ／監訳者●長尾慎太郎
A4判上製本・384ページ／定価本体19,800円+税

ついに明かされたタートルズの秘密。
中・長期売買の超バイブルが登場。

原書名: TURTLE SECRETS How To Trade The "Turtle" Concepts

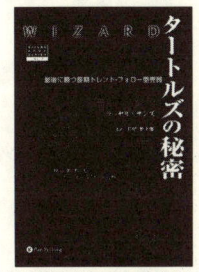

ISBN4-939103-18-8 C2033

ウィザードブックシリーズ④
バフェットからの手紙
世界一の投資家が見たこれから伸びる会社、滅びる会社
著者●ローレンス・A・カニンガム／監訳者●増沢浩一
四六判上製本・392ページ／定価本体1,600円+税

究極・最強のバフェット本！バフェット自身も推薦。
この1冊でバフェットのすべてがわかる。

原書名: THE ESSAYS OF WARREN BUFFETT: LESSONS FOR CORPORATE AMERICA

ISBN4-939103-21-8 C2033

発行●パンローリング株式会社

ウィザードブックシリーズ⑤
カプランのオプション売買戦略
優位性を味方につけ市場に勝つ方法
著者●デビッド・L・カプラン／訳者●増田丞美
A4判上製本・244ページ／定価本体7,800円＋税

優位性を使って儲けろ！　これは理論書ではなく、儲けるための理論書である

原書名：The New Options Advantage

ISBN4-939103-23-4 C2033

ウィザードブックシリーズ⑥
ヒットエンドラン株式売買法
超入門　初心者にもわかるネット・トレーディングの投資術
著者●ジェフ・クーパー／訳者●清水昭男
A4判上製本・264ページ／定価本体17,800円＋税

**アメリカの最新株式短期売買のバイブル！
カンや思惑に頼らないトレードテクニックが満載**

原書名：Hit and Run Trading／Hit and Run Trading 2

ISBN4-939103-24-2 C2033

ウィザードブックシリーズ⑦
ピット・ブル
チャンピオン・トレーダーに上り詰めたギャンブラーが語る実録「カジノ・ウォール街」
著者●マーティン・"バジー"・シュワルツ／訳者●成田博之
四六判上製本・520ページ／定価本体1,800円＋税

**ウォール街の真実を暴露した
最高のノンフィクション・エンターテインメント**

原書名：Pit Bull

ISBN4-939103-25-0 C0033

ウィザードブックシリーズ⑧
トレーディングシステム徹底比較　第2版
著者●ラーズ・ケストナー／訳者●柳谷雅之
A4判上製本・440ページ／定価本体19,800円＋税

**15年間のデータを用いて39戦略の機能の有無を、
白日の下にさらした画期的検証集！**

原書名：A Comparison of Popular Trading Systems : Second Edition

ISBN4-939103-27-7 C2033

発行●パンローリング株式会社

ウィザードブックシリーズ⑨
投資苑
心理・戦略・資金管理
著者●アレキサンダー・エルダー／訳者●福井強
A5判上製本・474ページ／定価本体5,800円＋税

精神分析医がプロのトレーダーになって書いた
心理学的アプローチ相場本の決定版！

原書名：Trading for a Living

ISBN4-939103-28-5 C0033

ウィザードブックシリーズ⑩
賢明なる投資家
割安株の見つけ方とバリュー投資を成功させる方法
著者●ベンジャミン・グレアム／訳者●土光篤洋・増沢和美・新美美葉
四六判上製本・512ページ／定価本体3,800円＋税

ウォーレン・バフェットを世界一の投資家にした
恩師の不朽の名著！

原書名：The Intelligent Investor

ISBN4-939103-29-3 C0033

ウィザードブックシリーズ⑪
売買システム入門
相場金融工学の考え方→作り方→評価法
著者●トゥーシャー・シャンデ／訳者●鶴岡直哉
A5判上製本・352ページ／定価本体7,800円＋税

日本初！　これが
「"勝つ"トレーディングシステム」の全解説だ！

原書名：Beyond Technical Analysis

ISBN4-939103-31-5 C0033

ウィザードブックシリーズ⑫
オニールの成長株発掘法
良い時も悪い時も儲かる銘柄選択をするために
著者●ウィリアム・J・オニール／訳者●竹内和己・松本幸子・増沢和美
四六判上製本・431ページ／定価本体2,800円＋税

株式市場を完璧に理解できる
米国100万部の大ベストセラーが日本に初上陸！

原書名：How to Make Money in Stock

ISBN4-939103-33-1 C2033

発行●パンローリング株式会社

ウィザードブックシリーズ⑬
新マーケットの魔術師
米トップトレーダーが語る成功の秘密
著者●ジャック・D・シュワッガー／訳者●清水昭男
四六判上製本・528ページ／定価本体2,800円＋税

これは投資家のバイブルだ！
本書を読まずして、投資を語れるのか!?

原書名：New Market Wizards

ISBN4-939103-34-X C0033

ウィザードブックシリーズ⑭
マーケットの魔術師[株式編]
米トップ株式トレーダーが語る儲ける秘訣
著者●ジャック・D・シュワッガー／監訳●増沢浩一
四六判上製本・640ページ／定価本体2,800円＋税

シュワッガー渾身の今をときめく株式トレーダーの
珠玉のインタビュー集！

原書名：Stock Market Wizards

ISBN4-939103-35-8 C2033

ウィザードブックシリーズ⑮
魔術師たちのトレーディングモデル
テクニカル分析の新境地
編者●リック・ベンショール／訳者●長尾慎太郎　他
A5判上製本・368ページ／定価本体5,800円＋税

トレードの魔術師12人が、成功するための
テクニックと戦略を公開！

原書名：New Thinking in Technical Analysis

ISBN4-939103-36-6 C0033

ウィザードブックシリーズ⑯
カウンターゲーム
幸福感の絶頂で売り、恐怖感の真っただ中で買う「逆張り投資法」
著者●アンソニー・M・ガレア／ウィリアム・パタロンⅢ世／ジム・ロジャーズ（序文）
訳者●中村正人／中村敏郎　A5判上製本・376ページ／定価本体2,800円＋税

ジム・ロジャーズも絶賛の「逆張り投資」の決定版！
個人でできるグレアム、バフェット流バリュー投資術

原書名：Contrarian Investing

ISBN4-939103-37-4 C2033

発行●パンローリング株式会社

ウィザードブックシリーズ⑰
トレードとセックスと死
相場とギャンブルで勝つ法
著者●ジュエル・E・アンダーソン／デビッド・カプラン（序文）
監訳●増田丞美　四六判上製本・414ページ／定価本体2,800円＋税

優秀なギャンブラーには
優秀なトレーダーになる素質にあふれている！

原書名：Trading, Sex & Dying

ISBN4-939103-38-2 C2033

ウィザードブックシリーズ⑱
グリーンブラット投資法
M＆A、企業分割、倒産、リストラは宝の山
著者●ジョエル・グリーンブラット／訳者●奥脇省三
四六判上製本・272ページ／定価本体2,800円＋税

安全確実で、市場平均を打ち負かす
「特殊状況」投資法（イベントドリブン）の決定版！

原書名：You can be a Stock Market Genius

ISBN4-939103-41-2 C2033

ウィザードブックシリーズ⑲
マーケットの魔術師
米トップトレーダーが語る成功の秘訣
著者●ジャック・D・シュワッガー／監訳●横山直樹
四六判上製本・464ページ／定価本体2,800円＋税

世界中から絶賛された名著が新装版で復刻！
すべてはこの本を読むことから始まる！

原書名：Market Wizards

ISBN4-939103-40-4 C2033

ウィザードブックシリーズ⑳
オズの実践トレード日誌
全米ナンバー1デイトレーダーの記録公開
著者●トニー・オズ／訳者●林芳夫
A5判上製本・448ページ／定価本体5,800円＋税

ダイレクト・アクセス・トレーディングの
「神様」が魅せる、神がかり的な手法！

原書名：The Stock Trader

ISBN4-939103-42-0 C0033

発行●パンローリング株式会社

ウィザードブックシリーズ㉑
投資参謀マンガー
世界一の投資家バフェットを陰で支えた男
著者●ジャネット・ロウ/訳者●増沢和美
四六判上製本・592ページ/定価本体2,800円+税

**非凡なる戦術家にして、企業経営の魔術師！
バフェットを世界一の投資家にした男とは？**

原書名：Damn Right!

ISBN4-939103-43-9 C2033

ウィザードブックシリーズ㉒
賢人たちの投資モデル
ウォール街の伝説から学べ
著者●ニッキー・ロス/訳者●木村規子
四六判上製本・400ページ/定価本体3,800円+税

**世界で最も偉大な5人の伝説的ヒーローが伝授する資産形成戦略！
本書を読めば、自分の投資スタンスに見合った戦略の組み合わせ方が分かる！**

原書名：Lessons from the Legends of Wall Street

ISBN4-939103-44-7 C2033

ウィザードブックシリーズ㉓
ツバイク　ウォール街を行く
──株式相場必勝の方程式
著者●マーティン・ツバイク/訳者●中村正人
四六判上製本・464ページ/定価本体3,800円+税

**全米ナンバー1の株式市場予測者が明らかにした
最高の銘柄選択をし、最小リスクで最大利益を得る方法！**

原書名：Martin Zweig's Winning on Wall Street

ISBN4-939103-45-5 C0033

ウィザードブックシリーズ㉔
賢明なる投資家【財務諸表編】
企業財務が分かれば、バリュー株を発見できる
著者●ベンジャミン・グレアム/スペンサー・B・メレディス
訳者●関本博英　四六判上製本・208ページ/定価本体3,800円+税

**投資界における最も偉大な思想家グレアムによる
『賢明なる投資家』『証券分析』と並ぶ不朽の名作！**

原書名：The Interpretation of Financial Statements

ISBN4-939103-46-3 C2033

発行●パンローリング株式会社

ウィザードブックシリーズ㉕
アームズ投資法

賢明なる投資は出来高を知ることから始まる
著者●リチャード・W・アームズ／監修●中原駿
A5判上製本・248ページ／定価本体6,800円＋税

**株は出来高で動く！　アームズ・インデックスの発明者、
天才アームズがその「ノウハウ」を公開！**

原書名：Trading Without Fear : Eliminating Emotional Decisions With Arms Trading Strategies

ISBN4-939103-49-8 C0033

ウィザードブックシリーズ㉖
ウォール街で勝つ法則

株式投資で最高の収益を上げるために
著者●ジェームズ・P・オショーネシー／監修●喜久田悠美
A5判上製本・418ページ／定価本体5,800円＋税

**グレアムの名著以来との誉れ高い
最高の成績を残すための画期的な「投資ガイドブック」**

原書名：What Works on Wall Street: A Guide to the Best-Performing Investment Strategies of All Time

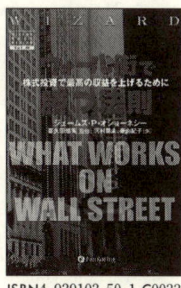

ISBN4-939103-50-1 C0033

ウィザードブックシリーズ㉗
ロケット工学投資法

サイエンスがマーケットを打ち破る
著者●ジョン・F・エーラース／監修●柳谷雅之
A5判上製本・296ページ／定価本体6,800円＋税

**勝つシステム・トレーダーのバイブル！
トレーディングの世界に革命をもたらす画期的な書がついに登場！**

原書名：Rocket Science for Traders: Digital Signal Processing Applications

ISBN4-939103-51-x C0033

ウィザードブックシリーズ㉘
インベストメントスーパースター

ヘッジファンドの素顔とその驚異の投資法
著者●ルイ・ペルス／監修●長尾慎太郎
四六判上製本・528ページ／定価本体2,800円＋税

**13人の新世代マネーマネジャーたちが上げた
優れたリターンとその投資手法の秘密が今、明らかに！**

原書名：The New Investment Superstars : 13 Great Investors and Their Strategies for Superior Returns

ISBN4-939103-52-8 C2033

ウィザードブックシリーズ㉙
ボリンジャーバンド入門
相対原理が解き明かすマーケットの仕組み
著者●ジョン・ボリンジャー／監修●長尾慎太郎
A5判上製本・368ページ／定価本体5,800円＋税

**開発者本人が、あなたのトレードを飛躍させる
その「秘密」を初めて公開した！**

原書名：Bollinger on Bollinger Bands

ISBN4-939103-53-6 C0033

ウィザードブックシリーズ㉚
魔術師たちの心理学
トレードで生計を立てる秘訣と心構え
著者●バン・K・タープ／監修●柳谷雅之
A5判上製本・448ページ／定価本体2,800円＋税

**なぜ人はトレードで失敗をするのか。その原因とは？
トレード専門心理学者が「成功への秘訣」を公開しすぎと批判を浴びた快著！**

原書名：Trade Your Way to Financial Freedom

ISBN4-939103-54-4 C0033

ウィザードブックシリーズ㉛
マーケットニュートラル投資の世界
ヘッジファンドの投資戦略
著者●ジョセフ・G・ニコラス／訳者●三菱信託銀行受託財産運用部門
A5判上製本・312ページ／定価本体5,800円＋税

**驚異のリターンを上げ続けるヘッジファンドの投資戦略
「マーケットニュートラル」とは何か？　その全貌が今、明らかになる！**

原書名：Market-Neutral Investing : Long/Short Hedge Fund Strategies

ISBN4-939103-55-2 C0033

ウィザードブックシリーズ㉜
ゾーン
相場心理学入門
著者●マーク・ダグラス／訳者●世良敬明
四六判上製本・352ページ／定価本体2,800円＋税

**淡々とトレードし、確実に収益を上げられるようになる
「ゾーン」の境地とは？　ステップアップの秘訣を教えます！**

原書名：Trading in the Zone

ISBN4-939103-57-9 C2033

発行●パンローリング株式会社

ウィザードブックシリーズ㉝
トビアスが教える投資ガイドブック

賢いお金の使い方・貯め方・殖やし方
著者●アンドリュー・トビアス／訳者●伊能早苗・藪中久美子
四六判上製本・447ページ／定価2,800円＋税

初心者がお金を貯める第一歩はこの本から！
全米で大ロングセラーの「たった一つの投資ガイド」

原書名：The Only Investment Guide You'll Ever Need

ISBN4-939103-58-7 C0033

ウィザードブックシリーズ㉞
リスクバジェッティング

実務家が語る年金新時代のリスク管理
編者●レスリー・ラール／訳者●三菱信託銀行受託財産運用部門
A5判上製本576ページ／定価本体9,800円＋税

本邦初、最先端のリスク管理法を全公開！
年金資金運用者必須の実践書

原書名：Risk Budgeting : A New Approach to Investing

ISBN4-939103-60-9 C0033

ウィザードブックシリーズ㉟
NO BULL（ノーブル）

天才ヘッジファンド・マネジャー　マイケル・スタインハルトの自叙伝
著者●マイケル・スタインハルト／訳者●奥脇省三
四六判上製本・423ページ／定価本体2,800円＋税

「マーケットの魔術師」のひとりが明かした
その人生、その戦略、その希望とは！

原書名：NO BULL : My life in and out of the markets

ISBN4-939103-59-5 C2033

ウィザードブックシリーズ㊱
ワイルダーのテクニカル分析入門

オシレーターの算出法とその売買シグナル実践法
著者●J・ウエルズ・ワイルダー・ジュニア／監修●長尾慎太郎
A4判上製本・168ページ／定価本体9,800円＋税

RSI、ADXの開発者による「伝説の書」
システムトレードの古典がついに完全邦訳される！

原書名：New Concepts In Technical Trading Systems

ISBN4-939103-63-3 C0033

ウィザードブックシリーズ㊲
ゲイリー・スミスの短期売買入門
ホームトレーダーとして成功する秘訣
著者●ゲイリー・スミス／監修●長尾慎太郎／訳者●飯田恒夫
A5判上製本・352ページ／定価本体2,800円＋税

平均以下だった冴えない男が突然
ホームトレードで儲かるようになったワケ！

原書名:HOW I TRADE FOR A LIVING

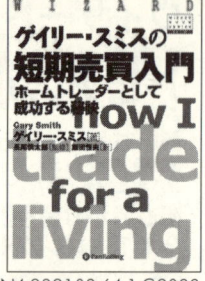

ISBN4-939103-64-1 C2033

ウィザードブックシリーズ㊳
マベリック投資法
巨万の富を築くための10原則
著者●ダッグ・ファビアン／訳者●古河みつる
A5判上製本・480ページ／定価本体2,800円＋税

全米大人気の投資専門ラジオ番組のホストが伝授する
年20％以上のリターンを稼ぎ出すための賢明な戦略とは！

原書名:MAVERICK INVESTING : BUILDING EXTRAORDINARY WEALTH THROUGH UNCONVENTIONAL PRINCIPLES

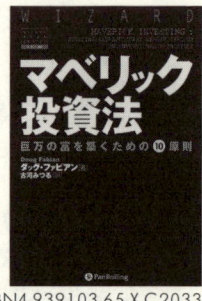

ISBN4-939103-65-X C2033

ウィザードブックシリーズ㊴
ロスフックトレーディング
最強の「押し／戻り」売買法
著者●ジョー・ロス／監修●長尾慎太郎／訳者●杉本裕之
A5判上製本・456ページ／定価本体5,800円＋税

シンプル・イズ・ザ・ベスト！
個人投資家にもできる究極の「押し／戻り」投資法！

原書名:Trading The Ross Hook

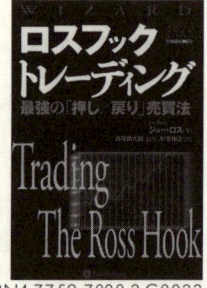

ISBN4-7759-7000-3 C0033

ウィザードブックシリーズ㊵
ウエンスタインのテクニカル分析入門
ブルでもベアでも儲けるプロの秘密
著者●スタン・ウエンスタイン／監修●長尾慎太郎／訳者●中村正人
A5判上製本・472ページ／定価本体2,800円＋税

ホームトレーダーとしてベア・マーケットでも
一貫しても利益を上げる方法とは！

原書名:Stan Weinstein's Secrets for Profiting in Bull and Bear Markets

ISBN4-7759-7001-1 C0033

発行●パンローリング株式会社

ウィザードブックシリーズ㊶
デマークの チャート分析テクニック

マーケットの転換点を的確につかむ方法
著者●トーマス・R・デマーク／訳者●長尾慎太郎、柳谷雅之、森谷博之
A5判上製本・480ページ／定価本体5,800円+税

いつ仕掛け、いつ手仕舞うのか？
トレンドの転換点が分かれば勝機が見えてくる！

原書名：NEW MARKET TIMING TECHNIQUES

ISBN4-7759-7002-X C0033

ウィザードブックシリーズ㊷
トレーディングシステム入門

仕掛ける前が勝負の分かれ目
著者●トーマス・ストリズマン／監修●柳谷雅之／訳者●二宮正典
A5判上製本・504ページ／定価本体5,800円+税

あなたのシステムは勝てますか？
戦略的トレーディングシステムの設計についてのすべてを網羅！

原書名：TRADING SYSTEMS THAT WORK

ISBN4-7759-7003-8 C0033

ウィザードブックシリーズ㊸
バイアウト

経営陣による企業買収ガイドブック
著者●リック・リッカートセン、ロバート・ガンサー
監修●サイエント ジャパン株式会社／訳者●伊能早苗
A5判上製本・392ページ／定価本体5,800円+税

経営者必読！ MBOを成功させるためのノウハウをこの1冊に凝縮！

原書名：BUYOUT

ISBN4-7759-7004-6 C2033

ウィザードブックシリーズ㊹
証券分析【1934年版】

著者●ベンジャミン・グレアム、デビッド・L・ドッド
訳者●関本博英、増沢和美
A5判上製本・976ページ／定価本体9,800円+税

バフェット、ボーグル、プライスらの教科書である
あの「不朽の傑作」がついに初の日本語版で登場！

原書名：SECURITY ANALYSIS――The Classic 1934 Edition

ISBN4-7759-7005-4 C0033

パンローリング相場読本シリーズ①
中源線建玉法 副読本2000

著者●パンローリング
定価 本体2,000円+税 (CD-ROM付)

不変の投資法を使いこなせ。プロの投資法を解説！
中源線ソフトの試用版CD-ROM付

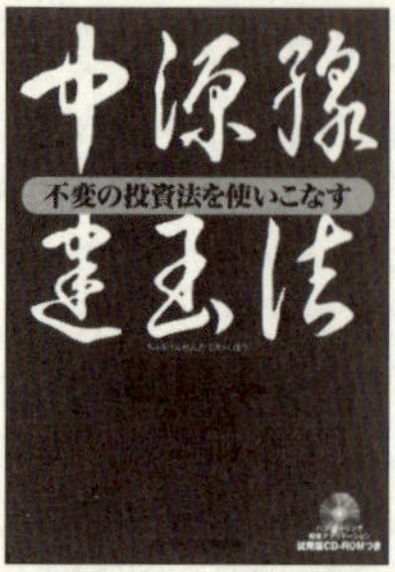

ISBN4-939103-01-3 C2033

パンローリング相場読本シリーズ②
SP波動法 株式攻略読本

著者●滝沢隆安
定価 本体2,000円+税 (CD-ROM付)

驚異的な勝率のパソコン投資術をあなたのモノに！
SP波動法ソフトの試用版CD-ROM付

ISBN4-939103-02-1 C2033

パンローリング相場読本シリーズ③
金野式商品先物入門

著者●金野秀樹　監修●蔓部音士
定価 本体2,000円+税 (CD-ROM付)

これからの人も、もっと上達したい人もナットクの入門書!!
投資ソフトの試用版CD-ROM付

ISBN4-939103-00-5 C2033

パンローリング相場読本シリーズ④
お宝投資ソフト読本

編著：お宝投資ソフト収集会　定価 本体3,800円+税 (CD-ROM付)

投資関連のフリーソフト＆シェアウェアを数多く集め、一冊にまとめた、とてもおトクで便利な本！
40以上のソフトが詰ったCD-ROM付

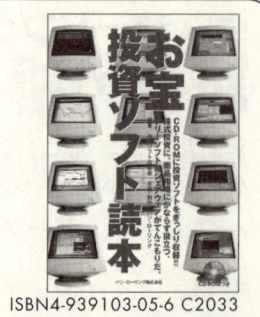

ISBN4-939103-05-6 C2033

発行●パンローリング株式会社

パンローリング相場読本シリーズ⑤
究極の低位株投資術 FAI投資法

著者●林 知之
定価 本体2,000円+税（CD-ROM付）

2倍になる銘柄を発掘できる安全で確実で有利な投資法。
投資ソフトの試用版CD-ROM付

ISBN4-939103-16-1 C2033

パンローリング相場読本シリーズ⑥
マーケットサバイバル

投資家が生き残るために
著者●久保田博幸　定価 本体1,800円+税

現役のディーラーがあますことなく教える
相場の生き残りのノウハウ。
幸田真音の話題の小説『日本国債』で登場人物のモデルにもなった、元債券ディーラーが書いた本。

ISBN4-939103-17-X C2033

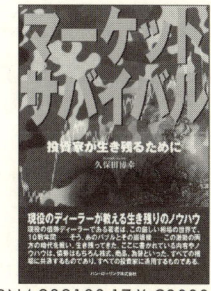

パンローリング相場読本シリーズ⑦
オプション売買入門

著者●増田丞美
定価 本体4,800円+税／A5判上製本・238ページ

オプションならではの優位性を使って利益をあげる。
本邦初といえる、実戦的なオプション売買マニュアル。

ISBN4-939103-19-6 C2033

パンローリング相場読本シリーズ⑧
株はチャートでわかる！

著者●阿部達郎・野村光紀・柳谷雅之・蔓部音士
定価 本体2,800円+税（CD-ROM付）／A5判・336ページ

チャートの読み方、儲けるノウハウ、売買システムのつくり方がわかる！
投資ソフトの試用版CD-ROM付

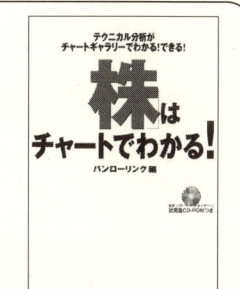

ISBN4-939103-26-9 C0033

発行●パンローリング株式会社

パンローリング相場読本シリーズ⑨
サヤ取り入門 低リスクでミドルリターンを狙う手法

著者●羽根英樹　監修●蔓部音士
定価 本体3,200円+税（CD-ROM付）／A5判・221ページ

いままでベールに包まれていたサヤ取りの秘密が明かされた！
サヤ取りソフトの試用版CD-ROM付

ISBN4-939103-30-7 C0033

パンローリング相場読本シリーズ⑩
生き残りのディーリング 決定版

著者●矢口 新
定価 本体2,800円+税／四六判上製本・363ページ

あの名著が決定版になって復活！
リスクとは避けるものではない。うまく管理するものである。

ISBN4-939103-32-3 C0033

パンローリング相場読本シリーズ⑪
オプション売買の実践

著者●増田丞美
定価 本体4,800円+税／A5判上製本・353ページ

本書は、決して机上の理論ではない！
著者が実際に行い、成果をあげたプロの手法である。

ISBN4-939103-39-0 C2033

パンローリング相場読本シリーズ⑫
これなら勝てる 究極の低位株投資術

著者●林 知之
定価 本体2,800円+税／A5判・226ページ

マーケットに隠れたほんとうのお宝を見つける！
"うまい話"をふところに入れるためのFAIの実践ノウハウ。

ISBN4-939103-47-1 C0033

発行●パンローリング株式会社

パンローリング相場読本シリーズ⑬
個人投資家のための原油取引入門

100問100答でわかるしくみと分析ノウハウ
著者●渡邉勝方
定価 本体2,800円+税／A5判・288ページ

本書がいちばん早く、いちばんよくわかる！
これが、モンスター商品原油取引の必読書だ！

ISBN4-939103-48-X C2033

パンローリング相場読本シリーズ⑭
値上がる株に投資しろ！

値動きのしくみを知れば株は儲かる
著者●矢口 新
定価 本体2,800円+税／A5判・242ページ

良い株が儲かるのではない。儲かる株が良い株だ！
プロの投資家から圧倒的な評価を得る、矢口新の最新刊！

ISBN4-939103-56-0 C0033

パンローリング相場読本シリーズ⑮
個人投資家のためのガソリン・灯油取引入門

100問100答でわかるしくみと分析ノウハウ
著者●渡邉勝方
定価 本体2,800円+税／A5判・322ページ

商品マーケットでいちばん人気が高い
ガソリン・灯油の解説書がついに登場！

ISBN4-939103-61-7 C2033

パンローリング相場読本シリーズ⑯
デイトレード大学

トレーディングで生活する！基礎からプロのテクニック
著者●岡本治郎
定価 本体2,800円+税／A5判・203ページ

投資会社のつくり方と節税対策から
プロの日経225トレードテクニックまで、すべてを公開！

ISBN4-939103-62-5 C0033

発行●パンローリング株式会社

パンローリング相場読本シリーズ⑰
信用取引入門
基礎知識から投資戦略まで
著者●楠雄治＋福永博之＋倉林るみ子
定価 本体2,800円+税／A5判・305ページ

上げ相場でも下げ相場でも相場環境に左右されないで
いつでも儲けるために信用取引を覚えよう！！

ISBN4-939103-71-4 C0033

パンローリング相場読本シリーズ⑱
マーケットプロファイル
市場心理を読んで相場に勝つ方法
著者●柏木淳二
定価 本体2,800円+税／A5判・245ページ

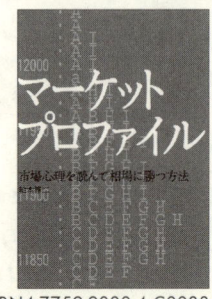

デイトレードにローソク足は役に立たない！
マーケットの力関係がわかる画期的なテクニカル分析

ISBN4-7759-9000-4 C0033

近刊予定（タイトルや価格は未定です）

パンローリング相場読本シリーズ⑲
個人投資家のための貴金属取引入門
70問70答でわかるしくみと分析ノウハウ
編著●渡邉勝方　監修●加藤洋治
予価 本体2,800円+税／A5判・322ページ（予定）

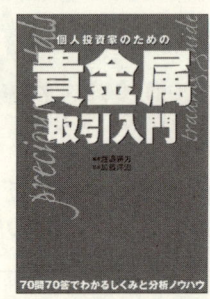

「有事の金買い」は本当？ 金・銀・白金取引のノウハウ
を公開！ 人気の商品取引入門シリーズ第3弾登場

ISBN4-7759-9001-2 C2033

相場読本シリーズ20
だれも書かなかった一般債入門
キャリア15年の現役トレーダーが一般債のすべてを公開
著者●安田秩敏
A5判・325ページ（予定）／予本体2,800円+税

一般債とは、国債以外の円貨債権全般のこと。多く取引されながら、以外に知られていないこのマーケットの運用について、この世界の現役トレーダーが解説する。

相場読本シリーズ21
パフォーマンス1000%の男
先物チャンピオンシップ奇跡のトレード
著者●フェアリー、炭谷道孝
A5判・280ページ（予定）／予価 本体3,200円+税

あの有名なロビンス・ワールドカップの日本版で優勝・準優勝に輝いた2人のトレーダーが実際のトレードを解説。あの驚異的な成績の秘密が、いま明かされる!!

発行●パンローリング株式会社

私の投資が突然うまくなった。
そのヒミツは、ここにある。

http://www.tradersshop.com/

投資関連のモノがなんでも揃う「トレーダーズショップ」は、がんばる投資家のお役立ちサイト。

投資家から熱い支持をいただいている投資専門の通販サイト「トレーダーズショップ」は、投資家のためのコンビニエンスストアです。書籍やビデオ、道具、セミナーなど、成功するためのモノは、すべてここで揃います。送料は注文1回につき何点でも全国一律280円(1回の注文が5,000円以上なら無料です)。また、業界有名人による「私のオススメの一冊」コーナーや読者の書評、楽しいメールマガジン、ヘッジファンドの卵による「シカゴ絵日記」など、役に立つ情報も満載です。がんばる投資家は、いますぐアクセスしよう。

投資家のためのトレーダーズショップは
24時間オープンしている投資専門店。